SCM
R.Brockhaus

Edition C Bibelkommentar
Altes Testament

Band 11

Herausgegeben von:
HELMUTH PEHLKE

unter Mitwirkung von
Walter Hilbrands
und
Hans-Georg Wünch

MICHAEL PONSFORD

Das erste Buch Samuel

SCM

Stiftung Christliche Medien

SCM R.Brockhaus ist ein Imprint der SCM Verlagsgruppe, die zur Stiftung Christliche Medien gehört, einer gemeinnützigen Stiftung, die sich für die Förderung und Verbreitung christlicher Bücher, Zeitschriften, Filme und Musik einsetzt.

Titelbild: Jesaja-Rolle vom Toten Meer, 2. Jh. v.Chr.
Foto: Prof. J.C. Trever / © A. Schick – Bibelausstellung Sylt
Mit freundlicher Genehmigung entnommen aus dem Dokumentationsband von A. Schick »Faszination Qumran« (ISBN 3-98397-382-6).
Zum Ausleih für Gemeinden: Große Qumran- & Bibelausstellung mit Faksimiles der Schriftrollen vom Toten Meer, Modell von Qumran, Kopien der Tonkrüge etc.
Bibelausstellung Sylt c/o Alexander Schick,
Friedrichstraße 19, D-25980 Westerland/Sylt.

Max-Eyth-Straße 41 · 71088 Holzgerlingen
Internet: www.scm-brockhaus.de; E-Mail: info@scm-brockhaus.de

Umschlaggestaltung: Stefanie Brunner
Umschlagsatz: Patrick Horlacher, Stuttgart
Satz: Breklumer Printservice, Breklum
Druck und Bindung: GGP Media GmbH, Pößneck
Gedruckt in Deutschland
ISBN 978-3-417-25093-0
Bestell-Nr. 225.093

Inhalt

Abkürzungen

Allgemeine Abkürzungen:

Anm.	*Anmerkung(en)*	*NT*	*Neues Testament*
AT	*Altes Testament*	*Qr.*	*Qəre' zu lesen*
grie.	*griechisch*	*Syr*	*Syrische Übersetzung (Peschitta)*
hebr.	*hebräisch*		
Kap.	*Kapitel*	*Tg*	*Targum*
Kt.	*Kətîb geschrieben*	*Üs.*	*Übersetzung(en)*
lat.	*lateinisch*	*WStB*	*Wuppertaler Studienbibel*
MS(S)	*Handschrift(en)*	*wtl.*	*wörtlich*
MT	*Masoretischer Text*	*	*Anmerkung, Fußnotentext*

Biblische Bücher:

1Mo	*1. Mose*	*Nah*	*Nahum*
2Mo	*2. Mose*	*Hab*	*Habakuk*
3Mo	*3. Mose*	*Zef*	*Zefanja*
4Mo	*4. Mose*	*Hag*	*Haggai*
5Mo	*5. Mose*	*Sach*	*Sacharja*
Jos	*Josua*	*Mal*	*Maleachi*
Ri	*Richter*	*Mt*	*Matthäus*
Rut	*Ruth*	*Mk*	*Markus*
1Sam	*1. Samuel*	*Lk*	*Lukas*
2Sam	*2. Samuel*	*Joh*	*Johannes*
1Kön	*1. Könige*	*Apg*	*Apostelgeschichte*
2Kön	*2. Könige*	*Röm*	*Römerbrief*
1Chr	*1. Chronik*	*1Kor*	*1. Korintherbrief*
2Chr	*2. Chronik*	*2Kor*	*2. Korintherbrief*
Esr	*Esra*	*Gal*	*Galaterbrief*
Neh	*Nehemia*	*Eph*	*Epheserbrief*
Est	*Esther*	*Phil*	*Philipperbrief*
Hiob	*Hiob*	*Kol*	*Kolosserbrief*
Ps	*Psalmen*	*1Thess*	*1. Thessalonicherbrief*
Spr	*Sprüche*	*2Thess*	*2. Thessalonicherbrief*
Pre	*Prediger*	*1Tim*	*1. Timotheusbrief*
Hld	*Hoheslied*	*2Tim*	*2. Timotheusbrief*
Jes	*Jesaja*	*Tit*	*Titusbrief*
Jer	*Jeremia*	*Phlm*	*Philemonbrief*
Kla	*Klagelieder*	*1Petr*	*1. Petrusbrief*
Hes	*Hesekiel*	*2Petr*	*2. Petrusbrief*
Dan	*Daniel*	*1Joh*	*1. Johannesbrief*
Hos	*Hosea*	*2Joh*	*2. Johannesbrief*
Joel	*Joel*	*3Joh*	*3. Johannesbrief*
Am	*Amos*	*Hebr*	*Hebräerbrief*
Obd	*Obadja*	*Jak*	*Jakobusbrief*
Jona	*Jona*	*Jud*	*Judasbrief*
Mi	*Micha*	*Offb*	*Offenbarung des Johannes*

Textausgaben, Bibelübersetzungen, Lexika:

BDB	*Brown, Driver, Briggs, Gesenius Hebrew and English Lexicon*
BFC	*Bible en Français Courant (ähnlich GNB)*
BHS	*Biblia Hebraica Stuttgartensia*
Br	*Bruns*
Elb	*Elberfelder-Übersetzung (revidiert)*
EÜ	*Einheitsübersetzung*
GNB	*Gute Nachricht Bibel*
HFA	*Hoffnung für alle*
KJV	*King James Version (von 1611)*
LÜ	*Luther-Übersetzung*
LÜ†	*Luther-Übersetzung von 1912*
LXX	*Septuaginta (grie. Übersetzung des AT)*
MT	*Masoretischer Text*
NLB	*Neues-Leben-Bibel*
Ne-Al	*Nestle-Aland Text des NT*
RSV	*Revised Standard Version*
Sch	*Schlachter-Übersetzung*
Vul	*Vulgata (lateinische Bibelübersetzung)*
Zü	*Zürcher Bibel*

Umschrift für Hebräisch:

Konnsonanten		Vokale	
א	*’*	◌ַ	*a*
ב	*v/b*	◌ָ	*ā/o*
ג	*g*	◌ִ	*i*
ד	*d*	◌ֵ	*ē*
ה	*h*	◌ֶ	*ä*
ו	*w*	◌ֹ	*ō*
ז	*z*	◌ֻ	*u*
ח	*ch*	◌ָי	*â*
ט	*ṭ*	◌ִי	*î*
י	*j*	◌ֵי	*ê*
ך כ	*ḵ/k*	◌ֶי	*ê*
ל	*l*	וֹ	*ô*
ם מ	*m*	וּ	*û*
ן נ	*n*	◌ָה	*āh*
ס	*s*	◌ֵה	*ēh*
ע	*‘*	◌ֶה	*äh*
ף פ	*f/p*	◌ֹה	*ōh*
ץ צ	*ṣ*	◌ְ	*ə*
ק	*q*	◌ֲ	*ă*
ר	*r*	◌ֱ	*ĕ*
שׂ	*ś*	◌ֳ	*o/ŏ*
שׁ	*sch*		
ת	*t*		

Vorwort der Herausgeber

Eine Kommentarreihe zum Alten Testament herauszubringen war zu jeder Zeit ein Wagnis, denn das Alte Testament erfreut sich selbst in evangelikalen Kreisen nicht der gleichen Wertschätzung wie das Neue. Das mag daran liegen, dass die geschichtlichen, kulturellen und religiösen Hintergründe des Alten Testaments von unserem Kulturkreis und unserer Zeit zu weit entfernt liegen. Besonders für den Christen in der westlichen Hemisphäre, mit seiner humanistischen Prägung und seinem Demokratieverständnis, bleibt der Zugang zu diesem ersten Teil der Bibel häufig verwehrt. Ferner wird wenig berücksichtigt, dass das Alte Testament die Bibel Jesu Christi und der Apostel war. Die Aussagen des Alten Testaments bilden die Grundlage für das Neue.

Das erste Hauptmerkmal dieser Reihe ist eine ausführliche Einleitung in das jeweilige Bibelbuch, die dem Leser die Botschaft des jeweiligen Buches verständlich machen möchte. Dazu gehört eine Synthese der Botschaft, die helfen soll, das betreffende Bibelbuch in seiner Gesamtheit zu erfassen und zu verstehen, besonders in seiner theologischen Dimension.

Das zweite Hauptmerkmal soll eine solide historisch-grammatische Exegese am hebräischen Text sein. Dazu gehört eine flüssige Übersetzung des hebräischen Textes, die in einzelne Sinnabschnitte mit entsprechenden Überschriften gegliedert ist. Das Kernstück des Kommentars bildet die Auslegung des Textes. Wurden dazu andere Arbeiten benutzt oder zugrunde gelegt, werden die jeweiligen Autoren in Klammern mit entsprechender Seitenzahl angegeben. In der am Ende des Kommentars erscheinenden Literaturliste können der Titel, Erscheinungsort und -jahr nachgeschlagen werden. Es ist nicht die Absicht dieser Kommentarreihe, die wissenschaftlich notwendige Auseinandersetzung mit anderen Meinungen zu führen. Im Vordergrund und im Mittelpunkt der Edition C soll die Arbeit am biblischen Text stehen, wie er uns vorliegt.

Das dritte Hauptmerkmal ist, dass die Benutzer dieser Reihe Hilfe bei der Predigt- und Bibelstundenvorbereitung erhalten. Dazu sollen die homiletischen Hilfen und Einteilungen dienen. Sie wollen aber nicht die eigene Arbeit am biblischen Text ersetzen.

Am Anfang wurde darauf hingewiesen, dass das Alte Testament die Bibel unseres Herrn und der Apostel war. Das bedeutet, dass das Alte Testament zuerst geschrieben worden war und dann das Neue. Deshalb darf Christus nicht in das Alte Testament hineingelesen werden, sondern er muss herausgelesen werden. Daher sollte das Alte Testament zunächst als Altes Testament verstanden werden. Das Neue Testament entwickelt die theologischen Hauptkonzepte des Alten Testaments weiter und zeigt, dass das ganze Heilsgeschehen in Christus und in seiner Erlösungstat zur Vollendung kommt.

Die einzelnen Autoren und die Herausgeber freuen sich und sind der SCM R.Brockhaus dankbar, dass sie sich der Auslegung der ganzen christlichen Bibel verpflichtet weiß und dass sie das Wagnis auf sich nimmt, diese Kommentarreihe zum Alten Testament zu verlegen. Wir würden es als Lohn unserer Arbeit ansehen, wenn durch diese Kommentarreihe das Alte Testament besser verstanden und mehr gepredigt werden würde.

Die Herausgeber

Vorwort des Autors

Der vorliegende Kommentar ist eine Erweiterung und Vertiefung der Magisterarbeit *Saul and David. A Linguistic Study of the Principal Participants of 1 Samuel*, die ich für den M.A. in Aspects of Biblical Interpretation am London Bible College (heute: London School of Theology) verfasste. An dieser Stelle möchte ich meinen Dank aussprechen an Herrn Jean-Marc Heimerdinger, der die Arbeit damals begleitete.

Mein Dank gilt ebenfalls Herrn Dr. Helmuth Pehlke, Dozent der Freien Theologischen Hochschule Gießen und Senior Research Professor für Altes Testament am Southwestern Seminary, USA, für seine Einladung, diesen Beitrag zur Reihe Edition C zu verfassen sowie für seine Geduld bei aller Verzögerung. Herr Pfr. Reinhard Fritsche (†), Eltmann, war so freundlich, Korrektur zu lesen. Herr Dr. Walter Hilbrands, Dekan an der FTH Gießen, hat dankenswerterweise den Band betreut und Herr Oliver Roman das Manuskript für den Druck vorbereitet.

Beim Lesen und Studieren von *1. Samuel* bin ich immer wieder neu über die kunstvolle Erzählung und Rhetorik sowie den psychologischen und geistlichen Tiefgang dieses Bibelbuches begeistert. Meinen Lesern kann ich nur wünschen, dass sie meine Freude und Begeisterung teilen.

Dieses Buch widme ich meiner lieben Frau Ingrid, die seit nunmehr über vierzig Jahren mein Leben teilt.

Es sind wohl viele tüchtige Frauen, du aber übertriffst sie alle! (Spr 31,29)

Michael Ponsford
Hövels/Sieg, im Juli 2018

1 Einleitung in das Buch 1. Samuel

1.1 Historischer Hintergrund

Den historischen Hintergrund von *1. Samuel* bilden der Übergang zu einer institutionellen Monarchie in Israel sowie die ständige Auseinandersetzung mit den Philistern.

1.1.1 Der Übergang zur Monarchie

Nachdem das Volk Israel unter der Führung von Josua das Land Kanaan eingenommen und besiedelt hatte, lebte es über zwei Jahrhunderte ohne Zentralregierung. Das Richterbuch berichtet, wie charismatische Führer auf den Impuls von Jahwes Geist hin die verschiedenen Stämme Israels immer wieder von den Fremdvölkern befreiten, die sie bedrängten. Die ersten Kapitel von *1. Samuel* schildern die Karriere des letzten Richters Samuel, der Israel half, eine Zeit lang die Vormacht der Philister in die Schranken zu verweisen (1Sam 7). Als Samuel im Alter seinen Söhnen sein Amt vermachen wollte, begehrte das Volk auf und verlangte einen König. Gegen Samuels Einwände entsprach Jahwe diesem Wunsch (Kap. 8) und ließ Saul als König salben (Kap. 9–10), erwählte aber nach dessen Versagen (Kap. 13–15) David als Ersatz (Kap. 16). Die zweite Hälfte von *1. Samuel* erzählt das Spannungsverhältnis zwischen dem regierenden König Saul und seinem designierten Nachfolger David. Erst *2. Samuel* berichtet, wie David nach Sauls Tod (1Sam 31) die Königswürde erlangte.

Die Samuelbücher schildern eine Zeit des Übergangs in Israel, nicht wie *2. Mose* aus der Knechtschaft in Ägypten ins Nomadendasein in der Wüste oder *Josua* von der Wüstenwanderung zum sesshaften Leben in Kanaan, sondern vom losen Zusammenschluss der Stammesverbände unter der Leitung charismatischer Persönlichkeiten zur Einrichtung einer institutionellen Erbmonarchie, die bis zur Deportation nach Babylon bestand.

1.1.2 Die Philisterkriege

Die Auseinandersetzung mit den Philistern bildet die geschichtliche Kulisse von *1. Samuel* (vgl. 14,47.52). Sie gehörten zu den im 12. Jh. v.Chr. von den Ägyptern so genannten »Seevölkern« und stammten ursprünglich wahrscheinlich aus dem Mittelmeerraum oder der Ägäis. Von den Griechen vertrieben, zogen sie über Kreta und Zypern und besiedelten die Mittelmeerküste Kanaans. Die Patriarchen Abraham und Isaak unterhielten Beziehungen zum Philisterkönig Abimelech (1Mo 20; 21; 26). Beim Auszug aus Ägypten wich Israel ihnen aus (2Mo 13,17), und bei der Landnahme unter Josua versäumten sie es, ihr Gebiet einzunehmen (Jos 13,1-3).

Politisch lebten die Philister in fünf selbstständigen Stadtstaaten: Aschdod, Aschkelon, Ekron, Gat und Gaza (Jos 13,3). Sie waren aber durchaus fähig, gemeinsam zu handeln, wie die Beratung über die Bundeslade (1Sam 5,8.11) und die Kriege gegen Israel (z.B. 7,7) hinlänglich belegen. Die Herrscher dieser Stadtstaaten werden als *särän*, immer in der Mehrzahl, bezeichnet (Jos 13,3; Ri 3,3; 16,5.8.18.27.30; 1Sam 5,8.11; 6,4.12.16.18; 7,7; 29,2.6.7; 1Chr 12,20), vielleicht ein Begriff aus der sonst unbekannten Sprache der Philister. Den Gebrauch dieses Begriffs sehen manche Ausleger als Hinweis auf das Alter des 1. Samuelbuches. Die einzelnen Herrscher wurden als *König* bezeichnet, z.B. Achisch, König von Gat (21,11; 27,2).

Im Richterbuch werden die Philister als eines der Völker erwähnt, die Israel bedrängten (Ri 3,1-3), und außer der kurzen Notiz Ri 3,31 spielen sie vor allem in den Simsonerzählungen (Ri 13-16) eine Rolle. In *1. Samuel* unternahmen sie immer wieder Vorstöße von der Schefela ins Bergland (4,1; 7,7; 13,5; 17,1; 23,1.27; 28,1; 29,1; 31,1) und bedrohten Israels Selbstständigkeit. Trotz einiger Teilerfolge von Samuel (7,13-14), Jonatan (Kap. 14) und David (17,52) gelang es Israel erst während der Regierungszeit Davids, sie zu unterwerfen (2Sam 8,1).

1.1.3 Land und Völker

Adullam, Jos 12,15; 15,35; 1Chr 11,15; Neh 11,30; Mi 1,15, heute Chirbet Schech Madhkur, lag gleich weit entfernt (22 km) von Bethlehem und Gat. David suchte Zuflucht in einer dortigen Höhle, 1Sam 22,1; 2Sam 23,13 = 1Chr 11,15.

Afek, am Ostrand der Scharonebene kurz vor dem Aufstieg ins Bergland Ephraims gelegen sowie an der Hauptstraße vom Philistergebiet zum Karmelgebirge. Lagerort der Philister vor der Schlacht gegen Israel (4,1) und Sammelpunkt ihrer Streitkräfte zum Aufmarsch nach Gilboa (29,1). In neutestamentlicher Zeit als Antipatris bekannt (vgl. Apg 23,31), gehört heute zu Rosch Ha'Ayin, östlich von Petah Tikva am Rande des Großraums Tel Aviv.

Ajalon, 14,31; heute Yalu, 25 km westlich von Michmas, am Rande des Berglandes.

Amalek, Hauptsiedlungsgebiet der Amalekiter, Nachkommen Esaus (1Mo 36,12.16), lag südlich von Israel auf der Sinaihalbinsel. Hier griffen sie Israel auf dem Weg aus Ägypten an (2Mo 17,8-13; 5Mo 25,17-18) und wurden deshalb mit dem Bann belegt (2Mo 17,14.16; 5Mo 25,19). Sowohl Saul (1Sam 14,48) als auch David (27,8) bekämpften sie, nur verweigerte Saul Jahwes Befehl, sie auszurotten (15,3), und ausgerechnet ein Amalekiter versetzte ihm schließlich den Todesstoß (2Sam 1,8).

Ammon, Ammoniter, Nachkommen Lots (1Mo 19,38), deren Siedlungsgebiet am Ostufer des Jordans und des Salzmeeres zwischen den Flüssen Jabbok und Arnon lag, von Jeftah (Ri 11), Saul (1Sam 14,47) und, nach einer Zeit freundschaftlicher Beziehungen (2Sam 10,2) auch von David bekämpft.

Aschdod, eine der fünf Philisterstädte an der Mittelmeerküste, Sitz des Dagontempels (1Sam 5,2).

Aschkelon, eine der fünf Philisterstädte, zwischen Aschdod und Gaza, nur in 1Sam 6,17 erwähnt.

Beerscheba, wtl. *Eidesbrunnen* (1Mo 21,31), lag weit im Süden Israels, 5 km westlich von der heutigen Stadt und spielte schon in den Vätererzählungen eine Rolle (1Mo 22,19; 26,33). Die Redewendung *von Dan bis Beerscheba* (1Sam 3,20) bedeutet *ganz Israel.*

Besor, Bachtal im Negev, südwestlich von Beerscheba (1Sam 30,9-10.21), etwas über 20 km von Ziklag und etwa 100 km von Afek entfernt.

Bethel, früher Lus, heutiges Betin, im Bergland Ephraims, etwa 20 km nördlich von Jerusalem. Hier hatte Jakob den Traum von der Himmelsleiter (1Mo 28,19), hier befand sich in der Richterzeit die Bundeslade (Ri 20,27). Dort ging man zum Gottesdienst (1Sam 10,3), und Samuel hielt dort Gericht (7,16).

Bet-Schean, Stadt am Ausgang der Jesreelebene ins Jordantal, an deren Mauer die Philister Sauls Leichnam aufhängten (1Sam 31,10).

Bet-Schemesch, bedeutende Stadt am Fuß des judäischen Berglands auf der Hauptstraße zwischen Jerusalem (25 km östlich) und Ekron (20 km westlich). Die großen Mengen Tonwaren philistäischen Ursprungs, die bei Ausgrabungen gefunden wurden, deuten darauf hin, dass die Stadt einst von den Philistern besiedelt worden war.

Eben-Eser, Israels nicht identifizierter Lagerplatz nahe Afek (1Sam 4,1), nicht zu verwechseln mit dem Ort von Samuels Sieg über die Philister bei Mizpa (7,12).

Ekron, eine der fünf Philisterstädte, nördlich von Gat, von wo aus die Bundeslade dorthin versandt wurde (5,10).

En-Dor, heutiges Endur; 10 km nordwestlich von Schunem, 5 km südlich von Tabor; unweit von Gilboa, Stammesgebiet von Manasse (Jos 17,11) aus dem die kanaanitische Urbevölkerung nicht vollständig vertrieben worden war (Jos 17,12).

En-Gedi (24,1-2), wtl. *Ziegenbrunnen*, heute beliebter Touristenort. Diese lange, tiefe Schlucht ragt ins judäische Bergland am Westufer des Toten Meers hinein. Ein aus durchgesickertem Regenwasser gespeister Wasserfall am oberen Ende der Schlucht sorgt, im Gegensatz zum öden Umland des Salzmeers, für üppige Vegetation.

Gat, auf dem Weg zwischen Jerusalem und Gaza gelegen, Heimat von Goliat (1Sam 17,4). Zweimal sucht David dort Zuflucht bei König Achisch (21,11; 27,1-2). Die Bundeslade wurde von Aschdod dorthin (5,8) geschickt und dann weiter nach Ekron (5,10).

Gaza, südlichste der fünf Philisterstädte, nur in 1Sam 6,17 erwähnt.

Geba, *Hügel*, heutiges Jeba', Levitenstadt Benjamins an der nördlichen Grenze Judas, 5 km nördlich von Gibea gelegen, südlich vom Pass von Michmas. Hier erschlug Jonatan einen Beamten der Philister (1Sam 13,3), von hier ging seine Heldentat mit seinem Waffenträger aus (14,1-15).

Geschur, -iter, Grenzgebiet zu Ägypten (Jos 13,2), deren Bewohner von David geplündert wurden (1Sam 27,8), nicht zu verwechseln mit der syrischen Stadt (Jos 12,5; 13,11), die in der Geschichte von Davids Sohn Absalom eine Rolle spielt (2Sam 3,3; 15,8; 1Chr 3,2).

Gibea, *Hügel*, heutiges Tell el-Fûl, 6 km nördlich von Jerusalem gelegen, Sauls Heimat (1Sam 10,26; 11,4; 15,34; 22,6; 23,19; 26,1), deshalb auch Gibea von Saul genannt oder Gibea von Benjamin (13,2.15; 14,16), um sie von gleichnamigen Orten zu unterscheiden.

Gilboa, Gebirgskamm am südöstlichen Ende der Jesreelebene. Dort fand die Schlacht zwischen Israel und den Philistern statt, in der Saul und Jonatan umkamen (1Sam 28,4; 31,1.8 = 1Chr 10,1.8; 2Sam 1,6.21; 21,12).

Hachila, unbekannter Ort zwischen Sif und En-Gedi, an dem David sich versteckt hielt (1Sam 23,19; 26,1.3).

Hawila, ein Ort im Süden Israels in der Nähe von Schur (1Sam 15,7).

Horescha, unbekannter Ort in der Wüste Sif (1Sam 23,15), an dem Jonatan David besuchte (V. 16-18).

Jabesch in Gilead, östlich des Jordans gelegene Stadt, die Saul aus der Belagerung half (1Sam 11,1-11) und deren Einwohner ihn bestatteten (31,11-13).

Jerachmeeliter, eine Sippe an der Südgrenze Judas, Nachkommen von Hezron (1Chr 2,9). David gab vor, sie geplündert zu haben (1Sam 27,10), in der Tat gab er ihnen Anteil an seiner Beute (30,29).

Jeschimon bedeutet *Wüste* 1Sam 23,19-24; 26,1 (GNB) oder *Wildnis* (Sch), vielleicht der Name eines unbekannten Ortes.

Jesreel, **1.** Ort im südlichen Bergland Judas, heute Chirbet Terrame, 9 km südwestlich von Hebron, Heimat Ahinoams (1Sam 25,43); **2.** Stadt im Norden Israels, an deren Quelle Sauls Heer vor der Entscheidungsschlacht auf Gilboa sammelte (29,1), wo später König Ahabs Palast stand (1Kön 21,1).

Karmel, Ort in Juda (Jos 15,55), heutiges Chirbet el-Karmil, 12 km südöstlich von Hebron, nicht zu verwechseln mit dem Bergrücken bei Haifa. Dort errichtete Saul ein Denkmal (1Sam 15,12), und Nabal ging dort seinen Geschäften nach (25,2). Geburtsort der Abigajil (27,3).

Keïla, ummauerte Stadt Judas nahe bei Adullam, 20 km südwestlich von Bethlehem.

Keniter, Ureinwohner Kanaans (1Mo 15,19), Midianiter. Mose heiratete eine Keniterin (2Mo 2,21) und lud seinen Schwager ein, Israel zu begleiten (4Mo 10,29-32). Dessen Nachkommen siedelten in der Negev (Ri 1,16; 4,11). Saul verschonte sie in seinem Feldzug gegen Amalek (1Sam 15,6). David gab vor, sie geplündert zu haben (27,10), in Wirklichkeit gab er ihnen Anteil an seiner Beute (30,29).

Kirjat-Jearim, wtl. *Waldstadt*, heute Kuriet el-'Enab oder Abu Ghosch, lag etwa 15 km westlich von Jerusalem auf der Straße in Richtung Jafo. Zeitweiliger Aufenthaltsort der Bundeslade (1Sam 6,21; 7,2; 1Chr 13,5).

Maon, heutiges Chirbet Main, 13,5 km südlich von Hebron, Heimat Nabals (1Sam 25,2). David sich hielt sich dort versteckt (23,24-25).

Michmas, heutiges Mukhmâs, auf der Passstraße von Bethel nach Jericho gelegen. Dort stationierte Saul einen Teil seines Heeres (1Sam 13,2), bis sie vom Vormarsch der Philister verdrängt wurden (13,5).

Mizpa, wtl. *Ausguck*, ist wahrscheinlich die Anhöhe *Nebi Samwil* (»Prophet Samuel«), die in 1000 m Höhe 7,5 km nordwestlich von Jerusalem liegt, oder *Tel en-Nasbeh*, 12 km nördlich von Jerusalem. Dorthin rief Samuel Israel, um die Rückkehr zu Jahwe (1Sam 7,5-6) und später Sauls Wahl zum König zu bestätigen (10,17).

Mizpe in Moab, wahrscheinlich heutiges Rujm el-Meshrefeh, westsüdwestlich von Madaba (heute el-Meshrefeh), nordöstlich vom Toten Meer, wohin David seine Eltern in Sicherheit brachte (1Sam 22,3).

Najot, wtl. *Wohnungen*, Ort oder Stadtteil von Rama, wo Samuel einer Prophetenkommunität vorstand (1Sam 19,18-20).

Negev bedeutet *Südland* und wird in manchen Bibelausgaben so übersetzt. Das Wort ist in Israel zu einem festen geografischen Begriff geworden und bezeichnet den ganzen Süden des Landes.

Nob, die Priesterstadt, die 4 km von Jerusalem in Richtung Jericho lag, ist möglicherweise die Gebetsstätte, zu der David vor Absalom floh (2Sam 15,32). Wahrscheinlich wurde die Stiftshütte nach der Niederlage gegen die Philister von Silo nach Nob gebracht.

Rama, *Anhöhe*, auch Ramatajim-Zofim genannt (1Sam 1,1), vielleicht heutiges Ramallah, war der Heimatort von Elkana und Hanna (1,19) und später auch von Samuel (7,17).

Schefela, der fruchtbare Küstenstreifen zwischen Mittelmeerküste und judäischem Bergland wurde Israel von Jahwe zugesprochen, aber von den Philistern besetzt.

Schur, ein Wüstengebiet im Nordwesten der Sinaihalbinsel an der Grenze des damaligen Ägyptens, östlich des heutigen Suezkanals und westlich des Wadi el-'Arisch, war Siedlungsgebiet von Ismael (1Mo 25,17-18) und Amalek (1Sam 27,8), sowie zeitweiliger Aufenthaltsort von Abraham (1Mo 20,1) und Hagar (1Mo 16,7). Bis hierher reichten Sauls Feldzug gegen Amalek (1Sam 15,7) sowie Davids Raubzüge von Ziklag (27,8).

Sif, eine Stadt im judäischen Bergland südöstlich von Hebron (1Sam 23,14-24).

Silo, Standort der Stiftshütte zur Zeit Elis und Samuels. Der Ort wird in Ri 21,19 genau identifiziert:

Silo liegt nördlich von Bethel, östlich von der Straße, die von Bethel nach Sichem hinaufführt, und südlich von Lebona.

Ausgrabungen im heutigen Selun, auf einem Hügel gelegen an der Ostseite der Nationalstraße 60 von Jerusalem über Nablus (Sichem) nach Galiläa, etwa 50 km nördlich von Jerusalem und 15 km von Bethel, haben ergeben, dass der Ort um 1050 vor Christus zerstört wurde, wahrscheinlich durch die Philister, vielleicht im Zuge des Feldzugs, in dem sie auch die Bundeslade raubten (vgl. 1Sam 4,11).

Socho, in der Schefela am Rande des judäischen Berglandes zwischen Aseka und Adullam, südlich von Bet-Schemesch und 21 km westsüdwestlich von Bethlehem entfernt. Hier sammelten die Philister ihre Heere (1Sam 17,1).

Schunem, Ort nördlich von Jesreel in dessen Ebene. Dort lagerten die Philister vor der Schlacht von Gilboa (28,4); Heimat von Abischag (1Kön 1,3); Rastplatz von Elisa (2Kön 4,8).

Telaim, auch **Telem** genannt, eine Ortschaft Judas an der Grenze zu Edom (Jos 15,24), an der Saul sein Heer gegen Amalek musterte (1Sam 15,4).

Ziklag, wahrscheinlich heutiges Tell el-Huwelife, 16 km nordwestlich von Beerscheba und 21 km südlich von Gat, an der Grenze zu Edom (Jos 15,21.31) gelegen, ursprünglich Erbe Simeons (Jos 19,5), später von den Philistern erobert. Davids Wohnort und Operationsbasis während seines Exils unter den Philistern ging später in Judas Besitz über (1Sam 27,5-6).

1.2 Die Komposition des Buches

1.2.1 Stellung im Kanon

1.2.1.1 Verknüpfungen zum Richterbuch

In der hebräischen Bibel, jüdisch *Tenach* (**T**ora, **N**evi'im, **K**etuvim, also Gesetz, Propheten, Schriften) gehört *1. Samuel* zu den sog. *Vorderen Propheten* (Josua bis 2. Könige). Es bestehen mehrere Verbindungen zum vorangehenden Richterbuch, zum Beispiel:

a) die Bedrohung durch die Philister (Ri 13–16) und Israels Befreiung von Fremdherrschaft;
b) die Verwendung des Zeitworts *schpṭ*, »richten«, um die Tätigkeit von Eli (1Sam 4,18), Samuel (7,6.15-17) und dem erwünschten König (8,5-6.20) zu bezeichnen;
c) der Gebrauch der Eröffnungsformel *wajəhî 'îsch* »es war ein Mann« (Ri 13,2; 17,1; 1Sam 1,1; 9,1);
d) der Schlusssatz des Richterbuches: »In jenen Tagen gab es keinen König in Israel. Jeder tat, was recht war in seinen eigenen Augen« (Ri 21,25), kann als Vorbereitung auf die Thematik von *1. Samuel* verstanden werden.

1.2.1.2 Unterschied zum Richterbuch: Die Einrichtung der Monarchie in Israel

Zweck von *1. Samuel* ist, die Einführung einer Erbmonarchie als Zentralregierung Israels zu begründen, zu beschreiben und zu berechtigen. Dieser Übergang soll das Dilemma der spontanen und punktuellen Führung Israels im Richterbuch lösen.

1.2.2 Die literarische Einheit des Buches

Die Randnotiz im MT von 1Sam 28,24, *chăṣî hassêfär* **die Hälfte des Buches**, bezeugt, dass die beiden Samuelbücher einst zusammengehörten. Die Septuaginta (LXX), eine grie. Übersetzung des dritten bis zweiten vorchristlichen Jahrhunderts, teilte die Samuelbücher und bezeichnete sie als *1. und 2. Könige*, eine Praxis, die in die russische Synodalübersetzung und die Untertitel der altenglischen Bibelübersetzung *King James Version* Eingang fand. Im Mittelalter wurde die Trennung auch in die hebräische Ausgabe übernommen, allerdings wieder mit der Bezeichnung *Samuel*, und gelangte von dort in unsere Übersetzungen.

Die Erwähnung der »früheren und späteren Geschichte Davids« (1Chr 29,29) weist allerdings auf eine damalige Vorstellung, dass die Davidsgeschichte aus zwei Teilen bestand. Sauls Tod stellte einen derart schwerwiegenden Einschnitt in die Ereignisse dar, dass es berechtigt ist, *1. Samuel* als eine Einheit zu betrachten.

1.2.3 Autor

Der Verfasser von *1. Samuel* wird nicht genannt. Für manche belegt die Notiz am Schluss von 1Chr 29,29 eine dreifache Verfasserschaft der Samuelbücher, während andere den Vermerk als Hinweis auf schriftliche Aufzeichnungen von Samuel (vgl. auch 1Sam 10,25), Nathan und Gad verstehen, denn die sprachliche und literarische Gestalt von *1. Samuel* weist auf eine einheitliche Redaktion hin. Die Detailkenntnisse der in *1. Samuel* geschilderten Ereignisse, nicht zuletzt der Beziehungen und Gespräche zwischen den Hauptpersonen, und dies über den langen Zeitraum von Samuels Geburt bis Sauls Tod, sind kaum vorstellbar, ohne dass der Verfasser Zugang hatte zu Augenzeugenberichten, persönlichen Erinnerungen der Beteiligten oder solchen schriftlichen Aufzeichnungen.

1.2.4 Abfassungszeit

Sechsmal kommt in *1. Samuel* der Ausdruck »bis auf diesen Tag« vor. Zweimal – Jahwes Klage über Israels ständige Untreue (8,8) und Samuels Vermerk über sein Lebenswerk (12,2) – handelt es sich um Aussagen von Personen bezüglich Ereignissen innerhalb der Erzählung, die für ihre Datierung unerheblich sind. Drei weitere Fälle – das Tabu im Dagontempel (5,5), der Riesenstein auf dem Grundstück von Josua aus Bet-Schemesch (6,18) sowie Davids Anordnung über die Aufteilung der Beute (30,25) – geben wenig Aufschluss über den Zeitpunkt der Abfassung. Der letzte Fall, nämlich der Vermerk »Ziklag ist bis heute Teil des Besitzes der Könige Judas« (27,6), deutet auf einen Zeitpunkt nach der Reichsteilung unter Salomos Sohn Rehabeam hin, denn sowohl David als auch Salomo werden immer als Könige Israels bezeichnet. Es kann aber nicht ausgeschlossen werden, dass dieser Vermerk bei einer späteren Überarbeitung eines ursprünglich früheren Texts als erklärende Glosse hinzugefügt worden ist.

Andere Ausleger (Holland, 2002, S. 19) sehen folgende Begriffe als sprachlichen Hinweis auf eine frühe Abfassungszeit: *särän* als Bezeichnung für die Philisterherrscher; *kālîl* als Bezeichnung für Ganzopfer (7,9; außer Ps 51,21 sonst nur in den Mosebüchern); *nəṣîb* für Philisterbeamte (10,5; 13,3-4), den die Übersetzer der LXX offenbar nicht verstanden und deshalb einfach in grie. Schrift umschrieben; *mōhar* **Brautpreis** (18,25; sonst nur in den Mosebüchern).

1.2.5 Sprache und Rhetorik

Das 1. Samuelbuch stellt ein hervorragendes Beispiel althebräischer Erzählkunst dar, die in jüngster Zeit besonders von literaturwissenschaftlichen Ansätzen wie der Erzählanalyse (englisch: narrative analysis, narratology) untersucht worden ist.

1.3 Gliederung und Struktur des Buches

1.3.1 Der Aufbau des Buches

Das 1. Samuelbuch lässt sich in drei Teile gliedern: die Geschichte Samuels (Kap. 1–7), die Geschichte Sauls (Kap. 8–15) sowie die Beziehungen zwischen Saul und David (Kap. 16–31). Nach den Gepflogenheiten der Erzählanalyse (englisch: narrative analysis, narratology) teilt der Kommentar das Drama von *1. Samuel* in sieben Akte (s. Inhaltsverzeichnis). Die Saulsgeschichte vollzieht sich in zwei Akten, sein Aufstieg (Kap. 8–12) und seine Krise (Kap. 13–15). Im vierten Akt wird David in die Erzählung eingeführt (Kap. 16–17); der fünfte Akt beschreibt die Spannungen, die zwischen ihm und Saul entstehen (Kap. 18–20); im sechsten Akt ist David Ziel von Sauls Verfolgung (Kap. 21–27). Der Schlussakt schildert Davids Entkommen und Sauls tragisches Ende (Kap. 28–31).

Jeder Akt ist in mehrere Episoden unterteilt, die ein Thema oder einen Handlungsstrang gemeinsam haben, welche wiederum aus mehreren Szenen bestehen, die gemeinsame Personen oder Umstände aufweisen oder zur selben Zeit stattfinden.

1.3.2 Die Handlung

1.3.2.1 Grenzmarker

Den Übergang von einer Episode oder Szene zur nächsten kündigt ein Wechsel an: Thema, Handlung, beteiligte Personen, Ort oder Zeit der Handlung ändern sich (z.B. 9,1). Außerdem signalisieren sog. Grenzmarker, sprachliche Elemente wie die Redewendung *wə'attāh* **und nun**, den Beginn oder das Ende eines Abschnitts.

1.3.2.2 Inszenierung und Hintergrundinformation

Vor Beginn der eigentlichen Handlung einer Episode oder Szene werden oft in der Inszenierung der Schauplatz und die beteiligten Personen geschildert. Weitere Hintergrundinformationen (englisch auch *collateral* genannt) flechtet der Erzähler gelegentlich in die Handlung ein, um den Hörern oder Lesern eine notwendige Auskunft oder seinen persönlichen Kommentar zum Gang oder zur Bedeutung der Ereignisse zu vermitteln. Solche Hintergrundinformationen werden im Gegensatz zur Erzählform meistens durch die Wortfolge: *waw* **und** + Substantiv- oder Pronomen + Verb signalisiert, in einigen Fällen durch die Wortfolge *waw* **und** + Verb *hjh* **sein** im Perfekt, also *wəhājāh* (13,22; 16,23) oder Imperfekt *wajəhî* (7,2; 14,1 [14,14 feminin: *watəhî*]; 24,6; 30,1). Ansonsten hat *wajəhî* die Funktion einer Zeitangabe und bedeutet **als**. Die wtl. Wiedergabe »und es geschah« wird diesem Gebrauch nicht gerecht.

1.3.2.3 Der Handlungsstrang und die Erzählform

Beginn und Fortgang der Handlung signalisiert die Erzählform, das sog. *Waw-Imperfectum*, also *waw* **und** + Verb im Imperfekt. Das für die deutsche Sprache ungewöhnliche Phänomen, dass in manchen Bibelausgaben im Alten Testament viele Sätze mit »und« anfangen, ist wohl darauf zurückzuführen, dass Bibelübersetzer dies nicht immer erkannt oder angemessen wiedergegeben haben.

1.3.2.4 Der Höhepunkt

Durch mehrere Komplikationen strebt die Handlung dem Höhepunkt zu, der oft von einem Tempowechsel begleitet wird. Das Tempo wird durch eine rasche Folge von Zeitwörtern beschleunigt oder durch Dialog verlangsamt oder gar angehalten. Gelegentlich kann zwischen Handlungs- und Dialoghöhepunkt unterschieden werden. Ein gutes Beispiel dafür ist das Aufeinandertreffen von David und Goliat (Dialoghöhepunkt: 17,43-47; Handlungshöhepunkt: 17,48-52).

1.3.2.5 Schluss

Den Abschluss einer Episode signalisiert oft die Abschiedsformel, dass die Personen sich aufmachen und ihres Weges gehen oder in ihre Stadt zurückkehren.

1.4 Die Personen der Handlung

Die politische Frage der Entstehung der Monarchie in Israel bildet in *1. Samuel* die Kulisse für die Darstellung von drei Personen, die zu den herausragendsten der biblischen Geschichte überhaupt gehören, nämlich Samuel (Kap. 1–8), Saul (Kap. 9–15) und David (ab Kap. 16). Diese drei Hauptpersonen, ihre Entwicklung sowie ihre Beziehungen zueinander und zu Jahwe werden mit psychologischem Tiefgang und einer Dramatik geschildert, die in der antiken Literatur ihresgleichen sucht und auch für den heutigen Leser wichtige Lektionen enthält. Weitere Personen sind Samuels Vorgänger Eli mit seinen Söhnen und Sauls Sohn Jonatan.

1.4.1 Die Laufbahn der Hauptpersonen

Die Laufbahn der Hauptpersonen von *1. Samuel* kann anhand folgender Tabelle verdeutlicht werden:

Kapitel	**Eli**	**Samuel**	**Saul**	**David**
1. Samuel 1-3	Abstieg	Aufstieg		
1. Samuel 4	Fall			
1. Samuel 7		Höhepunkt		
1. Samuel 8		Krise		
1. Samuel 9-10			Aufstieg	
1. Samuel 11			Höhepunkt	
1. Samuel 13-15		Abstieg	Krise	
1. Samuel 16-30		Tod	Abstieg	Aufstieg
1. Samuel 31			Fall	
2. Samuel 8				Höhepunkt
2. Samuel 11-12				Krise
2. Samuel 13-21				Abstieg
1. Könige 2				Tod

Beim **Aufstieg** wird die Person in die Erzählung eingeführt, als Hauptperson meistens in einem günstigen Licht vorgestellt und erreicht bald ihren

Höhepunkt. Danach lösen ein oder mehrere Ereignisse eine **Krise** aus, die das Gleichgewicht der Hauptperson stört und sie in einem neuen Licht erscheinen lässt. Beim **Abstieg** wird die Hauptrolle von einer neuen Person abgelöst und in einem weniger günstigen Licht dargestellt, bevor schließlich der friedliche (Samuel und David) oder gewaltsame (Eli, Saul) Tod eintritt. Im Falle des alten Priesters Eli, der nie die Hauptrolle spielt, werden nur die zwei letzten Stufen seiner Laufbahn dargestellt.

1.4.2 Gemeinsamkeiten zwischen den Hauptpersonen

1.4.2.1 Einführung

Jede Hauptperson wird durch eine eingebettete Erzählung in die Handlung eingeführt: Samuels Geburtserzählung (1,1–2,11), Sauls Suche nach den Eseln seines Vaters (9,1–10,16) und Davids Salbung durch Samuel (16,1-13). Bei Samuel und Saul handelt es sich ganz oder zum Teil um eine Musterhandlung bzw. Standardsituation, in der Erzählung von Saul und David spielt ein Geheimnis eine Rolle.

1.4.2.2 Beziehung

Unmittelbar nach ihrer Einführung in die Erzählung wird jede Hauptperson mit der Vorigen in Beziehung gebracht und ersetzt sie: Das Kind Samuel wird zu Eli gebracht (1,25), später ersetzt Samuel als Prophet und Richter den Priester Eli. Saul begegnet Samuel und wird von ihm gesalbt (9,15–10,8), später ersetzt Saul als König den Richter Samuel. David wird von Samuel gesalbt (16,1-13) und zu Saul gebracht (16,14–17,58), später ersetzt er Saul als König. Nach Bar-Efrat (1980, S. 169) vollzieht sich der Machtwechsel von Eli zu Samuel harmonisch, der von Samuel zu Saul nicht ohne Konflikt, während der von Saul zu David von Gewalt und Feindschaft gekennzeichnet ist.

1.4.2.3 Heldentat

Jede Hauptperson vollbringt kurz nach ihrer Vorstellung eine Heldentat, die ihre Beziehung zu Jahwe unterstreicht: Als Jugendlicher begegnet Samuel Jahwe (Kap. 3) und gewinnt als Mann einen entscheidenden Sieg über die Philister (Kap. 7). Von Jahwes Geist getrieben, hebt Saul die Belagerung Jabesch-Gileads auf (Kap. 11). Im Vertrauen auf Jahwe schlägt Jonatan die Philister in die Flucht (Kap. 14). David tötet Goliat (Kap. 17).

1.4.3 Beziehungen zwischen den Hauptpersonen

Das Beziehungsgeflecht der Hauptpersonen kann am besten durch ein Parallelogramm dargestellt werden: Es gibt Parallelen zwischen Elis und Samuels Söhnen, und es gibt eine Parallele zwischen David und Jonatan.

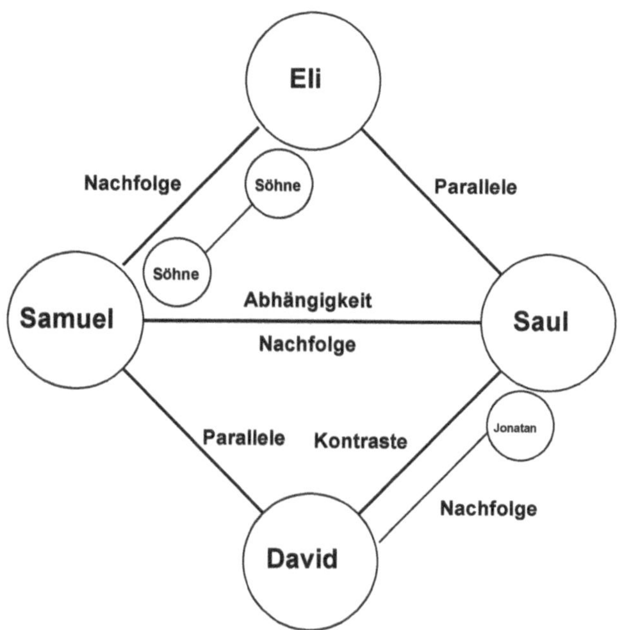

1.4.4 Parallele bzw. Gemeinsamkeiten zwischen einzelnen Personen

Die Hauptpersonen bilden zwei ungleiche Paare: Samuel steht in einem ähnlichen Verhältnis zu Eli wie später David zu Saul.

1.4.4.1 Zwischen Samuels Verhältnis zu Eli und Davids zu Saul

Samuel und David treten in den Dienst von Eli bzw. Saul und werden als Sohn adoptiert. Samuel ersetzt Eli als Priester und Richter und David ist dazu bestimmt ist, Saul als König zu ersetzen.

Samuel und David erfüllen die Aufgaben, bei denen Eli und Saul versagten: Eli als Priester und Prophet, Saul im Kampf gegen Goliat. Samuel spielt eine Rolle bei Elis Untergang wie David bei Sauls.

1.4.4.2 Zwischen Eli und Saul

Eli und Saul erhalten durch Samuel eine prophetische Warnung, in der ihre Dynastie bedroht wird. Beide werden von Jahwe verworfen; in beiden Fällen ist Samuel Gottes Sprachrohr. Beide sterben am selben Tag wie ihre Söhne einen gewaltsamen Tod als Folge einer Schlacht gegen die Philister.

1.4.4.3 Zwischen Samuel und David

Samuel und David werden in ihrer Jugend von Jahwe berufen und genießen Jahwes Gunst. Jeder der beiden fügt den Philistern eine entscheidende Niederlage zu.

1.5 Textüberlieferung

Die Geschichte der israelitischen Monarchie wird in den zwei Doppelwerken *Samuel* und *Könige* aufgezeichnet, die Geschichte der Monarchie des Südreiches Juda in der *Chronik*. Beide liegen im hebr. Masoretischen Text (MT) sowie in der grie. Übersetzung der sog. Septuaginta (LXX) vor. Außerdem sind in der vierten Höhle von Qumran verschiedene Fragmente einer Fassung des Samuelbuches entdeckt worden (4QSam[abc]). Die Beziehungen zwischen diesen verschiedenen Texten (Ursprung, Quellen, Entlehnungen) sind in der Fachwelt umstritten.

Grundlage dieses Kommentars bildet der hebr. sog. Masoretische Text (MT), der in der *Biblia Hebraica Stuttgartensia* veröffentlicht ist. Aus Ehrfurcht vor dem biblischen Text ließen die Masoreten, die Herausgeber des MT, Stellen, in denen sie Fehler vermuteten, stehen und fügten ihre Verbesserungsvorschläge am Rande ein. In solchen Fällen spricht man von *Ketib* (»das Geschriebene«) und *Qere* (»was zu lesen ist«).

Lediglich im Bericht vom Tode Sauls überschneiden sich 1. Chronik (10,1-12) mit 1. Samuel (31,1-13) mit geringfügigen Abweichungen (s. Kommentar zur Stelle). An manchen Stellen von 1. Samuel, z.B. in der Geschichte von David und Goliat, weicht die Septuaginta vom MT ab. Wo die Lesart der LXX dem MT vorzuziehen ist, wird dies im Kommentar vermerkt.

Teilweise scheint sich in der Chronik ein älterer Text als in Sam/Kön bewahrt zu haben. Die Vorlage von Chr ist demnach nicht identisch mit Sam/Kön (MT). Diese Annahme unterstützt sowohl Sam/Kön (LXX) als auch 4QSam[a]. Aber auch die LXX und 4QSam[a] tragen nicht wirklich zu einer Lösung des Problems bei: Zwar finden sich zahlreiche Übereinstimmungen von Chr (MT) mit Sam/Kön (LXX) gegen Sam/Kön (MT), aber auch Übereinstimmungen mit Sam/Kön (MT) gegen Sam/Kön (LXX). Ein einfaches Abhängigkeitsverhältnis von Sam (MT), Sam (LXX), 4QSam[a] und Chr (MT) sowie Chr (LXX) ist nicht zu ermitteln. Ein bekanntes Problem stellt z.B. die Unregelmäßigkeit im Gebrauch der Gottesnamen dar: Zwar wird im Allgemeinen „Jahwe“ durch „Elohim“ („Gott“) ersetzt, an bestimmten Stellen liegt jedoch der umgekehrte Fall vor. Unterschiede in Sam/Kön (MT) und Chr (MT) können weder direkt auf die umgestaltende Tätigkeit des Chronisten noch auf seine Vorlage zurückgeführt werden. Die Suche nach der Vorlage wird zudem durch die außerbiblischen Quellen erschwert, von denen der Chronist Gebrauch macht und auf die er selbst verweist, während Sam/Kön nicht ausdrücklich als Quelle genannt wird (siehe vertiefend: Pisano, 1984).

1.6 Absicht und Theologie des Buches

1.6.1 Geschichtlich

Das 1. Samuelbuch schildert Israels Übergang von einem losen Stammesverbund zu einer Erbmonarchie mit Zentralregierung. Im Richterbuch werden Israels Stämme immer wieder von feindlichen Nachbarvölkern bedrängt. Auf ihre verzweifelten Hilferufe hin erweckt Gott Menschen, Richter genannt, die durch den Impuls von Jahwes Geist die feindlichen Heere besiegen und Israel Frieden schaffen.

Diese Epoche wies allerdings drei Nachteile auf. Zum einen die anarchischen Zustände, die im Refrain des Richterbuchs zum Ausdruck kommen: *In jenen Tagen war kein König in Israel. Jeder tat, was recht war in seinen Augen* (17,6; 18,1; 21,25). Zum anderen die Unvorhersehbarkeit von Jahwes Interventionen und drittens das Verhängnis der Nachfolge, denn die Richter regierten lediglich während ihrer eigenen Lebzeit und hatten keinen Nachfolger. Dieses letzte Problem wird auch beim Propheten Samuel akut, deshalb ist der Wunsch der Ältesten Israels verständlich: *Setze nun einen König über uns, der uns richte, wie ihn alle Völker haben* (8,5).

Es wird oft behauptet, die Einrichtung der Monarchie stelle einen Rückschritt in Jahwes Beziehung zu seinem Volk Israel dar. Eine unmittelbare Leitung durch Gottes Geist weiche einer menschlichen Führung durch Könige, deren späteres Versagen zu Israels Deportation nach Assyrien und Babylon sowie zur Abschaffung der Monarchie geführt habe. Eine ähnliche Problematik gibt es in der christlichen Kirche, wie sie mit den Schlagwörtern *Geistesleitung* und *Pastorenkirche* verbunden ist.

Dieses Dilemma lässt sich auf zwei Weisen lösen. Zum einen verlangen Israels Ältesten zwar einen König, *wie ihn alle Völker haben*, doch Jahwe gibt ihnen einen König *nach seinem Herzen* (13,14). Dieser wird genauso von seinem Geist geführt wie vormals die Richter. Zum anderen stellt die Monarchie eine neue Etappe in Gottes Heilsgeschichte dar, die über Davids Nachkommen (2Sam. 7) den Weg des künftigen Messias bereitet (vgl. Ps 2,7; Apg 13,33; Hebr 1,5).

1.6.2 Spiritualität und Leiterschaft

Die Ereignisse um die Entstehung der Monarchie vollziehen sich in Jahwes Beziehungen zu den Hauptpersonen der Handlung: Eli, dem alternden Priester und dessen abtrünnigen Söhnen; Samuel, dem Propheten, in dessen Jugend und Reife; dem ersten König Saul und dessen Sohn Jonatan; sowie David, seinem Nachfolger.

Somit gibt das 1. Samuelbuch Aufschluss über zwei wichtige miteinander verbundene Themen, nämlich die Merkmale authentischer Frömmigkeit bzw. Spiritualität sowie die Eigenschaften, die damals wie heute als Voraussetzung wirksamer Führung von Gottes Volk gelten.

In den Anfangskapiteln fällt zweimal der Ausdruck *Jahwe erkennen*. Elis Söhne, Hophni und Pinhas, *kannten Jahwe nicht* (2,12), der junge Samuel bis zu seiner Berufung auch nicht (3,7). Später werden sowohl Saul (10,6.10; 11,6) als auch David (16,13) mit Jahwes Geist ausgestattet, Saul allerdings nur vorübergehend (16,14) und ambivalent (19,23), David aber dauerhaft. Jahwes Beziehung zu den Menschen wird auch mit dem Begriff *Jahwe ist mit dir* bzw. *war mit ihm* umrissen, so bei Samuel (3,19), Saul (10,7) und David (16,18; 17,37; 18,12.14).

Jahwes Gegenwart, sein Beistand und seine Bevollmächtigung lassen sich nicht durch menschliche Handlung erzwingen, besonders nicht, wenn seine Heiligkeit oder seine Gebote missachtet werden. Die Anwesenheit der Bundeslade garantiert keinen Sieg (Kapitel 4), weder Eid noch penible Einhaltung ritueller Vorschriften vermögen Jahwes Gunst zu sichern (Kapitel 14).

Das 1. Samuelbuch unterstreicht die Bedeutung von Vertrauen in Jahwe. Solches Vertrauen äußert sich in Zuversicht angesichts scheinbar unüberwindbarer Widerstände, zum Beispiel bei Jonatan (14,6) und David (17,37.45-47; 30,19); in Gehorsam, entsprechend Samuels Grundsatz: *Gehorsam ist besser als Opfer* (15,22); sowie in Gemeinschaft mit Gleichgesinnten wie zwischen Jonatan und David (18,1-4).
Wer so mit Jahwe umgeht, darf auch in scheinbar ausweglosen Situationen seinen Beistand erleben und andere in ihrem Glauben motivieren.

1.6.3 Theologie

Obwohl er seine Pläne durch Menschen verwirklicht, bleibt Jahwe souverän. Er ergreift die Initiative, sie zu berufen und zu bevollmächtigen, besonders da, wo ihre Vorgänger versagen (Eli und Samuel, Saul und David).
Letztlich bleibt Jahwe von menschlichem Zutun unabhängig und erweist seine Überlegenheit über heidnische Götter, wie die Episode der Bundeslade (Kapitel 5-6) zeigt. Er ist auch nicht von menschlichem Versagen wie bei Saul überrascht.
In der Episode, in der Saul abgesetzt wird (Kapitel 15), scheint es eine Diskrepanz zu geben. Einerseits gibt er Samuels Zusicherung: *Israels Majestät täuscht einen nicht, noch ändert er seine Meinung, denn er ist kein Mensch, dass er seine Meinung ändert* (15,29). Andererseits findet sich Jahwes Behauptung: *Ich bereue, Saul zum König gemacht zu haben* (15,11), sowie der Schlusskommentar des Verfassers: *Es hatte Jahwe gereut, dass er Saul zum König über Israel gemacht hatte* (15,35).
Die Hypothese des sog. »offenen Theismus« stellt die herkömmliche Vorstellung von Gottes Allwissenheit und Unveränderlichkeit infrage, als müsse er sich immer wieder neu auf die für ihn unvorhergesehenen Reaktionen der Menschen einstellen. Menschliches Handeln überrascht Gott jedoch nicht, noch ändert er seine Pläne, wohl aber seinen Umgang mit Einzelnen, je nachdem, wie sie auf ihn, seine Offenbarung und sein Handeln antworten, ob mit Glauben oder Unglauben, Gehorsam oder Ungehorsam.

2 Kommentar zum Buch 1. Samuel

2.1 Samuel (Kapitel 1–7). Erster Akt

2.1.1 Samuels Geburt (1,1–2,11). Episode 1

Hauptpersonen in alttestamentlichen Erzählungen werden meistens ausführlich in die Handlung eingeführt, so hier Samuel und später Saul (Kap. 9).

Inszenierung (1,1-7)
Hanna bittet Jahwe um einen Sohn (1,8-20). 1. Szene
Hanna weiht Jahwe ihren Sohn (1,21-28). 2. Szene
Lobgesang der Hanna (2,1-10). 3. Szene
Schluss (2,11)

2.1.1.1 Inszenierung (1,1-7)

2.1.1.1.1 Übersetzung

1. Es war ein gewisser Mann aus Ramatajim-Zofim, vom Berg Ephraim, mit Namen Elkana, der Sohn Jerohams, der Sohn Elihus, der Sohn Tohus, der Sohn Zufs des Ephraimiters. 2. Er hatte zwei Frauen, die eine namens Hanna, die andere namens Peninna. Peninna hatte Kinder, Hanna aber keine. 3. Dieser Mann ging Jahr für Jahr von seiner Stadt hinauf, um anzubeten und zu opfern Jahwe der Heerscharen nach Silo. Dort dienten die beiden Söhne Elis, Hofni und Pinhas, als Priester Jahwes. 4. Am Tag, an dem Elkana jeweils opferte, gab er Peninna seiner Frau und allen ihren Söhnen und ihren Töchtern Anteile. 5. Aber Hanna gab er einen besonderen Anteil, denn er liebte Hanna, aber Jahwe hatte ihren Mutterleib verschlossen. 6. Ihre Nebenbuhlerin ärgerte sie so sehr, dass sie stöhnte, denn Jahwe hatte ihren Mutterleib fest verschlossen. 7. So ging es Jahr für Jahr, so oft sie zum Haus Jahwes hinaufging, ärgerte sie (Peninna) sie, und sie (Hanna) weinte und wollte nichts essen.

2.1.1.1.2 Auslegung

Samuels Stammbaum (1,1)

1 **Es war ein Mann …** Die hebr. Syntax: Kopula gefolgt vom Imperfekt und Substantiv, signalisiert, dass es sich hier um einen relativen und keinen absoluten Neubeginn handelt, im Gegensatz etwa zu Hiob 1,1, wo ein hebr. Substantiv gefolgt vom Perfekt steht. Im Gegensatz etwa zu Jos 1,1: »nach dem Tod von Mose …«, oder Ri 1,1: »nach dem Tod von Josua …«, wird hier nicht ausdrücklich an die vorangegangene Geschichte angeknüpft, aber die Einzelexegese wird die vielfältigen Beziehungen zum Richterbuch belegen.

Ramatajim-Zofim ist wahrscheinlich identisch mit Rama (vgl. V. 19). Ein besonderes Kennzeichen alttestamentlicher Erzählungen ist die Knappheit der Darstellung. Die Verfasser schmücken ihre Geschichte nicht mit überflüssigen Details aus. Wenn also ein Stammbaum bis ins vierte Glied verfolgt wird, hat es einen guten Grund. Nicht selten will der Verfasser auf berühmte Vorfahren oder adelige Abstammung hinweisen. Weder das eine noch das andere scheint bei Elkana der Fall zu sein, obwohl er nicht aus ganz armen Verhältnissen stammt (vgl. 1,24). Der ausführliche Stammbaum soll also den Leser auf die herausragende Rolle aufmerksam machen, die die Person, um die es in der Folge geht, nämlich Samuel, in der Geschichte zu spielen hat.

Die Vielehe (1,2)

2 Elkanas Frauen und ihr unterschiedliches Geschick werden auch nicht erwähnt, um der Erzählung eine persönliche Note zu verleihen, sondern weil sie in der Folge eine wichtige Rolle spielen.

Nirgends wurde im Alten Testament den Männern verboten, mehrere Frauen zu nehmen, aber die bösen Folgen der Vielehe werden in den biblischen Erzählungen mehr als deutlich, wie auch hier (vgl. V. 6-8). Außerdem hat Jesus Christus die lebenslange Einehe als Gottes ursprünglichen Plan für die Menschen unmissverständlich bekräftigt (vgl. Mt 19,4-8 und Parallele).

Elkanas Frömmigkeit (1,3)

3 Elkanas Frömmigkeit wird wahrscheinlich hervorgehoben, weil sie die Ausnahme und nicht die Regel war. Ähnliches gilt im Neuen Testament

für Zacharias und Elisabeth (Lk 1,6) sowie für Joseph und Maria (Lk 2,22-24). Das Richterbuch gibt Aufschluss über die traurigen Zustände, die damals zum Teil im Volk Israel herrschten.

Die Bezeichnung *Jahwe Zəvā'ôt*, »Jahwe der Heerscharen«, für den Gott Israels erscheint hier zum ersten Mal im Alten Testament. Mit **Heerscharen** sind entweder Israels Armee oder wahrscheinlicher die Jahwe zur Verfügung stehenden Himmelsmächte (vgl. Ps 103,21; Mt 26,53) gemeint. Dieser Name Gottes unterstreicht deshalb seine Macht und wird in der Septuaginta an anderer Stelle mit *pantokrator* »Allmächtiger« übersetzt. Mit dieser Bezeichnung bringen sowohl Hanna (1,11) wie auch David (17,45) ihr Vertrauen auf Jahwes Hilfe zum Ausdruck.

Der Satz in 1,3b enthält im Hebräischen kein finites Verb. Es handelt sich um Hintergrundinformation über drei neue Personen, die in der Folge eine wichtige Rolle spielen. Nun hat der Verfasser alle Hauptpersonen seiner Erzählung bis einschließlich Kapitel 8 eingeführt.

Obwohl Eli in der Erzählung öfter im Vordergrund steht als seine Söhne, besonders in Verbindung mit Hanna und Samuel, fällt auf, dass er nicht namentlich vorgestellt wird, sondern nur über seine Söhne. Es mag sein, dass der Verfasser damit einen Hinweis auf seine Wirkungslosigkeit gibt.

Das kleine Familiendrama (1,4-5)

Zum Gottesdienst auf den »Höhen« gehörte neben den Opfern eine **4-5**
rituelle Mahlzeit, bei der u.a. das Fleisch der Opfertiere verzehrt wurde (vgl. auch 9,13). Die **Anteile** sind die vom Familienvater zugewiesenen Essensportionen.

Manche verstehen das Wort **besonderen** bei Hannas Anteil in V. 5, *'appājim* (von der Wurzel *'np* »schnauben«), als »Nasenlöcher« (vgl. 1Mo 2,7) und übersetzen »traurig« (Vul) oder »mit Kummer« (Elb*). Andere gehen von einem verderbten Text aus und lesen *'äfäs kî* »andererseits«, so etwa »er gab Hanna nur einen Teil, obwohl er sie liebte, weil Jahwe ihren Mutterleib verschlossen hatte« (RSV). Das Wort kann aber auch »Gesicht« bedeuten, z.B. im Ausdruck »Angesicht zur Erde« (vgl. 20,41; 24,9; 25,41; 28,14), wie etwa im Deutschen »das Gesicht wahren oder verlieren«. Deshalb sehen es manche als Zeichen besonderer Gunst und übersetzen »doppelt« (Elb, Sch).

Vom Standpunkt des biblischen Erzählers liegen auch die »Zufälligkeiten« des Lebens in Gottes Hand. Sind Kinder eine Gabe Jahwes (Ps 127,3), dann ist die Ursache der Kinderlosigkeit auch bei ihm zu suchen. Sie wird aber, wie die Folge zeigt, nicht als unabänderliches Schicksal aufgefasst.

Der Zank (1,6)

6 Statt eines Ortes der Geborgenheit und des Glücks wird die Familie durch die Mehrehe zum Kampfplatz, und die Kinder werden zum Zankapfel. Ähnlich ging es Sara und Hagar (1Mo 16,4-5). Peninna wird mit der weiblichen Form des Substantivs »Widersacher« bezeichnet, das Ziel ihrer Sticheleien mit dem Wort *r'm*, das 2,10 und 7,10 »donnern lassen« heißt, aber auch vor Gram »brüllen lassen« bedeuten kann. Der Begriff wurde vielleicht wegen seines Gleichklangs mit *rächäm*, **Mutterleib**, gewählt. Die intensivierte Wiederholung des Grunds, Hannas Kinderlosigkeit, verleiht ihrem Kummer Nachdruck.

Zusammenfassung (1,7)

7 Diese Schlussbemerkung signalisiert einen unrühmlichen Dauerzustand, der in der darauffolgenden Szene eine erfreuliche Wendung nimmt.

2.1.1.2 Hanna bittet Jahwe um einen Sohn (1,8-20). 1. Szene

2.1.1.2.1 Übersetzung

8. Einmal sagte ihr Mann Elkana zu ihr: »Hanna, was weinst du, warum isst du nicht, und wieso fühlst du dich schlecht? Bedeute ich dir nicht mehr als zehn Söhne? 9. Hanna erhob sich nach dem Essen und Trinken in Silo. Der Priester Eli saß auf dem Sitz am Türpfosten des Heiligtums Jahwes. 10. Hanna war deprimiert. 11. Sie betete zu Jahwe unter vielen Tränen und formulierte folgendes Gelübde: »Jahwe der Heerscharen, nimmst du zur Kenntnis, wie deine Dienerin zurückgestellt wird, und registrierst es und vergisst ihre Not nicht, sondern gibst ihr einen männlichen Nachkommen, dann werde ich ihn Jahwe sein ganzes Leben lang zurückgeben, und kein Schermesser soll auf sein Haupt kommen.« 12. Während sie ihr Gebet in die Länge zog, beobachtete Eli ihre Mundbewegungen, 13. denn Hanna sprach für sich, ihre Lippen bebten zwar, doch ihre Stimme hörte man nicht, und Eli hielt sie für angetrunken. 14. »Wann hörst du endlich auf mit dem Trinken?«, fuhr sie Eli an. »Lass das mit dem Wein sein!« 15. »Nein, Herr!«, antwortete Hanna. »Ich bin eine Frau, die es hart getroffen hat. Ich habe weder Wein noch Alkohol angerührt, sondern mein Herz vor Jahwe ausgeschüttet. 16. Halte deine Magd nicht für eine ruchlose Frau. Ich habe mir einfach meine vielen Überlegungen und meinen Ärger von der Seele geredet.« 17. »Dann gehe hin in Frieden«, erwiderte Eli. »Möge Israels Gott dir schenken, was du von ihm erbeten hast!« 18. »Ich hoffe, du bist mit deiner Magd zufrieden«, sagte Hanna, ging weg und aß. Ihr Gesicht sah ganz anders aus. 19. Sie machten sich am nächsten Morgen früh auf und kehrten, nachdem sie ihren Gottesdienst vor Jahwe verrichtet hatten, zurück und kamen zu Hause in Rama an. Elkana schlief mit seiner Frau und Jahwe dachte an sie. 20. So kam es, dass Hanna schwanger wurde und nach ihrer Zeit einen Sohn gebar, den sie Samuel nannte, »denn«, sagte sie, »ich habe ihn von Jahwe erbeten.«

2.1.1.2.2 Auslegung

Elkanas Trost (1,8)

Im Gegensatz zu den vorigen Versen beginnt dieser mit einem sogenann- **8**
ten *Waw-Imperfekt.* Damit setzt er sich vom vorausgegangenen Abschnitt ab, der den Hintergrund der Handlung schilderte, und signalisiert zugleich den Beginn dieser Handlung. Elkanas Versuch, seine Frau zu trösten, gehört also nicht zu dem, was jedes Jahr geschah, sondern zu der nun zu schildernden Episode. Sein Trostversuch ist sicher aufrichtig und gut gemeint, aber doch hilflos. Als könnte seine Zuneigung den Mangel an Kindern aufwiegen!

Hannas Gelübde (1,9-11)

Handelte es sich hier um die weibliche Form des Verbs »essen«, dann **9**
wäre Elkanas Trost erfolgreich gewesen, Hanna hätte mitgegessen. Wahrscheinlich handelt es sich um das Substantiv. LXX liest »nach ihrem Essen«, d.h. der Familie, Hanna hat sich nicht beteiligt (vgl. V. 18).

Die vorangestellten Substantive, gefolgt von einem Verb im Perfekt in 1,9b, signalisieren Hintergrundinformation (bei LÜ† noch in Klammern gesetzt), die der Verfasser hier einfügt, um dem Leser zu erklären, wieso Eli Hannas Mundbewegungen beobachten konnte, vgl. V. 12. Eli wird hier nicht formal vorgestellt, da er in V. 3b in Verbindung mit seinen Söhnen bereits erwähnt wurde, sondern nur durch das Substantiv *hakkohēn*, **der Priester**, identifiziert. Mit **Heiligtum** (NLB, GNB, HFA) oder »Tempel« (LÜ, Elb, Sch, EÜ), hebr. *hêkal*, ist die Stiftshütte gemeint, die nach der Eroberung Kanaans unter Josua in Silo aufgestellt wurde (Jos 18,1; Ri 18,31). Manche halten diesen Begriff, der ursprünglich einen Königspalast bezeichnete und auf die Kultstätte Gottes, des großen Königs, übertragen wurde, für einen Anachronismus, denn erst unter Salomo wurde Jahwe ein Tempel gebaut. Das *New Bible Dictionary* ist aber der Auffassung, dass ein Gebäude mit Türen (3,15) und Türpfosten bereits zu dieser Zeit die Stiftshütte abgelöst haben könnte.

10-11a Im ersten Satz steht das persönliche Pronomen »sie« gefolgt vom Verb »bitter sein« im Perfekt sowie vom Substantiv »Seele«. Damit zeichnet der Verfasser Hannas Seelenzustand, der sie ins Gebet treibt. Im zweiten Satz signalisiert das *Waw-Imperfekt* die Rückkehr zum Fortgang der Ereignisse. **Unter vielen Tränen**, wtl. »weinend weinte sie«, und **formulierte folgendes Gelübde**, wtl. »gelobte ein Gelübde«, sind Beispiele zweier geläufiger hebr. Redewendungen, die der Intensivierung sowie der Bekräftigung dienen.

11b Hannas Kinderlosigkeit wurde Gott zugeschrieben (Vers 5), sie fasst sie jedoch nicht als unabänderliches Schicksal auf, sondern macht sie zu einem dringenden Gebetsanliegen. Glaube an Gottes Souveränität soll nicht zu schicksalsergebener Resignation führen, sondern Vertrauen wecken. Hannas Anrede **Jahwe der Heerscharen** bezeugt, dass sie Gottes mächtiges Eingreifen erwartet.

Neben der emphatischen Form des Verbs »sehen«, verwendet Hanna in ihrem Gebet drei sogenannte Anthropomorphismen, nennt also Gott zugeschriebene menschliche Eigenschaften, denn sie bittet Gott, der allwissend ist, auf sie zu achten, ihrer zu gedenken und sie nicht zu vergessen. Ihre Bitte ist, wie so viele Ausdrücke in der Heiligen Schrift, phänomenal zu verstehen, d.h. sie erwartet ein wahrnehmbares Ergebnis. Gott soll ihr wtl. einen »Samen der Menschen«, d.h. ein männliches Kind, schenken.

Die Wiederholung des Wortes **geben** ist kein einfallsloser Stilfehler, sondern weist auf einen wichtigen theologischen Grundsatz hin: Hanna erwartet, von Gott beschenkt zu werden; ihre rechtmäßige Antwort ist, Jahwe das Geschenkte zurückzugeben (Röm 12,1; 1Kor 6,19).

Wenn Hanna gelobt: **kein Schermesser soll auf sein Haupt kommen**, spielt sie wahrscheinlich auf die Nasiräerweihe an, aber im Gegensatz zu den in 4Mo 6,1-21 aufgeführten Vorschriften, die ein befristetes Gelübde vorsahen, sollte ihr erhoffter Sohn Jahwe sein Leben lang gehören.

Hanna wehrt Elis Schelte ab (1,12-18)

Die hebr. Syntax weist diese zwei Verse als Hintergrundinformation **12-13**
für den folgenden Dialog aus. Hanna fiel Eli auf, weil man gewöhnlich laut betete. Es besagt manches über den allgemein geistlichen Zustand im damaligen Israel, dass der Priester überhaupt auf die Idee kam, ein Gottesdienstbesucher könne betrunken sein. Es spricht aber auch nicht viel für Elis Unterscheidungsvermögen, dass er Hannas ernsthaftes Beten derart missverstand.

Hanna weist Elis Vorwurf höflich, aber bestimmt zurück. Wenn sie **14-16**
sich als wtl. »Frau harten Geistes« bezeichnet, spielt sie auf die Ursache ihres Kummers an, während die meisten Bibelübersetzungen (»betrübt, bedrückt, beschwert«) die Folgen beschreiben. Genau umgekehrt verhält es sich bei dem Begriff, der meist mit »Kummer« übersetzt wird, aber wtl. »ein leises Vor-sich-hin-Murmeln« bedeutet. Das Wort **Ärger** wird auch in mehreren Übersetzungen als »Herzeleid« abgemildert.

Aus Höflichkeit gegenüber einer Person höheren Ranges bezeichnet sich Hanna als **Magd** (vgl. 11,18). Hanna weist die Anschuldigung zurück, sie sei **eine ruchlose Frau**, wtl. »Tochter Belials« (vgl. 2,12; 25,17). »Belial« bezeichnet im Alten Testament haltlose Menschen, in der zwischentestamentlichen Zeit wurde der Begriff auf den Teufel bezogen und wird in diesem Sinne von Paulus (2Kor 6,15) gebraucht.

Elis Abschiedswort drückt mehr als nur einen Wunsch aus, sondern **17**
auch sein Einverständnis, als wollte er sagen: »Dann ist alles in Ordnung!« Eli verwendet hier auch die Intensivform, wtl. »die Bitte, die du erbeten«

hast. Hanna wird sie später wiederholen (V. 27). Das hebr. Wort für **bitten**, *sch'l*, klingt ähnlich wie *schā'ûl* **Saul** und ist ein Beispiel für narrative Analogie (vgl. V. 20.28).

18 Die sehr häufige hebr. Wendung »Gnade oder Gunst finden in deinen Augen«, die heute fremd und antiquiert klingt, hat den Sinn von Zustimmung oder Befürworten. Hanna verwendet als Selbstbezeichnung *schifchāh*, ein zweites Wort für weibliche Diener oder Sklaven, ohne nennenswerten Unterschied zu *'āmāh* **Magd** (V. 11.16). Hannas wiedergewonnener Appetit und ihr veränderter Gesichtsausdruck zeigen, dass sie ihr Herz vor Gott ausgeschüttet (vgl. Ps 62,9) und ihre Last tatsächlich auf ihn abgewälzt hatte (vgl. Ps 55,23; 1Petr 5,7).

Samuel wird geboren (19-20)

19a Die hebr. Erzählweise verwendet viel öfter persönliche Pronomen, als es im heutigen Deutsch üblich ist. Obwohl gerade Eli und Hanna im vorhergehenden Dialog im Vordergrund standen, schreibt der Verfasser hier ungeniert **sie** in der Erwartung, seine Leser werden schon verstehen, dass Elkana und seine Familie gemeint sind. Die Feststellung, dass Personen sich aufmachen und in ihre Heimat, hier Rama, zurückkehren, kann eine Formel sein, die als Grenzmarker auf den Abschluss einer Episode hinweist (vgl. 2,11). Zunächst sieht es so aus, als wäre das hier auch der Fall. Aber der Satz geht weiter, und die Aneinanderreihung von Verben signalisiert, dass es sich hier um den Höhepunkt der Episode handelt.

19b-20 Für den ehelichen Beischlaf verwendet das Alte Testament manchmal den Euphemismus »erkennen«. Nach der hebr. Wortfolge schien eine Zeit zwischen Rückkehr und Empfängnis zu liegen (vgl. auch WStB, Sch), aber wahrscheinlicher sind damit die neun Monate zwischen Empfängnis und Geburt gemeint, deshalb die Satzumstellung auch bei LÜ und Elb.

Beim Höhepunkt einer Geschichte löst ein entscheidendes Ereignis den Konflikt auf (Longacre, 1983). Gott erhörte Hannas Gebet und beendete die Spannung, die ihr Leben vergällt hatte.

Unfruchtbare Lieblingsfrauen, die durch göttliches Eingreifen einen Glaubenshelden gebären, kommen mehrmals in der Heiligen Schrift vor (Sara und Isaak, Rebekka und Jakob, Rahel und Josef, Manoachs Frau und Simson, Hanna und Samuel, Elisabeth und Johannes der Täufer).

Solche Vorgänge werden *Musterhandlung* bzw. *Standardsituation* (englisch *type-scene*) genannt (vgl. auch zu 9,11-14).

Über die Etymologie (Wortherkunft) von **Samuel** gibt es verschiedene Ansichten. Mit dem Suffix *'ēl* »Gott« leiten manche es von *schēm* »Name« ab, also »Name Gottes«, andere von *schm'* »hören«, also »von Gott erhört« (Elb). EÜ vermerkt: »Der Name wird nur nach dem Klang des Wortes gedeutet.« Die englische Gehörlosen-Bibelübersetzung bemerkt dazu: »*Samuel* bedeutet *sein Name ist Gott,* aber wenn man einen hebr. Buchstaben entfernt, klingt es wie *bitten* oder den Namen *Saul.*«

2.1.1.3 Hanna weiht Jahwe ihren Sohn (1,21-28a). 2. Szene

2.1.1.3.1 Übersetzung

21. Elkana ging mit seiner ganzen Familie, um Jahwe das jährliche Opfer und was er ihm gelobt hatte zu bringen. 22. Hanna begleitete sie nicht, denn sie sagte ihrem Mann: »Bis ich den Jungen entwöhnt habe, dann werde ich ihn bringen, damit er vor Jahwes Angesicht erscheinen und für immer dort wohnen soll. 23. »Tu nur, was du für richtig hältst«, antwortete Elkana. »Bleibe, bis du ihn entwöhnt hast. Jahwe wird wohl bestätigen, was er sagte.« Die Frau blieb also und stillte ihren Sohn, bis sie ihn entwöhnt hatte. 24. Sie nahm ihn mit sich, als sie ihn entwöhnt hatte, mit einem dreijährigen Stier, einem Scheffel Mehl und einem Schlauch voll Wein, und brachte ihn zum Hause Jahwes in Silo. Dabei war der Junge noch ein Knabe. 25. Sie schächteten den Stier und brachten den Jungen zu Eli. 26. »Bitte, mein Herr«, sagte Hanna dem Eli, »so wahr mein Herr lebt, ich bin die Frau, die hier neben dir stand, um zu Jahwe zu beten.« 27. »Diesen Jungen hier erbat ich, und Jahwe gab mir, was ich von ihm bat.« 28a. »Ich meinerseits lasse ihn mir für immer von Jahwe erbeten sein, so wie er tatsächlich Jahwes Wunschkind war.«

2.1.1.3.2 Auslegung

Hannas Entschluss (1,21-23)

Da hier vom jährlichen Opfer, wtl. »Opfer der Tage«, die Rede ist, muss **21**
man sich klarmachen, dass seit den im vorigen Abschnitt berichteten Er-

eignissen ein Jahr verflossen ist. Elkanas *nädär* »Gelübde« ist nicht mit Hannas zu verwechseln, dessen Erfüllung erst in der Folge erzählt wird, sondern es ist Teil des Gottesdienstes. Obwohl die Heilige Schrift vor unbedachten Versprechen warnt – eindringlichste Beispiele sind Jeftah (Ri 11,29-40) und Herodes (Mk 6,23-26) –, haben Gelübde eine Rolle in schriftgemäßer Frömmigkeit zu spielen, z.B. als Ausdruck der Dankbarkeit, Vertiefung der Buße oder als Hilfe zur Selbstdisziplin. Vielleicht sind sie zu oft Opfer der sonst wertvollen evangelischen Freiheit geworden?

22 Die Wortfolge, Substantiv gefolgt von einem Verb im Perfekt, weist den Satz als Hintergrundinformation aus, denn es handelt sich um etwas, was gerade **nicht** geschah.

23 Mehrere Bibelübersetzungen lassen Elkanas zweiten Satz wie einen Vorbehalt klingen, als wollte er seine Zustimmung im ersten Satz einschränken. Da Jahwe Hanna keine Verheißung gegeben hatte, ersetzen manche Handschriften »sein Wort« durch »dein Wort«. Wahrscheinlich meint Elkana beides, Hannas Gelübde und Gottes Geschenk, und drückt seine Zuversicht aus, dass der ganze Vorgang ein gutes Ende nehmen wird.

Hanna erfüllt ihr Gelübde (1,24-25)

24 Hanna wird hier als Handelnde dargestellt, weil das Gelübde und der Entschluss, es auf diese Weise zu erfüllen, auf ihre Initiative hin geschahen. Dasselbe Verb *'lh*, wurde Vers 3 (siehe dort) und 21 verwendet, hier im *Hifil* (kausativ). Ihren Sohn nahm sie also zum Gottesdienst mit. Der nächste Vers macht deutlich, dass die beiden nicht allein waren. Die Lesart der MT Kt. »drei Stiere« (Elb) ergäbe einen Widerspruch mit dem nächsten Vers, deshalb ist MT Qr. LXX **ein dreijähriger Stier** vorzuziehen. Für den Inhalt eines **Scheffels**, hebr. *Ephah*, werden verschiedene Entsprechungen zwischen 22 und 45 Liter angegeben. Samuel war noch im heutigen Vorschulalter.

25 Das deutsche **schächten** stammt vom hier verwendeten hebr. Wort *schcht*, einem Fachbegriff fürs Ritualschlachten. Die Pluralform beim ersten Verb könnte eventuell auf das Dienstpersonal der Stiftshütte verweisen, aber beim zweiten verrät sie, dass Hanna in Begleitung ihrer Familie war, wahrscheinlich im Rahmen des Jahresfestes, wie bereits in Vers 3 beschrieben.

Hannas Rede zu Eli (1,26-28)

Hanna spricht Eli an und verwendet dazu zwei Formeln. Die erste, *bî 'ădonî*, ist die höfliche Anrede eines Untergebenen gegenüber einem Höhergestellten. Die zweite, eine Eidesformel, wtl. »so wahr deine Seele lebt«, soll die Wahrheit der folgenden Aussage bekräftigen (vgl. auch 17,55; 20,3; 25,26). **26**

Der moderne Leser möchte gerne wissen, ob Eli Hanna wiedererkannt hat, aber der Erzähler befriedigt die Neugier nicht. Im Mittelpunkt stehen Hanna, die Bittende, Jahwe, der Erhörende, und Samuel, die Erhörung. Vielleicht wollte Hanna Eli auf die Sprünge helfen, denn sie wiederholt mit identischen Worten den Wunsch, den er in V. 17 aussprach. Diese Wiederholung lässt sich auf zweierlei Weise deuten. Es mag sein, dass der Verfasser Eli als Gottesmann darstellen und die Erfüllung seiner Weissagung durch Hannas Wiederholung rhetorisch unterstreichen wollte. Es ist aber auch nicht auszuschließen, dass Hanna Elis Aussage als frommes Gefasel durchschaute und nun ihm unter die Nase reiben will, dass Gott tatsächlich erhört hat. Welche Deutung wahrscheinlicher ist, wird die Folge zeigen. **27**

Mit dieser Aussage erreicht die 2. Szene ihren Höhepunkt, der Schlusssatz leitet in die folgende Szene über. Hanna benutzt die Kausativform von *sch'l*, »bitten«, weil sie ihren Sohn so betrachtet, als hätte Jahwe ihn von ihr erbeten, genau so, wie sie ihn von Gott erbeten hatte. **Wunschkind**, wtl. »erbeten«, hebr. *schā'ûl*, identisch mit dem Namen **Saul**, ein Beispiel für eine etymologische Ätiologie (Erklärung der Wortherkunft, vgl. V. 17.20). Wahre Hingabe bedeutet, dass wir Gott zurückgeben, was er uns in seiner Gnade geschenkt hat. Nur wer ein eigenes Kind verloren hat oder ein Pflegekind zurückgeben musste, kann ermessen, was dieses Opfer für Hanna bedeutete. Die Folge zeigt, was Jahwe daraus machte und welchen Segen er dadurch für sein Volk wirkte. **28a**

2.1.1.4 Hannas Lobgesang (1,28b–2,11). 3. Szene

2.1.1.4.1 Übersetzung

28b. Als sie Jahwe dort anbeteten, 1. sprach Hanna folgendes Gebet: »Mein Herz jubelt in Jahwe; mein Horn ist in Jahwe erhöht; ich rühme mich laut über meine Feinde, denn ich habe mich über deiner Hilfe gefreut. 2. Keiner ist heilig wie Jahwe; es ist keiner außer dir, denn es gibt keinen Fels wie Jahwe. 3. Redet nicht so viel Hochtrabendes, lasst die frechen Äußerungen! Denn ein kundiger Gott ist Jahwe, und durch ihn werden Machenschaften gewogen. 4. Der Bogen der Krieger ist zerschmettert, während Gestrauchelte sich mit Kraft wappnen. 5. Die einst Gesättigten müssen sich für Brot verdingen, während die einst Hungrigen nicht mehr darben. Sogar die kinderlose Frau hat sieben Kinder geboren, während die mit vielen Söhnen keinen mehr bekommt. 6. Jahwe ist einer, der Leben nimmt und gibt, der Menschen ins Totenreich hinabführt und wieder hinauf, 7. Jahwe enterbt [die einen] und bereichert [dafür andere], der [die einen] herabsetzt und sogar [andere dafür] befördert; 8. der den Niedrigen aus dem Staub erhebt, dass sie Platz nehmen unter den Adeligen, und ihnen einen ehrenvollen Thron vermacht. Denn Jahwes sind die Fundamente der Erde, darauf hat er den Erdkreis gesetzt. 9. Er wacht über den Gang derer, die ihm in Treue verbunden sind. Doch die Gottlosen werden in der Finsternis zum Schweigen gebracht. Denn es ist nicht Macht, die einen Menschen stark macht. 10. Erschüttert werden die, die gegen Jahwe streiten. Im Himmel donnert er gegen sie. Jahwe wird richten die Enden der Erde. Er wird seinem König Kraft geben und das Horn seines Gesalbten erhöhen.« 11a. Elkana ging nach Rama in sein Haus.

2.1.1.4.2 Gliederung

Hanna rühmt sich Jahwes (1,28b–2,1). *Eröffnung*

A[1] Jahwe ist einzigartig (2,2)

B[1] Menschliche Bescheidenheit wegen Rechenschaft vor Jahwe (2,3)

C[1] Die große Umkehr (2,4-8a)

A[2] Jahwe ist Schöpfer (2,8b)

B[2] Jahwe bewahrt die Seinen (2,9)

C[2] Die große Umkehr (2,10)

Abschied (2,11). *Schluss*

2.1.1.4.3 Auslegung

Eröffnung (1,28b–2,1)

Die Eröffnung von Hannas Lobgesang hat die Form eines Chiasmus **1,28b–2,1**
(Kreuzstellung) mit vier Gliedern. Im ersten und letzten Glied jubelt sie über Jahwe, in den zwei mittleren Gliedern triumphiert sie über ihre Gegner, wie zum Beispiel ihre Nebenbuhlerin Peninna, die nun nicht mehr über Hannas Kinderlosigkeit spotten kann.

Das Wortpaar *rûm qärän* **Horn erhöhen** erscheint am Anfang wie am Ende des Lieds. Dies nennt man einen Einschluss, lat. *inclusio*. Das Horn ist ein im Alten Testament häufig verwendetes Symbol der Kraft. Ein »erhöhtes Horn« bedeutet also überlegene Kraft (vgl. auch V. 10). Statt **ich rühme mich laut**, wtl. »mein Mund hat sich weit aufgetan«, übersetzen manche, zum Beispiel GN, »ich kann über meine Feinde lachen«.

Hannas Bekenntnis zu Gottes Einzigartigkeit hat auch eine chiastische **2**
Form. Jedes der drei Glieder beginnt mit der hebr. Partikel *'ējn*, »es gibt nicht«. In den äußeren Gliedern bekennt sie Gottes unvergleichliches Wesen (**heilig**) sowie die zuversichtliche Geborgenheit, die er bietet (**Fels**). Das mittlere Glied bekräftigt Gottes Einzigartigkeit.

Im MT steht das hebr. *gəbōhāh* »Hohes« doppelt, vermutlich Dittogra- **3**
fie (Doppelschreibung). Hanna denkt bei ihrer Mahnung sicher zunächst an ihre Nebenbuhlerin Peninna. Im letzten Satzteil liest Kt. »[seine] Leistungen werden« *lō'* »nicht gewogen« (WStB), d.h. sind unerforschlich, doch die meisten Übersetzungen lesen mit dem Qr. *lô* **durch ihn**.

Die große Umkehr (2,4-8a)

Hanna greift mit den folgenden Ausführungen ein Thema auf, das nicht nur ihre persönliche Erfahrung widerspiegelt, sondern auch als Leitfaden von *1. Samuel* angesehen werden kann: Gott stößt die menschliche Rangordnung um. Was oben war, wird gestürzt, was unten war, gelangt nach oben. Die sechs Aussagepaare berühren verschiedene Lebensbereiche: das Militär (4), den Lebensunterhalt (5a), die Familie (5b), Leben und Tod (6), den Wohlstand (7a) und den Gesellschaftsrang (7b-8a).

4 Hannas erste Bekräftigung hat wenig mit ihrem persönlichen Erleben zu tun, dafür viel mit dem ihres Volkes, nicht zuletzt im Blick auf die Philisterkriege, die den Hintergrund von *1. Samuel* bilden. Ihre Aussage enthält zwei hebr. Begriffe, die im Alten Testament öfter vorkommen, die sich aber nicht immer mit dem gleichen deutschen Wort übersetzen lassen. **Krieger**, hebr. *gibbôr*, »mächtig«, bezeichnet z.B. Davids Kriegshelden (2Sam 23,8) und wird hier wie in Ps 120,4 mit Pfeil und Bogen in Verbindung gebracht. **Kraft** *chājîl* »Stärke«, stammt von einer Wurzel, die »fest« bedeutet. Gelegentlich werden beide Begriffe als Apposition verwendet, vgl. zu 9,1.

5a Das hebr. *chdl* bedeutet »aufhören«, aber manche Gelehrte vermuten hier eine gleichlautende Wurzel, die »gedeihen« bedeutet und Nachklang in LXX und Vul findet. Hanna mag hier an die Auswirkung von Gottes allgemeiner Vorsehung gedacht haben; andererseits ist es auch möglich, dass sie den leiblichen Hunger und dessen Sättigung als Bild ihrer eigenen seelischen Not und deren Linderung ansieht.

5b Das hebr. *'ml* bedeutet »welken, dahinsiechen« und bezieht sich hier wie auch in der verblüffend ähnlichen Stelle Jer 15,9 auf das Ende der Gebärfähigkeit. Hanna spricht unumwunden von der Wende ihres persönlichen Schicksals. Ihr wurden im Laufe der Jahre insgesamt sechs Kinder geschenkt (V. 21). Die Zahl **sieben** ist Sinnbild der Vollständigkeit. Es ist nicht nötig, den frühen Tod eines siebten Kindes zu vermuten. Das hätte Hanna zu diesem Zeitpunkt sowieso nicht wissen können.

6 Letztlich ist es Gott allein, der über Leben und Tod verfügt (vgl. 5Mo 32,39). Zu alttestamentlichen Vorstellungen vom Jenseits und vom Leben nach dem Tod vgl. zu 28,15. Mit Samuels Geburt hat Hanna persönlich erlebt, wie Jahwe neues Leben zu schenken vermag. In *1. Samuel* verlieren mehrere Menschen frühzeitig ihr Leben und ihre Söhne, zum Teil als Folge ihres Ungehorsams gegen Gott: Eli (4,11.18), Goliat (17,51), Ahimelech (22,18), Nabal (25,37-38) und Saul (31,4). Im Gegensatz dazu wird am Beispiel Davids deutlich, wie Jahwe das Leben der Seinen auch bewahren kann.

Verfechter der Allversöhnung zitieren die zweite Hälfte des Verses gerne nach der alten Luther-Übersetzung, weil die Formulierung: Jahwe »… führt in die Hölle und wieder heraus«, scheinbar einen Beleg für ihre Vorstellung liefert, dass alle Menschen – auch die in der äußeren Finsternis – eines Tages zu Gottes Herrlichkeit gelangen werden. Eine derart folgenschwere Behauptung auf einer solch schmalen Basis zu errichten, ist aber weder exegetisch noch theologisch legitim.

Die meisten Übersetzungen geben das hebr. *jrsch* mit »arm machen« **7-8a**
wieder, aber es bedeutet »erben«, im *Hifil* (kausativ) »erben lassen«, und deshalb auch andere »enterben«. Die Assonanz (Gleichklang) zwischen den Mittelwörtern **enterbt** *môrîsch* und **bereichert** *ma'äschîr* unterstreicht den Kontrast. Hannas Worte (V. 8) werden mit nur geringfügiger morphologischer Veränderung in Ps 113,7-8a wortwörtlich wiederholt. Klassisches Beispiel dieses Grundsatzes in *1. Samuel* ist David, der sich seiner unbedeutenden Herkunft und Armut nur zu bewusst ist (18,23). Aber auch Samuel und Saul werden durch Gottes Vorsehung aus eher bescheidenem Hintergrund in das Rampenlicht der Geschichte gedrängt, und Saul wie Eli wegen ihres Ungehorsams wieder hinabgestoßen. Ob hier eine Anspielung auf ein Leben nach dem Tod vorliegt (WStB), ist äußerst fraglich.

Jahwe ist Schöpfer und bewahrt die Seinen (8b-9)

Gottes Einzigartigkeit (vgl. zu V. 2) wird in der Heiligen Schrift unter **8b**
anderem durch seine Schöpfertätigkeit begründet (Ps 96,5), die mehrmals mit der Arbeit eines Architekten oder Bauherrn verglichen wird (Hiob 38,4-7; Ps 102,26; 104,5). Aus diesen Anthropomorphismen darf man freilich nicht den billigen Schluss ziehen, die biblischen Verfasser glaubten, die Erde sei tatsächlich von *māṣûq* »Säulen« getragen.

Er wacht über den Gang wtl. »behütet die Füße seiner Treuen«, hebr. **9a**
chäsîdîm, von *chäsäd* »stete Liebe, Bundestreue«. Später ist der Begriff *Chasidim* zur Bezeichnung einer jüdischen Religionsgemeinschaft geworden.

9b Die Symbolik von Licht und Finsternis ist derart verwurzelt im menschlichen Denken und Reden, dass man leicht übersieht, dass es sich um Bildsprache handelt. Licht steht u.a. für Erkenntnis (2Kor 4,6), Lauterkeit (1Joh 1,5) und Hoffnung (Spr 4,18), Finsternis für Unwissenheit, Verheimlichung (Joh 3,19), Schändliches (1Thess 5,7), Bosheit, Verzweiflung (Pre 5,16), Katastrophe (Zef 1,15) und schließlich, wie hier, für die Gottesferne, ein Bild, das auch Jesus und seine Apostel verwendet haben (Mt 8,12; 2Petr 2,17).

Der Fortgang der Erzählung wird zeigen, dass nicht nur die Feinde Israels, allen voran Goliat, ein solches Schicksal erleiden, sondern auch Israels eigene Führer, zum Beispiel Eli mit seinen Söhnen und vor allem Saul. Hannas Bekräftigung wirft einen ironischen Schatten auf dessen tragisches Schicksal voraus.

9c Hanna äußert in 2,9c einen geistlichen Grundsatz, den die Heldentaten Jonatans (14,6) und Davids (17,45.50) illustrieren und den Paulus sowohl auf den Dienst Jesu Christi (2Kor 13,4) als auch auf den eigenen (2Kor 12,9-10) bezieht.

Die große Umkehr (2,10)

10a Nicht nur die Philister erleben schwere Niederlagen, z.B. gegen Samuel (7,10-14), Jonatan (14,15) und David (18,27; Goliat 17,50) sowie Nahasch (11,11) und Amalek (15,7) gegen Saul, sondern auch Israeliten, die sich gegen Jahwe stellen, z.B. Eli mit seinen Söhnen und Saul selbst.

10b In der Heiligen Schrift ist Donner oft eine Begleiterscheinung einer Heimsuchung Gottes, zum Beispiel eine der Plagen Ägyptens (2Mo 9,23), aber auch eine Bestätigung seiner Gegenwart, wie bei der Erneuerung des Königtums in Gilgal (12,18) oder ein Zeichen eines göttlichen Eingriffs zugunsten seines Volkes, vgl. 7,10.

10c Hannas Behauptung kann unterschiedlich verstanden werden. Vielleicht äußert sie die Einsicht, die sie aus ihrem persönlichen Erleben gewonnen hatte, dass Gott in seiner Vorsehung alle Menschen zur Rechenschaft zieht. Da das hebr. *'äräṣ* sowohl »Land« als auch **Erde**, »Welt« bezeichnet, haben andere Ausleger hier eine Prophetie gesehen, entweder von Samuels späterer Richtertätigkeit im ganzen Land im Auftrag Jahwes (vgl. 7,6.15-16) oder von Davids künftiger Königsherrschaft über ganz Israel (vgl. 2Sam 8,15).

Es ist zwar eher unwahrscheinlich, dass Hanna hier das Jüngste Gericht voraussagt, manche Ausleger halten es aber trotzdem für legitim, im Lichte der neutestamentlichen Offenbarung in Jesus Christus und nach dem hermeneutischen Grundsatz *Sensus plenior*, etwa »erweiterter/tieferer Sinn«, dem Bibeltext eine Bedeutung zu entnehmen, die den ursprünglichen Sprechern oder Verfassern unbekannt war und erst zu einem späteren Zeitpunkt deutlich geoffenbart wurde. Eine solche Auslegung wird von historisch-kritischen aber auch von vielen evangelikalen Exegeten abgelehnt.

Wichtige Amtsträger im Alten Testament wurden bei ihrer Einführung **10d**
gesalbt. Deshalb meinen **Gesalbter** und **König** die gleiche Person. Der Satz ist ein gutes Beispiel für den Parallelismus in hebräischer Dichtung. Zu **Horn** s. zu V. 2.

Die Frage, wie Hanna vom **König** und **Gesalbten** zu einem Zeitpunkt sprechen kann, an dem Israel noch keinen gesalbten König besaß, kann auf verschiedene Weise beantwortet werden. Die historisch-kritische Auslegung ist geneigt, dies für ein offensichtliches Versehen zu halten. Demnach habe der Verfasser oder Redaktor Hanna Worte in den Mund gelegt, die einem späteren geschichtlichen Zusammenhang entstammen. Aber die geniale Erzählkunst des Verfassers von *1. Samuel* lassen es höchst unwahrscheinlich erscheinen, dass er hier so stümperhaft hätte vorgehen können. Viele pietistische Ausleger zögern nicht, Hannas Bekräftigung als Prophetie der künftigen israelitischen Monarchie zu verstehen.

Aufgrund der vielen Anspielungen in Marias Lobgesang (Lk 1,46-55) sowie der Bezeichnung des Messias als »Horn Davids« (Ps 132,17; Lk 1,69) haben manche, auch jüdische, Ausleger in den Worten **das Horn seines Gesalbten erhöhen** eine messianische Prophetie gesehen. Diese Schlussfolgerung ist nicht zwingend. Es lässt sich eher sagen, dass Maria und Zacharias die Parallele zwischen ihrer Situation und Hannas erkannten und eine ähnliche Sprache verwendeten, um die Vorgänge um die Geburt Jesu Christi zu beschreiben.

Schluss (2,11)

11a Der Abschluss einer Episode wird manchmal durch die Feststellung signalisiert, dass die Personen sich aufmachten und ihres Weges gingen oder in ihre Stadt zurückkehrten (*Abschiedsformel*).

2.1.1.5 Vorschlag für eine Predigt oder Bibelarbeit über 1. Samuel 1,1–2,11

Thema: Eine gottesfürchtige Frau

1. Wie viele Frauen musste Hanna unter Widerwärtigkeiten leiden.

a) Hanna litt unter den Folgen der entsetzlichen Einrichtung der Vielehe. Bezeichnenderweise erscheint die Vielehe zum ersten Mal bei der Nachkommenschaft der verfluchten Kainslinie (1Mo 4,19). Weitere Beispiele für die schädlichen Auswirkungen der Vielehe (u.a. Zank unter Ehefrauen, Bevorzugung der Kinder) findet man bei Abraham, Jakob, Gideon (Ri 8,30), David und Salomo.

Nur im Judentum und im Christentum ist die Einehe als verpflichtend vorgeschrieben. Im Islam wird darauf hingearbeitet, die Vielehe im Abendland salonfähig zu machen.

b) Hanna stieß auf das Unverständnis der Männer.

1) Elkanas Trostversuch (1,8) ging ins Leere (vgl. Spr 25,20).

2) Eli hielt sie für eine Trinkerin (1,13).

2. In ihrer Not wandte sich Hanna Gott zu.

Aus der Tiefe ihrer Not (1,10) schüttete Hanna ihr Herz vor Gott aus (1,15) und wurde erhört (1,19-20). Vgl. Ps 50,15; 55,23.

3. Hanna diente dem Herrn:

a) durch ihren Lobgesang (2,1-10), der Widerhall in Marias Lobgesang (Lk 1,46-55) findet.

1) Hanna pries Jahwes Einzigartigkeit (2,2):

2) Sie hob hervor, wie Gott menschliche Schicksale umkehrt, ein wichtiges Thema von *1. Samuel*.

3) Sie pries Jahwes Vorsehung (2,8) und Gericht (2,9-10).

b) durch ihren Sohn Samuel.

Aus Dankbarkeit weihte Hanna ihren Sohn dem Dienst Jahwes in der Stiftshütte und versorgte ihn dort. Christliche Eltern wollen selbstverständlich das Beste für ihre Kinder. Sie sollten auch in Erwägung ziehen, ihnen Mut zu machen und dafür zu beten, dass sie in den Dienst des Herrn treten. Spurgeon sagte seinem Sohn: »Ruft dich der Herr in seinen Dienst, dann gib dich nicht mit einer minderwertigeren Stelle, wie z.B. eines Ministerpräsidenten, zufrieden!«

2.1.2 Versagen und Schicksal von Israels Priesteramt (2,11b-36). Episode 2

2.1.2.1 Gliederung (Rahmenwiederholungen)

A^1 Samuels Dienst (11b)
- B^1 Das schändliche Verhalten von Elis Söhnen (12-17)

A^2 Samuels Dienst (18)
- C^1 Samuels Familie (19-21a)

D^1 Samuels Wachstum (21b)
- C^2 Eli ermahnt seine Söhne vergeblich (22-25)

D^2 Samuels Wachstum (26)
- B^2 Ein Gottesmann kündigt Jahwes Vergeltung über Eli und sein Haus an (27-36)

A^3 Samuels Dienst (3,1a)
- B^3 Jahwe beruft Samuel und bestätigt seine Vergeltung an Eli (3,2-18)

D^3 Samuels Wachstum (3,19)

Die drei letzten Glieder werden in der Auslegung des 3. Kapitels behandelt.

Die Erzählung wird von kurzen Sätzen umrahmt, die Samuels Dienst (A^1 A^2 A^3) und Wachstum (D^1 D^2 D^3) zusammenfassen. Long (1987) machte auf das Phänomen der Wiederholung ähnlichen Inhalts aufmerksam und nannte sie *framing repetitions*, »einrahmende Wiederholungen«, die mehrere Funktionen erfüllen:

- Sie bilden eine Klammer, die die ganze Episode zusammenhält und an die folgende Episode, Samuels Berufung (Kap. 3), bindet.
- Sie setzen das Geschick von Samuel und seiner Familie mit dem von Eli und seinen Söhnen so in Verbindung, dass Samuels Dienst in kindlicher Unschuld in scharfem Gegensatz zur uneinsichtigen Zügellosigkeit der Söhne Elis erscheint, und sich Hannas rührende Fürsorge für ihren kleinen Sohn und Jahwes Kindersegen (2,19-21) wohltuend von Elis vergeblichem Versuch, seine Söhne zurechtzuweisen (2,22-25), abheben.

- Sie deuten einen Prozess der Charakterentwicklung sowie einen Handlungsverlauf mit steigender Spannung an. Während Samuel zu einem Gottesmann heranreift (vgl. den Höhepunkt 3,19), sinkt das Priestertum immer tiefer. Eine erste anonyme Gerichtsandrohung (2,27-36) konkretisiert sich in der Botschaft, die Jahwe dem jungen Samuel anlässlich seiner Berufung (3,12) anvertraut.

Die historisch-kritische Hypothese, zwei ursprünglich selbstständige Quellen seien ineinandergefügt worden, erweist sich hier als überflüssig.

Die im Abschnitt herausgestellten Gegensätze lassen sich wie folgt zusammenfassen:

- Elis Söhne frönen fleischlichen Lüsten (12-17.22.29), Samuel dient Jahwe (18).
- Samuel wächst zu einem Mann Gottes heran (26), Elis Söhne sinken immer tiefer in die Verdorbenheit.
- Samuels Familie sorgt für seine Bedürfnisse (19), Elis Söhne raffen alles an sich (14.16).
- Samuels Eltern sorgen für ihn, Elis Söhne schlagen ihres Vaters Mahnung in den Wind (22-25).
- Jahwe segnet Samuels Familie (20), spricht aber eine Drohung gegen Elis Familie aus (27-36).
- Samuels Familie gedeiht und wächst (21), Elis Familie droht das Aussterben (31-34).

2.1.2.2 Das schändliche Verhalten von Elis Söhnen (2,12-17). 1. Szene

2.1.2.2.1 Übersetzung

12. Elis Söhne waren Taugenichtse, sie kannten Jahwe nicht. 13. So gingen sie mit dem Volk um: Bei jedem Menschen, der opferte, kam der Assistent des Priesters mit einer Dreizackgabel in der Hand, während das Fleisch noch siedete, 14. stieß damit in das Kochgerät, und was immer die Gabel hervorbrachte, nahm der Priester für sich. So taten sie mit allen aus Israel, die dorthin nach Silo kamen. 15. Selbst ehe man das Fett geräuchert hatte, kam der

Assistent des Priesters und sagte dem, der opferte: »Gib dem Priester Fleisch zum Braten, denn er akzeptiert kein gebratenes Fleisch von dir, sondern nur rohes.« 16. Schlug derjenige, der opferte, vor: »Das Fett wollen wir wohl zuerst in Rauch aufgehen lassen, dann nimm, was dein Herz begehrt,« antwortete er: »Nein, du wirst es jetzt geben, sonst nehme ich's mir mit Gewalt.« 17. Auf diese Weise luden die jungen Männer schwere Schuld vor Jahwe auf sich, denn die Männer achteten Jahwes Opfergaben gering.

2.1.2.2.2 Gliederung

A¹ Ihr Charakter 12
  B¹ Sie missbrauchen ihre Privilegien als Priester 13-14a
A² Ihr Umgang 14b (*Zwischenbilanz*)
  B² Sie vergreifen sich an Gottes Anteil 15-16
A³ Zusammenfassende Beurteilung 17

2.1.2.2.3 Auslegung

12 Der einleitende hebr. Nominalsatz (V. 12) signalisiert Hintergrundinformation. Gegen Elis Söhne werden zwei Vorwürfe erhoben. Sie waren sittlich verkommen und geistlich untauglich. Zu **Taugenichtse**, wörtlich »Söhne Belials«, vgl. zu 1,16. Der Erzähler bekräftigt von Elis Söhnen, was Hanna für sich bestritt. Die Anmerkung **sie kannten Jahwe nicht** bedeutet in diesem Fall, dass sie weder seinen Anspruch anerkannten noch eine persönliche Beziehung zu ihm hatten.

13 Der erste Satz von V. 13 ist eine Ellipse und lautet wtl. »und die Sitte der Priester mit dem Volk«. Manche Übersetzungen (Vul, LÜ, Sch, GNB) verstehen ihn als Fortsetzung des vorigen Satzes dahingehend, dass Elis Söhne sich mutwillig über die Vorschriften für Priester hinwegsetzten. Es ist besser, die Aussage als elliptischen Auftakt zur folgenden Erklärung zu verstehen.

14 Als Priestern stand Elis Söhnen ein Anteil an den Opfergaben zu. Ihr Frevel bestand in der egoistischen Art und ungebührenden Hast, mit denen sie sich diesen Anteil sicherten. Das hebr. Wort für **Assistent** ist *na'ar*, das etwa die gleiche Bedeutungsspanne hat wie das deutsche »Bursche«. Im Hebr. werden vier verschiedene Kochutensilien aufgeführt, die man nicht mit Sicherheit identifizieren kann und die deshalb mit dem Sammelbegriff **Kochgerät** wiedergegeben werden (»Töpfe« GNB). Mit der Aufzählung der vier Geräte soll vielleicht die Vollständigkeit angedeutet werden, wie später bei den Werkzeugen (vgl. 13,20). Die zweite Hälfte des Schlusssatzes von V. 14 ist keine überflüssige Wiederholung, sondern trennt das Vergehen von Elis Söhnen gegen das Volk von ihrem Vergehen gegen Jahwe.

Den Priestern war der Verzehr des Fetts untersagt, ihnen stand aber 15
ein Anteil am übrigen Fleisch zu. Deshalb der Vorschlag der Opfernden:

Im hebr. Original stehen gewöhnliche Aussagesätze, aber weil man da- 16
von ausgehen muss, dass solche Gespräche zwar öfters, aber wohl nicht jedes Mal stattfanden, ist es korrekt, sie wie die meisten Übersetzungen in der Bedingungsform wiederzugeben. Mit **wohl** wird die emphatische Verbform wiedergegeben. Von der Grammatik her passt Qr. *lō'* **Nein** besser als Kt. *lô* **ihm**, und unterstreicht, wie grob die damaligen Amtsträger mit den Gottesdienstbesuchern umgingen. Die Beteuerung »du wirst« gibt das Bindewort *kî* wieder, das sonst oft eine Begründung einleitet.

Die hebr. Syntax in V. 17, *hjh*, »sein« im Imperfekt, signalisiert keine 17
zusätzliche Handlung, sondern eine zusammenfassende Beurteilung des Vorigen. Es ist nicht klar, ob mit den **jungen Männern** wie bisher die Assistenten der Priester gemeint sind, oder ob sie, wie in den meisten Übersetzungen, mit den **Männern**, also Elis Söhnen, gleichzusetzen sind. Pinhas war auf jeden Fall schon verheiratet (4,19). Das hebr. *minchāh* wird hier als Sammelbegriff für alle Opferarten verwendet. Der Verfasser setzt voraus, dass seine Leser mit den levitischen Opfervorschriften vertraut sind.

2.1.2.3 Samuels Familie (2,18-21). 2. Szene

2.1.2.3.1 Übersetzung

18. Unterdessen stand der junge Samuel im Dienst Jahwes, umgürtet mit einem leinenen Efod. 19. Ein kleines Oberkleid fertigte ihm seine Mutter an und brachte eins mit hinauf Jahr für Jahr, wenn sie mit ihrem Mann hinaufging, um das jährliche Opfer zu schlachten. 20. Eli segnete Elkana und seine Frau mit den Worten: »Jahwe weise dir Nachkommen zu von dieser Frau als Ersatz für das Kind, das sie von Jahwe erbat und ihm geweiht hat.« Dann kehrten sie heim. 21. Jahwe gedachte Hanna in der Tat, und sie wurde schwanger und gebar noch drei Söhne und zwei Töchter. Mittlerweile wuchs der junge Samuel bei Jahwe heran.

2.1.2.3.2 Gliederung

A[1] Samuels Dienst (18)
B[1] Hannas Fürsorge (19)
B[2] Jahwes Segen (20-21a)
A[2] Samuels Wachstum (21b)

2.1.2.3.3 Auslegung

18 Der hebr. Satzbau mit *waw,* »und«, gefolgt vom Satzgegenstand und einem Mittelwort der Gegenwart macht deutlich, dass mit V. 18 keine neue Handlung geschildert wird, sondern ein Vorgang, der sich gleichzeitig mit der vorigen Szene ereignete.

Leinen war für Priesterkleidung ein bevorzugter Stoff und symbolisiert die Reinheit (vgl. auch Offb 19,8). Der Gegensatz zwischen Samuels Dienst für Jahwe und der Selbstsucht von Elis Söhnen kommt sogar in seiner Bekleidung zum Ausdruck.

»Über Gestalt und genaue Funktion des Ephods lassen sich nur Vermutungen anstellen« (Bender, 2008, 216), doch für Zeitgenossen müssen beide selbstverständlich gewesen sein, denn die Texte bieten keinerlei Erklärung dafür. Bibellexika, -kommentare und -übersetzungen unterscheiden oft bis zu drei Bedeutungen von *ēfôd* **Efod**, und zwar:

1. ein leinener Priesterschurz, getragen von Samuel (2,18) oder David (2Sam 6,14, vermutlich der Grund für Michals Verachtung V. 20);
2. ein Bestandteil der Amtskleidung des Hohenpriesters (2Mo 28,4-8), eine Art Weste mit Schulterträgern (V. 7) und einer Binde als Gürtel (V. 8);
3. ein Kultgegenstand, wie Gideon einen anfertigte (Ri 8,27), mit dem man Jahwes Willen auszumachen vermochte.

Eine einfachere Erklärung ist, dass es sich beim **Efod** um einen »Schulterumhang« (BDB, vgl. »priesterliches Schulterkleid« Br, vgl. 2Mo 28,6) mit Taschen für die Hände (so Abb. bei Bender) handelte, die es einem Amtsträger erlaubten, heilige Gegenstände gefahrlos anzufassen. Wenn nicht in Gebrauch, konnte das **Efod** im Gürtel befestigt (»umgürtet« 2,18, vgl. 3Mo 8,7) und so **getragen** (2,28; 22,18), nicht »angezogen« werden! Mit dem **Efod** befragte man Jahwe (23,9; 28,6; 30,7), wahrscheinlich durch die Edelsteine *'ûrîm* und *tummîm*, (2Mo 28,30), daher die Übersetzung »Orakeltasche« (NLB, GNB) bzw. »Tasche mit den Losen« (HFA).

In Samuels Dienst wird ein gewisser Fortschritt bemerkbar. Hieß es vorher, er diente »vor dem Angesicht Elis« (11), so heißt es nun »vor Jahwes Angesicht«. Mit Vers 21b bildet der Satz auch eine Klammer um die Schilderung von Samuels Familie, die sich ebenfalls von Elis abhebt.

Der »Überwurf«, hebr. *mə'îl*, auch mit »Obergewand« oder **Oberkleid** **19**
übersetzt, den Hanna anfertigte und Jonatan David schenkte (18,4), wurde über den Schurz getragen mit einem Loch für den Kopf (2Mo 39,28) und war offenbar lang genug, dass man den Zipfel abzureißen (15,27) oder -schneiden (24,5) vermochte. Die hebr. Wortfolge signalisiert eine wiederholte Tätigkeit. Dass Hanna jedes Jahr ein neues Oberkleid anfertigen musste, deutet Samuels Wachstum an (vgl. 21b).

Aus dem Urtext wie aus den meisten deutschen Übersetzungen von **20**
V. 20 geht nicht eindeutig hervor, ob Eli diesen Segen jedes Jahr aussprach (GNB) oder nur ein Mal. Zum Wortspiel zwischen **erbeten** und **weihen** vgl. zu 1,28.

Das Bindewort *kî* »denn« im Kt. wurde im Qr. durch «und« ersetzt, **21**
ist aber hier wie V. 16 wahrscheinlich keine Begründung, sondern Beteuerung: **in der Tat**. Das Hebr. *pqd*, oft mit »heimsuchen« übersetzt, bedeutet eigentlich eher die Folge einer Inspektion, also Belohnung oder Bestrafung. Gott bleibt keinem etwas schuldig. Sein Kindersegen überwiegt mehrfach den Verlust, den Hanna durch die Weihe Samuels erlitt. Das Wachstum in Elkanas Familie steht im Gegensatz zum Untergang von Elis Familie.

Mehrere Übersetzungen geben das Bindewort mit »aber« wieder, doch es signalisiert hier keine Gegenüberstellung, sondern einen Wachstumsprozess. Unter **bei Jahwe** hat man zu verstehen, dass Samuel im Umgang mit Heiligtum (GNB) und Gottesdienst heranreifte, denn bis dahin hatte er keine persönliche Begegnung mit Gott gehabt (3,7).

2.1.2.4 Eli ermahnt seine Söhne vergeblich (2,22-26). 3. Szene

2.1.2.4.1 Übersetzung

22. Eli war sehr alt. Er vernahm, wie seine Söhne mit ganz Israel umgingen und dass sie mit den Frauen schliefen, die sich um den Eingang der Stiftshütte scharten. 23. Er sagte ihnen: »Warum handelt ihr nach diesen Gerüchten, die ich immer wieder höre, diese schlimmen Gerüchte über euch aus diesem ganzen Volk? 24. Nein, meine Söhne! Denn das Gerücht ist nicht gut, das ich von Jahwes Volk verbreitet höre. 25. Vergeht sich jemand gegen einen Menschen, so vermag Gott zu schlichten; vergeht sich ein Mensch gegen Gott, wer soll dann für ihn eintreten?« Jedoch hörten sie nicht auf ihren Vater, denn es gefiel Jahwe, sie sterben zu lassen. 26. Der junge Samuel wuchs immer mehr heran und wurde immer beliebter, sowohl bei Jahwe als auch bei den Menschen.

2.1.2.4.2 Gliederung

Diese Szene steht im doppelten Gegensatz zur vorigen wie zur folgenden. Die gesegneten Verhältnisse in Samuels Familie heben sich von den Missständen in Elis Familie ab. Elis vergebliche Mahnung stößt auf taube Ohren, dagegen zeitigt die folgende Ankündigung von Jahwes Vergeltung umso sicherer ihre Wirkung.

2.1.2.4.3 Auslegung

22 Eingangs erwähnt der Erzähler ohne Erklärung Elis hohes Alter und überlässt dem Leser die Deutung. Da dieser erste Satzteil mit dem letzten des Abschnitts (25b) eine Klammer (*Einschluss*) bildet, soll Elis Alter wahrscheinlich erklären, weshalb seine Söhne seine Mahnung missachteten.

Der Satz **wie seine Söhne mit ganz Israel umgingen** (vgl. 13a) bezieht sich auf das in V. 12-17 geschilderte Verhalten. Es ist nicht eindeutig, ob es sich bei den Frauen um Gottesdienstbesucherinnen handelt oder um Dienstpersonal des Heiligtums (vgl. 2Mo 38,8; das gleiche Wort wird 4Mo 4,23; 8,24 auf Leviten bezogen). Auf jeden Fall wird deutlich, dass Elis Söhne ihre Stellung ausnutzten, nicht nur um sich materielle Vorteile zu verschaffen, sondern auch um ihre Lüsternheit zu befriedigen. Missbrauch materieller Güter und ungeregelte geschlechtliche Beziehungen gehören seit eh und je zu den gefährlichsten Verhängnissen im Dienst für Gott, damals wie heute.

Eli handelte seelsorgerlich korrekt: Er versuchte, den Sachverhalt mit **23**
einer Frage zu klären und gibt seinen Söhnen dabei die Gelegenheit, das Gerücht zu dementieren oder zu entkräften. **Gerüchte**, wtl. »Worte« (so auch LXX; »Geschichten« WStB). Fast alle Übersetzungen übersehen den Partikel *kə* **nach**, »gemäß« und übersetzen »tut ihr diese Dinge« (so Vul). Das persönliche Pronomen **ich** und das Gegenwartspartizip von *schm'* **höre** signalisieren eine wiederholte Handlung. Eli hat sich dieses Gerücht immer wieder anhören müssen. Dass der Frevel seiner Söhne ihm scheinbar nicht selber aufgefallen war, sondern erst vom Volk zugetragen werden musste, ist ein Zeichen seiner Führungsschwäche als Vater und Priester und macht deutlich, dass ihm die Zügel längst aus der Hand geglitten waren.

Eli geht dann einen Schritt weiter und ermahnt seine Söhne (V. 24). **24**
Das Gegenwartspartizip vom hebr. *'br* »überqueren« kann sich auf das Gerücht beziehen, das sich unterm Volk **verbreitet**, oder auf das Volk, das das schlechte Vorbild der Priestersöhne »übertreten lässt« (so Sch, Elb*). Zwei hebr. MSS haben *'bd* »dienen« (so auch LXX), also: Eli hörte das Gerücht »von den Dienenden im Volk«.

Eli begründet seinen Appell an seine Söhne mit einer rhetorischen Fra- **25**
ge, die zwei verschiedene Formen des Hebr. *pll* verwendet, das im *Piel* **schlichten** und im *Hitpael* »Fürbitte tun« bedeutet. Die Möglichkeit von Reue und Sühne wird hier keineswegs geleugnet, nur schlossen sich Elis Söhne durch ständige Missachtung der Opfer, die von Gott verordneten Sühnemittel, selbst von seiner Vergebung aus.

Im Neuen Testament wird Jesus Christus als der Fürsprecher für schuldige Menschen dargestellt (1Joh 2,1; Röm 8,34; Hebr 7,25; 9,24), aber jemand, der durch bewusstes, anhaltendes Sündigen seinen Sühnetod »mit Füßen tritt … und die Gnade verhöhnt«, disqualifiziert sich selber. Das ist, was Jesus Christus in der oft missverstandenen Stelle (Mt 12,31) mit der Sünde gegen den Heiligen Geist meinte.

Der Verfasser begnügt sich nicht damit, die Geschehnisse zu erzählen, sondern fügt seinen Kommentar hinzu. Für ihn sind Elis Söhne ein erschreckendes Beispiel des Grundsatzes »Ein Mann, der allen Warnungen trotzt, geht plötzlich unheilbar zugrunde« (Spr 29,1 Sch).

26 Die abschließende Bekräftigung (V. 26) erinnert an Vers 21b und ist ein Beispiel von Wiederholung mit Veränderung. Durch die Wiederholung teilt der Erzähler dem Leser mit, dass Samuel zu einem jungen Mann heranreift, der Zusatz stellt Samuel in bewussten Gegensatz zu Elis Söhnen.

2.1.2.5 Ein Gottesmann kündigt Jahwes Vergeltung über Eli und sein Haus an (2,27-36). 4. Szene

2.1.2.5.1 Übersetzung

27. Ein Gottesmann kam zu Eli und sagte ihm: »Dies ist, was Jahwe sagt: ›Als deines Vaters Familie sich noch in Pharaos Frondienst in Ägypten befanden, offenbarte ich mich doch ihnen 28. und wählte sie mir unter den gesamten Stämmen Israels als Priester aus, um auf meinem Altar Brandopfer aufsteigen zu lassen, um Weihrauch zu verbrennen und das Efod vor mir zu tragen. Dazu gab ich deines Vaters Familie Anteil an sämtlichen Feueropfern des Volkes Israel. 29. Warum tretet ihr meine Opfer und Gaben mit Füßen, die ich der Wohnstätte anordnete, und ziehst du mir deine Söhne vor und mästet ihr euch mit dem besten Teil sämtlicher Opfer meines Volkes Israel? 30. Darum‹, erklärt Jahwe, Israels Gott: ›Ich hatte deinem und deines Vaters Haus zwar für immer zugesagt, vor mir als Priester zu dienen, doch jetzt,‹ erklärt Jahwe, ›widerrufe ich, denn ich werde den anerkennen, der mich anerkennt, aber wer mich verachtet, den achte ich gering. 31. Siehe, die Tage kommen, da werde ich deine Lebenskraft derart beeinträchtigen, auch die deiner Familie, dass es unter ihnen keinen Greis mehr geben wird. 32. Und du wirst der Bedrängnis des Gotteshauses zusehen bei allem Guten, das Israel erfährt, und keiner in deiner Familie wird je alt werden. 33. Damit du nicht von Trauer überwältigt wirst und verzweifelst, werde ich einen Vertreter deiner Familie immer am Dienst meines Altars lassen, doch werden die meisten im besten Mannesalter sterben. 34. Dies wird für dich das Zeichen sein, dass dies eintrifft: Deine beiden Söhne Hofni und Pinhas werden beide am gleichen Tag sterben. 35. Ich werde dafür sorgen, dass ich einen zuverlässigen Priester bekomme, der in Einklang mit meinem Wesen und meinen Wünschen handeln wird, und seine Stelle so sichern, dass er der ständige Begleiter meines auserkorenen Führers sein wird. 36. Wer von deiner Familie übrig bleibt, wird kommen und ihn um ein Geldstück und eine Scheibe Brot anbetteln und ihn bitten: ›Weise mich doch einem der Priesterorden zu, damit ich einen Brocken Brot zu essen habe.‹«

2.1.2.5.2 Gliederung

Anrede (27a)
Erinnerung (27b-28) an Vorrechte und Verantwortung der Priester
Ermahnung (29-32): Vorwurf (29); Verwirkt (30); Vergeltung (31-32);
Erbarmen (33-36)

- A[1] Der Überrest (33)
  - B[1] Das Zeichen (34)
  - B[2] Die Erneuerung (35)
- A[2] Die Reue (36)

2.1.2.5.3 Auslegung

Der **Gottesmann**, d.h. Prophet, wird nicht beim Namen genannt, denn 27
nicht seine Person sondern seine Botschaft steht im Vordergrund. Seine Ausführungen werden durch eine Prophetenwortformel eingeleitet (vgl. auch V. 30).

Jahwe erinnert Eli durch den Propheten an die Einsetzung, das Vor- 28
recht und die Aufgaben der Priester sowie an die daraus abzuleitende Verantwortung. Der Kürze wegen werden die Bestimmung Aarons zum

Hohenpriester und die Absonderung des Stammes Levi in eins gesetzt. Drei Aufgaben der Priester werden erwähnt: Opfer bringen, Weihrauch verbrennen und Gott befragen. Die Priester wurden nicht mit dem **Efod** bekleidet, sondern *nś'* **trugen** es als Mittel, Gottes Willen auszumachen. Als Gegenleistung für ihren Einsatz in seinem Dienst hatte Jahwe großzügig für den Lebensunterhalt der Priester vorgesorgt. Umso unverzeihlicher war deren Missbrauch, deshalb der scharfe Vorwurf, der folgt.

29 Es ist nicht klar, ob *b't*, das sonst nur 5Mo 32,15 vorkommt, **mit Füßen treten** oder »zertreten« meint, aber die damit ausgedrückte Verachtung ist eindeutig. Im ersten Satzteil von V. 29 werden zwei Sammelbegriffe für Opfer verwendet, *zäbach* und *minchāh*, im zweiten nur *minchāh*. Mit *rēschît*, das »Anfang (vgl. 1Mo 1,1), Erstes, Haupt-« und daher hier **das Beste** bedeutet, sind die Fleischstücke und das Fett gemeint, die Elis Söhne an sich rafften (vgl. 2,13-17). Sie dienten nicht dem Herrn, sondern ihrem eignen Bauch (Röm 16,18; Phil 3,19). Amtsträger christlicher Kirchen sind in der Geschichte nur zu oft des gleichen Vergehens schuldig geworden.

30 Die in V. 30 kurz dazwischengesprochenen Prophetenwortformeln bekräftigen Jahwes Urteilsspruch. **Zwar** gibt die emphatische Form wieder. Die Redewendung »vor mir wandeln«, hebr. *hlk* (im *Hithpael*) *ləfānaj* bedeutet »das Priesteramt ausüben«. Mit der starken formellen Verneinung *chālîlāh lî*, wtl. »ich sei verwünscht«, also »fern sei es von mir« (*chālîlāh* steht auch in 12,23; 14,45; 20,2.9; 22,15; 24,7; 26,11) widerruft Jahwe seine Zusagen an Aarons Nachkommen.

31 Die Ankündigung der Vergeltung (V. 31-32) wird durch die hebr. Partikel *hinnēh*, **siehe**, eingeleitet, denn der Prophet kündigt für Eli neue Informationen an: Jahwes künftiges Handeln. Die Ankündigung bildet eine Einheit, zusammengehalten durch den Einschluss, den die Wörter *jāmîm* »Tage« am Anfang und am Ende des hebr. Textes bilden. Im MT steht »deinen Arm (*zərōa'*) abhauen«; LXX liest »Samen«, hebr. *zära'*, also »Nachkommen«, und gibt anstelle des starken Bildes den Sinn wieder.

Der Nebensatz fehlt in der LXX, vielleicht weil er im nächsten Vers wiederholt wird.

Manche Ausleger gehen von einer Textverderbnis in Vers 32 aus und **32**
übersetzen wie die Vul. »du wirst mit Neid auf alles Gute sehen«. Die hebr. Wurzel *ṣrr* kann sowohl »schnüren« als auch »feindlich sein« bedeuten. So könnte *ṣar mā'ôn* »den Feind des Heiligtums« oder gar »im Heiligtum« bedeuten. Allerdings wird nicht berichtet, dass die Philister nach Silo in das Heiligtum drangen, wohl aber, dass sie in der Schlacht die Bundeslade erbeuteten (4,11). Das **Gute, das Israel erfährt,** bezieht sich wahrscheinlich auf die besseren Tage unter Samuel und vielleicht auch später unter David.

Jahwes Erbarmen mildert seine angekündigte Strafe (33). Dem Leser **33-34**
hat der Erzähler Jahwes Urteil über Elis Söhne bereits mitgeteilt (25), nun erfährt es Eli selbst aus dem Mund von Jahwes Boten (34). Die Strafe des einen ist zugleich Zeichen für den anderen. Diese Ankündigung bildet eine narrative Analogie, denn sie entspricht Samuels späterer Botschaft an Saul (28,19). Im Gegensatz zu Samuel sagt der Prophet nicht, dass Eli mit seinen Söhnen sterben muss, obwohl es tatsächlich so kommt (4,18).

In der Heiligen Schrift wird oft gesagt, dass Gott Menschen »aufstehen **35**
lässt«, hebr. *qwm* im *Hifil*, grie. *histanai* oder *egeirein*. Unter Christen im englischen Sprachraum hat sich die wörtliche Übersetzung »raise up« eingebürgert, im Deutschen ist die Wiedergabe mit »erwecken« gebräuchlicher, klingt aber veraltet.

Die meisten Ausleger sehen Samuel als Erfüllung der Prophetie von V. 35. Dafür sprechen:

- der unmittelbare Textzusammenhang – das folgende Kapitel erzählt Samuels Berufung;
- die herausragende Rolle, die Samuel als eine der Hauptpersonen von *1. Samuel* im Buch spielt;
- Samuels Beraterfunktion bei Saul und im geringeren Maße auch anfänglich bei David;
- Samuels enge Beziehung zu Jahwe.

Weil Samuel streng genommen nicht Priester, sondern Prophet war und seine Söhne seine Nachfolge nicht antreten konnten, da sie nicht in seinen Fußstapfen wandelten (8,3), haben manche Ausleger andere Namen vorgeschlagen wie Abjatar (vgl. 22,20-23) oder Zadok (2Sam 8,17; 15,24-29). Doch ihre eher bescheidene Rolle in den Samuelbüchern macht es eher unwahrscheinlich, dass sie an dieser Stelle Gegenstand einer so bedeutsamen Prophetie sein könnten.

36 Der Statusverlust von Elis Familie wird in typisch hebr. Manier mit einem konkreten Bild dargestellt (36). Die einst angesehenen Priester werden zu Bettlern degradiert. Die Zugehörigkeit zur Priesterschaft wird nicht als Vorrecht gelten, sondern als letzte Möglichkeit, Leib und Seele zusammenzuhalten. Das hebr. *hischtachăwāh*, »sich niederwerfen«, wird gewöhnlich für Anbetung verwendet, aber hier ist damit die Haltung des Bettlers gemeint. Das hebr. *kikkar* »Runde«, könnte auch einen »Laib« Brot bedeuten, aber der Zusammenhang macht **Scheibe** oder »Fladen« passender. Das hebr. *pat* (von *ptt*, hebr. »zerkleinern, zerbröckeln«) *lächäm* wird in der Wendung »ein Stück Brot« als bescheidenes Angebot der Gastfreundschaft verwendet (28,22; vgl. auch 1Mo 18,5; Ri 19,5; 1Kön 17,11), aber zum Betteln passt hier eher »Bissen« oder **Brocken**.

Mit dem Ende der Prophetie bricht die Szene abrupt und ohne Schilderung von Elis Reaktion ab. Dies könnte andeuten, dass die angekündigte Vergeltung nunmehr unabwendbar ist, aber auch, dass Eli hier die Chance einfach verpasste, sich vor Gott in Buße zu demütigen (vgl. dazu auch 3,13.18).

2.1.2.6 Vorschlag für eine Predigt oder Bibelarbeit über 1. Samuel 2,12-36

Thema: Missbrauch des geistlichen Amts

1. Der Missbrauch des geistlichen Amts.

Der betagte Priester Eli und seine Söhne Hofni und Pinhas waren mit dem Priesteramt des Gottesvolks Israel betraut, doch sie haben dieses ihnen von Gott anvertraute Amt missbraucht.

a) Eli erwies sich als unfähig, seine Söhne wirksam zu ermahnen. Sie hörten nicht auf ihren Vater (2,22-25; vgl. 1Tim 3,5).
b) Hofni und Pinhas hatten keine persönliche Beziehung zu Gott (2,12; vgl. Tit 1,16).
c) Sie missbrauchten die Opfer des Gottesvolks für selbstsüchtige Zwecke (2,13-17.29; vgl. Phil 3,19; 2Tim 3,4).
d) Sie trieben Unzucht mit den Frauen an der Stiftshütte (2,22; vgl. 2Tim 3,4b).

2. Gott kündigt Strafe gegen Missbrauch an.

a) Durch seinen Boten warnt Jahwe vor den Folgen (2,27-36). Der Herr Jesus warnte vor Irrlehrern (Mt 7,15; 24,24), ebenso die Apostel Paulus (Apg 20,29-30; Röm 16,17; 2Tim 2,17-18; 4,3; Tit 1,11), Petrus (2Petr 2,1) und Johannes (1Joh 2,18; 4,1; 2Joh 7).
b) Vorrecht schützt nicht vor Strafe (2,28.30). Ähnlich warnte der Herr Jesus Israels Führer (Mt 8,12; 21,43) sowie Wundertäter (Mt 7,22-23). Immer wieder folgen Kirchenführer »verführerischen Geistern« und vertreten »teuflische Lehren« (1Tim 4,1-3).
c) Gottes Vergeltung bedeutet nicht immer leiblichen Tod wie bei Eli (vgl. 4,18) und seinen Söhnen (2,34; 4,11), doch der Herr sucht sich andere Werkzeuge aus (2,35), z.B. Samuel statt Eli, David statt Saul, Apostel und Propheten statt Pharisäer und Schriftgelehrte (Lk 11,49).

3. Samuel als Gegenbild zum Missbrauch.

Obwohl er den Herrn noch nicht kannte (3,7), wird der heranwachsende Samuel als Gegenbild zu Hofni und Pinhas dargestellt.

a) Samuel übte sein Amt als Dienst für den HERRN aus (2,11.18; 3,1; vgl. Kol 3,23).
b) Er diente dem Herrn unter Aufsicht (2,11; 3,1), wie Josua unter Mose, Elisa unter Elia, die Apostel unter Jesus, Timotheus unter Paulus.
c) Samuels leinener Priesterschurz war ein Zeichen für die Unschuld seiner Amtsführung (2,18; vgl. Offb 19,8).
d) Samuel folgte dem Vorbild seiner frommen Eltern (2,19; vgl. 2Tim 1,5).

e) Samuel wuchs vor dem Herrn (2,21). Sein körperliches Wachstum mag auch für sein geistliches Wachstum stehen (vgl. 1Petr 2,2; 2Petr 1,5-7; 3,18).
f) Samuel genoss Gunst bei Gott und seinen Mitmenschen (2,26; vgl. Lk 2,52; Apg 24,16; Röm 14,18).

2.1.3 Samuel wird von Jahwe berufen (Kapitel 3). Episode 3

2.1.3.1 Inhalt

Thema des dritten Kapitels ist Samuels Berufung zum Propheten Jahwes. Die Rahmenwiederholungen (s. oben 2.1.2.1) 3,1a und 3,19 unterstreichen die thematische Verbindung zur vorigen Episode, und das in zweierlei Hinsicht: Erstens wird Jahwes Ankündigung von der Vergeltung an Eli und seiner Familie durch die Botschaft an Samuel wiederholt und aktualisiert, und zweitens gehört diese Episode zur Geschichte von Samuels Werdegang. Der Zusatz in der Formulierung von 3,19 macht auch deutlich, dass dieser Werdegang hiermit vorerst zu einem gewissen Abschluss kommt.

Die Episode ist ferner umrahmt von zwei Hinweisen auf Jahwes Wort. Unterstreicht die Inszenierung die Seltenheit von Gottesoffenbarungen (3,1b), so werden am Schluss Samuel Offenbarungen regelmäßig zuteil (3,21). Die Episode zeigt, wie es zu dieser bedeutenden Veränderung der Dinge kam, nämlich durch Samuels Berufung.

Obwohl Samuel die Hauptperson der Episode ist und immer im Rampenlicht steht, bleibt er seltsam passiv. Nur einmal (3,15) lässt der Erzähler Samuels Reaktion zum Vorfall kurz durchblicken. Das gleiche Phänomen erscheint bei Davids Einführung (16,1-13). Ansonsten sind Samuels Handlungen darauf beschränkt, einen Ruf zu beantworten. Seine Aussagen bestehen lediglich in dem formelhaften »Hier bin ich!« (fünfmal) und »Du hast mich gerufen« (dreimal) und die Antwort an Jahwe, die Eli ihm diktiert. Sein Bericht von Jahwes Botschaft an Eli wird nur in indirekter Rede dargestellt.

Der Leser muss sich selbst ein Bild von Samuel machen anhand der Erzählung und deren Gegenüberstellung von Eli und Samuel sowie der Anmerkungen des Verfassers in den Rahmenwiederholungen, besonders am Schluss der Episode (3,19-21).

Diese Episode liefert ein Beispiel dafür, wie der Verfasser durch narrative Analogie eine Parallele zwischen den Hauptpersonen zeichnet. Gleich zu Beginn seiner Laufbahn wird Samuel zum Werkzeug Jahwes, wie später Saul bei Jabesch-Gilead (Kap. 11) und David im Kampf gegen Goliat (Kap. 17). Wie Jahwe später durch David den versagenden Saul ersetzt, so erfüllt Samuel hier die Aufgabe, die Eli hätte erledigen sollen: Jahwes Mitteilungen an sein Volk zu empfangen. Die Rabbiner sagen: »Ehe die Sonne Elis unterging, ging die Sonne Samuels in Rama auf« (Babylonischer Talmud, Yoma 38b).

2.1.3.2 Gliederung

A[1] Samuel und Eli (1-3). Inszenierung: *Chiasmus. Hintergrund*
  B[1] Samuel und Eli (4-9). 1. Szene. *Dialog*
    C Samuel und Jahwe (10-14). 2. Szene: *Höhepunkt*
  B[2] Samuel und Eli (15-18). 3. Szene: *Dialog*
A[2] Die Folge (19-21). Ausklang: *Hintergrund*

Die konzentrische Struktur hebt Samuels Berufung durch Jahwe hervor.

2.1.3.3 Das Gottesvolk befindet sich in einem traurigen Zustand (V. 1-3)

2.1.3.3.1 Übersetzung

1. Der junge Samuel diente Jahwe unter Elis Aufsicht. Jahwes Wort war selten in jenen Tagen, Gesichter waren nicht verbreitet. 2. An dem Tag lag Eli an seiner Stelle – seine Augen fingen an, trüb zu werden, er konnte nicht mehr sehen. 3. Gottes Lampe war noch nicht verloschen, und Samuel lag in Jahwes Tempel, dort wo Gottes Lade stand.

2.1.3.3.2 Auslegung

Geschickt schildert die Inszenierung sowohl die geistliche Situation Israels als auch die räumliche Lage der Episode. Sie beginnt mit Samuels Dienst für Jahwe und schließt mit seiner Nähe zur Bundeslade, dem Symbol der Gegenwart Gottes. Dazwischen stehen Verweise auf die Seltenheit von Gottesoffenbarungen sowie Elis Augenleiden und das Erlöschen des Leuchters.

1 In beiden Sätzen von V. 1 **signalisiert** die hebr. Wortfolge *waw* + Substantiv + Verb im Perfekt Hintergrundinformation. Aufgrund der Wiedergabe des hebr. *na'ar* mit »Knabe« (LÜ, Sch, Zü) oder gar »Kind« (KJV) wird Samuel in Kinderbibeln und -stunden gern im Vorschulalter dargestellt, doch *na'ar* entspricht eher dem deutschen Wort »Bursche«. Samuel war wahrscheinlich ein Teenager.

Der zweite Satz schildert den desolaten Zustand des Gottesvolks, nicht allein die Verderbtheit der Priester, sondern auch die mangelnde Gottesoffenbarung (vgl. Ps 74,9; Am 8,11-12). Das hebr. *jqr* wird auch in Ivrit für »teuer« verwendet, hat hier aber den Sinn von »rar«, **selten**. Ein **Gesicht** war eine Form der Gottesoffenbarung, in der ein Prophet Gottes Wort vernahm oder schaute (vgl. Jes 1,1). Hebr. *prz*, »aus-« oder »durchbrechen«, kann übersetzt werden: »brach sich Bahn« (Sch), aber wie sein Gebrauch in 1Chr 13,2; 2Chr 11,23; 31,5 belegt, kann es auch **verbreiten** bedeuten.

2-3 Die räumlichen und zeitlichen Angaben dieser weiteren Hintergrundinformation sind für das Verständnis der folgenden Handlung notwendig. Die Priester hatten die Aufgabe, die Lampe jeden Abend anzuzünden und bis zum darauffolgenden Morgen brennen zu lassen. Die Ereignisse spielten sich also nicht, wie oft angenommen und wie LÜ, WStB übersetzen, am späten Abend, sondern in den frühen Morgenstunden ab (vgl. V. 15). Da nur der Hohepriester einmal im Jahr am *Jom Kippur*, dem großen Versöhnungstag, ins Allerheiligste durfte, wo die Bundeslade stand, ist es unwahrscheinlich, dass Samuel dort schlief, sondern im vorderen Heiligtum, wo nur ein Vorhang ihn von der Lade Gottes trennte.

Diese gegenständlichen Angaben deuten zugleich auf den geistlichen Tatbestand hin. Elis Augenleiden, wahrscheinlich grauer Star (wie auch bei Isaak, 1Mo 27,1), spiegelt seinen fehlenden geistlichen Durchblick wider, die fast erloschene Lampe Gottes bildet das schwindende Zeugnis Jahwes in Israel ab, und Samuels Nähe zur Bundeslade zeichnet ihn als Empfänger einer Gottesoffenbarung aus.

2.1.3.4 Jahwe ruft Samuel (V. 4-9). 1. Szene

2.1.3.4.1 Übersetzung

4. Jahwe rief nach Samuel. Samuel sagte: »Hier bin ich!«, 5. und lief zu Eli. »Hier bin ich, du hast mich gerufen«, meinte er. Doch Eli erwiderte: »Ich habe nicht gerufen; geh, leg dich wieder hin.« So ging Samuel zurück und legte sich wieder hin. 6. Jahwe rief noch einmal: »Samuel!« Samuel stand wieder auf, ging zu Eli und sagte: »Hier bin ich, du hast mich gerufen.« Doch Eli sagte: »Ich habe nicht gerufen, mein Sohn; geh, leg dich wieder hin.« 7. Dies war, bevor Samuel Jahwe kannte, bevor ihm Jahwes Wort geoffenbart worden war. 8. Jahwe rief Samuel noch zum dritten Mal; er stand wieder auf und ging zu Eli und sagte: »Hier bin ich, du hast mich gerufen.« Eli begriff, dass es Jahwe war, der den Jungen rief, 9. deshalb sagte er ihm: »Geh, leg dich wieder hin. Wenn du gerufen wirst, dann sollst du sagen: Rede, Jahwe, denn dein Knecht hört.« Samuel ging und legte sich an seinem Platz hin.

2.1.3.4.2 Gliederung

Mit geringfügigen Abweichungen wird in dieser Szene das gleiche Handlungsmuster dreimal wiederholt: Jahwe ruft Samuel, dieser läuft zu Eli in der Meinung, er habe ihn gerufen. Eli beschwichtigt den Jungen und bittet ihn, sich wieder hinzulegen. Erst beim dritten Mal versteht Eli, was vor sich geht. Diese Wiederholung mit Veränderung erfüllt mehrere Funktionen. Sie erzeugt Spannung, indem sie die Handlung vor dem Höhepunkt, Jahwes Mitteilung an Samuel (2. Szene) hinauszögert. Sie unterstreicht gleichzeitig sowohl Samuels jugendliche Unschuld (vgl. V. 7) als auch die Bedeutung der Offenbarung, die ihn zu einem Propheten macht (vgl. V. 20-21). Ferner liefert sie einen weiteren Nachweis für Elis geistlichen Stumpfsinn (vgl. 1,12-13).

2.1.3.4.3 Auslegung

4-5 Die Inszenierung wies schon darauf hin, dass Samuel und Eli nicht am gleichen Ort schliefen. Als Samuel eine Stimme hört, denkt er wie selbstverständlich, Eli sei schon wach und rufe ihn, denn aufgrund seines Augenleidens war der alte Mann auf Samuels Hilfe angewiesen. Zunächst antwortet Samuel mit einem lauten **Hier bin ich!**, um Eli zu zeigen, dass er seinen Hilferuf vernommen hat. Mit jugendlichem Elan eilt er dann im Schein der noch brennenden Lampe zu ihm hin.

6 Die geringfügigen Veränderungen bei der Wiederholung verraten psychologische Feinheiten und auch den Realismus der Erzählung. Jahwes Ruf wird beim zweiten Mal als direkte Rede wiedergegeben, und Samuel wird namentlich genannt. Der Wechsel von **lief** (V. 5) zu **stand auf und ging** (V. 6) deutet an, wie der Junge, vielleicht mit einem Anflug von Ärger über den Eigensinn »des Alten«, sich wieder aus den Federn reißt und diesmal vielleicht etwas trotzig zu Eli geht. Elis Bezeichnung **mein Sohn** ist sicher einerseits Ausdruck väterlicher Zuneigung, aber hier auch Anzeichen dafür, wie er versucht, angesichts Samuels jungenhafter Einbildung die Geduld zu wahren. Er denkt wahrscheinlich, Samuel »höre Stimmen«.

7 Der Einschub des Autors (V. 7) stellt klar, dass Samuels anfängliches Unverständnis nicht von Uneinsichtigkeit herrührte. Die Feststellung **bevor er Jahwe kannte** kann in diesem Fall nicht bedeuten, dass Samuel unwissend über Gott war oder seinen Anspruch nicht anerkannte, sondern dass er noch keine persönliche Beziehung zu Jahwe hatte. Sowohl GNB als auch HFA geben den Sinn dieses Verses leider ungenau wieder.

Jahwes Ruf und Samuels Reaktion bleiben beim dritten Mal gleich, 8
nur endlich erkennt Eli, dass der Ruf von Jahwe kommt. Das Subjekt des Verbs in V. 9 bleibt unausgesprochen (gegen WStB), wörtlich »er ruft dich« (Elb, EÜ), im Deutschen besser im Passiv wie LÜ, GNB. Der Verfasser hat es bisher als selbstverständlich vorausgesetzt, dass Samuel wieder an seinen Platz ging und sich dort hinlegte. Die ausdrückliche Erwähnung hier lenkt des Lesers Aufmerksamkeit auf Samuel und weckt seine Erwartung, wie das nun ausgehen wird.

2.1.3.5 Durch Samuel richtet Jahwe eine Botschaft an Eli (V. 10-14). 2. Szene

2.1.3.5.1 Übersetzung

10. Jahwe kam und stellte sich hin und rief wie bisher: »Samuel! Samuel!« Samuel antwortete: »Rede, denn dein Knecht hört.« 11. Jahwe sagte zu Samuel: »Schau, ich bin dabei, etwas zu tun in Israel, das allen, die davon hören, beide Ohren klirren lassen wird. 12. An dem Tag werde ich bei Eli das ganze Urteil vom Anfang bis zum Ende vollstrecken, das ich über sein Haus verkündigte. 13. Ich habe ihm doch erzählt, dass ich im Begriff bin, sein Haus unwiderruflich zu richten wegen der Verkehrtheit, dass er wusste, seine Söhne machten sich verächtlich, doch er wehrte ihnen nicht. 14. Darum schwor ich Elis Haus, dass es keine Möglichkeit mehr gibt, die Verkehrtheit seines Hauses durch irgendwelche Opfer zu sühnen.«

2.1.3.5.2 Gliederung

In der knappen Inszenierung (V. 10) werden die thematischen Rollen der Szene definiert: Jahwe ist Handelnder und Redner, Samuel ist Empfänger und Hörer. Der Gebrauch von *jṣb* im *Hithpael*, **sich hinstellen**, könnte, wie auch der Wortlaut von V. 15 (s. unten), auf eine wahrnehmbare Erscheinung deuten, aber der Erzähler lässt eine sog. *Informationslücke*, indem er etwaige Begleiterscheinungen verschweigt und lediglich die Rede wiedergibt. Jahwes Ruf gibt er diesmal im Wortlaut. Die Wiederholung des Namens des Berufenen findet man auch bei Abraham (1Mo 22,11), Mose (2Mo 3,4) und Paulus (Apg 9,4).

2.1.3.5.3 Auslegung

11 Mit *hinnēh* **schau** (V. 11) lenkt Jahwe Samuels Aufmerksamkeit auf sein Tun. Die ungewöhnliche grammatische Konstruktion, Pronomen mit Partizip, hebt Jahwe als handelnde Person hervor und unterstreicht, dass das Ereignis unmittelbar bevorsteht. Die klirrenden Ohren (vgl. 2Kön 21,12; Jer 19,3) zeigen, dass es eine Schreckensnachricht sein wird.

12 Die früher von einem Gottesmann angekündigte Vergeltung (2,27-36) war unabwendbar (vgl. zu 2,36), doch hier gibt Jahwe (12) durch Samuel lediglich den Zeitpunkt des Vollzugs bekannt.

13 V. 13 erscheint das erste von etwa 50 Vorkommen des Begriffes *ngd*, **erzählen**, in *1. Samuel.* Jahwe scheint hier Eli eine Chance gegeben zu haben, aber er nutzte sie nicht (vgl. 2,36). Elis Söhne **machten sich verächtlich,** hebr. *qll*, kann auch heißen »machten sich verflucht« (WStB) oder »lästerten Gott« (LXX). Das hebr. *khh* kommt nur hier vor, wird verschiedentlich mit **wehren** oder »ermahnen« übersetzt und wurde vielleicht wegen des Gleichklangs mit *kēhāh*, **trüb** (V. 2), gewählt, um die Parallele zwischen Elis Sehschwäche und seinem fehlenden Unterscheidungsvermögen noch einmal zu unterstreichen.

14 Gott hatte den Menschen und besonders seinem Volk Israel die Opfer als Weg der Sühne und als Möglichkeit der Vergebung gegeben, aber durch ihren egoistischen Missbrauch schmähten Elis Söhne gerade diese Opfer und brachten sich dadurch um die Möglichkeit der Sühne und Vergebung (vgl. Hebr 6,6; 10,29).

2.1.3.6 Eli befragt Samuel (V. 15-18). 3. Szene

2.1.3.6.1 Übersetzung

15. Samuel blieb im Bett bis zum Morgen, dann öffnete er die Türen von Jahwes Haus, denn er hatte Angst davor, Eli das Gesicht zu erzählen. 16. Eli rief Samuel zu sich: »Samuel, mein Sohn!« Samuel antwortete »Hier bin ich!« 17. Eli sagte: »Welche Botschaft sagte er dir? Bitte verheimliche mir nichts! So tue dir Jahwe und noch mehr, wenn du mir nur ein Wort zurückhältst von der ganzen Botschaft, die er dir sagte.« 18. So hielt Samuel nicht zurück, sondern erzählte jedes Wort, und Eli sagte: »Das ist Jahwe! Er möge tun, was ihm recht scheint.«

2.1.3.6.2 Gliederung

Der Leser ist gespannt, wie der junge Samuel sich wohl verhalten und wie der alte Eli auf die unangenehme Botschaft reagieren wird. Aber durch die Beschreibung von Samuels Handlung (15) und die ausführliche Paarsequenz der Begrüßung (16) drosselt der Verfasser bewusst das Erzähltempo, um die Spannung zu steigern und Samuels Reaktion anzudeuten.

2.1.3.6.3 Auslegung

Die Zeitangabe bestätigt, dass sich die Ereignisse in den frühen Morgen- **15**
stunden zutrugen (vgl. zu V. 3). Der hebr. Satzbau weist die erste Hälfte von Vers 15 als Handlung aus und die zweite als Hintergrundinformation, die diese Handlung begründet.

Mit feinen Strichen deutet der Verfasser Samuels innere Verfassung an und bezeugt den biblischen Realismus der Erzählung. Die empfangene Botschaft hat Samuel wahrscheinlich derart erschüttert, dass er zunächst einfach liegen blieb. Als es dann hell wurde und er aufstehen musste, versuchte er, seine Verlegenheit durch Aktivität zu überspielen.

Samuels Zurückhaltung rührte nicht etwa von einer Furcht vor Eli, sondern »er scheute sich« (GNB). Seine Achtung vor dem Älteren und gerade seine Zuneigung für Eli ließen ihn zögern, dem alternden Priester, der wie ein Vater zu ihm gewesen sein muss, eine derart schwer bekömmliche Botschaft mitzuteilen.

Das hebr. *mar'āh* **Gesicht**, »Vision«, mag einfach ein Fachbegriff für göttliche Mitteilungen sein, aber es kann auch sein, dass es sich um eine wahrnehmbare Erscheinung handelte, vgl. zu V. 10.

Am Grundsatz der Knappheit der Darstellung gemessen, kann die aus- **16**
führliche Wiedergabe der Paarsequenz (V. 16) als redundant angesehen

werden, denn für den hebr. Leser galt es als selbstverständlich, dass das Gespräch zwischen Eli und Samuel so oder ähnlich anfing. Somit ist klar, dass der Verfasser das Erzähltempo bewusst drosselt, um die Spannung zu steigern.

17 Fünfmal verwendet Eli vom Wortstamm *dbr* abgeleitete Ausdrucke, zweimal das Verb **sagen**, zweimal das Substantiv mit Artikel, hier **die Botschaft**, und einmal das Substantiv ohne Artikel **ein Wort**. Was in Deutsch als stilistische Katastrophe gilt, wird in der hebr. Erzählkunst als Stilmittel verwendet, um Jahwes Botschaft durch Samuel in den Mittelpunkt der Aufmerksamkeit zu rücken. Der Wortstamm erscheint noch dreimal am Ende des Abschnitts in Verbindung mit Samuels prophetischem Dienst (vgl. V. 19.21).

Elis Gebrauch der Schwurformel **So tue dir Jahwe und noch mehr** (vgl. auch 14,44; 20,13) könnte als Strenge infolge von Unsicherheit ausgelegt werden. Wahrscheinlicher ist, dass er Samuels Scheu überwinden will, indem er ihm den Ernst der Angelegenheit vor Augen malt.

18 Samuel muss Jahwes Botschaft an Eli überbringen, weil dieser als Jahwes Mittler versagt hat und, wie der Schluss des Kapitels deutlich macht, vom Jüngeren ersetzt wird, ein wiederkehrendes Motiv in den Beziehungen unter den Hauptpersonen von *1. Samuel.* Samuel kündigt Jahwes Gericht über Eli an, wie er es später auch über Saul ankündigen wird (15,28).

Elis Antwort klingt eher nach Resignation als fromme Fügung in sein Schicksal. Vielleicht war ihm schmerzlich bewusst, dass er die Gelegenheit zur Buße verspielt hatte. Oder seine Verstrickung hatte seine geistliche Empfindung stumpf werden lassen.

2.1.3.7 Samuel wird als Prophet bestätigt (V. 19-21)

2.1.3.7.1 Übersetzung

19. Samuel wurde erwachsen, und Jahwe stand hinter ihm und bekräftigte seine Botschaft, 20. sodass es von einem Ende Israels zum anderen bekannt wurde, dass Samuel als Jahwes Prophet bestätigt war. 21. Jahwe fuhr fort, in

Silo zu erscheinen, denn er offenbarte sich Samuel in Silo durch sein Wort, und Samuels Botschaft erklang in ganz Israel.

2.1.3.7.2 Gliederung

Am Schluss der Episode und des Kapitels wird die letzte Rahmenwiederholung ausgedehnt, um Samuels künftigen Dienst anzureißen. Sie enthält in geraffter Form wesentliche Elemente eines fruchtbaren Dienstes für den Herrn: 1. Die persönliche Beziehung zu Gott; 2. Das bevollmächtigte Wort in Verkündigung und Seelsorge; 3. Die Anerkennung im Volk; 4. Eine wachsende Einflusssphäre.

2.1.3.7.3 Auslegung

Die Redewendung »Jahwe war mit ihm« weist auf göttlichen Schutz, Segen oder, wie hier, göttliche Vollmacht. Sie wird später (16,18) auch auf David bezogen. **Jahwe bekräftigte seine Botschaft,** wtl. »ließ keines seiner Worte zu Erde fallen«, womit das Gewicht von Samuels Aussagen plastisch beschrieben wird. **Von einem Ende Israels zum anderen,** wtl. »von Dan bis Beerscheba«. Samuel wird als *nāvî'* **Prophet** bestätigt, aber in Kap. 7 und 12 erscheint er auch als *schōfēt* **Richter** und als Beter.

Anfang und Ende des Kapitels bilden einen Einschluss, der die Veränderung der Situation durch Samuel hervorhebt. Waren Jahwes Offenbarungsworte früher nur selten ergangen, wurden sie nun dem neuen Propheten ständig gewährt. Auch wenn hier davon die Rede ist, dass Jahwe **erschien,** *r'h* im *Nifal,* »sich sehen lassen«, offenbarte sich Jahwe Samuel durch sein **Wort.** Sowohl Altes wie Neues Testament bekräftigen, dass sich Gott verbal offenbart, und die Niederschrift dieser Offenbarung ist die Heilige Schrift.

Der letzte Satz des Abschnitts wird im MT sowie in manchen Bibelausgaben als erster Satz des folgenden Kapitels ausgewiesen, aber inhaltlich gehört er offensichtlich zum 3. Kapitel.

2.1.3.8 Vorschlag für eine Predigt oder Bibelarbeit über 1. Samuel 3

Thema: Gott begegnet Bedürfnis mit Berufung.

1. Das Gottesvolk befindet sich in einem traurigen Zustand (1-3).

Gottes Wort war selten, es gab kaum noch Offenbarung (V. 1). Parallelstellen: Spr 29,18; Am 8,11-12

a) Israels Zustand wird illustriert durch:
   1) die moralische Verwerflichkeit der Söhne Elis (2,12.22);
   2) den Verlust der Bundeslade als Folge von Israels Anmaßung und Niederlage im Kampf gegen die Philister (Kap. 4);
   3) Elis Missverständnis: Er hielt die betende Hanna für betrunken (1,13).

b) Israels Zustand wird symbolisch angedeutet:
   1) Gottes Leuchte war beinahe verloschen (V. 3);
   2) Elis Blindheit (V. 2);
   3) Eli ist schwer von Begriff: Erst langsam versteht er, dass Jahwe Samuel ruft.

2. Jahwe beruft Samuel (4-18).

a) Grundsatz: In Zeiten des Verfalls oder zu einem besonderen Auftrag beruft Gott Menschen, z.B. Abraham, Josef, Mose, Gideon, Elia, Elisa, Paulus, die Apostel.

b) Der Berufene.
   1) Samuel war kein Kleinkind, sondern Jugendlicher.
   2) Samuel stammte aus einem frommen Elternhaus, kannte den Herrn aber noch nicht (V. 7).
   3) Der Kontrast zwischen Samuels jugendlicher Unschuld und Elis ruchlosen Söhnen wurde durch seine Kleidung symbolisch angedeutet (2,19).
   4) Samuels Schlafstätte in der Nähe der Bundeslade (V. 3) deutet seine Offenheit für Jahwes Reden symbolisch an.

c) Samuels Antwort
   1) Samuel ist empfänglich für Gottes Reden. Seine Aussage: *Rede, Herr, denn dein Knecht hört* signalisiert Glaubensgehorsam.

   2) Samuel verkündet *treu* Gottes *Wort* in Liebe und Demut:
      a) Samuels Zurückhaltung (V. 15) liegt in seiner Liebe zu und Achtung vor Eli begründet.
      b) Er hält nichts von der unangenehmen Botschaft zurück (V. 18).

3. Jahwe bestätigte Samuels Dienst (19-21).

a) Samuel diente dem Herrn in Vollmacht:
   1) Der Herr war mit ihm (V. 19b);
   2) Samuels Wort hatte Gewicht (V. 19c).
b) Samuel wurde in ganz Israel als Prophet anerkannt (V. 20).
c) Samuel übte einen verbreiteten und langfristigen Verkündigungsdienst aus (V. 21), der schließlich zu einer Erweckung in Israel führte (vgl. 7,2).

2.1.4 Israels Niederlage und Elis Tod (Kapitel 4). Episode 4

2.1.4.1 Inhalt

Nach der dramatischen Schilderung der Berufung Samuels und seiner Bestätigung als Prophet in der vorigen Episode erwartet der Leser, dass nun der Fortgang seiner Laufbahn erzählt wird. Stattdessen folgt eine längere eingebettete Erzählung (Kapitel 4–6) über das Schicksal der Bundeslade. Aufgrund von Israels Anmaßung geht die Lade Gottes, das sichtbare Zeichen von Jahwes Gegenwart, zunächst an die Philister verloren, und die abtrünnigen Priester finden den Tod (Episode 4). Dieser elende Zustand des Gottesvolkes bildet den düsteren Hintergrund, auf dem die künftige Wiederherstellung unter Samuel (Episode 6, Kapitel 7) umso heller hervortritt. Israels Misere wird durch die ironische Wiederholung von *lqch*, »nehmen« unterstrichen. Israel **holte** sich die Lade als Garant des Sieges (4,3) aber es waren letztlich die Philister, die sie **gefangen nahmen** (4,11.17.19.21-22)!

In dieser wie in der folgenden Episode erscheint wiederholt das Zeitwort *nkh* »schlagen« bzw. das davon abgeleitete Substantiv *makkāh* »Schlag«. Die Philister *nkh* »erschlugen« (4,2) viele Israeliten, es gab eine *makkāh gədôlāh mə'ōd* **sehr schwere Niederlage** (4,10). Die Philister wussten, Jahwe war der Gott, der Ägypten *nkh* **schlug** mit allerlei *makkîm* **Plagen** (4,8). Er *nkh* »schlug« die Philister mit Pestbeulen (5,6.9.12) und die Einwohner Bet-Schemeschs mit einem *makkāh gədôlāh* »großen Schlag« (6,19). Nicht die Fremdvölker, sondern das überhebliche Gottesvolk ist es, das von einem *makkāh gədôlāh (mə'ōd)* »(sehr) großen Schlag« getroffen wird.

2.1.4.2 Gliederung

Israel unterliegt den Philistern 1-11

A[1] Die erste Niederlage (1-2). 1. Szene

B[1] Israel holt die Bundeslade (3-5). 2. Szene

B[2] Die Philister fassen trotzig Mut (6-9). 3. Szene

A[2] Bei der zweiten Niederlage verliert Israel die Bundeslade (10-11). 4. Szene

Tod und Leben in Elis Familie (12-22)

Elis Tod (12-18). 5. Szene

Ikabods Geburt (19-22). 6. Szene

2.1.4.3 Israel unterliegt den Philistern (V. 1-11).

2.1.4.3.1 Nach einer ersten Niederlage (V. 1-2, 1. Szene) holt Israel die Bundeslade (V. 3-5, 2. Szene).

a) Übersetzung

1. Israel zog aus zum Krieg gegen die Philister und sie errichteten ihr Lager bei Eben-Eser. Die Philister hatten ihr Lager bei Afek. 2. Die Philister marschierten gegen Israel auf, die Schlacht weitete sich aus, Israel erlitt eine

Niederlage und verlor auf dem Feld viertausend Mann aus seinen Reihen. 3. Als die Truppe ins Lager kam, fragten Israels Ältesten: »Wieso ließ uns Jahwe heute vor den Philistern besiegt werden? Wir wollen uns Jahwes Bundeslade aus Silo in unsere Mitte holen, damit er uns aus dem Zugriff unserer Feinde hilft.« 4. Das Volk ließ aus Silo die Bundeslade von Jahwe der Heerscharen, der zwischen den Cherubim thront, holen. Dort waren die beiden Söhne Elis mit Gottes Bundeslade, Hofni und Pinhas. 5. Bei der Ankunft von Jahwes Bundeslade im Lager stieß ganz Israel einen solch lauten Jubelschrei aus, dass die Erde dröhnte.

b) Auslegung

Schon seit der Zeit Simsons (Ri 13–16) traten die Philister als Feinde Is- 1
raels auf. Der Grund für den Krieg wird nicht genannt, weil der Verfasser
ihn für unerheblich achtet. Ihm geht es um das Ergebnis. **Eben-Eser** kann
nicht der gleiche Ort sein wie in 7,12, denn die Lager der beiden Heere
lagen in Hörweite voneinander (V. 6).

Vom ersten Gefecht berichtet der Verfasser nur summarisch. Ihn inte- 2
ressiert vielmehr Israels Reaktion auf dessen negativen Ausgang, der mit
drei hebr. Verben beschrieben wird, deren Wurzeln mit »n« beginnen:
nṭsch »sich ausbreiten«, *ngp* »schlagen« und *nkh* »erschlagen«. Die Zahl der
Verluste ist im Vergleich zu V. 10 gering. Die hebr. Wörter *meʾâh* »Hundert« und *ʾäläf* »Tausend« können militärische Einheiten bezeichnen, also
»Hundertschaft« (22,7; 29,2) und »Tausendschaft« (4,2.10; 8,12; 10,19;
11,8; 13,2.5; 15,4; 17,18; 18,13; 23,23), die nicht notwendigerweise aus
100 bzw. 1000 Mann bestanden.

Das hebr. *ʿam*, wtl. »Volk«, steht für das Kriegsvolk, also die Kämpfer. 3
Die **Ältesten** waren wohl aus Altersgründen im Lager geblieben. Ihre Frage war berechtigt. Wenn etwas schiefgeht, sollte man innehalten und nach
dem Grund fragen. Richtig war auch, dass gerade Israels Führer die Frage
stellten, denn Leitern, ob der Gemeinde oder eines christlichen Werks,
obliegt die Verantwortung, Missstände aufzuspüren und zu beheben. Sie
begingen allerdings den verhängnisvollen Fehler, sich nicht bei Jahwe zu
erkundigen – ein wichtiges Thema von *1. Samuel.*

Auf den ersten Blick schien ihr Vorschlag gut, denn die Bundeslade symbolisierte Jahwes Gegenwart (vgl. Jos 3,10-11), nur verfallen sie dem weitverbreiteten Irrtum, der Mensch könne durch bestimmte religiöse Handlungen oder Gegenstände über Gott verfügen. Denn nach dem hebr. Wortlaut könnte es entweder die Lade oder Jahwe sein, der in ihre Mitte kommen soll, um sie aus dem feindlichen **Zugriff**, wtl. *kaf*, »Hand(fläche)«, zu befreien. In *1. Samuel* ist »Hand« sehr oft synonym für Macht.

4 Die **Cherubim**, die Schwertengel, die den Menschen die Rückkehr ins verlorene Paradies verwehrten (1Mo 3,24), wurden aus Gold angefertigt und an beiden Enden des Gnadenstuhls, der Deckplatte der Bundeslade, befestigt (2Mo 25,18-19). Von dort pflegte Jahwe mit Mose zu reden (2Mo 25,22).

Die seltene Bezeichnung **Jahwe der Heerscharen, der zwischen den Cherubim thront** (2Sam 6,2; 2Kön 19,15; Ps 80,2; 99,1), hebt Gottes heilige Einzigartigkeit hervor und steht in krassem Gegensatz zur Anwesenheit der verdorbenen Söhne Elis in der Nähe der Bundeslade. Der verschlungene Satzbau, mit dem der Verfasser diese Hintergrundinformation wiedergibt, spiegelt die verhängnisvolle Verwicklung des heiligen Kultgegenstands mit unheiligen Menschen wider.

5 Jauchzen ist zwar eine angemessene Antwort der Menschen auf Gottes Gegenwart oder Ankunft (Ps 98,4.6; Sach 9,9), aber die Anwesenheit gottloser Priester lässt nichts Gutes ahnen. Die Meinung, Gottes Segen oder Wirken sei vom Geräuschpegel in der Versammlung abhängig, ist abwegig und verhängnisvoll.

2.1.4.3.2 Die Philister fassen trotzig Mut (V. 6-9, 3. Szene), fügen Israel eine zweite Niederlage zu und erbeuten die Bundeslade (V. 10-11). 4. Szene.

a) Übersetzung

6. Als die Philister das Geräusch des Jubels hörten, fragten sie sich: »Was soll dieser große Jubelschrei im Lager der Hebräer?« Sie erkannten, dass Jahwes Lade ins Lager gekommen war 7. und meinten voller Angst: »Gott ist ins

Lager gekommen!« »Wehe uns!«, sagten sie, »so etwas hat es noch nie gegeben! 8. Wehe uns! Wer vermag uns zu retten von der Macht dieses großen Gottes? Das ist doch der Gott, der Ägypten mit allerlei Plagen in der Wüste schlug. 9. Nun, Philister, fasst Mut, gebt euch wie Männer, sonst werdet ihr den Hebräern dienen müssen, wie sie euch gedient haben. Gebt euch wie Männer und kämpft!« 10. Die Philister kämpften und Israel wurde besiegt. Das Heer löste sich in Flucht auf, jeder in seinen Heimatort, und es gab eine sehr schwere Niederlage mit 30 000 gefallenen Fußsoldaten. 11. Die Lade Gottes wurde erbeutet, und beide Söhne Elis, Hofni und Pinhas, fanden den Tod.

b) Auslegung

Die Bezeichnung *'ivrîm* **Hebräer** für Israeliten erscheint mit wenigen **6-8**
Ausnahmen nur in den beiden ersten Mosebüchern und in *1. Samuel* und wird meistens von anderen Völkern verwendet, in *1. Samuel* ausschließlich von den Philistern. Der Erzähler schweigt sich darüber aus, wie sie den Anlass von Israels Jubel erkannten, ihm ist der Ausgang der Ereignisse wichtiger. Die erste Reaktion der Philister ist Angst. Sie teilten die Auffassung ihrer Zeitgenossen, dass die politischen und militärischen Auseinandersetzungen der Völker das Ringen ihrer jeweiligen Götter widerspiegelten (vgl. 1Kön 20,23.28). Sie sehen die Lade wie ihre eigenen Götterbilder als Zeichen der Gegenwart von Israels Gott oder Göttern – die hebr. Bezeichnung für Gott ist ein Substantiv im Plural und hier im Munde der Philister zweideutig. Ihr Respekt vor Jahwes Macht beruht auf der Erinnerung an die Nachricht vom Auszug aus Ägypten (vgl. Jos 2,10). In der Folge (vgl. 5,6.9.12) sollten die Philister solche Plagen selber erleben!

Die Kampfparole der Philister (V. 9), wahrscheinlich von den Füh- **9**
rern ausgegeben (vgl. GNB), ist ein schönes Beispiel für Chiasmus oder konzentrische Struktur. Das erste Glied, A^1, *chzq* »fest, stark sein« hat im *Hitpael* den Sinn von **Mut fassen**, und entspricht dem letzten Glied, A^2, *lchm* **kämpft!** Das 2. und das vorletzte Glied, B^1 und B^2, *hjh 'isch* »seid Männer«, vgl. Paulus' Ermahnung 1Kor 16,13. Mit C^1 C^2 *'bd* **dienen** spielen die Philister auf die damalige Gepflogenheit an, dass die Unter-

legenen im Krieg den Siegern Tribut abführen mussten, ob in Form von Geldzahlungen (vgl. 2Kön 18,14) oder Fronarbeit (vgl. GNB).

10 Einige Übersetzungen verschleiern, dass der Verfasser am Anfang des Berichts über die Schlacht (V. 10) bewusst das letzte Wort des vorigen Verses, *lchm* **kämpfen** wiederholt. Damit soll gezeigt werden, dass die Philister den Zuruf ihrer Führer ernst nahmen und das Feld behielten. Die Wendung »ein jeder floh in seinen Heimatort«, wtl. »Zelt«, ist ein Standardausdruck für panikartige Flucht (vgl. 2Kön 8,21; 14,12).

11 Die abweichende Wortfolge, die normalerweise Hintergrundinformation signalisiert, stellt hier die Personen in den Vordergrund, die zuvor (V. 4) miteinander verknüpft worden waren, und kündigt zugleich die Thematik der folgenden Abschnitte an: der Tod von Elis Söhnen (V. 12-22) und das Schicksal von Jahwes Bundeslade (Kap. 5–6). Das Schicksal des Heiligtums in Silo ist ungewiss, auf jeden Fall hört man nichts mehr davon.

2.1.4.4 Tod und Leben in Elis Familie (V. 12-22)

2.1.4.4.1 Elis Tod (V. 12-18). 5. Szene

a) Übersetzung

12. Es lief ein Benjaminiter aus den Reihen und gelangte am selben Tag nach Silo, seine Kleider zerrissen und Erde auf dem Kopf. 13. Als er ankam, saß Eli auf dem Stuhl am Straßenrand und hielt Ausschau, denn sein Herz bangte um die Gotteslade. Der Bote ging in die Stadt, um zu erzählen, und es gab einen Aufschrei in der ganzen Stadt. 14. Eli hörte das Geschrei und fragte: »Was ist das für ein Lärm, den die Leute machen?« Der Bote eilte zu Eli, um ihm zu erzählen, 15. denn Eli war schon achtundneunzig, seine Augen waren starr, er konnte nicht mehr sehen. 16. »Ich bin der, der von der Front gekommen ist«, erklärte er ihm. »Heute noch gelang mir die Flucht aus den Reihen.« »Wie ist es denn zugegangen, mein Sohn?«, fragte Eli. 17. »Israel ist vor den Philistern geflohen und musste auch schwere Verluste hinnehmen,« antwortete der Bote. »Außerdem starben deine beiden Söhne, Hofni und Pin-

has, und Gottes Lade ist erbeutet worden.« 18. Als von der Lade Gottes die Rede war, fiel [Eli] rückwärts vom Stuhl neben dem Tor und brach sich das Genick, denn er war ein alter Mann und schwer. Vierzig Jahre lang hatte er Israel gerichtet.

b) Auslegung

Die Erzählform, die rasche Bewegung, die Erwähnung von Silo und die **12**
Zeichen von Trauer wecken die Erwartung, dass die Ereignisse zum Höhepunkt eilen. Dann wird aber das Erzähltempo durch Hintergrundinformation und ausführlichen Dialog gedrosselt, der Höhepunkt hinausgezögert und die Spannung erhöht. Als Nebenperson wird der Bote nicht namentlich genannt.

Die Partikel *hinnēh* signalisiert einen Perspektivenwechsel, lenkt wie **13**
bei einem Kameraschwenk den Blick auf Eli und führt ihn wieder in die Erzählung ein. Sein Bangen lässt vermuten, dass er vielleicht gar nicht damit einverstanden war, dass die Lade zur Schlacht getragen wurde, musste aber eventuell dem Drängen seiner Söhne nachgeben.

Der nicht namentlich genannte Bote wird hier als *hā'îsch* »der Mann« **14**
bezeichnet. Der Bericht über dessen Ankunft in Silo spiegelt bis in den Wortlaut die Ankunft der Lade ins Lager (V. 5) wider, nur statt dort *rû'* »jubeln« heißt es hier *z'q* »schreien«, und Elis Frage ähnelt der der Philister damals. Ein tragisches Beispiel von ironischer Wiederholung mit Veränderung. Leichtsinniger Jubel wird schnell zu Trauer.

Elis genaues Alter ist eine neue Information, denn 2,22 sagt lediglich, **15**
er war **sehr alt**, seine Sehschwäche ist dagegen nicht neu (3,2), auch wenn sie sich verschlechtert hat. Es mag sein, dass der Verfasser diese Hintergrundinformation weniger als Auskunft eingeflochten hat, sondern um das Erzähltempo zu drosseln.

Mit der Wiederholung des persönlichen Pronomens **ich** will der Bote **16**
vielleicht die Aktualität seiner Nachricht hervorheben oder die Tatsache, dass ihm als Einzigem die Flucht gelang, oder beides. **Mein Sohn** ist die typische Anrede des Älteren an den Jüngeren.

Der Bote wiederholt den Bericht (10-11), zunächst mit eigenen Wor- **17**
ten, dann wortwörtlich, nur in umgekehrter Reihenfolge, um den Verlust

der Lade hervorzuheben. Die Wiederholung von *gam* »auch«/**außerdem** unterstreicht die zunehmende militärische, nationale, persönliche und geistliche Katastrophe.

18 Nicht der persönliche Verlust seiner beiden Söhne versetzt Eli den Todesstoß, sondern der Verlust der Bundeslade. Wie Simson (Ri 13–16) ehrt er Jahwe nach vielen Irrwegen in seiner Todesstunde (vgl. Ri 16,30-31). Obwohl er nicht zu den drei Hauptpersonen von *1. Samuel* gehört, war Eli eine bedeutende Person und wird folglich aus der Erzählung verabschiedet, allerdings nur summarisch mit dem lapidaren Schlusssatz. Die **vierzig Jahre** erinnern an Gideon (Ri 8,28) und Simson (Ri 16,31), auch beide Männer, deren Karriere tragisch endete.

2.1.4.4.2 Ikabods Geburt (V. 19-22). 6. Szene

a) Übersetzung

19. Seine Schwiegertochter, Pinhas' Frau, war hochschwanger. Als sie davon erfuhr, dass die Lade Gottes erbeutet worden war und ihr Schwiegervater und ihr Mann gestorben waren, bückte sie sich und gebar, denn die Wehen überraschten sie. 20. Da sie im Sterben lag, sagten ihr die Frauen, die um sie standen, »du brauchst keine Angst haben, du hast einen Sohn bekommen!« Aber sie gab weder Antwort noch Acht darauf. 21. Sie nannte den Kleinen »I-Kabod«, »denn«, sagte sie, »die Herrlichkeit ist von Israel verbannt«, wegen der Erbeutung der Gotteslade und wegen ihres Schwiegervaters und ihres Mannes. 22. »Die Herrlichkeit ist von Israel verbannt,« sagte sie, weil die Gotteslade erbeutet worden war.

b) Gliederung

A¹ Inszenierung (19a) *Hintergrund*
- B¹ Verlust – die Nachricht (19b)
  - C¹ Wehen und Geburt (19c)
    - D¹ Tod (20a)
      - E Neues Leben (20b)

D^2 Verzweiflung (20c)

C^2 Namengebung (21a)

B^2 Verlust (21b)

A^2 Schluss (22)

Die konzentrische Struktur hebt zwei Themen hervor, den Verlust der Bundeslade (B^1, B^2) und die Geburt neuen Lebens (E). Das erste Thema verbindet den vorigen Abschnitt mit dem folgenden, das zweite deutet auf den Neuanfang, den erst Samuel und später ausführlicher David herbeiführen wird.

c) Auslegung

Mit der durch die Wortfolge signalisierten Hintergrundinformation wird 19
eine neue Person eingeführt und thematisiert. Da sie eine Nebenrolle
spielt, wird sie nicht beim Namen genannt, sondern lediglich durch ihr
Verhältnis zu Eli und Pinhas identifiziert.

Im Gegensatz zu Eli ist das Ende seiner Schwiegertochter ambivalent, 20
denn im Sterben bringt sie neues Leben hervor. Sie selbst sieht allerdings
nur schwarz. Vielleicht soll ihre Reaktion stellvertretend für viele in Israel
nach dem Verlust der Lade stehen.

'î kāvôd bedeutet »nicht Herrlichkeit«. Das Verb *glh*, »abdecken, ent- 21
fernen«, hier mit **verbannt** übersetzt, wird auch für den Gang ins Exil
verwendet. Die Gefangennahme der Gotteslade ist eine Vorschattung der
Verschleppung Israels nach Babylon, was natürlich nicht zwingend auf
ein postexilisches Datum für *1. Samuel* schließen lässt, wie manche kriti-
sche Ausleger behaupten.

Die für abendländische Leser scheinbar überflüssige Wiederholung in 22
V. 22 hebt hervor, dass der tödliche Schock durch den Verlust besonders
der Bundeslade ausgelöst wurde, und bereitet die Thematik der folgenden
Episode vor. Der Verfasser enthält sich eines Kommentars (*Informationslücke*) und überlässt so dem Leser das abschließende Urteil über die Frömmigkeit von Pinhas' Witwe.

2.1.5 Das Schicksal der Bundeslade (5,1–7,2). Episode 5

2.1.5.1 Inhalt

Im Rampenlicht dieser Episode steht als Hauptperson kein Mensch, sondern ein Requisit, nämlich die Bundeslade, das Zeichen der Gegenwart Gottes. Er bedarf keines Menschen, um den Philistern, Israel und schließlich dem Leser seine Macht und Handlungsfähigkeit zu erweisen. Die Erbeutung der Bundeslade ist kein Zeichen von Jahwes Ohnmacht, sondern die Folge des Versagens seines Volkes. Jahwes Überlegenheit über die Götter der Philister wird eindrucksvoll demonstriert, aber auch seine Heiligkeit gegenüber seinem Volk Israel.

2.1.5.2 Gliederung

- A^1 Die Bundeslade im Hause Dagons (5,1-5). 1. Szene
  - B^1 Jahwes verheerende Anwesenheit unter den Philistern (5,6–6,1). 2. Szene
    - C^1 Die Philister schicken die Bundeslade zurück (6,2-9). 3. Szene
    - C^2 Die Ankunft der Bundeslade in Israel (6,10-16). 4. Szene Zusammenfassung 6,17-18
  - B^2 Jahwes verheerende Anwesenheit unter den Einwohnern von Bet-Schemesch (6,19-21). 5. Szene
- A^2 Die Bundeslade im Hause Abinadabs (7,1). 6. Szene

2.1.5.3 Die Bundeslade im Hause Dagons (5,1-5). 1. Szene

2.1.5.3.1 Übersetzung

1. Die Philister hatten die Lade Gottes erbeutet und von Eben-Eser nach Aschdod gebracht. 2. Nun nahmen sie sie, brachten sie ins Haus Dagons hinein und stellten sie neben Dagon auf. 3. Als die Einwohner Aschdods am nächsten Tag früh aufstanden, da fanden sie Dagon auf dem Boden liegen mit dem Gesicht zur Erde vor der Lade Jahwes. Sie nahmen Dagon und stellten ihn wieder an seinen Platz. 4. Als sie am nächsten Morgen früh aufstanden, da fanden sie Dagon [wieder] auf dem Boden liegen mit dem Gesicht zur Erde vor der Lade Jahwes, [nur diesmal lagen] Dagons Kopf und seine beiden Handflächen abgeschnitten auf der Schwelle, nur sein Rumpf war ihm übrig geblieben. 5. Aus diesem Grund betreten bis auf den heutigen Tag die Priester Dagons und die sonstigen Besucher die Schwelle seines Tempels nicht.

2.1.5.3.2 Auslegung

Die Philister betrachten die Bundeslade wie das Standbild ihrer eigenen **1-2**
Gottheit als sichtbares Zeichen eines göttlichen Wesens. Sie stellen sie in den Tempel Dagons als Trophäe, um die Überlegenheit ihres Gottes zu unterstreichen.

Die hebr. Partikel *hinnēh* »siehe« (Elb, Zü, Sch) signalisiert einen **3**
Wechsel der Perspektive: Damit lässt der Erzähler den Leser durch die Augen der Einwohner Aschdods schauen, als sie ihre gestürzte Gottheit entdecken. Mit ironischer Absicht wiederholt der Verfasser *lqh*, **nahmen**: Am Vortag hatten die Philister die Bundeslade wie einen besiegten Fetisch getragen, nun müssen sie das Gleiche mit dem Standbild ihrer eigenen Gottheit tun! Vgl. Ps 115,4-8; Jes 46,1-2.

Die Steigerung in V. 4, die in der obigen Übersetzung durch die Wör- **4**
ter in Klammern angedeutet ist, wird im Hebr. durch Wiederholung mit Veränderung bewirkt. Die Gottheit der Philister ist kopflos und handlungsunfähig; Jahwes Überlegenheit ist eindeutig.

Der Verfasser erklärt die Entstehung (*Ätiologie*) einer abergläubischen **5**
Vorstellung der Philister, die zur Zeit der Abfassung von *1. Samuel* noch bestand. Manche sehen einen Bezug zu Zef 1,9, aber er ist nicht sicher.

Eine solche verbotene Handlung nennt die Religionswissenschaft Tabu (vgl. auch 14,24).

2.1.5.4 Jahwes Anwesenheit unter den Philistern ist verheerend (5,6-12). 2. Szene

2.1.5.4.1 Übersetzung

6. Jahwes Gegenwart wurde zu einer schweren und zerstörerischen Last für die Menschen von Aschdod. Die Stadt samt ihrer Umgebung wurde von Pestbeulen geplagt. 7. Als die Einwohner Aschdods bemerkten, was vor sich ging, sagten sie: »Die Lade des Gottes Israels darf nicht hier bei uns bleiben, denn seine Hand ist streng gegen uns und unseren Gott Dagon.« 8. So ließen sie alle Philisterherrscher zu sich kommen und darüber beraten, was mit der Lade des Gottes Israels geschehen soll, und sie rieten: »Die Lade des Gottes Israels soll der Stadt Gat übergeben werden.« Sie reichten die Lade des Gottes Israels weiter. 9. Als sie sie überreicht hatten, war Jahwes Hand gegen die Stadt – eine sehr große Panik – und schlug sämtliche Einwohner mit Pestbeulen, die bei ihnen ausbrachen. 10. Sie schickten Gottes Lade nach Ekron fort, und als sie dort ankam, schrien die Einwohner: »Mir haben sie die Lade des Gottes Israels überreicht; sie wollen mich und mein Volk umbringen!« 11. Sie ließen alle Philisterherrscher zu sich kommen und sagten: »Schickt die Lade des Gottes Israels fort. Sie soll dorthin zurück, wo sie hingehört, sonst kommen ich und mein Volk um.« Denn eine Todespanik war in der ganzen Stadt ausgebrochen, Jahwes Gegenwart war dort zu einer sehr schweren Last geworden. 12. Die Menschen, die mit dem Leben davonkamen, wurden mit Pestbeulen geplagt, und das Geschrei der Stadt reichte bis zum Himmel.

2.1.5.4.2 Gliederung

A[1] Verheerung in Aschdod (6-7)
  B[1] Beratung unter den Führern der Philister (8a)
    C[1] Die Bundeslade in Gat (8b)
A[2] Verheerung in Gat (9)
    C[2] Die Bundeslade in Ekron (10)
  B[2] Beratung unter den Führern der Philister (11a)
A[3] Verheerung in Ekron (11b-12)

2.1.5.4.3 Auslegung

Jahwes Anwesenheit wird im hebr. Idiom nicht mit dem Bild des Ge- **6**
sichts bezeichnet, das fürsorgliche Zuwendung implizierte, sondern mit »Hand«, weil die **Gegenwart** der Bundeslade den Philistern nur zur Last wird. Die hebr. Wörter für »Herrlichkeit« und »schwer sein« haben dieselbe Wurzel. Der hebr. Text enthält ein ironisches Wortspiel: Jahwes *kāvôd* **Herrlichkeit** ist von Israel gewichen (4,22), nun *kbd* »liegt schwer« seine Hand auf den Philistern (vgl. auch 6,5)!

Die Art der Beschwerden, unter denen die Philister litten, lässt sich nicht genau bestimmen, denn außer 5Mo 28,27 erscheint *'ōfäl* in der Bedeutung **Beule**, von *'pl* »schwellen«, nur hier. Ein verwandtes arabisches Wort bezeichnet Beulen im After oder in der Scheide. Vielleicht empfahlen die Masoreten deshalb, das Wort beim Lesen durch das unverfängliche *ṭəchōr* **Beule** zu ersetzen. Da es aus der Folge ab V. 10 deutlich hervorgeht, dass die Schwellungen tödlich werden konnten, meinen viele Ausleger, es handelte sich um die Bubonenpest, zumal 6,4 von Ratten als Trägerinnen dieser Krankheit die Rede ist und die LXX an dieser Stelle von einer Mäuse- oder Rattenplage spricht.

Der Verfasser, der selbst von der »Lade Gottes oder Jahwes« spricht, **7-8**
übernimmt hier die Bezeichnung der Philister: **die Lade des Gottes Is-**

raels. Das hebr. Verb *sbb*, »umgehen, umgeben«, kann im *Hifil* wie hier »übergeben« bedeuten.

9 Jahwes Anwesenheit in der Gestalt der Bundeslade wirkt sich in Gat nicht weniger verheerend aus als in Aschdod. **Sämtliche** gibt den hebr. Merismus »von Klein bis Groß« wieder.

10 Das Schwarzer-Peter-Spiel geht weiter (V. 10). Der Protest der Einwohner in der 1. Person ist entweder Personifikation oder in den Mund des Herrschers gelegt.

11 Wiederholung mit Veränderung: Bei der ersten Konsultation fragte man die Philisterherrscher um Rat, hier erteilt man ihnen einen Befehl! Jahwes Lade soll schleunigst nach Israel zurück und gar nicht erst an die beiden verbleibenden weiter entfernten Philisterstädte Askalon und Gaza herumgereicht werden.

Die Beschwerden der Einwohner von Ekron werden am Ende des Abschnitts genannt, um einen Einschluss mit dem Anfang zu bilden und die Szene abzuschließen. **Todespanik**, Wiederholung mit Veränderung, ist eine Steigerung gegenüber V. 9. Zu **Jahwes Gegenwart** vgl. zu V. 6.

2.1.5.5 Die Philister schicken die Bundeslade zurück (6,1-12). 3. Szene

2.1.5.5.1 Übersetzung

1. Insgesamt blieb Jahwes Bundeslade sieben Monate im Philistergebiet. 2. Die Philister beriefen ihre Priester und Wahrsager und fragten sie, was sie mit Jahwes Lade tun sollten. »Sagt uns Bescheid, wie wir sie an ihren Ort zurückschicken sollen.« 3. Diese antworteten: »Bei der Rückgabe der Lade des Gottes Israels sollt ihr sie nicht ohne Weiteres zurückschicken, sondern unbedingt eine Sühnegabe erstatten, dann werdet ihr geheilt und erfahrt, weshalb seine Hand nicht von euch wich.« 4. Die Philister fragten: »Was für Sühne sollen wir ihm erstatten?« Und sie antworteten: »Entsprechend der Zahl der Philisterführer fünf Beulen aus Gold und fünf Ratten aus Gold, denn es war dieselbe Plage bei allen euren Führern. 5. Fertigt euch also Nachbildungen eurer Beulen und Ratten an, die das Land zugrunde richteten, als Anerkennungsgeschenk dem

Gott Israels in der Hoffnung, er möchte euch, euren Göttern und eurem Land Erleichterung verschaffen. 6. Ihr wollt doch nicht so starrsinnig sein wie die Ägypter und Pharao? Als er sie entwürdigte, entließen sie [sein Volk] nicht, damit sie wegzögen? 7. Also lasst euch einen neuen Wagen herstellen und holt euch zwei Milchkühe, die noch nie in ein Joch gespannt geworden sind, spannt sie an den Wagen und schickt ihre Kälber weg in den Stall zurück. 8. Dann nehmt euch Jahwes Bundeslade und tut sie auf den Wagen und legt die goldenen Artikel, die ihr ihm zur Wiedergutmachung erstattet, in einen Behälter an der Seite und entlasst sie, damit sie wegziehen. 9. Beobachtet: Wenn sie [das Gefährt] den Weg zum eigenen Gebiet Richtung Bet-Schemesch hinaufsteigt, dann hat er [Jahwe] uns dieses große Missgeschick gebracht. Wenn nicht, dann werden wir wissen, dass nicht seine Hand, sondern der Zufall uns getroffen hat.« 10. Die Männer führten diese Anweisungen aus, nahmen zwei Milchkühe und spannten sie an den Wagen und hielten ihre Kälber im Stall zurück. 11. Sie stellten Jahwes Bundeslade auf den Wagen, auch den Behälter und die goldenen Ratten und die Nachbildungen der Beulen. 12. Die Kühe gingen den Weg geradeaus in Richtung Bet-Schemesch, blieben auf der gleichen Straße und brüllten dabei unaufhörlich, aber wichen weder zur Rechten noch zur Linken, und die Philisterherrscher gingen ihnen hinterher bis an die Grenze von Bet-Schemesch.

2.1.5.5.2 Gliederung

A¹ Aufenthalt (1)
- B¹ Beratung (2)
  - C¹ Sühne (3) Konditionalsatz mit *'im* »wenn«; *jd'* »erkennen«; Jahwes *Hand*
    - D¹ Sühnegaben (4)
      - E¹ Anfertigung (5) Befehl »macht euch«
        - F Aufruf (6)
      - E² Anfertigung (7) Befehl »macht euch«
    - D² Sühnegaben (8)
  - C² Sühne (9) Konditionalsatz mit *'im* »wenn«; *jd'* **wissen**; Jahwes **Hand**
- B² Ausführung (10-11)

A² Abfahrt (12)

2.1.5.5.3 Rhetorische Eigenschaften

Der Abschnitt beginnt als Dialog zwischen den Philistern und ihren religiösen Führern, wechselt aber ab V. 4b zu einem Monolog, in dem diese ihren Rat geben.

Die Wiederholung der Verben *schlch* »senden, entlassen«, und *hlk* »gehen, wegziehen« (V. 6.8) unterstreicht die von den Philistern festgestellte Parallele zwischen Jahwes Handlung an ihnen und an den Ägyptern unter Pharao (*narrative Analogie*).

Der Abschnitt enthält ein Wortspiel mit den zwei hebr. Wurzeln *kbd* »schwer sein« und *qll* »leicht sein«. Man rät den Philistern, Jahwe *kābôd* »Ehre« zu geben (5) und ihr Herz nicht wie einst die Ägypter *kbd Piel* zu, »erschweren« (6), damit Jahwes Hand *qll Hifil* »erleichtert wird« (5).

Ein eindrucksvolles Beispiel für Assonanz (Gleichklang mehrerer Wörter) findet man in V. 7.

2.1.5.5.4 Auslegung

1 Die Hintergrundinformation von V. 1 leitet einerseits in die folgende Szene über und gibt andererseits den Zeitraum der in V. 6-12 berichteten Ereignisse an, da die **sieben Monate** kaum zwischen der Aufforderung von 5,11 und der Handlung 6,2 gelegen haben werden.

2 Die Religionssoziologie weist darauf hin, dass es in jeder Religionsgemeinschaft zwischen den Menschen und der unsichtbaren Welt Mittler gibt. Das hebr. *qsm*, »wahrsagen«, hier als Partizip, **Wahrsager**, deutet auf die Funktion dieser Mittler, Auskunft über den rechten Umgang mit den Mächten dieser unsichtbaren Welt zu geben. In der heutigen Religionswissenschaft werden sie mit dem aus dem Sibirischen stammenden Begriff *Schamane* bezeichnet.

3 **Ohne Weiteres** (V. 3) gibt hebr. *rêqām* »umsonst« und **unbedingt** die emphatische Verbform wieder. Die religiösen Vorstellungen der Philister haben manches gemeinsam mit dem, was die heutige Religionswissenschaft als *Animismus* bezeichnet. Hauptanliegen ist die Beschwichtigung der Mächte der unsichtbaren Welt, in diesem Fall Jahwe, vertreten durch die Bundeslade, die die Philister als *Fetisch*, einen machtgeladenen Gegenstand, betrachten. Die Philister sind keine Monotheisten. Für sie ist

Jahwe ein real existierender Gott, den man mittels einer Sühnegabe zu beschwichtigen hat.

Die Philister glauben offenbar auch an die sympathische Magie, nach **4-5**
der eine Sühne bzw. ein Heilmittel ähnlich aussehen muss wie die Beschwernis (V. 5). Das hebr. *'akbār* wird gewöhnlich mit »Maus« übersetzt, aber wahrscheinlich waren es **Ratten**, deren Flöhe die Bubonenpest tragen. Mit **dieser Plage** gestehen sie, dass Jahwe Ursache ihrer Beschwerden war.

Die Philister erkennen Parallelen zwischen ihrer Lage und der Ägyp- **6**
tens unter Pharao sowie zwischen der Rückkehr der Bundeslade und Israels Auszug aus Ägypten, eines der Hauptmotive alttestamentlicher Theologie. Das hebr. *'ll* im *Hitpael* bedeutet »misshandeln« (einschließlich sexuellen Missbrauchs, Ri 19,25), **entwürdigen**, und bezeichnet später auch Sauls Befürchtung (31,4), die Philister könnten ihren Spott mit ihm treiben, eine Konnotation, die die Übersetzung »mitgespielt« (Elb, WStB) beeinflusst hat.

Mit **also**, hebr. *wə'attāh*, wtl. »und nun«, kehren die Priester von **7**
ihrem Appell zu ihren Anweisungen zurück (V. 7). Der unübersetzbare hebr. Stabreim: *pārôt 'ālôt* **Milchkühe** *'ălêhäm* auf die *'ōl* **ein Joch** *lō'-'ālāh* »nicht aufgelegt worden ist«, verleiht dem Satz besonderen Nachdruck. Die Ehrfurcht der Philister vor Jahwe kommt im Opfer des neuen Wagens sowie der unverbrauchten Tiere zum Ausdruck.

Die nachgebildeten Beulen und Ratten werden (V. 8) mit dem all- **8**
gemeinen Begriff *kəlî*, wtl. »Zeug«, bezeichnet. Man sollte sie in einen *'argaz* legen. Das Wort kommt nur hier vor und wird unterschiedlich mit »Kasten« oder »Tasche« wiedergegeben.

Normalerweise hätte man erwartet, dass die Kühe, ihrer Kälber be- **9**
raubt und nicht ans Joch gewöhnt, sich weigern, das Gefährt auf die Straße nach Bet-Schemesch, dem nächstliegenden Weg ins israelitische Gebiet, zu ziehen (V. 9). Tun sie es doch, dann bezeugt es Jahwes Macht, die die Philister auf diese Weise auf die Probe stellen.

V. 10 enthält zwei Rückbezüge: **die Männer** verweist auf **die Philister** **10-11**
(V. 2) und **führten … aus**, wtl. »taten also«, auf die ganzen Anweisungen der vorhergehenden Verse. Der Wagen ist der, den sie laut den Anweisun-

gen hergestellt hatten. Für **Beulen** liest MT hier *ṭəchōr*, obwohl viele MSS *ʿōfāl* lesen (vgl. zu 5,6).

12 Jahwe geht auf die von den Philistern in V. 9 gestellten Bedingungen ein und lässt die Kühe seine Macht erweisen, obwohl sie die Trennung von ihren Kälbern lautstark beklagen.

2.1.5.6 Die Bundeslade kehrt nach Israel zurück (6,13-18). 4. Szene

2.1.5.6.1 Übersetzung

13. Die Leute von Bet-Schemesch waren gerade dabei, im Tal die Weizenernte zu ernten. Sie schauten hinauf und sahen die Bundeslade und freuten sich darüber. 14. Der Wagen war auf die Wiese von Josua aus Bet-Schemesch angekommen und dort stehen geblieben. Dort war auch ein Riesenstein. Sie spalteten das Holz des Wagens und opferten Jahwe die Rinder als Brandopfer. 15. Die Leviten hatten die Bundeslade heruntergenommen mit dem Behälter, der dabei war und in dem die goldenen Gegenstände waren, und hatten sie auf den Riesenstein gestellt. Die Leute von Bet-Schemesch waren an dem Tag damit beschäftigt, Brand- und Schlachtopfer zu opfern. 16. Als das die fünf Philisterherrscher sahen, kehrten sie am selben Tag nach Ekron zurück. 17. Diese goldenen Beulen erstatteten die Philister Jahwe als Wiedergutmachung: jeweils eine für Aschdod, Gaza, Aschkelon, Gat und Ekron, 18. und die goldenen Ratten entsprechend der Zahl aller Wohnorte der Philister, die den fünf Herrschern gehörten, von den befestigten Städten bis zu den Bauerndörfern auf dem flachen Land. Zeuge ist auch der Riesenstein, auf dem man Jahwes Bundeslade abstellte, bis heute auf der Wiese von Josua aus Bet-Schemesch.

2.1.5.6.2 Auslegung

Die Wortfolge des ersten Satzes von V. 13 signalisiert Hintergrundinfor- **13**
mation und erklärt, wieso die Einwohner den Wagen mit der Bundeslade auf der Straße sofort wahrnahmen.

Die ersten Sätze von V. 14 liefern weitere Hintergrundinformationen **14**
über den Standort des Wagens und den großen Stein. Die Brandopfer waren Ausdruck der Dankbarkeit für die Rückkehr der Bundeslade.

Laut Jos 21,16; 1Chr 6,44 gehörte Bet-Schemesch zu den Levitenstäd- **15**
ten Judas. Entweder war das Opfern bereits zu Ende oder der Stein muss genügend Platz für Opfer und Lade geboten haben.

Die scheinbar überflüssige Wiederholung der Opfer aus V. 14 soll **15-16**
wahrscheinlich erklären, weshalb die Philisterherrscher zufrieden heimkehrten, denn die zweifache Angabe **an dem Tag** verbindet beide Aussagen.

Die Syntax weist die Verse 17-18 als zusammenfassenden Schluss aus. **17-18**
Zu jeder der fünf genannten Städte gehörten die Dörfer rings herum. Da der hebr. Text hier dreimal das Wörtchen *'ad* enthält, hat MT womöglich ein Wortspiel missverstanden und dreimal mit kurzem Vokal, **bis**, statt beim zweiten Mal mit langem Vokal, **Zeuge**, gelesen. Die Lesart *'ävän* **Stein** (einige hebr. MSS, LXX und 2 lat. MSS) ergibt einen besseren Sinn als *'ävēl* (MT) »Wiese, Grünfläche«, vielleicht ein Wortspiel mit *'bl* **trauern** (19), von Elb, Sch als Name des Steins aufgefasst.

2.1.5.7 Nach verheerenden Auswirkungen unter den Einwohnern von Bet-Schemesch (6,19-21, 5. Szene) gelangt die Bundeslade ins Haus Abinadabs (7,1, 6. Szene).

2.1.5.7.1 Übersetzung

19. Jahwe schlug die Einwohner Bet-Schemeschs, weil sie in seine Lade hineingeschaut hatten. Siebzig Leute kamen dabei um, und das Volk trauerte, weil Jahwe ihnen einen so schweren Schlag zugefügt hatte. 20. »Wer kann bestehen vor diesem heiligen Gott?«, fragten die Leute Bet-Schemeschs, »zu wem soll sie hinaufziehen, dass sie uns nicht mehr belastet?« 21. Sie sandten Boten zu den Einwohnern von Kirjat-Jearim mit der Mitteilung: »Die Philister haben Jahwes Lade zurückgeschickt. Kommt herab und holt sie euch hinauf.« 7,1. Die Leute von Kirjat-Jearim kamen, holten Jahwes Lade herauf, brachten sie in Abinadabs Haus auf dem Hügel und weihten seinen Sohn Eleasar, sie zu hüten.

2.1.5.7.2 Auslegung

19 Die Übersetzung »weil sie die Lade angeschaut hatten« ist irreführend. Es ist unwahrscheinlich, dass Menschen deswegen sterben mussten, da die Bundeslade für alle sichtbar auf dem Wagen lag. Deshalb fügen manche den überflüssigen Nachsatz »nicht mit der gebührenden Ehrfurcht« (GNB), »ohne die nötige Ehrfurcht« (HFA) hinzu. Im Gegenteil: Sie mussten sterben, weil sie das Verbot übertraten, in die Inhalte der Stiftshütte hineinzuschauen (4Mo 4,20). Für einen ähnlichen Fall vgl. 2Sam 6,7; 1Chr 13,9-10. Die fromme Glosse (LXX, manche lat. MSS) »die Söhne Jechonjas freuten sich nicht« (LÜ, Elb*) ist wahrscheinlich ein Versuch, die Strenge der Strafe zu mildern.

Die meisten MSS des MT enthalten nach **siebzig Mann** die Worte »50 000 Mann«. Dieser Zusatz ist unterschiedlich erklärt worden als Übertreibung (EÜ), eine aus Versehen in den Text aufgenommene Randbemerkung (Elb), viele Neugierige aus der ganzen Umgebung (Sch) oder als Verhältnis: **siebzig Mann**, [das ist] 50 [aus] 1000 Mann, also 5% der Bevölkerung.

20 Die Frage (V. 20) ist berechtigt, denn Gottes Gegenwart ruft ein Bewusstsein der eigenen Untauglichkeit hervor (vgl. Ps 76,8; 130,3; Mal 3,2; Lk 5,8). Statt in sich zu gehen und Gottes Gnade zu ersuchen (vgl. Ps 130,4), liefern sich die Einwohner Bet-Schemeschs ein ähnliches Schwarzer-Peter-Spiel wie die Philister, ohne allerdings wie jene an eine Sühne zu denken. **Uns … belastet** gibt ein hebr. Wortspiel wieder zwischen *ja'ălāh* **hinaufzieht** und *mē'ālênû*, wtl. »von auf uns«. Gottes Gegenwart empfinden sie nicht als Vorrecht, sondern als Belastung.

21 Der Text von V. 21 bietet keine Erklärung dafür, warum die Wahl auf diese Stadt fiel. Wahrscheinlich handelte es sich um die nächstgelegene und bedeutendere Ortschaft. Sie lag auch etwas höher, deshalb **herab** und **hinauf**. Die Boten verschwiegen den Grund für den Umzug und ließen ihn wie ein Vorrecht erscheinen.

Die Wahl des Hauses Abinadab wird ebenso wenig erklärt, vielleicht **7,1**
als Zeichen der Anerkennung, weil es höher lag. Auf jeden Fall gingen die Einwohner im Gegensatz zur heillosen Neugier der Leute von Bet-Schemesch ehrfurchtsvoll mit Jahwes Lade um. Es gab deshalb keine Strafe, dafür aber lange Zeit Stillstand in den Beziehungen zwischen Jahwe und Israel, wie der nächste Vers zeigt.

2.1.5.8 Vorschlag für eine Predigt oder Bibelarbeit über 1. Samuel 4–6

Thema: Gott lässt sich nicht spotten.

1. Gott lässt sich nicht für menschliche Zwecke einspannen (1Sam 4).
Statt sich nach der Niederlage gegen die Philister vor Jahwe in Buße und Zerknirschung zu beugen (vgl. 7,3!), holte Israel eigenmächtig die Bundeslade, das sichtbare Zeichen der Gegenwart Gottes, aus der Stiftshütte in das Lager. Doch Gottes Heiligkeit (Stichwort *Cherubim*) war durch die Anwesenheit der verdorbenen Priester Hofni und Pinhas kompromittiert. Auch heute lässt sich Gottes Gegenwart weder durch Riten noch durch Formeln erzwingen.

Israels lauter Jubelschrei forderte nur den Feind heraus (4,5-9). Heute glauben manche, Gottes Segen hänge vom Geräuschpegel oder von der Größe des Publikums ab. Doch die Folgen waren katastrophal (V. 17).

2. Gott braucht keine menschliche Hilfe (1Sam 5–6).

a. Gott erwies seine Einzigartigkeit und Stärke gegenüber Dagon, dem Philistergötzen (5,1-5).
b. Gott machte das Leben der ungläubigen Philister schwer (5,6-12).
c. Gott erwies die Souveränität seiner Vorsehung in der Rückkehr der Bundeslade (Kap. 6).

3. Der menschliche Ungehorsam schadet Gott nicht.

Weder der abgöttische Unglaube der Philister noch Israels frevelhafter Ungehorsam vermochten Gott zu beinträchtigen, doch durch den Verlust der Bundeslade ging Israel *viel Zeit* verloren (1Sam 7,2).

Angesichts von Theologen (wie z.B. Jürgen Moltmann), die vom *Schmerz* oder *Leiden Gottes* schreiben, tut es Not, die eindeutigen Aussagen der Heiligen Schrift zu bekräftigen:

Kann ein Mensch Gott von Nutzen sein? Hat der Allmächtige etwas davon, wenn du dich an seine Gesetze hältst, oder bringt es ihm Gewinn, wenn du ein rechtschaffenes Leben führst? (Hiob 22,2-3).

Was kannst du Gott anhaben, wenn du sündigst? Welchen Schaden kannst du ihm zufügen, wenn du viele Verfehlungen begehst? Wenn du vor Gott gerecht bist, was schenkst du ihm damit? Hat er denn etwas davon? Nein, deine Sünden können nur deinen Mitmenschen schaden, und deine guten Taten kommen bestenfalls anderen Menschen zugute (Hiob 35,6-8).

»Sie bringen anderen Göttern Trankopfer, um mich damit zu kränken. Verletzen sie etwa mich damit? fragt der Herr. Nein, zuallererst schaden sie sich und bringen Schande über sich selbst« (Jer 7,18-19).

2.1.6 Sieg über die Philister: Samuels Heldentat (7,2-17). Episode 6

2.1.6.1 Inhalt

Diese Episode rückt Samuel wieder ins Rampenlicht der Erzählung, schildert seine Tätigkeit seit seiner Berufung in Kapitel 3 und beschreibt den Höhepunkt seiner Laufbahn. Nach dem Debakel von Episode 4 weist der heranwachsende Samuel dem Volk den Weg echter Umkehr und findet zunehmend Gehör, bis er die Zeit für reif hält, die nationale Buße durch eine Volksversammlung in Mizpa bestätigen zu lassen. Ein Gegenangriff der Philister wird durch ein Wunder Gottes abgewehrt, und dem Volk wird eine längere Zeit der Ruhe gewährt, in der Samuel seine Tätigkeit als Richter ausübt. Samuel scheint die Funktionen von Prophet, Priester und Führer in Personalunion ausgeübt zu haben.

2.1.6.2 Gliederung

A^1 Israels Zustand (2). *Inszenierung*
- B^1 Samuels Botschaft und Israels Umkehr (3-4). 1. Szene
  - C^1 Die Versammlung zu Mizpa (5-6). 2. Szene
  - C^2 Kampf und Sieg über die Philister (7-11). 3. Szene
- B^2 Samuels Gedenken und Israels Wiederherstellung (12-14). 4. Szene

A^2 Samuels Leben (15-17). *Schluss*

Die ersten beiden Szenen folgen einem ähnlichen Muster: Auf Samuels Aufruf antwortet das Volk.

2.1.6.3 Israels Zustand (Inszenierung, V. 2), Samuels Botschaft und Israels Umkehr (1. Szene, V. 3-4)

2.1.6.3.1 Übersetzung

2. Die Zeit, in der die Lade in Kirjat-Jearim blieb, wurde immer länger, bis schließlich zwanzig Jahre verflossen waren, und das ganze Haus Israel trauerte Jahwe nach. 3. Samuel redete zum ganzen Haus Israel und sagte: »Wenn ihr wirklich von ganzem Herzen zu Jahwe zurückkehrt, dann entfernt die fremden Götter und die Astarot aus eurer Mitte, richtet euer Herz auf Jahwe und dient ihm allein. Dann wird er euch aus der Gewalt der Philister befreien.« 4. Die Israeliten entfernten die Baale und die Astarot und dienten Jahwe allein.

2.1.6.3.2. Auslegung

2 Insgesamt blieb die Bundeslade viel länger in Kirjat-Jearim, bis David sie nach Jerusalem holte (2Sam 6,2), **zwanzig Jahre** vergingen bis zu den folgenden Ereignissen. »In dieser Zeit« (HFA) **trauerte** das Volk, weil es sich von Jahwe allein gelassen wusste und wahrscheinlich immer wieder Übergriffen der Philister ausgesetzt war. Die Lesart **trauerte** ist den anderen Varianten: »schaute« (LXX) bzw. »suchte wieder« (Vul) oder »wandte sich« (manche MSS der LXX, LÜ, EÜ, GNB) vorzuziehen, da Letztere die Umkehr des Volkes voraussetzen, die eigentlich erst durch Samuels Dienst zustande kam.

3-4 Im Gegensatz zur folgenden Szene handelt es sich hier wahrscheinlich nicht um eine einmalige Äußerung Samuels, sondern um eine Zusammenfassung seiner Botschaft in Verkündigung und Seelsorge während der ganzen zwanzig Jahre (V. 2) seit seiner Berufung. Als treuer Sprecher Jahwes weist er dem Volk den Weg geistlicher Erneuerung: aufrichtige, konsequente und ungeteilte Hinwendung an Jahwe.

Zwanzig Jahre früher hatte das Volk gewähnt, sich durch die Anwesenheit der Bundeslade die Gegenwart Gottes zu sichern, doch missachteten sie völlig die ersten drei Gebote, die sich auf den Steintafeln in jener Bundeslade befanden!

Fremde Götter, hebr. *'ĕlōhê-hannēkār*, ist der Sammelbegriff, **Astarot** (Elb, EÜ; sonst »Astarten«) war »die Göttin der Liebe, der sexuellen Anziehung und des Krieges. Unter verschiedenen Namen stieg sie in ganz Westasien zur wichtigen Göttin auf« (McCall, 2010, S. 48). Sie ist nicht zu verwechseln mit »Ascherah«, der kanaanitischen Mutter der Götter und Baals, noch mit »Ascherim, Ascherot«, heilige Haine oder Holzpfähle, Begriffe, die in *1. Samuel* nicht vorkommen.

Zwanzig Jahre lang war Israel in **der Gewalt** (wtl. »Hand«) **der Philister** gewesen. Die Philister besetzten den fruchtbaren Küstenstreifen, Israel musste sich mit dem kargen Bergland zufriedengeben und vielleicht auch Tribut zahlen. Kraft ihrer militärischen Übermacht (vgl. 13,19-22) konnten die Philister jeden Aufstand in Keim ersticken.

Israels Antwort auf Samuels Aufruf wird im fast identischen Wortlaut beschrieben, nur zu Astarot kommt Baal hinzu, Hauptgott der Kanaaniter (Zü), Himmels- und Wettergott (GNB), dessen Kult von Unzucht (Tempelprostituierte) und Grausamkeit (Kinderopfer) begleitet war. Die Wiederholung unterstreicht, dass das Volk Samuels Aufforderung nachkam. Dies geschah wahrscheinlich nicht auf einen Schlag, sondern in einem Prozess, der sich über Jahre hinzog.

2.1.6.4 Die Versammlung zu Mizpa (2. Szene, V. 5-6), Kampf und Sieg über die Philister (3. Szene, V. 7-11)

2.1.6.4.1 Übersetzung

5. Samuel sagte: »Versammelt ganz Israel nach Mizpa und ich werde Fürsprache für euch bei Jahwe einlegen.« 6. Sie versammelten sich in Mizpa, schöpften Wasser und schütteten es aus vor Jahwe. An jenem Tag fasteten sie und bekannten dort: »Wir haben gegen Jahwe gesündigt.« Samuel richtete das Volk Israel in Mizpa. 7. Die Philister hörten, dass sich die Israeliten in Mizpa versammelt hatten, und ihre Herrscher marschierten gegen Israel hinauf. Die Israeliten hörten davon und fürchteten sich vor den Philistern. 8. Die Israeliten sagten zu Samuel: »Lass uns nicht im Stich, hör nicht auf, Jahwe, unseren Gott, anzuflehen, damit er uns rette vor der Macht der Phi-

lister.« 9. Samuel nahm ein einziges Milchlamm und opferte es Jahwe ganz als Brandopfer. Samuel flehte zu Jahwe zugunsten Israels und Jahwe erhörte ihn. 10. Während Samuel noch das Brandopfer opferte, näherten sich schon die Philister zum Kampf gegen Israel, doch Jahwe ließ an jenem Tag einen solchen lauten Donner über sie erschallen, dass sie in Panik gerieten und vor Israel in die Flucht geschlagen wurden. 11. Israels Männer zogen von Mizpa aus und verfolgten die Philister und erschlugen sie bis unterhalb von Bet-Kar.

2.1.6.4.2 Auslegung

5 Die Wiederholung des Ortsnamens sowie der Tätigkeit Samuels (Gebet und Seelsorge) bilden eine Klammer um die Szene. Offenbar hielt Samuel die Zeit für reif, die geistliche Wende im Volk durch eine repräsentative Volksversammlung bestätigen zu lassen. Das Anliegen seiner Fürbitte war wahrscheinlich die Befreiung von den Philistern. Samuel ist nicht nur Prophet, sondern auch Beter (vgl. 12,23; Ps 99,6).

6 Das Volk bringt seine Zerknirschung zum Ausdruck durch eine symbolische Handlung, durch Fasten sowie durch ein gesprochenes Bekenntnis. Der Text erklärt den Sinn des Ausgießens des Wassers nicht, aber Tg ergänzt: »In Buße schütteten sie ihr Herz aus wie Wasser.« Aus Kummer, wie Hanna (1,15) und der Psalmist (Ps 42,5), oder aus Reue (Kla 2,19, »wie Wasser«) schüttete man das Herz (oder die Seele) aus.

Samuel wurde in 3,20 als Prophet bezeichnet, hier fungiert er als Richter. In den vergangenen zwanzig Jahren hatte sich zweifelsohne viel Unrecht angestaut, das in Ordnung gebracht werden musste, sowohl im öffentlichen Leben als auch im zwischenmenschlichen Bereich, und Samuel hatte wahrscheinlich mit strafrechtlichen, zivilrechtlichen und seelsorgerlichen Fällen zu tun.

7 Die Volksversammlung in Mizpa wird mehrere Tage gedauert haben. Das war genug Zeit, dass die Nachricht zu den Philistern gelangen konnte. Ihre Führer wähnten, dass Israel den Aufstand probte, und entsandten eine Streitkraft – der Text schweigt über deren Stärke – aus dem flachen Küstenstreifen hinauf. Daraus lässt sich ein geistlicher Grundsatz ableiten: Wo Gott wirkt, setzt der Feind zum Gegenangriff an. Israels Angst

war in der Erfahrung der Vergangenheit begründet, aber auch in der Tatsache, dass sie zum Gottesdienst und nicht zu einer bewaffneten Auseinandersetzung zusammengekommen waren.

Israels Bitte, wtl.: »schweige nicht von uns vom Flehen zu Jahwe« (vgl. 8
EÜ) zeigt, wie sie Samuels Fürbitte schätzten, und ihre Zuversicht gibt beredtes Zeugnis von ihrem wiedergewonnenen Vertrauen in Jahwe und seinen Boten.

Samuels Opfer eines Lammes ist symbolträchtig, auch wenn nicht der 9
übliche Begriff *käväś*, sondern *ṭäläh* verwendet wird, das sonst nur Jes 40,11; 65,25 vorkommt. Neben dem Passahlamm (2Mo 12,5) wurden Lämmer als Sündopfer (3Mo 4,32) und als Brandopfer in Verbindung mit Reinigungsvorschriften (3Mo 12,6; 14,10; 4Mo 6,12.14) sowie morgens und abends als tägliches Brandopfer im Heiligtum (4Mo 28,3-4) gebracht. Samuels Opfer bekräftigte, dass Israel nach dem Bekenntnis von Mizpa von seiner Sünde gereinigt worden war, seine Bundesverpflichtung erneuert hatte und bereit war, in täglicher Hingabe zu Jahwe zu leben. Die Folge macht deutlich, dass Jahwe zu seinem Volk steht, wie einst am Roten Meer.

Die rasche Verbfolge weist V. 10 als Höhepunkt der Episode aus. Die 10
Wortwahl bildet eine narrative Analogie. Die Verwendung von *hmm*, »verwirren«, ein Synonym von *hûm* »schallen« (4,5), sowie die Wiederholung von *ngp*, **in die Flucht schlagen** (4,10), unterstreicht den Kontrast zu Israels Niederlage in Kap. 4. In bedeutungsvollen Situationen hatte Jahwe Israels Feinde bereits *hmm* »verwirrt«, und zwar bei der Vernichtung von Pharaos Heer am Roten Meer (2Mo 14,24), Josuas Sieg zu Gibeon (Jos 10,10, vgl. die Verheißung 2Mo 23,27) und Baraks Sieg über Sisera (Ri 4,15). Damit werden Erinnerungen wach an den Auszug aus Ägypten unter Mose, an die Landnahme unter Josua sowie an die Befreiungen der Richterzeit.

Den Sieg schenkt Gott ohne menschliches Tun, aber Menschen müs- 11
sen handeln, um Gottes Tat zu verwirklichen, ein Grundsatz, der sich auf manche Lebensbereiche anwenden lässt. Die Lage von **Bet-Kar** ist unbekannt.

2.1.6.5 Gedenken und Israels Wiederherstellung (4. Szene, V. 12-14), Samuels Leben (Schluss, V. 15-17)

2.1.6.5.1 Übersetzung

12. Samuel nahm einen großen Stein, stellte ihn zwischen Mizpa und dem Felsvorsprung auf und gab dem Ort den Namen »Stein der Hilfe«, denn er sagte: »Bis hierher hat uns Jahwe geholfen.« 13. Die Philister wurden vor Israel bezwungen und drangen nicht mehr in israelisches Gebiet, sondern Jahwes Hand war gegen sie, solange Samuel lebte. 14. Die Städte, die die Philister Israel weggenommen hatten, von Ekron bis Gat mit ihrer Umgebung, kehrten zu Israel zurück, und Israel hatte Frieden mit den Amoritern. 15. Samuel fungierte als Israels lebenslänglicher Richter. 16. Jahr für Jahr machte er die Runde nach Bethel, Gilgal und Mizpa, hielt an allen diesen Orten Gerichtstage 17. und kehrte immer nach Rama zurück, denn dort stand sein Haus, dort führte er Israel und dort hatte er Jahwe einen Altar gebaut.

2.1.6.5.2 Auslegung

12 **Felsvorsprung**, hebr. *haschschēn*, wtl. »der Zahn«: Ein Ort dieses Namens ist nicht bekannt. Manche Ausleger halten ihn für das in 2Chr 13,19 erwähnten »Jeschana«, heute Ein Siniya auf der Nationalstraße 60 nördlich von Ramallah. Es ist allerdings nicht einsichtig, weshalb der Verfasser ihn statt des vertrauten Rama oder Bethel als Orientierungspunkt genannt hätte. Wahrscheinlicher ist, dass es sich um ein damals bekanntes topografisches Merkmal handelte, z.B. einen hervorstehenden Felsen. Mit der Namensgebung »Eben-Ezer« wollte Samuel nicht nur des Sieges gedenken lassen, sondern auch die Erinnerung an die im 4. Kapitel geschilderte Niederlage verwischen.

13 Das hebr. *kn'* »(sich) beugen« wird oft im Zusammenhang mit militärischem Sieg verwendet und muss dann mit **bezwungen** übersetzt werden. Der Sieg zu Mizpa war keine Eintagsfliege. Während Samuels Dienstzeit hatte Israel Ruhe vor den Einfällen der Philister. Allerdings gewann später

der Feind wieder die Oberhand, wie die Folge der Erzählung zeigt. Eine endgültige Bezwingung der Philister gelang erst David (2Sam 8,1).

Im Hebr. stehen die Wörter **von Israel** und **zu Israel** (V. 14) neben- **14**
einander und heben so die Wiedergewinnung hervor. Es steht offen, ob Israel die Hoheit über diese Philisterstädte eine Zeit lang ausübte oder nur über die umliegenden Ortschaften gebot. Später waren sie auf jeden Fall unter der Verwaltung der Philister. **Amoriter** ist ein Sammelbegriff für die Ureinwohner Kanaans (1Mo 15,16).

In den Versen 15-17 steht im Hebr. dreimal »Samuel richtete Israel«. **15-17**
Beim ersten Mal handelt es sich um seine Lebensaufgabe, beim zweiten um seine Tätigkeit als Bezirksrichter in den genannten Orten, die alle im näheren Umkreis lagen, beim dritten um seinen Rang als Israels Führer. Nach Eli (4,18) und den charismatischen Führern des Richterbuches war Samuel wohl der letzte **Richter**, denn die Funktion ging nachher auf den König über (vgl. 8,5.20; 12,13). Nach Elis Tod und der Erbeutung der Bundeslade war Samuel wahrscheinlich in den Heimatort seiner Eltern zurückgekehrt, hatte dort eine Familie gegründet und ein Haus gebaut und hielt dort Gottesdienst.

2.1.6.6 Vorschläge für eine Predigt oder Bibelarbeit über 1Sam 7,2-17

Thema: Erweckliches Leben

1. Wir brauchen Erweckung.

Der Zustand der Christenheit erinnert in vielerlei Hinsicht an Israels verzweifelte Lage zur Zeit Samuels. Aufgrund der Säkularisierung wenden sich viele vom Glauben ab (vgl. Mt 24,10-12), viele Christen sind es nur dem Namen nach (Offb 3,1-2), das Evangelium wird verfälscht (2Tim 4,3-4) und erstickt (Mk 4,19). Des Herrn Ruf lautet (Eph 5,14): *Wach auf!*

2. Wir müssen uns nach Erweckung sehnen.
Israel trauerte Jahwe nach, sie waren mit Mittelmäßigkeit unzufrieden und verlangten wie der Psalmist nach Gott (Psalm 42,2-3; 63,2).

3. Erweckung bedeutet Umkehr.
Wenn ihr wirklich von ganzem Herzen zu Jahwe zurückkehrt. Die alttestamentlichen Propheten riefen Israel zur Umkehr auf (Sach 1,2-3): Der auferstandene Herr ruft seine Gemeinde zur Umkehr auf (Offb 2,5.16.21; 3,3.19). Umkehr (Buße) bedeutet, Reue über seine Sünden zu empfinden und diese zu bekennen. *Die Israeliten ... schütteten Wasser aus vor dem Herrn, fasteten und bekannten: Wir haben gegen den Herrn gesündigt* (vgl. 1Joh 1,9).

4. Erweckung bedeutet, sich Gott von ganzem Herzen zu weihen und sich ganz auf ihn auszurichten.
Samuel forderte Israel auf: *Entfernt die fremden Götter ... aus eurer Mitte, richtet euer Herz auf den Herrn und dient ihm allein.* Wir sollen *alles ablegen, was uns beschwert, und die Sünde, die uns ständig umstrickt, ... und aufsehen zu Jesus* (Hebr 12,1-2, vgl. Phil 3,7-10).

5. Erweckliches Leben sucht Gemeinschaft mit Gleichgesinnten.
Samuel sammelte ganz Israel zu Mizpa. *Deshalb ist es wichtig, dass wir unseren Zusammenkünften nicht fernbleiben, ... sondern dass wir einander ermutigen* (Hebr 10,25 NGÜ).

6. Erweckliches Leben äußert sich im Gebet und wird durch Gebet gepflegt.
Die Israeliten baten Samuel: *Hör nicht auf, den Herrn unsern Gott anzuflehen. Samuel flehte zum Herrn zugunsten Israels und der Herr erhörte ihn.*

7. Erweckung ruft Widerstand hervor.
Als die Philister hörten, dass die Israeliten zusammengekommen waren, zogen sie hinauf gegen Israel. Das Fleisch (1Petr 2,11), die Welt (1Joh

2,15-17) und der Teufel (Eph 6,10-12) setzen alles daran, erweckliches Leben zu ersticken.

8. Erweckung bedeutet Wiederherstellung.
Israel eroberte die Städte zurück, die die Philister ihnen genommen hatten. Bereiche im persönlichen Leben oder in der Gemeinde gelangen wieder unter Gottes Herrschaft zurück.

Thema: Vollmächtiger Dienst am Beispiel Samuels

1. Samuels Dienst

a. Verkündigung: Die Verantwortung eines Predigers ist es, Gottes Wort in der Schrift treu auszulegen und anzuwenden, d.h. aufzurufen zur Abkehr von Sünde sowie zur aufrichtigen und ausschließlichen Hinwendung zu Gott und Befreiung zu verheißen.

b. Seelsorge Die Verantwortung eines Pastors ist es, Gottes Volk zu sammeln, für es zu beten und es seelsorgerlich zu betreuen.

2. Der Sieg im Glaubenskampf

a. Die Auseinandersetzung: Christen stehen heute genau wie Israel damals im Kampf, allerdings auf geistlichem Feld (Eph 6,12; 2Kor 10,3-6; 1Tim 6,12).

b. Gottes Hilfe: Christen sind heute genau wie Israel damals wehrlos, können aber durch Gebet mit Gottes Hilfe und Eingreifen rechnen.

c. Das Opfer: Samuels Opfer eines Milchlammes ist ein Hinweis auf Christi Opfer als Gotteslamm (Joh 1,29), durch das Christen im Glauben einen geistlichen Sieg erringen (Offb 12,11; 1Joh 5,4-5).

3. Die Folgen

a. Das Gedenken: Wie Samuel einen Gedenkstein errichtete, so tun Christen und Gemeinden heute auch gut daran, sich zu erinnern, wie sie Gottes Hilfe in besonderer Weise erfahren haben. Ein Aspekt der Feier des Herrenmahls ist das Gedenken an Christi Sieg auf Golgatha. Manche Christen führen ein Glaubensjournal, wie einst Georg Müller Buch über sämtliche Gebetserhörungen führte.

b. Die Wiederherstellung: Wie im alten Israel geht bei Christen und Gemeinden mit den Jahren so manches verloren, aber durch Gottes Hilfe kann Verlorenes zurückerobert werden, und das nicht nur vorübergehend, sondern dauerhaft, auch wenn das keine Garantie für alle Zeiten darstellt.

2.2 Sauls Aufstieg (Kapitel 8–12). Zweiter Akt

	Episode	Abschnitt	Personen	Thema
A^1	1	8,1-22	Samuel, Israel	Israel verlangt einen König.
B^1	2	9,1–10,16	Saul, Samuel	Sauls Einführungsgeschichte.
A^2	3	10,17-27	Samuel, Israel	Saul wird zum König gewählt.
B^2	4	11,1-13	Saul, Israel	Sauls Leistung: Versatz von Jabesch-Gilead.
A^3	5	11,14–12,25	Samuel, Israel	Bundeserneuerung, Samuels Abschiedsrede.

2.2.1 Israel verlangt einen König (Kapitel 8). Episode 1

2.2.1.1 Einführung

Dieses Kapitel ist eine Art Scharnier; es schließt einerseits die Erzählung von Samuels Leben und Dienst ab und leitet andererseits die Thematik der Monarchie ein und bereitet den Weg für die Erzählung von Sauls Königtum.

Bedenken sind geäußert worden, ob die Einrichtung der Monarchie Jahwes Absicht entsprach oder eher ein Zugeständnis an das Volk Israel darstellte. Das günstige Bild von Samuel in den ersten Kapiteln von *1. Samuel* verleitet zu der Annahme, sein Missfallen über die Bitte des Volkes um einen König (V. 6) entspricht Jahwes Standpunkt und der Perspektive des Erzählers. Dagegen kann geltend gemacht werden, dass Jahwe in seiner Antwort auf Samuels Gebet dessen Standpunkt korrigiert (V. 7). Ferner macht der Verfasser durch die offensichtlichen Parallelen zwischen Samuel und Eli (ihr Alter, ihre namentlich genannten Söhne und deren Vergehen) in V. 1-3 Israels Unzufriedenheit mit der sporadischen Regierung durch Richter zumindest verständlich.

Ein ernsthafterer Einwand gegen die Monarchie ist, dass Israels Verlangen nach einem König eine Ablehnung der persönlichen Herrschaft Jahwes (V. 7; vgl. 10,19; 12,12) sowie eine Annäherung an die Heidenvölker (**wie alle Völker** V. 5.20) beinhaltet. Dagegen ist eingewandt worden, dass Jahwe zwar dem Volk einen König gestattet, doch *nicht* wie alle Völker. Das ist eine Erklärung, die der Absicht von *1. Samuel* gerecht wird. Israel hatte sich einen Herrscher losgelöst von Jahwes Bund und Gunst gewünscht, doch Jahwe beruft einen König, der im Rahmen seines Bundes von seiner Gunst abhängig ist. Dafür sprechen Sauls Bezeichnung als Jahwes Anführer (9,17), seine Ausstattung mit Jahwes Geist (10,10; 11,6; vgl. Ri 3,10; 6,34; 11,29; 13,25; 14,6.19; 15,14), sowie die Bundeserneuerung in Gilgal (11,14). In seiner Abschiedsrede besteht Samuel auf Israels Bundestreue als Voraussetzung für den Bestand des Königreiches (12,14-15.24-25).

2.2.1.2 Gliederung

				Szene	Verse	Personen Thema
A[1]				Inszenierung	1-3	Samuel und seine Söhne Samuels Söhne versagen.
	B[1]			1	4-6	Älteste Israels, Samuel Israel bittet um einen König.
		C[1]		2	7-9	Jahwe, Samuel Samuel soll die Bitte gewähren.
			D	3	10-18	Samuel, Volk Israel Samuel warnt das Volk.
	B[2]			4	19-20	Samuel, Volk Israel Israel besteht auf einem König.
		C[2]		5	21-22a	Jahwe, Samuel Samuel soll die Bitte gewähren.
A[2]				Abschied	22b	Samuel, Israel Samuel entlässt das Volk.

2.2.1.3 Inszenierung (V. 1-3)

2.2.1.3.1 Übersetzung

1. Als Samuel alt war, setzte er seine Söhne als Richter über Israel. 2. Der Erstgeborene hieß Joel und der Zweite Abija, sie waren Richter zu Beerscheba. 3. Aber seine Söhne benahmen sich nicht, wie er es getan hatte: Sie neigten zur Gewinnsucht, nahmen Schmiergeld an und beugten das Recht.

2.2.1.3.2 Auslegung

Dieser Abschnitt zieht eindeutige Parallelen zwischen Samuel und Eli: ihr 1
Alter (V. 1.5, vgl. 2,22), ihre beiden namentlich genannten Söhne (V. 2, vgl. 1,3) sowie deren Missetaten (V. 3, vgl. 2,22), und erklärt damit Israels Wunsch nach einem König.

Kinder prominenter Eltern haben es nicht leicht. Samuel gab seinen 2
Söhnen verheißungsvolle Namen, »Jahwe ist Gott« und »mein Vater ist Jahwe«, die aber keine Garantie dafür sein konnten, dass sie in seinen Fußstapfen wandelten. Wie der Stabwechsel beim Staffellauf ist die Weitergabe lebendigen Glaubens sowie geistlicher Führung an die nächste Generation immer mit Problemen behaftet, ob in der Heiligen Schrift oder in der Gegenwart. Samuel scheint eine Richterdynastie gründen zu wollen – verhängnisvoll in Kirche wie Politik –, obwohl das Beispiel Gideons (Ri 8,22-23; 9,1-6) eher abschreckend hätte wirken sollen.

Die Wahl Beerschebas, weit im Süden Israels, als Standort von Samuels Söhnen ist Anlass zu Spekulationen geworden. Manche sehen es als ein Hinweis auf Arbeitsteilung: Samuel, oder laut Josephus (*Jüdische Altertümer* 6,32) einer seiner Söhne, richtete im Norden, seine Söhne im Süden. Andere lesen, »von Dan« stillschweigend vorausgesetzt, »bis Beerscheba«, also in ganz Israel. Andere sehen in der großen Entfernung entweder einen Grund für die Unbeliebtheit von Samuels Söhnen oder die Erklärung dafür, weshalb Samuel ihre Missetaten verkannte.

Generell bildet Samuel einen Gegensatz zu Eli, doch hier werden seine 3
Söhne offensichtlich mit Elis verglichen. Weder als Priester noch als Prophet, sondern als Führer versagt Samuel wie Eli und wird in dieser Rolle von Saul abgelöst. Das Versagen von Samuels Söhnen wird in vier knap-

pen Sätzen geschildert, der erste bezeichnet ihr Versäumnis, dem Vorbild ihres Vaters zu folgen, und wird von den Ältesten in V. 5 aufgegriffen. Die übrigen drei schildern ihren Beweggrund (Habgier), ihre Handlungsweise (Bestechlichkeit) sowie das Ergebnis (Unrecht).

2.2.1.4 Israels Bitte, Samuels Reaktion (1. Szene, V. 4-6) und Jahwes Antwort (2. Szene V. 7-9)

2.2.1.4.1 Übersetzung

4. Israels Älteste versammelten sich, suchten Samuel in Rama auf 5. und sagten ihm: »Schau mal, du bist alt geworden, und deine Söhne benehmen sich nicht wie du. Nun setze über uns einen König ein, der uns regiert wie bei allen anderen Völkern.« 6. Ihre Bitte nach einem König, der über sie regieren sollte, ärgerte Samuel, und er betete zu Jahwe. 7. Jahwe sagte zu Samuel: »Höre auf des Volkes Stimme in allem, was sie dir gesagt haben, denn nicht dich verwerfen sie, sondern mich, dass ich nicht mehr König sein soll über sie. 8. Wie sie immer gehandelt haben von dem Tag an, an dem ich sie aus Ägypten heraufführte, bis heute: Sie haben mich verlassen und anderen Göttern gedient, und so behandeln sie dich auch. 9. Deshalb höre auf ihre Stimme, doch schärfe ihnen ernsthaft ein und erzähle ihnen, wie sich ein König benehmen wird, der über sie regiert.«

2.2.1.4.2 Gliederung

Jahwes Antwort stellt sich in Form eines Chiasmus wie folgt dar:

A¹ Samuel soll Israels Bitte gewähren (7a)
- B¹ Israel hat nicht Samuel, sondern Jahwe missachtet (7b)
  - C¹ Israel hat Jahwes Königsherrschaft abgelehnt (7c)
    - D Israel hat immer so gehandelt (8a)
  - C² Israel ist aus Jahwes Bund ausgebrochen (8b)
- B² Israel hat Samuel genau wie Jahwe behandelt (8c)

A² Samuel soll ihre Bitte gewähren (9a)

2.2.1.4.3 Auslegung

Die Wiederholung des Begriffs **versammeln** aus 7,5 (*narrative Analogie*) 4
erzeugt einen Kontrast zwischen Samuels befreiender Tat und dem Versagen seiner Söhne.

Mit *hinnēh*, »siehe«, deuten die Ältesten darauf hin, dass Samuel dieses 5
Versagen scheinbar übersehen hat. Ihre Bitte enthält drei Bestandteile: Sie wünschen sich 1. einen **König**, der sie 2. *schpṭ*, **regieren** soll, 3. **wie bei allen anderen Völkern**. Die Spannung der folgenden Erzählung liegt in der Frage, ob und inwiefern Gott dieser Bitte nachkommen wird. Vom Standpunkt der Ältesten signalisiert *schpṭ*, wtl. »richten«, ihre Ablehnung der Herrschaft von Samuels Söhnen, aber aus der Perspektive des Erzählers erinnert es an die charismatischen Führer des Richterbuchs.

Die hebr. Wortfolge »böse war die Sache in Samuels Augen« unter- 6
streicht seinen Ärger. Die wtl. Wiederholung der Bitte der Ältesten deutet den Grund an: Samuel empfindet sie als persönlichen Affront. Dies bestätigt Jahwes Antwort.

Es gibt ein Wortspiel mit »höre auf die Stimme«: Das Volk weigerte sich, 7
auf Samuel und folglich auf Jahwe zu hören, doch Samuel hört auf die Worte des Volkes und berichtet sie treu Jahwe, der ihm befiehlt, auf die Stimme des Volkes zu hören.

Samuels herausragende Stellung im ersten Akt kann zur Annahme verleiten, dass sein Standpunkt mit dem Jahwes sowie mit der Perspektive des Erzählers übereinstimmt. Doch in seiner Antwort ermahnt ihn Jahwe, seine persönliche Sicht – Samuel ist über Israels Ablehnung seiner Söhne pikiert und beleidigt – zu korrigieren und sich Jahwes Standpunkt zu eigen zu machen.

Gottes Beurteilung Israels in V. 8 mag ausgesprochen düster klingen, 8
wird aber anderweitig in der Heiligen Schrift (z.B. Ps 78; 106; Hes 16; 20; 23) bestätigt.

Der Hauptteil von Vers 9 dient als Überleitung zur folgenden Szene. 9
Samuel soll Israel des Königs *mischpaṭ* erläutern. Dieses vom Zeitwort *schpṭ*, »richten«, abgeleitete Substantiv kann, wie in V. 3 **Recht** bedeuten und wird in den meisten Übersetzungen im Sinne einer Königsordnung

wiedergegeben (vgl. NLB; 10,25). Es kann aber auch »Vorgehensweise« oder einfach »Art und Weise« heißen.

2.2.1.5 Die Last eines Königs (V. 10-18). 3. Szene

2.2.1.5.1 Übersetzung

10. Samuel wiederholte sämtliche Worte Jahwes an das Volk, das von ihm einen König verlangte. 11. Er sagte: »So wird die Vorgehensweise des Königs sein, der euch regiert. Eure Söhne wird er sich holen und sie bei seinem Wagen und seiner Reiterei einsetzen, und sie werden vor seinem Wagen herlaufen. 12. Er wird sie einsetzen als Hauptleute und Oberste über seine Truppeneinheiten, um seine Felder zu bestellen und seine Ernte einzubringen und seine Rüstung und Wagengeräte anzufertigen. 13. Eure Töchter wird er als Kosmetikerinnen, Köchinnen und Bäckerinnen holen. 14. Eure besten Felder, Weinberge und Olivenhaine wird er enteignen, um sie seinen Beamten zu schenken. 15. Von eurem Saatgut und euren Weinbergen wird er zehn Prozent erheben, um seine Höflinge und Beamten zu bezahlen. 16. Eure besten Knechte, Mägde und jungen Männer sowie eure Esel wird er nehmen, um seine Geschäfte zu verrichten. 17. Eure Herden wird er zu zehn Prozent besteuern und ihr werdet seine Knechte werden. 18. Ihr werdet schreien an jenem Tag wegen eures Königs, den ihr euch erwählt habt, aber Jahwe wird euch nicht antworten an jenem Tag.«

2.2.1.5.2 Gliederung

Jahwes Worte an Samuel werden in dessen Rede an das Volk wiedergegeben. Samuel prangert mehrere Missstände an:

A[1] Militärdienst (11b)
 B[1] Bürokratie (12a)
  C[1] Zwangsarbeit (I2b-13)
   D[1] Enteignung (14a)
    E Vetternwirtschaft (14b)

D^2 Steuern (15)
C^2 Zwangsarbeit (16a)
B^2 Bürokratie (16b)
A^2 Zusammenfassung (17)

2.2.1.5.3 Auslegung

Bereits Mose hatte vor den Gefahren eines Königs gewarnt (5Mo 17,14- 10-11
20), und die Reaktion des Volkes auf Salomos Regierung bestätigt sie
(1Kön 12,4 = 2Chr 10,4). Anstelle von produktivem Einsatz in der hei-
matlichen Landwirtschaft werden junge Männer für den Wehrdienst ab-
kommandiert (vgl. 14,52).

Mit wtl. »Tausendschaften« und »Fünfzigschaften« (V. 12) sind mili- 12-13
tärische Einheiten, heutigen Bataillonen und Kompanien entsprechend,
oder Verwaltungsebenen (vgl. 2Mo 18,21; 5Mo 1,15) gemeint. Zur Praxis unter David vgl. 1Chr 27,1.

Beamte, wtl. »Diener«, aus dem Lat. stammt die Bezeichnung »Mi- 14
nister« ab. In Großbritannien werden Beamte noch heute als »Diener der
Krone« bezeichnet. Sauls Worte (22,7) verraten, dass er seine Günstlin-
ge mit solchen Geschenken bedachte. Die Korruption ist eine weltweite
Plage und wird auch in westlichen Demokratien zunehmend zu einem
Problem.

Höflinge, wtl. »Eunuchen«, d.h. »Verschnittene«, die im alten Orient 15-17
oft als Hofbeamte eingesetzt wurden (vgl. Dan 1,3; Apg 8,27). Auch heutigen Politikern und Volkswirten ist es nicht gelungen, die Aufgaben eines
Staats ohne hohe Steuerbelastung zu finanzieren.

Samuel schließt mit einer Warnung. Seine Äußerung drückt seinen 18
persönlichen Standpunkt aus: Israels König wird das Ergebnis der Wahl
des Volkes. Doch die Folge zeigt, dass sowohl Saul (9,17) als auch David
(16,1) von Jahwe erwählt wurden.

2.2.1.6 Israels Weigerung (V. 19-22). 4. Szene

2.2.1.6.1 Übersetzung

19. Das Volk weigerte sich jedoch, auf Samuel zu hören, und sagte: »Nein, es soll doch einen König über uns geben. 20. Dann werden auch wir sein wie alle Völker. Unser König wird uns regieren, vor uns in den Kampf ziehen und unsere Kriege führen.« 21. Samuel hörte alles, was das Volk sagte, und vertraute es Jahwe an. 22. »Höre auf ihre Stimme und setze ihnen einen König ein«, sagte Jahwe zu Samuel, der die Männer Israels entließ, jeden in seine Stadt.

2.2.1.6.2 Gliederung

A^1 Das Volk weigert sich (19-20)

 B^1 Samuel berichtet Jahwe (21)

 B^2 Jahwe befiehlt Samuel (22a)

A^2 Samuel entlässt das Volk (22b)

2.2.1.6.3 Auslegung

19-20 Israel wünscht sich weiterhin eine politische und militärische Führung, um in dieser Hinsicht den umliegenden Völkern nicht nachzustehen. Der Wunsch, sich der Gesellschaft und dem Zeitgeist anzupassen, erweist sich für die Gemeinde Jesu Christi immer wieder als verhängnisvoll.

21 Wie so oft vor ihm Mose, reagierte Samuel auf Kritik mit Gebet. Auch wenn Gottes Diener nicht immer Gehör finden bei den Leuten, müssen sie ihre Anliegen ernst nehmen und finden bei Gott immer ein offenes Ohr: **vertraute es an,** wtl. »sagten sie Jahwe ins Ohr«.

22 Jahwes Standpunkt unterscheidet sich von Samuels. Die Episode schließt mit der Entlassungsformel, wtl. »geht, jeder in seine Stadt«, und der Leser ist gespannt, wie es weitergehen wird.

2.2.2 Sauls Auftritt (9,1–10,16). Episode 2

2.2.2.1 Einführung

Durch eine lange eingebettete Erzählung wird Saul als neue Hauptperson in die Handlung eingeführt. Der Abschnitt beginnt mit der Einleitungsformel (9,1) und schließt mit dem Dialog zwischen Saul und seinem Onkel (10,14-16), der die Episode zusammenfasst und berichtet, wie Saul Samuel begegnet und durch ihn zum König gesalbt wird. Sauls Einführung gibt wichtige Auskunft über seinen Hintergrund und Charakter und bringt ihn sowohl mit der vorigen Hauptperson Samuel als auch mit der Thematik der Monarchie in Verbindung.

2.2.2.2 Gliederung

Die Episode lässt sich in sechs Szenen mit Eröffnung und Schluss einteilen:

Abschnitt	**Szene**	**Inhalt**
9,1-2	Eröffnung	Sauls Familienhintergrund und Aussehen
9,3-10	1	Saul sucht die Eselinnen seines Vaters
9,11-14	2	Saul begegnet den Mädchen, *Standardsituation*
9,15-21	3	Saul begegnet Samuel
9,22-25	4	Saul nimmt am Opferfest teil
9,26–10,8	5	Samuel salbt Saul und sagt Zeichen voraus
10,9-13	6	Saul kehrt heim
10,14-16	Schluss	Saul berichtet seinem Onkel

2.2.2.3 Sauls Familienhintergrund und Aussehen (V. 1-2). Eröffnung

2.2.2.3.1 Übersetzung

1. Es war ein Mann aus Benjamin namens Kisch, der Sohn Abiëls, des Sohnes Zerors, des Sohnes Bechorats, des Sohnes Afiachs, des Sohnes eines Benjaminiters, ein angesehener Mann. 2. Er hatte einen Sohn namens Saul, ein gut aussehender junger Mann. Kein Mann in Israel sah so gut aus wie er, und von der Schulter aufwärts überragte er das ganze Volk.

2.2.2.3.2 Auslegung

1 Zur hebräischen Syntax von V. 1 vgl. die Anmerkung zu 1,1. Die Eröffnungsformel *wajəhî* **es war** ist ein Grenzmarker, der den Beginn eines neuen Abschnitts signalisiert und doch gleichzeitig auf eine Verbindung zum Vorherigen hinweist. Da die Frage der Monarchie am Schluss der vorherigen Episode offengeblieben ist, weckt der Gebrauch von *wajəhî* beim Leser die Erwartung, die vorliegende Episode werde etwas zur Handlung beitragen und die neue Hauptperson mit dem Königtum in Verbindung bringen.

Der Aufbau von Sauls Stammbaum ist fast identisch mit Samuels (vgl. 1,1-2).

Samuel	**Saul**
Es war ein gewisser Mann	Es war ein Mann … ein angesehener Mann
vom Berge Ephraim	von Benjamin
namens Elkana	namens Kisch
der Sohn von (vier Glieder)	der Sohn von (vier Glieder)
ein Ephraimiter	der Sohn eines Benjaminiters
er hatte zwei Frauen	er hatte einen Sohn

Die Parallelen wecken die Erwartung, dass Saul in der Erzählung eine nicht weniger wichtige Rolle spielen wird als Samuel. Zwei bedeutsame Unterschiede sind aber hervorzuheben:

Anders als bei Samuel war Sauls Geburt nicht durch ein Wunder erfolgt. Manche Ausleger haben dies als verhängnisvolles Vorzeichen von

Sauls späterem Scheitern gedeutet, aber eine solche Schlussfolgerung ist völlig aus der Luft gegriffen. Es trifft einerseits nicht zu, dass jede herausragende Person alttestamentlicher Erzählungen durch ein Wunder geboren wurde; das einschlägige Beispiel in *1. Samuel* ist David. Andererseits gibt es Personen, die trotz einer Wundergeburt ambivalent sind, ein Beispiel ist Simson im Richterbuch.

Während Elkana einfach als **ein Mann** bezeichnet wird, weist die Beschreibung Kischs als *gibbôr chājil* möglicherweise auf einen gewissen sozialen Rang hin. Der Ausdruck bedeutet wörtlich »Mann von Substanz«, also wohlhabend oder zum Kleinadel gehörig. Dies widerspricht der von manchen Auslegern vertretenen These, sämtliche biblische Helden stammten aus niedrigen Gesellschaftsschichten.

Dass ein Stammbaum bis ins vierte Glied angegeben wird, ist oft ein Hinweis auf berühmte Vorfahren. Dies ist aber weder bei Samuel noch bei Saul der Fall. Beide geraten nicht durch günstige Familienverhältnisse, sondern durch Gottes Wirken ins Rampenlicht.

Der Name *schā'ûl*, »erbeten«, von hebr. *sch'l* »bitten«, weist vielleicht 2
als narrative Analogie darauf hin, dass er der vom Volk erbetene König werden soll. Von seiner Abstammung her bedeutet *bāchûr* »erlesen«, aber seine Kollokation an mehreren Stellen mit *bətûlāh* »Jungfrau« bzw. als Gegensatz zu *zāqēn* »alter Mann« belegt, dass der Begriff **junger Mann** bezeichnen kann.

Manche Ausleger haben behauptet, bei wichtigen Personen biblischer Erzählungen würde ihr körperliches Aussehen immer beschrieben, doch dies trifft nicht zu. Solche Beschreibungen begegnen im Gegenteil äußerst selten und dann immer zu einem bestimmten Zweck in Verbindung mit der Handlung. In *1. Samuel* wird bei nur vier Personen das Aussehen beschrieben: Saul (9,2), David (16,12), Goliat (17,2) und Abigajil (25,3). Manche wähnen, die Beschreibung soll die Aufmerksamkeit auf Saul als Hauptperson lenken, aber das macht die folgende Erzählung schon zur Genüge. Andere verstehen Sauls Aussehen als Anzeichen göttlicher Gunst, und in der Parallelstelle 10,23-24 wird Sauls Wuchs sowohl von Samuel als auch vom Volk ausdrücklich als Eignung für das Königsamt genannt. Der Leser ist gespannt, ob sich diese Einschätzung in der Folge bewahrheitet. Die Auseinandersetzung mit Goliat (Kap. 17) lässt Sauls Körpergröße allerdings in einem ambivalenten Licht erscheinen.

2.2.2.4 Die eingebettete Erzählung (9,3–10,16)

Zu den bemerkenswerten Eigenschaften dieser Erzählung gehören die häufigen Dialoge, das gemächliche Erzähltempo, die Perspektive sowie Sauls thematische Rollen (siehe *2.2.2.4.4*).

2.2.2.4.1 Dialoge

Die Handlung wird größtenteils in Form von Gesprächen zwischen den verschiedenen Personen vermittelt:

Abschnitt	Dialogpartner	Länge
9,5-10	Saul und sein Knecht	lang
9,11-13	Saul und die Mädchen	kurz
9,15-22	Saul und Samuel	lang
9,23	Samuel und der Koch	kurz
9,26–10.8	Saul und Samuel	lang
10,14-16	Saul und sein Onkel	kurz

2.2.2.4.2 Erzähltempo

Die vielen Gespräche sowie die ausführliche Beschreibung von Sauls Suche nach den Eselinnen seines Vaters in der 1. Szene sorgen für das ausgesprochen gemächliche Erzähltempo, das etliche Ausleger beobachtet haben. Angesichts der üblichen Knappheit alttestamentlicher Erzählungen ist dies eher ungewöhnlich und steht im Gegensatz sowohl zu Sauls Heldentat in der 4. Szene (Kap. 11) als auch zu Davids Einführung (Kap. 16).

Das gemächliche Erzähltempo lässt auch den Eindruck entstehen, dass Saul schrittweise, aber doch unausweichlich zu Samuel hingezogen wird, und zwar nicht aus eigenem Wollen, sondern auf Geheiß anderer – seines Knechts, der Mädchen und über Samuel von Jahwe selbst, als sei er von Gottes Vorsehung gelenkt. Die Erzählperspektive lässt den Leser an dieser Entdeckungsreise teilhaben.

2.2.2.4.3 Perspektive

Die Begebenheit wird zwar in der 3. Person erzählt, doch lässt der Verfasser seine Leser die Ereignisse wie durch die Augen Sauls sehen und hält wichtige Informationen bis zum entscheidenden Augenblick zurück, z.B. Samuels Identität und die Beziehung zwischen Saul und der Frage der Monarchie.

2.2.2.4.4 Sauls thematische Rollen

Saul wird als Handelnder dargestellt (9,4-5.10-11.14.18.24-27; 10,9.13), aber seine Handlung bleibt erfolglos: Er findet die Eselinnen nicht. Als Subjekt mehrerer Verben der Bewegung scheint er nur umherzuirren. Seine Vorschläge werden von seinem Knecht überstimmt. Seine Äußerungen (9,21; 10,16) kennzeichnen ihn als zurückhaltend. Im Gegensatz zu Samuel, der die Initiative ergreift, bleibt Saul passiv, auch bei der folgenden Königswahl (10,17-27). Oft wird auf ihn mit Pronomen verwiesen. Er führt nicht, sondern wird geführt. Wichtig für die weitere Folge ist, dass Saul Jahwes Weisung nur durch Samuels Vermittlung empfängt.

2.2.2.5 Saul sucht die Eselinnen seines Vaters (V. 3-10). 1. Szene

2.2.2.5.1 Inhalt

Nach der kurzen erklärenden Inszenierung besteht die Szene aus einem Wechselgespräch zwischen Saul und dessen Knecht in Form von Vorschlag und Annahme, Ablehnung bzw. Gegenvorschlag. Sauls Vorschläge und Einwände werden jeweils vom Knecht überstimmt. Dies lässt Saul als unschlüssig erscheinen, als jemanden, der leicht aufgibt und dem es an Durchsetzungsvermögen fehlt. Den Leser beschleicht hier schon eine Vorahnung jener Entscheidungsunsicherheit, die später verhängnisvolle Folgen haben wird.

2.2.2.5.2 Übersetzung

3. Die Eselinnen, die Kisch, Sauls Vater, gehörten, waren verloren gegangen. »Mein Sohn«, sagte Kisch zu Saul, »sei so gut, nimm einen der Burschen mit dir und mach dich auf die Suche nach den Eselinnen.« 4. Er durchzog das Bergland Ephraims und durchzog das Land Schalischa, und sie fanden [sie] nicht; sie durchzogen das Land Schaalim, und es gab [dort] nichts; er durchzog das Land Benjamin, und sie fanden [sie] nicht. 5. Sie waren ins Land Zuf gekommen, und Saul hatte zu seinem Burschen, der mit ihm war, gesagt: »Wollen wir zurückkehren, sonst lässt mein Vater von den Eselinnen und macht sich Sorgen unseretwegen.« 6. Er [der Bursche] sagte zu ihm [Saul]: »Schau mal, bitte: [Es ist] ein Mann Gottes in dieser Stadt, und der Mann wird in Ehren gehalten. Alles, was er sagt, geschieht gewiss. Lasst uns also dorthin gehen, vielleicht erzählt er uns den Weg, den wir gehen sollten.« 7. »Schau«, sagte Saul, »angenommen, wir gehen hin. Was sollen wir dem Mann bringen? Das Brot in unserem Gepäck ist alle. Es gibt kein Geschenk, das wir dem Mann Gottes bringen könnten. Was haben wir überhaupt?« 8. »Schau«, antwortete wiederum der Bursche, »hier habe ich einen Viertel-Silberschekel. Ich werde ihn dem Mann Gottes geben und er wird erzählen, wo es für uns langgeht.« 9. Früher sagte man in Israel, wenn man hinging, um sich bei Gott zu erkundigen: »Lasst uns zum Seher gehen«, denn für »Prophet« heute sagte man früher »Seher«. 10. »Einverstanden«, sagte Saul. »Gehen wir.« Und sie gingen in Richtung der Stadt, wo der Mann Gottes war.

2.2.2.5.3 Gliederung

Inszenierung: Die verlorenen Eselinnen des Kisch (3)

Die vergebliche Suche (4)

- A¹ Sauls Vorschlag: aufgeben (5)
  - B¹ Gegenvorschlag seines Burschen: den Mann Gottes konsultieren (6)
- A² Sauls Einwand: Wir haben kein Geschenk (7)
  - B² Entgegnung des Burschen (8)
    Erklärung: Die Bezeichnung eines Propheten (9)
- A³ Sauls Einverständnis (10)

2.2.2.5.4 Auslegung

Sauls Vater erscheint nur an dieser Stelle in der Erzählung. **Sei so gut** 3
übersetzt die heb. Nachsilbe *nāh*, »bitte«. Das hebr. *na'ar*, **Bursche**, wird
zumeist mit »Knecht« übersetzt.

Die dreifache Wiederholung unterstreicht Sauls Misserfolg und macht 4
seine Resignation im folgenden Vers plausibel. Jeder Satz folgt dem gleichen Schema: Bewegung, Ort, Ergebnis. Der Wechsel der Personen und der Wörter bildet einen Chiasmus.

Die hebr. Wortfolge Subjekt + Verb im Perfekt signalisiert Hinter- 5
grundinformation. Saul und sein Knecht hatten das Gebiet Zuf erreicht, das an einen Vorfahren Elkanas (1,1) und folglich an Samuel erinnert und den Leser gespannt sein lässt, ob sich die zwei Hauptpersonen wohl begegnen werden.

Durch *hinnēh* **schau**, traditionell mit »siehe« übersetzt, lenkt der 6
Bursche Sauls Aufmerksamkeit auf etwas, was er bisher nicht wusste. Die neutralen Bezeichnungen **Mann Gottes** sowie **dieser Stadt** im Munde des Knechts erlaubt es dem Erzähler, seinen Lesern vorerst die wahre Identität des Propheten vorzuenthalten, obwohl die Bemerkung **in Ehren gehalten** und **alles, was er sagt, geschieht gewiss** an die Beschreibung Samuels (3,19) erinnert. Die dreimalige Wiederholung des Begriffes **Mann Gottes** in den Versen 7.8.10, in denen er auch Ziel von Verben der Bewegung ist, lässt Samuel zum Brennpunkt der Erzählung werden. Die mehrmalige Wiederholung des Zeitworts *ngd*, wtl. »hervorragen«, im *Hifil*, **erzählen** (vgl. V. 8.18-19; 10,15-16), bildet eine Parallele zum abgeleiteten Substantiv *nāgîd*, »Prominenter«, **Anführer**, »Fürst« (9,16; 10,1).

Saul nimmt zunächst hypothetisch den Vorschlag seines Burschen an, 7
um ihm dann seinen Einwand entgegenzusetzen (V. 7). Im hebr. Original könnte seine erste Frage auch bedeuten: »Was für ein Prophet ist der Mann?« (*Ironie*). Die chiastische Gliederung, die dem modernen Leser wie eine schlecht durchdachte Wiederholung anmutet, verleiht seiner Aussage Gewicht und hebt im mittleren und letzten Glied ihre Mittellosigkeit hervor. Seine abschließende rhetorische Frage wird Saul wohl unschlagbar vorgekommen sein, doch auch hier wird er überstimmt.

8 Das **wiederum** (V. 8) betont, wie der Knecht Saul nochmals überstimmt. Dem ersten **schau** (6) des Knechts hatte Saul sein **schau** (7) entgegengesetzt, hier wird er übertrumpft. Die Prognose des Knechts, wtl. »er wird uns unseren Weg erzählen«, verbirgt einen tieferen Sinn: Samuel wird in der Tat Saul seinen Weg zeigen, nicht zu den Eselinnen, sondern zur Königswürde!

9 Die Hintergrundinformation von V. 9 macht deutlich, dass die Adressaten von *1. Samuel* zu einem viel späteren Zeitpunkt lebten als die Ereignisse, die erzählt werden. Manche Übersetzungen (z.B. LÜ, GNB, HFA) meinen, sie nach V. 11 versetzen zu müssen, doch sie erklären nicht nur den Begriff Seher (V. 11), sondern auch die Wendung **lasst uns gehen** (V. 6.8.10). **Sich bei Gott zu erkundigen**, wtl. »suchen«: Die Wendung »Gott suchen« hat unterschiedliche Bedeutungen; aus dem Zusammenhang geht eindeutig hervor, dass hier eine Bitte um Auskunft gemeint ist.

10 Nach manchem Hin und Her schlägt Saul in V. 10 die richtige Richtung ein. Der Leser ist auf die Folge gespannt, doch zuerst kommt es zu einer unverhofften Begegnung.

2.2.2.6 Saul begegnet den Mädchen auf dem Weg zum Brunnen (V. 11-14). 2. Szene

2.2.2.6.1 Übersetzung

11. Als sie die Steigung in die Stadt hinaufgingen, begegneten sie Mädchen, die hinausgingen, um Wasser zu schöpfen, und fragten sie: »Ist wohl der Seher hier?« 12. »Ja«, antworteten sie, »schau, er ist vor dir. Beeile dich, denn heute ist er in die Stadt gekommen, weil es heute auf der Höhe ein Opfer fürs Volk gibt. 13. Wenn ihr [jetzt] in die Stadt hineingeht, werdet ihr ihn finden, ehe er auf die Höhe geht, um zu essen. Das Volk wird erst dann essen, wenn er kommt, denn er ist es, der das Opfer segnet, danach werden die Geladenen essen. Geht hinauf, denn heute werdet ihr ihn finden.« 14. Sie gingen in die Stadt hinauf, und als sie mitten in der Stadt ankamen, sahen sie Samuel, der herauskam, ihnen entgegen, auf dem Weg hinauf zur Höhe.

2.2.2.6.2 Auslegung

11-13 Die Begegnung von Saul und seinem Burschen mit den Mädchen auf dem Weg zum Brunnen haben manche Ausleger als Parodie der Standardsituation (vgl. zu 1,19b) aufgefasst, in der ein junger Mann seine künftige Braut am Brunnen trifft (Eliëser und Rebekka, Jakob und Rahel, Mose und Zippora), denn die Pronomina im Singular zeigen, dass sich die Mädchen zu Beginn ihrer Rede ausdrücklich an Saul wenden. Dass die Standardsituation bei Saul nicht zum üblichen Abschluss kommt, kann dann als Vorbote seines künftigen Versagens gedeutet werden. Die lange, fast atemlos vorgetragene und etwas umständliche Antwort der Mädchen mit ihren vielen Wiederholungen erfüllt einen doppelten Zweck: Sie bereitet erstens die Kulisse der folgenden Szenen mit Opfer, Mahl und Gästen vor, verlangsamt zweitens das Erzähltempo und erhöht dadurch die Spannung vor dem Höhepunkt der Begegnung mit Samuel.

14 Die Wiederholung des Wortlauts aus der Rede der Mädchen macht deutlich, dass Saul und sein Bursche deren Empfehlung mit dem vorhergesagten Ergebnis folgen. In der Stadt **sahen sie**, hebr. *hinnēh*, wtl. »siehe«. Der Verfasser lenkt den Blick auf die neue Person Samuel und lässt ihn gleichzeitig durch die Augen von Saul und seinem Burschen vernehmen. Das hebr. *liqrā'tām* kann bedeuten **ihnen entgegen** oder »um ihnen zu begegnen«. Von Sauls Standpunkt aus handelte es sich um eine zufällige Begegnung, aber die Hintergrundinformation in V. 15-21 offenbart, dass sie von Jahwe veranlasst wurde. Die Begegnung bildet den Höhepunkt der Szene und bereitet die folgende Szene und den Dialog vor.

2.2.2.7 Saul begegnet Samuel (V. 15-21). 3. Szene

2.2.2.7.1 Übersetzung

15. Einen Tag bevor Saul kam, hatte Jahwe Samuel zugeflüstert: 16. »Um diese Zeit morgen sende ich dir einen Mann aus dem Gebiet Benjamin, den du zum Anführer über mein Volk Israel salben sollst. Er wird es vom Zugriff der Philister befreien, denn ich habe die Lage meines Volks wahrgenommen und ihr Hilferuf ist zu mir gekommen.« 17. Als Samuel den Saul erblickte, sagte Jahwe: »Siehe, das ist der Mann, von dem ich dir erzählte. Er wird mein Volk beherrschen.« 18. Saul ging mitten im Stadttor auf Samuel zu und fragte: »Sag mir bitte, ob hier der Seher wohnt?« 19. Samuel antwortete ihm: »Ich bin der Seher. Geh vor mir hinauf zur Kultstätte, ihr sollt heute mit mir essen. Morgen früh lasse ich dich dann ziehen und werde dir alles erzählen, was du auf dem Herzen hast. 20. Um die Eselinnen, die dir heute vor drei Tagen verloren gingen, sollst du dir keine Gedanken machen, denn man hat sie gefunden. Wem gilt die ganze Lust Israels, wenn nicht dir und deines Vaters ganzem Haus?« 21. »Ich bin ich doch nur ein Benjaminiter«, erwiderte Saul, »von einem der kleinsten Stämmen Israels, und meine ist die geringste von allen Sippen vom Stamm Benjamin. Warum redest du so mit mir?«

2.2.2.7.2 Gliederung

Jahwes Offenbarung an Samuel (15-17). *Inszenierung*
Saul begegnet Samuel (18-20)
Sauls Dementi (21)

2.2.2.7.3 Auslegung

Bisher hat der Leser den Verlauf der Ereignisse wie durch Sauls Augen vernommen, nun gewährt ihm der Erzähler einen Blick »hinter die Kulissen«, der ihn in die Identität des Sehers und in den Zusammenhang zwischen Saul und der Monarchie einweiht. Zugleich weiß der Leser aber, dass Saul dieser Zusammenhang noch verborgen bleibt bis zu dem Augenblick, in dem Samuel ihn salbt (10,1).

15-17 Die zwei Mitteilungen Jahwes an Samuel bilden eine Klammer um deren Inhalt. **Zugeflüstert**, wtl. »das Ohr geöffnet« (Elb, Sch). Jahwe bezeichnet Saul als *nāgîd* von der Wurzel *ngd*, wtl. »hervorragen«, also »Prominenter«, **Anführer**, »Fürst«, zugleich eine Anspielung auf Sauls Körpergröße. Durch Salbung mit Öl wurden Amtspersonen wie Priester (z.B. 2Mo 28,41) oder Könige (z.B. Ri 9,8.15; 2Sam 2,4) öffentlich ausgezeichnet. Sauls Berufung weist Parallelen zu Mose und Gideon auf: **vom Zugriff**, wtl. »Hand«, **der Philister befreien**, vgl. Ri 6,14; **Ich habe die Lage meines Volks wahrgenommen**, wtl. »ich habe mein Volk angesehen«, vgl. 2Mo 3,7. Nur wird Saul nicht unmittelbar, sondern durch

Samuels Vermittlung berufen. Die Wahl des Zeitworts *ʿṣr* »zurückhalten, bezwingen«, um Sauls künftiges Regiment über Israel zu bezeichnen, deutet vielleicht bereits an, dass dessen Herrschaft nicht ganz unproblematisch sein wird.

Jahwes Aussagen deuten an, dass er sein Volk fortan nicht unmittelbar, sondern durch einen König regieren will. Die oft geäußerte Meinung, Saul war lediglich Menschenwahl, David sei der eigentlich von Jahwe vorgesehene König, lässt sich aus dem Text von *1. Samuel* nicht belegen. Auf den Befehl Jahwes hin (9,16) wird Saul von Samuel zum König gesalbt (10,1), vom Los, einem anerkannten Mittel zur Feststellung des göttlichen Willens, ausgezeichnet (10,21) und vom Volk per Akklamation bestätigt (10,24). Der Verfasser unterstreicht dies, wenn er Sauls Begleiter als Männer, »deren Herz Gott angerührt hatte« (10,26) und seine Kritiker wie Elis Söhne als **Belials Söhne** (10,27) bezeichnet. Saul ist nicht von vornherein zum Scheitern verurteilt, sondern im Gegenteil erfolgreich, solange Jahwe mit ihm ist (Kap. 11), wie auch später David (Kap. 18). Die Gründe für Sauls Versagen bilden ein Hauptthema von *1. Samuel* und werden in den Kapiteln 13-15 erläutert.

In Sauls Bitte (V. 18) steckt unbewusste Ironie, denn **sage mir**, hebr. **18-20**
ngd Hifil, könnte laut McCarter (1980, S. 179) als »zeichne mich aus« verstanden werden. Samuel bezeichnet sich als *rōʾäh* **Seher**, jemand, der über paranormale Erkenntnisse verfügt (vgl. V. 15-16) und die Zukunft voraussagt (10,2-7; 13,13-14). Seine Ankündigung, Saul alles sagen zu wollen, was dieser auf dem Herzen hat, ist rätselhaft, denn der Folgesatz macht deutlich, dass es sich nicht um die Eselinnen handeln kann. Um sie sollte sich Saul **keine Gedanken machen**, wtl. sein »Herz nicht darauf setzen«.

Angesichts des thematischen Zusammenhangs der ganzen Episode ist es wahrscheinlich, dass Samuel in V. 20 auf Israels Verlangen nach einem König anspielt. Unklar ist, ob Israel nach jemandem wie Saul oder nach ihm persönlich verlangte, und wenn ja, wie Samuel und ob Saul davon wusste.

Manche Ausleger sehen in V. 21 die typische menschliche Bescheiden- **21**
heit gegenüber einer göttlichen Berufung, die man auch bei Mose (2Mo 3,11), Gideon (Ri 6,15) oder Jeremia (1,6) findet, andere den Ausdruck

formaler Höflichkeit. Wahrscheinlicher ist, dass Sauls schüchterne Zurückhaltung auf mangelndes Selbstvertrauen zurückzuführen ist, das sich in späteren Episoden als verhängnisvolle Unentschlossenheit äußern wird.

2.2.2.8 Saul nimmt am Opferfest teil (V. 22-24). 4. Szene

2.2.2.8.1 Übersetzung

22. Samuel nahm Saul und seinen Burschen, führte sie in den Festsaal und wies ihnen einen Platz am Kopf des Tisches mit den etwa dreißig Gästen zu. 23. Samuel sagte dem Koch, er solle das Stück bringen, das er ihm mit der Anweisung gegeben hatte, es bei sich zu behalten. 24. Der Koch holte die Keule mit dem Ansatz und setzte sie Saul vor. »Siehst du dieses Stück?«, sagte Samuel. »Es war reserviert. Nimm, iss ruhig, denn als ich das Volk einlud, wurde es extra für dich zu diesem Anlass aufbewahrt.« So blieb Saul an jenem Tag bei Samuel zum Essen.

2.2.2.8.2 Gliederung

A^1 Ankunft (22a)
  B^1 Bester Platz (22b)
    C^1 Bester Teil (23)
      D Der Koch gehorcht (24a)
    C^2 Der vorbehaltene Teil (24b)
  B^2 Der vorbehaltene Anlass (24c)
A^2 Aufenthalt (24d)

2.2.2.8.3 Auslegung

22-24 Handelnde in dieser Szene sind Samuel und der Koch, während Saul eine gänzlich passive Rolle als Adressat und Begünstigter zukommt.

Mit **Festsaal** ist der Raum gemeint, in dem rituelle Mahlzeiten auf den »Höhen« eingenommen wurden. Saul wird sich gewundert haben, den Ehrenplatz und das beste Stück Fleisch zugewiesen zu bekommen, noch mehr, dass Samuel gewusst zu haben schien, dass er kommen würde. Langsam wird ihm gedämmert haben, dass dieser mit ihm etwas im Schilde führt.

2.2.2.9 Samuel salbt und beauftragt Saul (9,25–10,8). 5. Szene

2.2.2.9.1 Übersetzung

25. Danach stiegen sie von der Kulthöhe in die Stadt hinab, und Samuel unterhielt sich mit Saul auf dem Dach. 26. Sie standen früh auf, und bei Tagesanbruch rief Samuel Saul auf dem Dach zu: »Steh auf, ich will dich auf den Weg senden.« Saul erhob sich und sie gingen beide, er und Samuel, auf die Straße hinaus. 27. Als sie an den Rand der Stadt gelangt waren, sagte Samuel zu Saul: »Sag dem Burschen, dass er vorangehe«, und er ging voraus. »Du aber, bleib einen Augenblick stehen, und ich werde dir ein Wort von Gott weitergeben.« 10,1. Samuel nahm die Ölflasche und goss davon auf Sauls Kopf, küsste ihn und sagte: »Hat Jahwe dich nicht zum Anführer über seinem Erbe gesalbt? 2. Wenn du mich heute verlässt, wirst du bei Rahels Grab zu Zelzach im Bezirk Benjamin zwei Männern begegnen. Sie werden dir sagen: ›Die Eselinnen sind gefunden worden, die du zu suchen ausgezogen warst. Statt sich darüber den Kopf zu zerbrechen, macht sich dein Vater Sorgen über euch, weißt du, und fragt sich, was aus seinem Sohn geworden ist.‹ 3. Von dort wirst du weiterziehen und zur Eiche Tabor kommen. Dort werden dir drei Männer auf dem Weg zum Gottesdienst in Bethel begegnen, einer trägt drei Böcklein, einer drei Laib Brot und einer einen Schlauch Wein. 4. Sie werden dich fragen, wie es dir geht, und dir zwei Brote anbieten, die du von ihnen annehmen sollst. 5. Danach wirst du nach Gibea Gottes kommen, wo die Wache der Philister ist, und wenn du in die Stadt hineingehst, wirst du eine Prophetenschar treffen, die von der Kulthöhe hinabsteigt. Vor ihnen gehen Harfe, Tamburin, Flöte und Leier, und sie selbst werden gerade prophezeien. 6. Der Geist Jahwes wird sich auf dich stürzen und du wirst weissagen mit ihnen und wirst verwandelt werden in einen anderen Mann. 7. Wenn nun alle diese Zeichen bei dir eintreffen, dann tue alles, was vor der Hand liegt, denn Gott ist mit dir. 8. Du sollst vor mir nach Gilgal hinabgehen. Ich werde zwar auf dem Weg zu dir sein, um Brandopfer, Schlachtopfer und Friedensopfer darzubringen. Sieben Tage sollst du warten, bis ich zu dir komme und dich wissen lasse, was du tun sollst.«

2.2.2.9.2 Gliederung

1. Saul übernachtet und reist ab (25-27). *Inszenierung*
2. Samuel salbt Saul (10,1). *Höhepunkt*
3. Samuels Anweisungen (10,2-8)
   a. Samuel sagt drei Begegnungen als Bestätigungszeichen voraus (2-6)
   b. Samuel erteilt Saul eine Generalvollmacht (7)
   c. Samuel erteilt Saul spezifische Anweisungen (8)

2.2.2.9.3 Auslegung

25-27 Dem Höhepunkt der Episode geht eine ungewöhnlich lange und ausführliche Einleitung voraus, die die Erwartung und Spannung des Lesers erhöht. Der Verfasser setzt bei den Lesern voraus, dass Saul Samuels Gast geworden war. LXX und manche Übersetzungen fügen erklärend hinzu: »Sie machten Saul ein Lager auf dem Dach, und er legte sich schlafen.« Zuvor setzte Samuel unter vier Augen das Gespräch mit Saul fort, das beim Festessen begann; der Verfasser überlässt es dem Leser, den Inhalt dieses Gesprächs zu erahnen. Samuel wird durchweg als der aktive Partner dargestellt. Wie auch in der Fortsetzung der Erzählung empfängt Saul Botschaften von Jahwe nur durch Samuels Vermittlung. Samuel ist offenbar an äußerster Diskretion gelegen.

1 Die rasche Verbfolge mit Alliteration in V. 1 signalisiert den Höhepunkt der Episode. Der Ölbehälter ist nicht das übliche *qärän* »Horn«, sondern **die Ölflasche** *pak*, von einem Tätigkeitswort *pkh* »träufeln« abgeleitet, das nur hier und 2Kön 9,1.3 vorkommt. Der Form nach ist Samuels Aussage eine rhetorische Frage, die in den deutschen Übersetzungen als Bekräftigung wiedergegeben wird. Mit Sauls Salbung handelt Samuel »im Auftrag des Herrn« (HFA). Handlungs- und Redehöhepunkt fallen hier zusammen.

2 Nach der Salbung bekommt Saul von Samuel Anweisungen mit auf den Weg. Zunächst sagt dieser ihm drei Begegnungen als Bestätigungszeichen voraus, die in dem Empfang des Geistes (V. 6) gipfeln. Danach folgen allgemeine (V. 7) und spezifische (V. 8) Anweisungen, die in der Folge eine wichtige Rolle spielen.

Die Zeichen, die Ankunft von Jahwes Geist sowie Sauls Einwand (9,21) haben manche Ausleger veranlasst, Sauls Salbung als typische Berufungsgeschichte einzuordnen, doch gibt es signifikante Unterschiede etwa zu Mose oder Gideon. Diese wurden nicht wie Saul gesalbt, erhielten dafür aber einen unmittelbaren Sendungsauftrag von Gott. Diese Unterschiede lassen sich vielleicht dadurch erklären, dass hier eine neue Institution, die Monarchie, entsteht. Ob sie andererseits auch einen Verdacht der Zwiespältigkeit auf Saul werfen, lässt sich erst aus dem Vergleich mit David (Kap. 16) feststellen.

Die folgenden Zeichen sollen Saul bestätigen, dass Samuel ein echter Prophet Jahwes ist und bei der Salbung in dessen Auftrag gehandelt hat. Die erste Begegnung bestätigt durch Dritte die Auskunft, die Saul bereits in 9,20 durch Samuel erhalten hatte. Mit **weißt du**, hebr. *hinnēh*, lädt Samuel Saul ein, sich den Standpunkt seines Vaters zu eigen zu machen.

Die zweite Begegnung ist so ungewöhnlich und von Samuel derart **3-4**
detailliert geschildert, dass es sich unmöglich um einen Zufall handeln kann. Außerdem versorgt das angebotene Brot Saul und seinen Burschen mit Reiseproviant (vgl. 9,7).

Die Erwähnung eines Gottesdienstes in Bethel macht deutlich, dass es mehrere Kultstätten gab neben dem Altar auf der Höhe in Samuels Heimatort Rama (vgl. 7,17; 9,12-13). Diese Praxis scheint gegen die Vorschrift des sog. Zentralheiligtums zu verstoßen, dass nämlich nicht an jedem beliebigen Ort, sondern nur an der von Jahwe bestimmten Stätte Gottesdienst gefeiert und Opfer gebracht werden sollen (5Mo 12,5.13.18). Historisch-kritische Ausleger sehen diesen Widerspruch als Beleg für ein spätes Abfassungsdatum des 5. Mosebuchs aus der Königszeit und als nachträgliche (*ex post facto*) Legitimation des Tempels in Jerusalem. Diese Hypothese lässt sich allerdings nicht mit der göttlichen Inspiration der Heiligen Schrift vereinbaren.

Da Menschen aufrichtiger Frömmigkeit wie Elkana ihren Gottesdienst nicht in ihrem Heimatort, sondern am Heiligtum verrichteten, mag es sein, dass man bis zum Verlust der Bundeslade der Auffassung war, Silo sei die von Jahwe vorgesehene Stätte. Danach entstanden Kultstätten an mehreren Orten, ohne dass diese Praxis von Jahwe, Samuel oder dem

Verfasser gerügt wird, denn laut Salomos Gebet (2Chr 6,5-6) war der Ort Jerusalem noch nicht offenbart worden.

5 Die dritte Begegnung bildet den Höhepunkt der Serie, da sie eine Veränderung bei Saul herbeiführt. Die Erfüllung dieses Zeichens wird als einzige in 10,10 wiederholt. **Gibea**, hebr. *giv'āh*, bedeutet »Hügel« und wird so bei Elb, Sch und Br übersetzt. Es kann aber auch einen Ortsnamen bezeichnen, vgl. die vielen deutschen Ortsnamen, die auf »-berg« enden. Sauls Wohnort hieß auch Gibea (vgl. 10,13.26), ebenfalls durch den Zusatz »Sauls« identifiziert (11,4). Es ist aber eher unwahrscheinlich, dass es sich hier um Sauls Heimatort handelt, sonst hätte Samuel ihn nicht näher mit dem Zusatz über den Wachposten der Philister identifizieren müssen. Andererseits kann dieser Ort laut 10,11 nicht weit davon gelegen haben. Vielleicht gab es in der Gegend mehr als ein Gibea, durch Zusatznamen näher identifiziert. **Gibea Gottes** wurde vielleicht wegen der dortigen Kulthöhe so bezeichnet.

Der Prophetenschar ging eine kleine Musikkapelle mit folgenden Musikinstrumenten voraus:

- *nēväl*, grie. *nabla*, **Harfe**, ein zwölfsaitiges Instrument mit tieferem Ton als die Leier. Wahrscheinlich handelt es sich um eine Leier.
- *tof*, grie. *tympanos*, **Tamburin** oder »Handpauke«, womit der Takt geschlagen wurde. Mit ihnen feierten die Frauen Davids Sieg über Goliat (18,6).
- *hālîl*, grie. *aulos*, **Flöte** (»Klarinette« WStB ist wohl ein Anachronismus).
- *kinnôr*, grie. *kinyra*, **Leier**, ein Saiteninstrument mit Holzrahmen, wahrscheinlich eine tragbare Harfe oder Leier mit acht oder laut Josephus zehn Saiten, auch von David gespielt (16,16.23).

Welche Tätigkeit **prophezeien**, *nb'* im *Hitpael*, bezeichnet, kann heute nur aus dem Zusammenhang erraten werden, denn der Verfasser von *1. Samuel* setzte dieses Wissen bei seinen Lesern voraus (*Informationslücke*). Aufgrund der 10,5-6.10-11; 19,20-21.23-24 geschilderten Ereignisse ist »Verzückung« (LÜ, EÜ) zulässig, während »in ekstatischer Begeisterung tanzen und singen« (GNB) eher Interpretation als Übersetzung ist. Das Wort kann auch einen Anfall von Tobsucht bezeichnen (18,10).

Die unter Naturvölkern noch heute herrschende Vorstellung, medial 6
begabte Menschen würden von den Geistern »geritten«, erklärt vielleicht den Gebrauch von *zlch* **stürzen**, »springen«, um die Wirkung des Heiligen Geistes bei Saul zu bezeichnen. Der Begriff kennzeichnet Saul als charismatischen Führer nach dem Muster der Richter, wo der gleiche Begriff bei Otniël (Ri 3,10), Gideon (6,34), Jeftah (11,29) und Simson (14,6.19; 15,14) verwendet wird. Ergebnis dieser Wirkung ist entweder inspirierte Rede, wie 10,10.13, oder entschlossene Handlung, wie 11,6.

Dies liefert vielleicht einen Schlüssel zur viel diskutierten Frage nach der Monarchie. Gott entspricht Israels Wunsch und gibt ihnen zwar einen König, aber nicht so, wie sie es sich gewünscht hatten, nämlich »wie die Nationen«, sondern von seinem Geist getrieben. Der Leser ist gespannt, welche Veränderung Jahwes Geist bei Saul bewirken wird. Die Folge wird es zeigen, sowohl positiv wie negativ. Auf keinem Fall darf man sie mit einer neutestamentlichen Wiedergeburt aus dem Geist gleichsetzen.

Samuel lässt Saul auf eigene Initiative handeln für den Fall, dass sich 7
Jahwes Geist seiner bemächtigt, wie z.B. bei Sauls Heldentat, die Befreiung von Jabesch-Gilead (11,6). Es mag sein, dass es ihm öfter geschah, vgl. 14,47-48.

Die Folge macht deutlich, dass sich die Anweisungen von V. 8 auf die 8
in Kapitel 13 geschilderten Ereignisse beziehen. Obwohl Samuel nie ausdrücklich als Priester bezeichnet wird, verbringt er seine Jugend als Diener in der Stiftshütte, schläft in der Nähe der Bundeslade und trägt den Efod. Später übt er priesterliche Funktionen aus: Gottesdienste auf der Höhe (9,12), opfern (9,13; 16,2), Fürbitte tun und Könige salben.

2.2.2.10 Sauls Rückkehr (6. Szene V. 9-13) und Bericht (Schluss V. 14-16)

2.2.2.10.1 Übersetzung

9. Als er sich von Samuel wandte, um zu gehen, veränderte ihn Gott und gab ihm ein anderes Herz, und sämtliche Zeichen erfüllten sich an jenem Tag. 10. Sie kamen dort nach Gibea, und siehe da, eine Schar Propheten kam ihm entgegen, und Gottes Geist stürzte sich auf ihn und er weissagte mitten unter ihnen. 11. Alle, die Saul von früher kannten, schauten zu, und siehe da, er weissagte mit den Propheten, sodass sie sich untereinander fragten: »Was ist wohl mit Kischs Sohn passiert? Gehört Saul auch zu den Propheten?« 12. Darauf antwortete ein Mann von dort: »Und wer ist wohl deren Vater?« Deshalb wurde der Ausspruch »Gehört Saul auch zu den Propheten?« zu einer Redensart. 13. Als er mit Weissagen aufhörte, ging er auf die Kulthöhe. 14. Sauls Onkel fragte ihn und seinen Knecht, »Wohin seid ihr gegangen?« »Die Eselinnen zu suchen«, antwortete Saul. »Als wir sahen, dass sie nicht da waren, gingen wir zu Samuel.« 15. »Erzähl mir bitte«, sagte Sauls Onkel. »Was hat Samuel euch gesagt?« 16. »Was er uns erzählt hat, war, dass die Eselinnen gefunden worden waren«, antwortete Saul seinem Onkel. Doch was Samuel über das Königtum gesagt hatte, erzählte er ihm nicht.

2.2.2.10.2 Gliederung

1. Die von Samuel vorausgesagten Zeichen erfüllen sich (9-13)
2. Sauls Gespräch mit seinem Onkel (14-16): Zweimal Frage und Antwort

2.2.2.10.3 Auslegung

9-10 Wahrscheinlich wurde Saul eher psychologisch als geistlich verändert, vielleicht indem er ein inneres Ja zur ihm zugedachten Aufgabe fand. Diese neue Einstellung scheint eher Samuels Zureden als Jahwes Geist bewirkt zu haben, auch wenn die Erfüllung der Zeichen eine wichtige Bestätigung darstellte. Allein die Erfüllung des dritten Zeichens wird erzählt, da es wohl das wichtigste war. Mit *hinnēh* **siehe** wird der Leser eingeladen, das Ereignis von Sauls Perspektive aus zu sehen.

Der Ort des Geschehens muss in der Nähe von Sauls Heimat gelegen ha- **11-12**
ben (vgl. V. 5). Das Erstaunen der Leute, die ihn kannten, kommt durch das **siehe da** zum Ausdruck sowie durch ihre gegenseitige Frage, wtl. »jeder sprach zu seinem Nachbarn«. Die Antwort des einen Mannes (V. 12) stellt nicht etwa die Vaterschaft der Propheten infrage. Sie weist darauf hin, dass eine solche Geistesausstattung nicht vererbt, sondern eine Gabe Gottes ist. Wie manches in dieser Episode ist der Spruch ambivalent. Im Gegensatz zu 19,24 ist es hier wahrscheinlich positiv gemeint, doch hinterlässt die Frageform den leisen Verdacht eines Zweifels, ob Saul wohl zu dieser Rolle passt.

Die Mehrzahl der Übersetzungen folgt in V. 13 die Lesart des MT, **13**
dessen lapidare Feststellung vielleicht auf ein Bedürfnis Sauls hinweist, nach seiner markanten Geisterfahrung die Gegenwart Gottes zu suchen. Das nachfolgende Gespräch mit seinem Onkel erklärte sich dann dadurch, dass sich dieser gerade auf der Kulthöhe aufhielt und ihn dort gesehen hat (vgl. V. 14 GNB). LÜ, EÜ vermuten hinter der Lesart der LXX »Hügel«, hebr. »Gibea«, und verstehen den Vers als einen Hinweis auf Sauls Heimkehr (»nach Hause« Br), der die vorige Szene abschließt
und einen Ortswechsel einleitet. Der Dialog zwischen Saul und seinem **14-16**
Onkel – zweimal Frage und Antwort – wäre demnach von Sauls Heimkehr (V. 13) und Schweigen (V. 16b) umklammert. Andererseits hätte man vielleicht erwartet, dass Saul eher von seinem Vater als vom Onkel befragt würde. Sauls Schweigen kann als Bescheidenheit, Scheu oder fehlendes Selbstvertrauen verstanden werden.

2.2.2.10.4 Zusammenfassung

Sauls Einführungserzählung in dieser Episode zeichnet ihn bereits als einen Menschen mit ambivalenten Charakterzügen aus. Einerseits erscheint er durchaus als sympathisch und bescheiden, zudem besitzt er die Vorteile einer herausragenden Körpergröße und angesehenen Abstammung. Andererseits wirkt er etwas blass, passiv, zurückhaltend, wenn nicht unentschlossen, und unselbstständig, indem er sich um- bzw. überstimmen lässt. Doch besitzt er das Startkapital der göttlichen Erwählung und Berufung und der Ausstattung mit Jahwes Geist. Der Leser ist auf die Fortsetzung gespannt.

2.2.3 Israel wählt Saul zum König (10,17-25). Episode 3

2.2.3.1 Übersetzung

17. Samuel berief das Volk vor Jahwe nach Mizpa 18. und richtete sich mit folgenden Worten an die Israeliten: »So sagt Jahwe, Israels Gott: Ich war es, der Israel aus Ägypten heraufführte und euch aus der Gewalt Ägyptens sowie aller Königreiche, die euch unterdrückten, befreite. 19. Doch ihr seid es, die heute euren Gott verwerft, den, der euch ein Retter war aus all eurem Unglück und eurer Bedrängnis, indem ihr von ihm verlangt: ›Setze doch einen König über uns!‹ Nun stellt euch vor Jahwe nach euren Stämmen und Sippen auf.« 20. Samuel ließ sämtliche Stämme Israels herantreten, und Benjamin wurde ausgelost. 21. Er ließ den Stamm Benjamin nach seinen Sippen herantreten, und die Sippe Matari wurde ausgelost und dann Saul, der Sohn von Kisch. Sie suchten ihn, doch er war nicht zu finden. 22. Sie befragten Jahwe noch einmal: »Ist der Mann überhaupt schon hierhergekommen?« Jahwe antwortete: »Da ist er! Er hat sich beim Gepäck versteckt!« 23. Sie liefen hin, um ihn von dort zu holen. Als er sich mitten unten das Volk stellte, überragte Saul sie alle um Haupteslänge. 24. Da sagte Samuel dem ganzen Volk: »Habt ihr ihn gesehen, den Jahwe erwählt hat? Ihm ist im ganzen Volk keiner gleich!« Das Volk jauchzte und rief: »Es lebe der König!« 25. Samuel verkündete dem Volk die Vorgehensweise der Monarchie, verzeichnete sie in der Schriftrolle und verwahrte sie vor Jahwe. Dann entließ er das ganze Volk nach Hause.

2.2.3.2 Gliederung

A[1] Volksversammlung (17-19a). 1. Szene
  B[1] Wahl durch Los (19b-22). 2. Szene
  B[2] Wahl durch Akklamation (23-24). 3. Szene
A[2] Verabschiedung (25). 4. Szene

Diese dritte Episode knüpft an die erste (Kap. 8) an, deren Inhalt sie wieder aufgreift oder voraussetzt, und stellt Saul unmissverständlich als die Wahl Gottes, Samuels und des Volkes zum König dar. Das Los, ein anerkanntes Mittel zur Feststellung des göttlichen Willens, fällt auf Saul (V. 21), und Jahwes Wahl wird von Samuel wie vom Volk per Akklamation (V. 24) bestätigt. Gleichzeitig werfen die Ereignisse Schatten auf Sauls Wahl und lassen Zweifel bezüglich seiner Eignung als König aufkommen. Seine Zurückhaltung, indem er sich bei der Auslosung versteckt, als wollte er die Wahl erst gar nicht annehmen (V. 21-22), könnte als Zeichen der Unsicherheit verstanden werden. Samuel hebt Sauls Körpergröße als Maßstab der Eignung hervor (V. 23-24), ein Thema, das zum Beispiel in der Episode mit Goliat (Kap. 17) wieder auftaucht.

2.2.3.3 Auslegung

Samuel spricht zwar in Jahwes Namen und wiederholt noch ausführlicher dessen Vorwurf aus der 2. Szene der 1. Episode, doch kann man sich des Eindrucks nicht erwehren, dass er Salz in die Wunde streut, weil er seine eigene Enttäuschung (vgl. 8,6) noch nicht verwunden hat. **17-19**

Die Auswahlmethode wird nicht näher beschrieben, vielleicht weil der Verfasser sie bei seinen Lesern als bekannt voraussetzte. Hier ist auch nicht ausdrücklich vom Los die Rede, dafür in 14,42, einer der beiden Parallelstellen (vgl. Jos 7,14-18) mit gleichem Wortlaut. Das Los galt als Gottesentscheid (Spr 16,33). Die Parteien wurden wahrscheinlich durch Marken vertreten, denn als das Los auf Saul fiel, war er persönlich nicht anwesend. **20-22**

23-24 Die Aussagen über Sauls Körpergröße und seine Einzigartigkeit werden in einer Weise dargestellt, die an die Beschreibung am Anfang von Sauls Einführung (vgl. 9,2) erinnert. Samuels Begeisterung für Saul ist unübersehbar und wird vom Volk geteilt. Trotz seiner Hingabe an Jahwe sowie seines geistlichen Durchblicks begeht Samuel nicht zum letzten Mal den krassen Fehler, einen stattlichen jungen Mann als geeigneten Kandidaten fürs Königsamt anzusehen (vgl. 16,6-7, wo er von Jahwe dafür gerügt wird).

25 Die **Vorgehensweise**, hebr. *mischpāṭ*, verweist auf 8,9 zurück (s. dort). Die **Schriftrolle** weist auf eine bestehende Urkunde, die wahrscheinlich im Heiligtum aufbewahrt wurde (vgl. 2Mo 17,14; 24,7; 4Mo 21,14; 5Mo 17,18; Jos 10,13; 18,9; eine schriftliche Torarolle wird 5Mo 28,58.61; 29,20-21.27; 30,10; 31,24.26; Jos 1,8; 23,6; 24,26 erwähnt). Die Entlassungsformel signalisiert das Ende der Episode; die Kapiteleinteilungen der Bibelausgaben hier sowie bei 11,14 sind daher etwas unglücklich gewählt.

2.2.4 Sauls Heldentat (10,26–11,13). Episode 4

2.2.4.1 Gliederung

A[1] Sauls Nachsicht (10,26-27). Eröffnung
  B[1] Die Belagerung von Jabesch-Gilead (11,1-3). 1. Szene
    C Gibea von Saul (4-8). 2. Szene
  B[2] Die Befreiung von Jabesch-Gilead (9-11). 3. Szene
A[2] Sauls Großmut (12-13). Schluss

Eine auf den ersten Blick scheinbar lebhafte Erzählung über eine erfolgreiche Schlacht entpuppt sich bei näherem Hinsehen als ein gekonnt und engmaschig strukturierter Text. Die 2. Szene im mittleren Abschnitt lenkt die Aufmerksamkeit auf Saul im Allgemeinen und die Mitte des Abschnitts auf die Wirkung des Geistes im Besonderen.

Eröffnung und Schluss bilden jeweils den Übergang vom vorherigen zum folgenden Abschnitt und haben Sauls Umgang mit seinen Kritikern als gemeinsames Thema. Der zweite Absatz entspricht dem vorletzten. Der jeweils erste Satz enthält eine Zeitangabe, der zweite beschreibt den Ausgang bzw. die Rückkehr der Boten, im dritten reden die Einwohner davon, sich zu ergeben, im ersten Fall ein widerwilliges Geständnis, im zweiten ironischer Spott.

Die zweite Szene stellt der anfänglichen Trauer des Volkes dessen einmütige Antwort auf Sauls Appell gegenüber, während seine Entschlossenheit seiner anfänglichen Frage entspricht. Die erfolgreiche Befreiung der Stadt steht in starkem Kontrast zur anfänglichen hoffnungslosen Lage der Einwohner. Gegenpart zu Nahaschs Rücksichtslosigkeit ist Sauls überwältigender Sieg.

2.2.4.2 Sauls Nachsicht (Eröffnung, 10,26-27), und die Belagerung von Jabesch-Gilead (1. Szene, 11,1-3)

2.2.4.2.1 Übersetzung

26. Saul ging auch heim nach Gibea in Begleitung einer Abordnung von Männern, deren Herz Gott angerührt hatte. 27. Doch sagten einige Taugenichtse: »Wie kann der uns helfen?« Sie verachteten ihn und brachten ihm kein Geschenk, doch er tat, als hörte er nicht. 11,1. Nahasch der Ammoniter marschierte gegen Jabesch in Gilead und belagerte es. Die Einwohner schlugen ihm eine Abmachung vor, nach der sie ihm tributpflichtig würden. 2. Aber er stellte als Bedingung, ihnen allen das rechte Auge auszustechen und dadurch Schande über ganz Israel zu bringen. 3. Darauf baten die Ältesten der Stadt um eine Woche Aufschub. »Wir werden Boten in ganz Israel senden, und wenn keiner uns zu Hilfe kommt, werden wir uns dir ergeben.«

2.2.4.2.2 Gliederung

1. Sauls Nachsicht (10,26-27). Eröffnung
2. Die Belagerung von Jabesch-Gilead (1-3). 1. Szene
   a. Die Not: der Angriff auf Jabesch-Gilead (1-2)
   b. Die Suche nach Hilfe (3)

2.2.4.2.3 Auslegung

10,26–11,3

Die Kritiker werden zwar wie Elis Söhne als »Belials Söhne« bezeichnet, doch die Folge zeigt, dass ihre rhetorische Frage keineswegs gegenstandslos war. Saul war zu feige, Goliats Herausforderung anzunehmen, er ließ sich von seinem Sohn Jonatan wie von David übertreffen und findet nach der Niederlage bei Gilboa ein tragisches Ende. Saul greift bei den Zweiflern nicht energisch durch. Seine Nachsicht könnte als Unentschlossenheit wegen Unsicherheit verstanden werden. Durch eine geringfügige Veränderung der beiden letzten Wörter des MT in V. 27 liest die LXX: »Es geschah nach etwa einem Monat.« Jabesch lag etwas nördlich vom Siedlungsgebiet der Ammoniter. Nahaschs grausame Bedingung für einen Friedensbund ließ die Stadtväter Hilfe von außen suchen.

2.2.4.3 Gibea von Saul (V. 4-8). 2. Szene

2.2.4.3.1 Übersetzung

4. Die Boten gelangten nach Gibea-Saul und teilten den Einwohnern diese Botschaft mit. Alle brachen in Tränen aus. 5. Gerade in diesem Augenblick kam Saul vom Feld hinter dem Vieh her und fragte die Leute, warum sie weinten. Sie erzählten ihm die Botschaft der Männer von Jabesch. 6. Da stürzte sich Gottes Geist auf Saul, als er diese Botschaft vernahm, und sein Zorn entbrannte sehr. 7. Er nahm ein Gespann Rinder, ließ es zerlegen, sandte die Teile durch die Boten in ganz Israel und ließ ausrichten: »So soll mit dem Vieh von jedem geschehen, der nicht hinter Saul und Samuel in den Kampf zieht!« Ein großer Schrecken befiel das Volk, und sie zogen aus wie ein Mann. 8. Saul musterte das Volk in Besek: 300 Tausendschaften aus Israel und 30 Tausendschaften aus Juda.

2.2.4.3.2. Gliederung

A^1 Die Verzweiflung des Volks (4)
  B^1 Sauls Frage (5)
    C Saul von Gottes Geist ergriffen (6)
  B^2 Sauls Antwort (7)
A^2 Die Musterung des Volks (7b-8)

Mit diesem **Gibea** ist Sauls Heimatort gemeint (vgl. 10,5). Die Partikel **4-5**
hinnēh »siehe« (V. 5) signalisiert einen Perspektivenwechsel. Der Leser
soll dem Blick der Menge folgen, wie sie aufschauen und Saul erspähen,
gespannt, wie er reagieren wird. Zugleich wie bei einem Kameraschwenk
lenkt sie die Aufmerksamkeit weg vom trauernden Volk auf Saul, der im
Folgenden Handelnder und Redner wird. Die dreimalige Wiederholung
von **Botschaft**, wtl. »diese Worte« (V. 4.5.6) verleiht der Erzählung Prägnanz und behält die Not der Einwohner Jabesch-Gileads vor Augen.

Vers 6 ist ein Beispiel von narrativer Analogie oder Wiederholung **6**
mit Veränderung. Samuels Prophetie (10,6) erfüllt sich, der Leser ist gespannt, ob sich die damit verbundene Verheißung (10,7) auch erfüllen wird. Damals bewegte Gottes Geist Saul zum Reden (10,10), hier zum

Handeln. Die kurze Zusammenfassung von 14,47-48 lässt vermuten, dass dies nicht nur einmal geschah. Gewiss vermag man Sauls Zorn an dieser Stelle als gerechtfertigte Reaktion auf Nahaschs Grausamkeit zu beurteilen, doch wird seine aufbrausende Wut in späteren Episoden seine Beziehungen, nicht nur zu David, sondern auch zu den eigenen Kindern, stören und für die Priester in Nob tödliche Folgen haben.

7 Der Verfasser liefert keine Erklärung für Sauls Handlung. Während manche eine auch in anderen primitiven Gesellschaften bezeugte Art der Mobilmachung vermuten, sehen andere die grausame Tat des Leviten (Ri 19,29) als Vorlage. Die Wiederholung von **in ganz Israel** aus V. 3 weckt die Vorstellung, die Träger von Sauls Botschaft folgten denen mit Jabeschs Bitte um Hilfe dicht auf den Fersen. Saul greift als Leiter auf Drohungen zurück, um Mitarbeiter zu bewegen und seine Ziele zu erreichen. Hier erweisen sie sich zwar als wirksam, in späteren Episoden werden sie sich jedoch als Zeichen von Unsicherheit und Führungsschwäche entpuppen. **Großer Schrecken**, wtl. »Schrecken des Herrn«. Die Erwähnung von Samuel macht deutlich, dass Saul nicht unabhängig von ihm handelt, obwohl der Prophet ihm Freiraum gegeben hatte, die Initiative zu ergreifen (10,7).

8 Besek, wahrscheinlich ein anderer Ort als Ri 1,4-5, war ein strategischer Sammelpunkt, denn er lag auf gleicher Höhe wie Jabesch, aber auf der Westseite des Jordantals. Das hebr. Wort *'äläf* »Tausend« kann eine Militäreinheit bezeichnen, die nicht unbedingt aus 1000 Mann bestand.

2.2.4.4 Die Befreiung von Jabesch-Gilead (3. Szene, V. 9-11) und Sauls Großzügigkeit (Schluss, V. 12-13)

2.2.4.4.1 Übersetzung

9. Den Boten, die gekommen waren, teilte man mit: »Richtet den Leuten von Jabesch-Gilead aus: Morgen, bis der Tag heiß ist, wird euch Rettung zuteil.« Die Boten kamen an und meldeten es den Leuten von Jabesch. Sie freuten sich 10. und sagten: »Morgen werden wir uns ergeben, dann könnt ihr mit uns machen, was euch gefällt.« 11. Bis zum nächsten Morgen hatte Saul das Heer in drei Kontingente geteilt, und zur Zeit der Morgenwache stießen sie mitten ins feindliche Lager. Bis Mittag hatten sie den Ammonitern eine solche Niederlage bereitet, dass von den Entkommenen keine zwei beieinanderblieben. 12. Das Volk sagte zu Samuel »Wer ist's, der sagte: Sollte Saul König über uns sein? Gib die Männer heraus, wir werden sie hinrichten!« 13. Saul wehrte jedoch ab: »An einem solchen Tag soll kein Mensch sterben, denn heute hat Jahwe in Israel Rettung bewirkt.«

2.2.4.4.2 Auslegung

Die Verse 9-19 bilden das Pendant zu V. 3. Die Boten waren wahrschein- **9-10**
lich mit den Kontingenten aus den verschiedenen Landesteilen Israels zurückgekehrt. Die vorgetäuschte Ergebung ist ein ironischer Widerhall des früheren verzweifelten Geständnisses.

In der Art, wie er seine Truppen befehligt und den Feind überrascht, **11**
erweist sich Saul als geschickter Befehlshaber. Sein Sieg ist vernichtend und umfassend.

Das Volk mag an Samuel als bisheriger Richter und auch als neutrale **12**
Instanz appelliert haben. Sauls Großzügigkeit in der Stunde des Sieges ist ein feiner Charakterzug, der später leider zunehmend von Rachsucht überschattet wurde.

2.2.4.5 Charakterisierung von Saul

Im Gegensatz zur zweiten Episode, Sauls Einführung, in der er als unentschlossen, passiv sowie wortkarg erschien und seine Vorschläge ohne Folge blieben, zeichnet ihn diese Episode als entschlossenen Leiter aus, dessen Rede sich als wirksam und dessen Handlungen als erfolgreich erweisen, sowie als charismatischen Führer unter dem Einfluss des Geistes, durch den Jahwe seinem Volk einen umfassenden Sieg gewähren kann. Sauls Begleiter werden als Menschen bezeichnet, deren Herz Gott berührt hat, seine Kritiker, denen er sich nachsichtig und großzügig zeigt, werden dagegen mit demselben Begriff wie Elis Söhne (2,12) bezeichnet.

Saul ist zwar ein widerwilliger Königskandidat mit Minderwertigkeitskomplex (9,21; 15,17), der ohne eigenes Zutun zu Samuel geführt wird, seine Salbung verschweigt (10,16), sich bei seiner Wahl versteckt (10,22) und zunächst zu seiner landwirtschaftlichen Tätigkeit zurückkehrt (11,5). Andererseits macht Jahwes Mitteilung an Samuel (9,15-16) sowie das Losverfahren (10,20-21) deutlich, dass Saul von Jahwe zum König bestimmt ist. Und als Jahwes Geist über ihn kommt, wird Saul zu einem anderen Menschen (10,6; 11,6), energisch und entschlossen, der Israel bei Jabesch-Gilead zu einem überwältigenden Sieg führt.

Die Erzählung ist im Gegensatz zum gemächlichen Tempo der 2. Episode knapp und voller Spannung. Die wiederholten Zeitangaben suggerieren Dringlichkeit und unterstreichen Sauls Entschlossenheit und Worttreue. In seinen thematischen Rollen ist Saul sowohl Handelnder, Subjekt einer raschen Folge von Verben des Handelns, als auch Redner, dessen Aussagen kraftvoll und wirksam sind, und er erlebt dramatische Ereignisse und Gefühle.

2.2.4.6 Zweideutige Elemente

Ein zweifelhaftes Licht auf Sauls Heldentat werfen die Ereignisse, von denen die Schlusskapitel des Richterbuchs (19–21) berichten. In Gibea, Sauls Heimat, geschah ein Frevel (Ri 19,25), den der viel spätere Prophet Hosea immer noch anprangerte (Hos 9,9; 10,9). In der Folge suchte der dezimierte Stamm Benjamin Ehefrauen aus Jabesch-Gilead (Ri 21,12.14). Weitere Parallelen sind die Zerstückelung der Nebenfrau (Ri 19,29; 20,6) und von Sauls Rindern sowie der einmütige Aufmarsch der Israeliten (Ri 20,1; 1Sam 11,7). In einer persönlichen Mitteilung an den Verfasser meint Herbert Klement dazu: »Die Parallelen sind so offensichtlich, dass sie zusammen zu lesen sind. Die Darstellung und Einführung des Königtums Sauls ist bewusst dadurch in ein ambivalentes Licht gesetzt. Saul hilft Jabesch, der Stadt, aus der die Mütter Benjamins stammen. Er stammt aus Gibea, der Stadt, in der das Verbrechen geschah. Dadurch wird dem Leser Saul als zweifelhaft eingeführt mit der Geschichte, die gleichzeitig die einzige wirklich erfolgreiche Schlacht darstellt.«

Weitere zweideutige Elemente in der Episode sind der von Sauls Kritikern geäußerte Zweifel (10,27), seine ambivalenten Charakterzüge – einerseits großzügig gegenüber Kritikern (10,27; 11,13), andererseits schreckt er vor Drohungen nicht zurück (11,7) – sowie sein Zorn (11,6), der sich später als verhängnisvoll erweisen wird.

2.2.4.7 Vorschlag für eine Predigt oder Bibelarbeit über 1. Samuel 9-10

Thema: Der Mensch, den Gott gebraucht

1. Gott beruft ganz gewöhnliche Menschen wie Saul mit ihren Vorzügen und Fehlern.

a) Saul hatte mehrere Vorzüge: Er stammte aus gutem Hause, war stattlich, bescheiden, großzügig und beliebt.

b) Vermeintliche Schwächen disqualifizieren nicht vom Dienst Gottes. Saul war kein ausgesprochener Leitertyp, eher zurückhaltend, unschlüssig, und ließ sich leicht überstimmen. Auch Mose (2Mo 3,11; 4,10), Gideon (Ri 6,13) und Timotheus (1Tim 4,12) zweifelten, ob Gott sie gebrauchen könnte.

2. Ausschlaggebende Voraussetzungen für den Dienst für Gott sind:

a) Eine göttliche Berufung: Saul (9,16), die Apostel (Joh 15,16), Paulus (Apg 9,15), Archippus (Kol 4,17). Oft wird sie durch einen Mentor vermittelt: Samuel und Saul, Elia und Elisa (1Kön 19,19-21), Jesus und die Apostel (Mk 3,13-19), Paulus und Timotheus (Apg 16,3).

b) Die Wirkung des Heiligen Geistes: bei Saul (10,6-11; 11,6), vgl. Joh 20,21-23; Apg 1,8; 2Tim 1,7.

c) Die Bestätigung durch Gottes Volk: Samuel (3,20), Saul (10,24; 11,14), Timotheus (1Tim 4,14-15).

2.2.4.8 Vorschlag für eine Predigt oder Bibelarbeit über 1. Samuel 11

Thema: Sauls Sternstunde

1. Die Ausgangslage

Die Bewohner von Jabesch-Gilead befanden sich in einer Auseinandersetzung mit einem unerbittlichen Feind. Christen stehen ebenfalls in einem geistlichen Kampf (Eph 6,10-12; 1Tim 6,12; 2Kor 10,3-4; 1Petr 2,11; Phil 1,27).

2. Gott gebraucht Menschen, um die Not seines Volkes zu beheben.

Gott gebrauchte Saul, um die Bewohner von Jabesch-Gilead zu retten. »Die Kirche sucht nach besseren Methoden, Gott sucht bereite Menschen« (E.M. Bounds). Methoden haben ihren berechtigten Platz, aber Gottes Mittel sind Menschen. Jeder von uns hat seine Gaben und Talente, jeder von uns hat Zugang zu Menschen und erlebt Situationen, in denen wir dem Herrn dienen können.

3. Gott gebraucht Menschen, die ...

a) ihm vertrauen. Saul handelte im Vertrauen auf Samuels Zusage (10,7) und verkündigte den Bewohnern der belagerten Stadt die Befreiung im Voraus an. Christen sollten Gottes Zusagen vertrauen (Hebr 11,1-3).
b) von seinem Geist erneuert worden sind: Saul (10,6.9; vgl. Eph 4,22-24; Kol 3,9-10; 1Kor 6,11; Tit 3,5-6).
c) eifern um Gottes Sache. Wie Saul über die Lage von Jabesch-Gilead tief bewegt war, sollten wir von einer tiefen Sorge um Gottes Reich und Volk bewegt sein: Mt 9,36; Joh 2,17 (Ps 69,10); 2Kor 11,29.
d) für Gottes Sache entschlossen handeln. Unter dem Impuls von Gottes Geist konnte der von Natur aus eher schüchterne und zurückhaltende Saul rasch und energisch eingreifen. Im Reich Gottes wie in der Mission sind viele Gelegenheiten durch Zögerlichkeit verloren gegangen. Christen dürfen nicht wankelmütig sein (Jak 1,6-8; Lk 8,13; 1Kön 18,21; Ps 119,113).
e) einmütig sind. Auf Sauls Ruf zogen die Stämme Israels aus **wie ein Mann**, und der einheitliche Auftritt bescherte den Sieg. Christen sollten einmütig sein: in ihrer persönlichen Beziehung zu Gott (Ps 86,11),

in der Gemeinde (Eph 4,3; Phil 4,2), in der Evangelisation (Phil 1,27). Uneinigkeit schwächt die Gemeinde Jesu Christi. Oft wird das Zeugnis von Einzelgemeinden durch Streit und Spaltungen kompromittiert. Hinzu kommt die Vielzahl der Konfessionen.
Wahre Einheit stiftet aber nur der Heilige Geist; sie darf nicht erzwungen werden. Oft wird der Ruf nach Zusammenschluss der verschiedenen christlichen Konfessionen laut, um der zunehmenden Säkularisierung des Abendlandes entgegenzutreten. Mitunter wird sogar eine sog. »Abrahamische Ökumene« zwischen Juden, Christen und Muslimen gefordert. Solche Zusammenschlüsse brächten aber leider eine Preisgabe wesentlicher Inhalte des Evangeliums bzw. der Lehre der Heiligen Schrift mit sich und schwächten demzufolge das Zeugnis der Gemeinde zu ihrem Herrn.

f) großmütig sind. Saul erwies Großmut: Er weigerte sich, sich an seinen Kritikern zu rächen. (11,12-13). Christen sollten nicht nachtragend sein (Röm 12,17.19; Gal 5,15.26; Eph 4,32; Kol 3,12-13).

2.2.5 Samuels Abschiedsrede (11,14–12,24). Episode 5

2.2.5.1 Erneuerung des Bundes (Inszenierung 11,14-15), Samuels Zeugnis (1. Szene, 12,1-5)

2.2.5.1.1 Übersetzung

14. Samuel sagte zum Volk: »Kommt, lasst uns nach Gilgal gehen und dort das Königtum bestätigen.« 15. Das ganze Volk zog nach Gilgal, krönte Saul dort zum König vor dem Herrn in Gilgal und opferte dort Dankopfer. Saul und alle Männer Israels freuten sich dort gar sehr. 12,1. Samuel hielt eine Rede vor ganz Israel: »Ihr wisst, ich bin auf euren Wunsch eingegangen und habe einen König über euch gekrönt. 2. Nun, da habt ihr einen König als Anführer, während ich alt und grau geworden bin, und, wohlgemerkt, meine Söhne sind bei euch. Von meiner Jugend an bis heute stand ich euch vor. 3. Nun will ich Rede und Antwort stehen. Legt Zeugnis ab gegen mich im Angesicht Jahwes und dessen Gesalbten. Habe ich je Rind oder Esel von euch genommen, habe ich jemanden erpresst oder ihm Unrecht getan? Habe ich je ein Geschenk angenommen, um ein Auge zuzudrücken? Wenn ja, dann will ich es erstatten.« 4. Sie antworteten: »Du hast uns weder erpresst noch Unrecht getan und von niemandem etwas angenommen.« 5. Er sagte ihnen: »Jahwe ist euch gegenüber Zeuge und heute auch sein Gesalbter, dass ihr nichts gefunden habt in meiner Hand.« »Ja«, sagten sie, »Zeuge sollen sie sein.«

2.2.5.1.2 Gliederung

Die Erneuerung des Bundes (11,14-15). *Inszenierung, Übergang*
Samuels Zeugnis (12,1-5). 1. Szene: *Monolog und Dialog*

2.2.5.1.3 Auslegung

14-15 Die Schlussverse von Kap. 11 bilden eine Art Scharnier zwischen der Befreiung von Jabesch-Gilead (11,1-13) und Samuels Abschiedsrede (Kap. 12), die die Erzählung der Entstehung der israelitischen Monarchie abschließt. Saul hat nun gezeigt, dass er es vermag, wie die Richter vor ihm, sein Volk unter der Leitung des Geistes zum Sieg zu führen. Im Überschwang dieses Sieges und mit großer Freude wird die *məlûkāh*

»Königswürde bzw. Monarchie« *chdsch* »erneuert« bzw. **bestätigt**. Saul war bereits in Rama von Samuel zum König gesalbt und in Mizpa vom Volk als König ausgerufen worden. Der Inhalt von Samuels Abschiedsrede macht deutlich, dass er dieses Ereignis als Erneuerung des Bundes mit Jahwe auffasste. Vielleicht wählte er Gilgal als Zeichen eines Neubeginns im Andenken an den Einmarsch unter Josua.

Samuels erste Worte lassen erkennen, dass er immer noch nachtragend **12,1-2**
ist. Zunächst unterstreicht er mit **ihr wisst**, hebr. *hinnēh* »siehe«, dass der Wunsch nach einem König vom Volk stammte; er hat lediglich nachgegeben. Mit dem zweiten *hinnēh* weist er auf Sauls neuen Status als König hin. Das dritte *hinnēh*, **wohlgemerkt**, mit dem Hinweis auf seine Söhne, zeigt, dass er meint, sie seien trotz der einschlägigen Kritik (8,3) als mögliche Nachfolger übersehen worden. Sein Urteil ist durch persönliche und familiäre Verwicklung getrübt. Mit dem letzten Satz von V. 2 verrät er, dass sein langjähriger Dienst in seinen Augen nicht die gebührende Anerkennung beim Volk fand.

Das korrupte Verhalten seiner Söhne (8,3) mag Samuel bewogen ha- **3-5**
ben, seine persönliche Integrität als Richter hervorzuheben, aber Mose (4Mo 16,15) und Paulus (Apg 20,33) tun es ihm gleich. Finanzieller Missbrauch und der Handel mit Kirchenämtern (Simonie) haben die christliche Kirche bis heute geplagt.

2.2.5.2 Samuel hält Rückblick (V. 6-12). 2. Szene

2.2.5.2.1 Übersetzung

6. Samuel sagte dem Volk: »Jahwe war es, der Mose und Aaron auf den Plan rief und eure Vorfahren aus Ägypten heraufführte. 7. Nun stellt euch auf und ich werde mit euch vor Jahwe rechten bezüglich all der Treue, die er euch und euren Vorfahren erwiesen hat. 8. Als Jakob nach Ägypten gekommen war, riefen eure Vorfahren Jahwe um Hilfe an, und er sandte Mose und Aaron, die eure Vorfahren aus Ägypten herausführten und sie an diesem Ort ansiedeln ließen. 9. Doch sie vergaßen Jahwe, ihren Gott, und er lieferte sie der Macht von Sisera, Heerführer von Hazor, der Macht der Philister sowie der Macht des Königs von Moab aus, die gegen sie kämpften. 10. Sie riefen Jahwe um Hilfe an und sagten: ›Wir sind untreu gewesen, indem wir Jahwe verlassen und den Baalen und den Astarot gedient haben. Doch rette uns nun aus der Gewalt unserer Feinde, und wir werden dir dienen.‹ 11. Jahwe sandte Gideon, Barak, Jefta und Samuel, rettete euch aus der Macht eurer Feinde ringsum und ließ euch in Sicherheit wohnen. 12. Doch als ihr saht, dass Nahasch, König der Ammoniter, gegen euch ausrückte, sagtet ihr zu mir: ›Nicht doch, sondern ein König soll uns regieren!‹, obwohl Jahwe eigentlich euer König war.«

2.2.5.2.2 Gliederung

Diese Szene bietet ein Beispiel für Wiederholung mit Veränderung. Samuel erinnert an Jahwes Treue gegenüber Israel nach einem vierfältigen Schema: 1. Israels Not; 2. Israels Hilferuf an Jahwe; 3. Jahwes beauftragte Retter; 4. Israels Wohnung in Sicherheit. Beim dritten Mal wird dieses Muster durch Israels Bitte um einen König gestört, Samuel leitet V. 13 über in die Verpflichtung des Bundes (3. Szene).

2.2.5.2.3 Auslegung

6-7 Gleich zu Beginn erinnert Samuel daran, dass Israels Existenz als Nation auf Jahwes Initiative zurückging. Er und nicht etwa Israel **rief** Mose und Aaron als Befreier aus Ägypten **auf den Plan**, hebr. *ʿśh* wtl. »machte«. In dieser Szene will Samuel mit dem Volk *schpṭ* **rechten**, d.h. »zeugnishaft vorhalten« (EÜ), über Jahwes **Treue**, hebr. *ṣidqôt*, wtl. »Gerechtigkeiten«, womit wohl die Erweise seiner Bündnistreue gemeint sind.

8-12 Der Kreislauf, auf den Samuel in V. 9-12 anspielt, wird in Ri 2,11-19 geschildert. **Gideon** und **Barak** werden mit ihren Alternativnamen »Jerubbaal« (Ri 6,32) und »Bedan« bezeichnet. Durch Jahwes Rettung vermochte Israel in Sicherheit zu wohnen. Statt Jahwe um Hilfe anzurufen, bittet das Volk diesmal um einen König. Das Abweichen vom bisherigen Muster hebt hervor, dass diese Bitte ein Zeichen von Unglauben und Auflehnung gegen Jahwe war.

S. Dragga (1987, S. 39-46) vertritt die Meinung, die Leistungen der von Samuel erwähnten Richter Gideon, Barak und Jefta sollten als Maßstab zur Beurteilung Sauls dienen. Sauls Bedenken (9,21) erinnern an Gideons (Ri 6,15), doch mit nur 300 Mann besiegte Gideon einen Feind so zahlreich wie der Sand am Meer (Ri 7,12), während Saul mit doppelt so vielen nicht einmal wagte, die Philister anzugreifen (14,2). Nach Baraks Sieg über Jabin wurde dessen Feldherr Sisera getötet (Ri 4,21), während Saul Agag verschonte (15,8). Zwischen Simson und Saul gibt es mehrere Parallelen: Von beiden wird berichtet, dass sie Jahwe dreimal ungehorsam waren, beide verließ Jahwes Geist, nachdem er in Macht über sie gekommen war, beide nahmen sich das Leben, nur erlangte Simson bei seinem Tod einen großen Sieg (Ri 16,30), während Saul in Schmach endete. Weniger überzeugend ist dagegen Draggas These, Jefta stehe in einem günstigeren Licht als Saul, da er sein Gelübde zum Nachteil seiner einzigen Tochter erfüllte (Ri 11,30-31.35), während Saul sein Eid bezüglich Jonatan (14,39.44-45) auf Druck der Truppe zurückzog.

2.2.5.3 Bundesverpflichtungen (V. 13-18). 3. Szene

2.2.5.3.1 Übersetzung

13. »Nun, hier ist der König, den ihr euch erwählt habt und haben wolltet, denn siehe, Jahwe hat euch einen König gegeben. 14. Wenn ihr Jahwe fürchtet, ihm dient, auf seine Stimme hört und euch nicht gegen seine Aussprüche auflehnt, dann werdet sowohl ihr als auch der König, der über euch regiert, Jahwe eurem Gott folgen. 15. Hört ihr aber nicht auf seine Stimme, sondern lehnt euch gegen seine Aussprüche auf, dann wird Jahwes Hand gegen euch sein, wie gegen eure Vorfahren. 16. Nun stellt euch auch hin und seht, welch großartige Sache Jahwe in eurer Gegenwart vollbringen wird. 17. Ist heute nicht Weizenernte? Ich werde Jahwe anrufen und ihn bitten, Donner und Regen zu schicken, damit ihr erkennt und einseht, welch großes Unrecht ihr euch in Jahwes Augen geleistet habt, euch von ihm einen König zu wünschen.« 18. Samuel rief Jahwe an und er ließ es am selben Tag donnern und regnen, sodass das ganze Volk sich vor Jahwe und Samuel fürchtete.

2.2.5.3.2 Gliederung

A[1] Eröffnung (13)

B[1] Bundestreue (14). *Voraussetzungen und Verheißung*

B[2] Bundesuntreue (15). *Verhängnis und Sanktionen*

A[2] Bestätigung (16-18)

2.2.5.3.3 Auslegung

13 Samuels Eingangsworte **und nun**, hebr. *wəʿattāh*, signalisieren einen neuen Abschnitt, in dem er Israel seine Bundesverpflichtungen gegenüber Jahwe einschärft. Obwohl mit der Monarchie eine neue Situation entstanden war, auf die Samuel mit **hier ist**, hebr. *hinnēh*, wtl. »siehe«, hinweist, bleiben Israels Verpflichtungen unverändert. Samuels Worte erinnern an die von Mose (5Mo 6–11) oder Josua (Jos 23–24).

14 Vers 14 kann als Konditionalsatz gedeutet werden, dessen Protasis (Vordersatz) mit **wenn** die Voraussetzungen der Bundestreue schildert und dessen Apodosis (Nachsatz) mit **dann** deren Konsequenzen. Oder es handelt sich um eine Art Ellipse, bei der ein Teil des Satzes wegfällt. Jahwe **fürchten** heißt nicht etwa Angst vor ihm haben, sondern vielmehr seine Autorität anerkennen. Ihn zu fürchten und ihm zu dienen (vgl. auch V. 24) bedeutet, auf ihn zu hören und sich nicht aufzulehnen **gegen seine Aussprüche**, wtl. »gegen seinen Mund«. Der Ausdruck **Jahwe ... folgen,** wtl. »Hinter Jahwe sein«, ist für das AT ungewöhnlich und erinnert an Jesu Christi Ruf in die Nachfolge.

15 Sauls Karriere wird in der Folge zeigen, was es heißt, wenn Jahwes Hand gegen einen Menschen ist.

16-18 Samuel bat Jahwe um ein Zeichen, um den Ernst seiner Ermahnung zu unterstreichen, damit Israel in sich kehrte und seinen Fehler eingestand. Das Ergebnis zeigt, dass Samuel trotz seiner Versäumnisse in Jahwes Vollmacht handelte.

2.2.5.4 Samuel verpflichtet sich (V. 19-25). 4. Szene

2.2.5.4.1 Übersetzung

19. Darauf bat das ganze Volk Samuel: »Tu Fürbitte für deine Diener bei Jahwe, deinem Gott, damit wir nicht umkommen. Zu allen unseren sonstigen Sünden haben wir nämlich dieses Unrecht getan, uns einen König zu wünschen.« 20. »Keine Angst!« antwortete Samuel dem Volk. »Ihr habt zwar dieses ganze große Unrecht getan, nur wendet euch nicht ab von hinter Jahwe her, und dient ihm von ganzem Herzen. 21. Wendet euch nicht ab hinter den Nichtigen her, die weder nutzen noch helfen, denn sie sind nichtig. 22. Denn um seines großen Namens willen wird Jahwe sein Volk nicht im Stich lassen, denn er hat beschlossen, euch zu seinem Volk zu machen. 23. Auch was mich angeht, fern sei es von mir, mich gegen Jahwe zu versündigen und aufzuhören, Fürbitte für euch zu tun und euch den guten und aufrichtigen Weg zu weisen. 24. Nur fürchtet Jahwe und dient ihm treu von ganzem Herzen, denn ihr seht, was er Großes an euch tut. 25. Tut ihr aber weiter Unrecht, werdet ihr samt eurem König weggerafft werden.«

2.2.5.4.2 Gliederung

Auf die Zerknirschung des Volkes (V. 19) hin wiederholt Samuel Israels Bundesverpflichtungen (V. 20-21), erinnert sie an Jahwes Gnadenwahl (V. 22), verspricht, für sie zu beten (V. 23), und warnt sie schließlich vor den Folgen ihrer Untreue (24-25).

2.2.5.4.3 Auslegung

Mit der Bezeichnung Jahwes als **dein Gott** bringt Israel V. 19 seine Zer- **19**
knirschung zum Ausdruck. Sie halten sich nicht mehr für würdig, Jahwes Volk zu sein, und bitten Samuel um seine Fürsprache. In Jesus Christus haben Christen einen noch größeren Fürsprecher.

Gottes Zuspruch »Fürchte dich nicht!« erklingt durch die ganze Hei- **20**
lige Schrift. Damit sprach Samuel dem Volk Jahwes Vergebung zu. Die

Vergebung ist kein Freibrief, sondern verpflichtet zur Bundestreue gegenüber Jahwe (vgl. Ps 130,4; Spr 28,13).

21 Mit **Nichtigen**, hebr. *tōhû* (V. 21), sind die Abgötter gemeint. Mit dieser Bezeichnung wollte Samuel wahrscheinlich weniger deren objektive Existenz leugnen, wie z.B. Jes 41,29; 44,9, sondern vielmehr ihre Nutzlosigkeit.

22 Durch den Gleichklang zweier hebr. Begriffe unterstreicht Samuel (V. 22) den Gegensatz zwischen den nichtigen Abgöttern, die nichts **nützen**, hebr. *j'l* mit *Ajin* (V. 21), und der Zuverlässigkeit der Erwählung, die Jahwe **beschlossen** hat, hebr. *j'l* mit *Alef* (vgl. 1Mo 22,16; Röm 11,2.29; Hebr 6,17-18).

23 Die Erwähnung von Jahwes Treue erinnert Samuel an seine eigene Verantwortung. Seine Verpflichtung ist Programm für alle, die dem Herrn dienen, besonders in leitender Funktion.

24-25 In seinem Schlussappell zeigt Samuel die Alternativen deutlich auf. Die grundlegende Verheißung an Israel entbindet den Einzelnen nicht von seiner Pflicht. Das Gleiche gilt für die christliche Gemeinde (vgl. Mt 16,18b mit Offb 2,5b). Der Schlusssatz lässt den Leser die verhängnisvolle Entwicklung der Ereignisse ahnen. Für Saul bewahrheitete sich Samuels Warnung in seinem tragischen Ende, für Israel im Verlust des Landes und der Monarchie mit der Verschleppung nach Assyrien und später nach Babylon.

2.2.5.5 Vorschlag für eine Predigt oder Bibelarbeit über 1. Samuel 12

Thema: Samuels Abschiedsrede

1. Samuels Versagen (1-2)

a) Samuel fühlte sich auf den Schlips getreten.

Er hatte Israels Bitte um einen König noch nicht verkraftet (vgl. 8,7b). Christliche Mitarbeiter können allzu leicht Gottes Sache mit ihrer eigenen verwechseln.

b) Samuels Urteil war getrübt, weil er persönlich verwickelt war.

Er meinte, seine Söhne hätten seine Nachfolge antreten können und müssen.

2. Samuel schärfte Israel seine Verpflichtungen ein (13-14).

Gottes Forderungen sind unveränderlich.

Samuel nannte genau die gleichen Forderungen wie vor ihm Mose oder Josua. Gottes Anspruch bleibt gleich, ob sich Israel in der Wüste, unter Richtern oder Königen befindet. Im NT stimmen Jesus und seine Apostel damit überein, egal unter welcher Kirchenordnung Christen leben.

a) Den Herrn fürchten, d.h. Gottes Autorität anerkennen.
b) Auf Gottes Stimme hören, nicht gegen sein Wort rebellieren (vgl. Satans Frage in Eden: »Hat Gott wirklich gesagt?«).
c) Dem Herrn folgen, d.h. nicht abweichen (20).
d) Dem Herrn dienen von ganzem Herzen (20.24), in Treue (24), im Gottesdienst, in der Mitarbeit, im Alltag, im Beruf und in der Freizeit (vgl. Kol 3,23).

3. Samuel sprach eine Warnung an Israel aus.

a) Gott steht treu zu seinem Volk. Samuel erinnerte an Gottes Rettung in der Vergangenheit, sprach ihnen Gottes Vergebung in der Gegenwart zu (20) und beschwor Gottes Verheißung für die Zukunft (22).
b) Israels Untreue sollte nicht ohne Folgen bleiben (15.21.25).

4. Samuel machte Israel ein Versprechen.

a) Er wollte nicht aufhören, für sie zu beten. Israels Hohepriester trug die Stämme an der Brust (2Mo 28,29, vgl. V. 12). Christi Apostel stellen das Gebet sogar vor die Verkündigung (Apg 6,4).
b) Er wollte ihnen durch Vorbild und Unterweisung den guten und aufrichtigen Weg weisen.

2.3 Sauls Krise (Kapitel 13–15). Dritter Akt

2.3.1 Einführung

Dieser Abschnitt (Kap. 13–15) schildert, wie Saul versagt und folglich von Jahwe verworfen wird (13,13-14; 15,23.26.28). Im Gegensatz zu seinem Sohn Jonatan (13,3; 14,1) wagt Saul es nicht, im Vertrauen auf Jahwe die Philister anzugreifen. Unter Druck gerät er in Panik und lässt sich zu einer unüberlegten Handlung hinreißen (13,8-12). Statt entschlossen zu handeln, vertändelt er Zeit mit religiösen Riten (14,18) und setzt seine Truppe mit einem unbedachten Eid unter Druck (14,24). Saul ist peinlich besorgt um die Einhaltung ritueller Vorschriften (14,34), andererseits setzt er sich in der Angelegenheit mit Amalek über Jahwes ausdrücklichen Befehl hinweg und beruft sich als Vorwand auf den Wunsch seiner Soldaten (15,19-21.24). Sauls frühere großzügige Weitherzigkeit weicht dunklem Argwohn, der sich zunächst gegen Jonatan und später gegen David (18,8) richtet.

2.3.2 Gliederung

A^1				Eröffnung	13,1	Sauls Regierung. *Zusammenfassung*
	B^1			Episode 1	13,2-18	Sauls Versagen in Gilgal. *Saul und Samuel*
		C^1		Hintergrund	13,19-22	Israels Situation: Die Waffenknappheit
			D	Episode 2	13,18–14,46	Jonatans Heldentat. *Saul und Jonatan*
		C^2		Hintergrund	14,47-52	Sauls Heerzüge und Familie (49-52)
	B^2			Episode 3	15,1-35	Saul wird abgesetzt. *Saul und Samuel*
A^2				Schluss	15,34-35	Sauls Trennung von Samuel

Im kunstvollen Aufbau wird das zentrale Glied, Jonatans Heldentat, von Berichten über Sauls Versagen umrahmt, die beide durch Hintergrundinformation abgesetzt werden.

2.3.3 Sauls Versagen in Gilgal (Kapitel 13). Episode 1

2.3.3.1 Krise: Ausbruch der Feindseligkeiten (V. 1-7). Inszenierung und 1. Szene.

Wie in Jabesch-Gilead (Kap. 11) sieht sich Saul in dieser Episode einer Krise gegenüber, ausgelöst durch einen Anschlag seines Sohnes Jonatan auf die Philister.

2.3.3.1.1 Übersetzung

1. Saul war kein junger Mensch mehr, als er König wurde, und herrschte zwei Jahre über Israel. 2. Er wählte sich Dreitausend aus Israel aus. Zweitausend waren mit Saul in Michmas und auf dem Gebirge von Bethel, Tausend waren mit Jonatan in Gibea von Benjamin. Die Übrigen des Heeres entließ er nach Hause. 3. Jonatan erschlug den Philisterbeamten in Geba, und die Philister bekamen Wind davon. Daraufhin ließ Saul das Signalhorn ertönen im ganzen Land mit der Botschaft: »Achtung alle Hebräer!« 4. Ganz Israel hörte die Nachricht, dass Saul den Philisterbeamten erschlagen und dadurch Israel bei den Philistern verhasst gemacht hatte. Das Heer wurde einberufen hinter Saul nach Gilgal. 5. Inzwischen hatten die Philister ihre Truppen zusammengezogen, um gegen Israel zu kämpfen: drei Tausendschaften Kriegswagen mit sechs Tausendschaften Besatzung sowie ein Heer so zahlreich wie der Sand am Meer. Sie zogen herauf und lagerten zu Michmas östlich von Bet-Awen. 6. Die Männer Israels merkten, dass es ihnen eng wurde, denn das Heer war in Bedrängnis und versteckte sich in Höhlen, Dickichten, Felsen, Gewölben und Gruben. 7. Die Hebräer überquerten den Jordan ins Land Gad und Gilead. Unterdessen war Saul noch in Gilgal, und das Heer zitterte hinter ihm her.

2.3.3.1.2 Gliederung

Sauls Regierung V. 1. Inszenierung

A[1] Israels Standort. V. 2

B[1] Israels Angriff. V. 3-4

C Gegenangriff der Philister. V. 5

B[2] Israels Rückzug. V. 6-7a

A[2] Israels Standort. V. 7b

2.3.3.1.3 Auslegung

1 In der ersten Hälfte von V. 1 liest der MT wtl. »Sohn Jahres Saul bei seiner Königsherrschaft«. Viele Übersetzer und Ausleger vermuten eine Lücke und fügen mit LXX, Vul »ein« bzw. »dreißig« hinzu. Es kann sich aber auch um eine hebr. Redewendung handeln, »Saul war ein Sohn von Jahren«, d.h. nicht mehr ganz jung. Sein Sohn Jonatan ist bereits erwachsen (V. 3). In der zweiten Vershälfte muss man ebenfalls eine Lücke vermuten, wenn sie die Dauer von Sauls Regierung angeben soll, denn laut Apg 13,21 herrschte er vierzig Jahre. Vielleicht ist aber gemeint, dass **zwei Jahre** bis zu den Ereignissen diese Episode vergangen waren.

2 Sauls 3000 Krieger erscheinen wieder in späteren Episoden (24,2; 26,2). Er besetzt die Passhöhen zwischen der Schefelah und der Jordansenke und lässt seinen Sohn Jonatan mit dem kleineren Teil der Truppe im Heimatort. Obwohl Jonatan eine beträchtliche Rolle in den späteren Ereignissen spielt, wird er hier nur summarisch in die Erzählung eingeführt.

3-4 In dieser wie in der nächsten Episode (14,1) geht die Initiative von Jonatan aus. Saul war scheinbar darauf bedacht, das zerbrechliche Gleichgewicht zu wahren, doch sein Sohn empfand die Besetzung eines nicht unerheblichen Teils des gelobten Landes als Affront gegen Jahwe. Sein Anschlag mag unbedacht erscheinen, zeugt aber von einer Sorge um die Ehre Gottes.

Das hebr. *nəṣîv* (V. 3), wtl. »aufgestellt«, bezeichnet sowohl »Pfosten, Säule« (z.B. 1Mo 19,26) als auch »Posten« im Sinne einer militärischen Einrichtung oder eines Amtsinhabers (z.B. 1Kön 4,19; 2Chr 8,10). Die meisten Bibelausgaben übersetzen hier »Wache« bzw. »Wachposten«, aber es ist wahrscheinlicher, dass es sich um einen »Vogt« (EÜ) handelt, sonst wäre der Nachsatz wohl überflüssig.

Das hebr. *schm'* **hören** kommt dreimal in den beiden Versen 3-4 vor: Die Philister »hörten« vom Anschlag, Israel soll den Aufruf »hören« und **hörte**, dass sie bei den Philistern **verhasst**, wtl. »stinkend«, waren. Die Wiederholung beschwört die Vorstellung von Kriegsgerüchten herauf. Saul ahnt, welche Folgen Jonatans Anschlag haben sollte und ordnet eine allgemeine Mobilmachung an.

Die Voranstellung des Substantivs **Philister** gefolgt vom Perfekt von **5**
'sp »wurden gesammelt«, signalisiert Hintergrundinformation (V. 5). **Drei Tausendschaften** (LXX, Syr) ist »dreißig« (MT) wahrscheinlich vorzuziehen, denn für jeden Kriegswagen gab es zwei Mann Besatzung. **Zahlreich wie der Sand am Meer** ist eine Hyperbel (Übertreibung), deutet aber zugleich auf den furchterregenden Eindruck, den das Heer der Philister auf die Israeliten gemacht haben muss.

Die Aufzählung der Verstecke (V. 6-7) verrät wirksamer als jegliche **6-7**
lange Erklärung die seelische Verfassung der Israeliten und die Zerstreuung des Heers, die den Hintergrund der folgenden Szene bildet. Die Bezeichnung der Israeliten als *'ibrîm* **Hebräer** bildet ein ironisches Wortspiel mit dem aus der gleichen Wurzel gebildeten Zeitwort *'br* **überqueren**, denn sie fliehen aus dem verheißenen Land, in das Jahwe ihre Vorfahren einst geführt hatte.

2.3.3.2 Sauls Panik (V. 8-12) und Samuels Vorwurf (V. 13-14). 2. Szene

Bei der Befreiung Jabesch-Gileads aus der ammonitischen Belagerung (Kap. 11) hielt sich Saul an Samuels Anweisungen (10,7) und errang unter dem Impuls von Jahwes Geist einen eindeutigen Sieg. Im Gegensatz dazu gerät er bei Gilgal in Panik, setzt sich eigenmächtig über Samuels Anweisungen (10,8) hinweg und handelt sich Samuels Rüge ein, während die Drohung durch die Philister blieb.

2.3.3.2.1 Übersetzung

8. Er wartete sieben Tage bis zu dem von Samuel vereinbarten Termin, doch Samuel kam nicht nach Gilgal, und das Heer zerstreute sich von ihm. 9. Saul sagte: »Bringt das Brandopfer und die Friedensopfer her zu mir«, und opferte das Brandopfer. 10. Gerade hatte er das Brandopfer geopfert, da sah Saul Samuel kommen und ging ihm entgegen, um ihn zu begrüßen. 11. »Was hast du getan?«, fragte Samuel. »Ich sah, wie sich das Heer von mir zerstreute«, antwortete Saul, »und du kamst nicht zum vereinbarten Termin. Die Philister hatten ihre Truppen in Michmas zusammengezogen 12. und ich sagte mir, jetzt werden die Philister gegen mich nach Gilgal herabkommen, während ich Jahwes Gunst noch nicht erbeten hatte. Deshalb zwang ich mich und opferte das Brandopfer.« 13. »Du hast töricht gehandelt«, sagte Samuel zu Saul. »Du hast dich an die Weisung nicht gehalten, die Jahwe, dein Gott, gab. Denn nun hätte Jahwe deine Königsherrschaft über Israel für immer festgemacht. 14. Doch jetzt wird deine Königsherrschaft nicht befestigt. Jahwe hat sich einen Mann nach seinem Herzen ausgesucht und zum Führer über sein Volk bestimmt, weil du nicht gehalten hast, was Jahwe, dein Gott, befahl.«

2.3.3.2.2 Gliederung

Samuels Vorwurf weist eine Kreuzstellung auf:

A¹ Sauls Ungehorsam (13a)
- B¹ Seine verlorene Chance (13b), sein Erbkönigtum verspielt (14a)
- B² Jahwe wählt einen neuen Führer (14b)

A² Sauls Ungehorsam (14c)

2.3.3.2.3 Auslegung

8 Auch wenn es Rätsel bezüglich der Chronologie von Kap. 10–13 aufwirft, kann mit **Termin** (V. 8) nichts anderes gemeint sein als Samuels Anweisung in 10,8.

9-10 Der Text unterstreicht sowohl Sauls Ungeduld als auch seine vermeintliche Unschuld. Kaum mit dem Opfer fertig, blickte Saul hinauf und *hinnēh*, »siehe«, Samuel kam doch rechtzeitig. Die unbekümmerte Art, wie Saul ihm entgegenging, um ihn zu grüßen, wtl. »segnen«, lässt ahnen, wie wenig er sich einer Schuld bewusst war.

Sauls wortreiche Erklärung (V. 11-12) verrät seine Angst, also man- **11-12**
gelndes Gottvertrauen, aber auch seine Sorge, Jahwes Gunst zu erbeten, wtl. »sein Angesicht zu beschwichtigen« (vgl. 2Kön 13,4), auch wenn er sich dabei über Samuels und deshalb auch Jahwes Befehl hinwegsetzte.

Mit *miṣwāh*, wtl. »Befehl«, kann nur Samuels **Weisung** 10,8 gemeint **13-14**
sein (V. 13). Saul wird nicht vorgeworfen, eigenmächtig in das Priesteramt eingedrungen zu sein (wie später König Usija, vgl. 2Chr 26,16-18), sondern auf Samuel und dessen Anweisungen nicht gewartet zu haben. Samuel setzt Saul nicht ab, sondern teilt ihm mit, dass sein Königsamt nicht an seine Nachkommen vererbt werden wird. Die Ankündigung eines Nachfolgers impliziert, dass Saul kein **Mann nach** Jahwes **Herzen** war, und führt ein neues Element der Spannung in die Erzählung, das Sauls Argwohn erweckt. **Führer**, hebr. *nāgîd*, ist derselbe Begriff, den Jahwe für Saul gebraucht hatte (9,16; 10,1).

2.3.3.3 Truppenbewegungen (V. 15-18) und Waffenknappheit (V. 19-22). 3. Szene

2.3.3.3.1 Übersetzung

15. Samuel erhob sich und ging von Gilgal nach Gibea Benjamin hinauf. Saul musterte das Heer, das sich noch bei ihm befand, 600 Mann. 16. Saul, sein Sohn Jonatan und das Heer, das sich bei ihm befand, waren in Gibea Benjamin stationiert, die Philister lagerten in Michmas. 17. Vom Lager der Philister gingen Plünderer in drei Abteilungen hinaus. Die eine wandte sich Richtung Ofra ins Land Schual, 18. eine andere Richtung Bet-Horon und eine weitere Richtung Grenze, die auf das Hyänental hinabschaut zur Wüste hin. 19. Kein Schmied war zu finden im ganzen Land Israel, denn die Philister sagten: »Dass die Hebräer ja kein Schwert oder Speer herstellen!« 20. Ganz Israel zog hinab zu den Philistern, jeder, um seine Pflugschar, seine Hacke, sein Beil oder seine Sichel wetzen zu lassen. 21. Der Preis betrug ⅔ Schekel für Pflugscharen, Hacken, Dreizackgabeln, Beile, und um Ochsenstacheln zu richten. 22. So kam es, dass am Tage der Schlacht weder Schwert noch Speer zu finden war unter dem ganzen Heer, das mit Saul und Jonatan war, außer bei Saul selbst und seinem Sohn Jonatan. 23. Eine Abteilung der Philister rückte bis zum Pass von Michmas vor.

2.3.3.3.2 Auslegung

15-18 Samuels Weg nach der Abschiedsformel in V. 15 **erhob sich und ging** beziehen LXX und mit ihr LÜ, Elb*, NLB, Br, GNB, HFA auf die Marschroute Sauls und seiner Truppe. Sauls Vorhaben, in Gilgal ein zahlreiches Heer zusammenzuziehen, war im Gegensatz zu Besek (11,8) gescheitert, seine Leute hatten kein Vertrauen mehr zu ihm, er hatte als Leiter versagt und sein Heer war inzwischen auf ein kleines Häuflein geschrumpft. Er bezog auf den Höhen in der Nähe des Feindes Stellung, traute sich aber nicht, ihn anzugreifen, noch vermochte er, dessen Beutezügen Einhalt zu gebieten.

19-23 Wahrscheinlich hüteten die Philister das Geheimnis der Eisenhärtung durch Ablöschen und ließen sich diese Dienstleistung teuer bezahlen. Die Tatsache, dass Sauls Truppen lediglich mit landwirtschaftlichem Werkzeug oder Gartengerät bewaffnet waren, beleuchtet die Ereignisse der folgenden Episode, deren Hintergrund der bedrohliche Vormarsch des feindlichen Heeres bildet.

2.3.4 Jonatans Heldentat (Kapitel 14). Episode 2

2.3.4.1 Gliederung und Überblick

A[1]				Inszenierung	Die Lage (1-5)
	B[1]			1. Szene	Jonatans heldenhafter Angriff (6-15)
		C[1]		2. Szene	Israel schlägt die Philister in die Flucht (16-23)
			D	3. Szene	Sauls Tabu (24-30)
		C[2]		4. Szene	Israel verschlingt die Beute (31-35)
	B[2]			5. Szene	Urteil durchs Los (36-46)
A[2]				Übergang	Sauls Heerzüge und Familie (47-52)

Die Länge der Episode von Jonatans Heldentat ist auffallend. Sie wird nur von der Erzählung von Davids Heldentat, seinem Kampf gegen Goliat (Kap. 17), übertroffen. Schon der Textumfang deutet eine Parallele zwischen David und Jonatan an. Umrahmt von den Episoden von Sauls Versagen (Kap. 13) und seiner Verwerfung (Kap. 15), setzt sie Vater und Sohn in starken Kontrast zueinander. Im Vertrauen auf Jahwe ergreift Jonatan die Initiative, und sein Handeln ist erfolgreich. Saul handelt wenig und seine Handlungen sind teilweise impulsiv, unbedacht und belastend. Saul redet eher, als dass er handelt, doch seine Äußerungen betreffen zumeist Ritualfragen, sind oft heftig und grenzen zum Teil an Gotteslästerung. Sie gehen ins Leere, während Jonatans Äußerungen wirkungsvoll sind.

2.3.4.2 Inszenierung (V. 1-5)

2.3.4.2.1 Übersetzung

1. Eines Tages sagte Jonatan zum Burschen, der seine Rüstung trug: »Komm, gehen wir hinüber zur Wache der Philister, die da drüben ist.« Seinem Vater erzählte er es aber nicht. 2. Unterdessen saß Saul am Rande von Gibea unter dem Granatapfelbaum in Migron, und die Truppe mit ihm zählte etwa 600 Mann. 3. Ahija, Sohn Ahitubs, Ikabods Bruder, Sohn Pinhas' und Enkel Elis, Jahwes Priester in Silo, trug den Efod bei sich, doch das Heer wurde nicht gewahr, dass Jonatan gegangen war. 4. Zwischen den Pässen, wodurch Jonatan zur Wache der Philister hinüberzugelangen suchte, ragte auf jeder Seite eine Felszacke empor, die eine hieß Bozez, die andere Senne. 5. Eine türmte sich auf der Nordseite bei Michmas hoch, die andere auf der Südseite bei Geba.

2.3.4.2.2 Auslegung

Den Grund für Jonatans Schweigen gibt der Erzähler nicht an (*Informationslücke*). Wahrscheinlich befürchtete Jonatan, sein Vater könnte sein Vorhaben verbieten, besonders nach den verhängnisvollen Folgen seiner Handlung in der vorherigen Episode. **1**

Das V. 2 gezeichnete Bild von Saul steht in starkem Kontrast zu seinem Sohn. Jonatan wird aktiv, Saul sitzt untätig unterm Baum. Ihm sind **2-3** sechshundert Soldaten zu wenig, für Jonatan reicht ein Mitstreiter, wenn Jahwe mit von der Partie ist (vgl. V. 6). Statt Samuel zieht Saul die Gegenwart eines Priesters aus Elis unheilvoller Verwandtschaft vor, doch umsonst, denn obwohl **Ahija den Efod trug**, mit dem man Jahwe zu befragen pflegte, blieb Jonatans Abwesenheit unbemerkt.

4-5 Zwischen beiden Heeren verlief ein enges Tal, doch die beiden Felsen boten wagemutigen Einzelkämpfern die Möglichkeit, hinunter- und hinaufzuklettern.

2.3.4.3 Jonatans heldenhafter Angriff (V. 6-15). 1. Szene

2.3.4.3.1 Übersetzung

6. Jonatan sagte zum Burschen, der seine Rüstung trug: »Komm, gehen wir hinüber zur Wache dieser Unbeschnittenen. Vielleicht wird Jahwe zu unseren Gunsten handeln, denn es ist für ihn kein Problem, den Sieg zu schenken ob durch viele oder durch wenige.« 7. Sein Waffenträger antwortete ihm: »Tu alles, wozu sich dein Herz neigt. Geh nur, siehe, ich bin mit dir nach deinem Herzen.« 8. »Pass auf, was wir tun werden!«, sagte Jonatan. »Wir queren zu den Männern hinüber und zeigen uns ihnen. 9. Wenn sie uns sagen: ›Bleibt ruhig, bis wir zu euch gelangen‹, dann bleiben wir unten und steigen nicht zu ihnen hinauf. 10. Sagen sie aber: ›Kommt zu uns herauf!‹, dann steigen wir hinauf, denn Jahwe hat sie uns in unsere Hand gegeben, und das wird das Zeichen sein.« 11. Die beiden zeigten sich dem Wachposten der Philister, die untereinander sagten: »Schaut, die Hebräer kommen endlich aus den Löchern gekrochen, wo sie sich versteckt hatten!« 12. Die Männer des Wachpostens gaben Jonatan und seinem Waffenträger als Antwort: »Klettert ruhig herauf, wir werden es euch schon zeigen!« Dann sagte Jonatan seinem Waffenträger: »Klettere hinauf hinter mir her, denn Jahwe hat sie in Israels Hand gegeben.« 13. Jonatan kletterte auf Händen und Füßen hinauf, sein Waffenträger hinter ihm her. Sie fielen vor Jonatan, sein Waffenträger kam hinter ihm her und versetzte ihnen den Todesstoß. 14. Bei diesem ersten Angriff hatten Jonatan und sein Waffenträger um die zwanzig Mann auf etwa einer halben Furche Acker getötet. 15. Panik war ausgebrochen im Lager, auf dem Feld und im ganzen Heer. Auch der Wachposten und die Plünderer gerieten in Panik. Da die Erde bebte, gab es eine Gottespanik.

2.3.4.3.2 Gliederung

A[1] Einverständnis zwischen Jonatan und seinem Waffenträger (6-7)
  B[1] Jonatans Vorschlag (8-10)
  B[2] Dialog zwischen Jonatan und den Philistern (11-12)
A[2] Ausführung: Handlung von Jonatan und seinem Waffenträger (13)
  Die Folge (14-15). *Zusammenfassender Schluss*

2.3.4.3.3 Auslegung

Die Wiederholung von Jonatans Vorschlag ist keineswegs überflüssig, **6**
sondern signalisiert dem Leser, dass nach der Hintergrundinformation der Verse 2-5 die Erzählung wieder in Gang kommt. Wie in der vorangehenden Episode Jonatans Angriff zur Krise geführt hat, so führt hier sein Angriff, und nicht etwa Sauls, die Lösung herbei. Er bezeichnet den Feind als **Unbeschnittenen**, ein Ausdruck, den auch David später gegenüber Goliat verwendet (17,26). Sein Vertrauen zu Jahwe ähnelt auch Davids (17,47), doch sein **vielleicht** zeugt von Bescheidenheit ohne Vermessenheit.

Der Bursche signalisierte sein Einverständnis und lieferte dabei eine **7**
schöne Definition von Gemeinschaft (wie in Zinzendorfs Lied »Herz und Herz vereint zusammen«; vgl. 2Kön 10,15).

Jonatans Zeichen (V. 10) ist weder willkürlich noch aus der Luft ge- **8-10**
griffen, denn die zweite Antwort der Philister verrät sowohl Nachlässigkeit als auch Überheblichkeit.

Der Spott der Philister spiegelt die Verzagtheit der Israeliten wider (vgl. **11-12**
13,6), ihre Antwort (»wir werden euch eine Lektion erteilen«, NLB) ihre Selbstsicherheit.

Der Anfang sowohl von V. 14 als auch von V. 15, *waw* »und« + *hjh* **13-14**
»sein« im Imperfekt + Nominalkonstruktion, signalisiert beide Male zusammenfassende Hintergrundinformation. Wahrscheinlich stieß Jonatan die Philister zu Boden und überließ es seinem Waffenträger, ihnen jeweils **den Todesstoß zu versetzen**, *mwt* im *Polel* (vgl. 17,51).

15 Die hebr. Vokabeln *chrd* (Verb) und *chărădāh* (Substantiv), »Zittern« (vor Angst), lassen sich mit den heutigen Begriffen **Panik** oder »Terror« wiedergeben V. 15. Im hebr. Idiom kann **Panik Gottes** eine große Panik bezeichnen, doch scheint die Auswirkung von Jonatans Überraschungsangriff durch ein Naturphänomen verstärkt gewesen zu sein.

2.3.4.4 Israel schlägt die Philister in die Flucht (V. 16-23). 2. Szene

2.3.4.4.1 Übersetzung

16. Sauls Späher hielten Ausschau und bemerkten, dass die Menge in Panik geraten war und hierhin und dorthin lief. 17. Saul sagte zu der Truppe mit ihm: »Zählt bitte, um festzustellen, wer von uns weggegangen ist.« Sie zählten und entdeckten, dass Jonatan und sein Waffenträger fehlten. 18. Saul sagte zu Ahija: »Bring den Efod her!« Denn er trug an jenem Tag den Efod vor Israel. 19. Doch während Saul noch mit dem Priester redete, nahm der Tumult im Lager der Philister immer mehr zu. Dann sagte ihm Saul: »Ziehe deine Hand zurück.« 20. Saul rief die Truppe bei ihm zusammen und sie gelangten zur Schlacht. Dort stellten sie zu ihrer Überraschung fest, dass jeder gegen jeden kämpfte und es herrschte eine sehr große Verwirrung. 21. Die Hebräer, die bis dahin zu den Philistern gehalten und mit ihnen zum Lager ringsumher hinaufgekommen waren, schlossen sich auch den Israeliten mit Saul und Jonatan an. 22. Auch die Männer Israels, die sich im Bergland von Ephraim versteckt hatten, hörten, dass die Philister flohen, und setzten ihnen in der Schlacht nach. 23. An jenem Tag schenkte Jahwe Israel den Sieg, und die Kämpfe breiteten sich über Bet-Awen hinaus aus.

2.3.4.4.2 Gliederung

Die Szene enthält zwei Teile: Sauls Zögern (V. 16-19) und sein Handeln (V. 20-23).

2.3.4.4.3 Auslegung

Bemerkten, hebr. *hinnēh* »siehe«, hier lässt der Erzähler den Leser mit den 16
Augen der Späher sehen. Mit **Menge** ist das Philisterheer gemeint. Sie war hebr. *nāmôg*, was »schmelzen« heißen kann, also zerstreut, oder »beben«, also **in Panik** oder Tumult **geraten**.

In V. 17, wie auch später in dieser Episode, kommt Sauls übertriebener 17
Ordnungssinn zum Vorschein. Statt die Gelegenheit beim Schopf zu packen und anzugreifen, vergeudet er kostbare Zeit mit einer Truppenmusterung. Seine Unwissenheit über die Abwesenheit seines eigenen Sohnes zeugt von einem Riss in ihrer Beziehung, der in der Folge nur noch größer werden soll.

In V. 18 ist die Lesart der LXX (vgl. LÜ) dem MT (»Lade Gottes«) 18
wahrscheinlich vorzuziehen. Vom **Efod** war bereits V. 3 die Rede. Manche nehmen an, die Masoreten hätten »Bundeslade« gegen **Efod** getauscht, weil Letzterer als abgöttisches Kultobjekt missbraucht worden war (Ri 8,27; 17,5). Auf jeden Fall war es Sauls Absicht, Jahwe zu befragen.

Saul wurde von den Ereignissen überrumpelt (V. 19). Wahrscheinlich 19
war Ahija gerade im Begriff, mittels des Efods die Lose zu behandeln, und sollte die Geste abbrechen.

z'q im *Nifal* hat den Sinn **zusammenrufen** (V. 20). **Stellten … fest**, 20
hebr. *hinnēh*, der Erzähler lässt den Leser die Szene durch die Augen von Saul und seiner Truppe betrachten. **Jeder kämpfte gegen jeden**, wtl. »eines jeden Schwert war gegen seinen Nächsten«. **Verwirrung**, hebr. *məhûmāh*, bedeutet auch »Panik, Tumult«.

Die Wankel- und Kleinmütigen, die Gottes Sache zu allen Zeiten 21-22
schwächen, schließen sich an! Es ist unsicher, ob das hebr. *sāvîv* als Adverb ringsumher oder wie LXX, Vul als Verb »wechselten die Seite« aufzufassen sei. **Setzten ihnen nach**, wtl. »klebten ihnen hinterher«.

Heb. *jsch'* »retten«, kann auch »Sieg gewähren« bedeuten. Der Sieg erfolgt 23
aus sowohl göttlichem als auch menschlichem Handeln. Er war groß angesichts der feindlichen Übermacht und Israels aussichtsloser Lage. Von seinem Umfang handelt der Rest der Episode.

2.3.4.5 Sauls Tabu (V. 24-30). 3. Szene

2.3.4.5.1 Übersetzung

24. An jenem Tag waren die Männer Israels bedrängt, da Saul das Heer beschworen hatte mit den Worten: »Verflucht sei der Mann, der bis zum Abend Speise isst, bis ich mich an meinen Feinden gerächt habe.« Deshalb kostete die Truppe keine Speise. 25. Das ganze Land führte in den Wald und Honig lag auf der Bodenoberfläche. 26. Die Truppe ging in den Wald und sah, wie der Honig floss. Doch keiner steckte die Hand in den Mund, denn sie fürchteten den Schwur. 27. Jonatan hatte jedoch nicht gehört, wie sein Vater das Heer beschwor, und streckte die Spitze des Stabes in seiner Hand aus, tauchte sie in die Honigwabe und führte die Hand in den Mund, und seine Augen leuchteten. 28. Darauf reagierte ein Mann vom Heer und sagte: »Dein Vater hat das Heer feierlich beschworen und sagte: ›Verflucht sei der Mann, der heute Speise isst‹, und die Truppe ist erschöpft.« 29. Jonatan meinte: »Mein Vater hat das ganze Land in Gefahr gebracht. Seht doch, wie meine Augen leuchten, weil ich ein wenig von diesem Honig gekostet habe! 30. Hätte die Truppe nur von der Beute der Feinde gegessen, die sie vorfand, denn nun ist die Niederlage unter den Philistern nicht so groß gewesen.«

2.3.4.5.2 Gliederung

a. Inszenierung (24-25): Saul und das Heer. *Hintergrund*
b. Sich enthalten oder genießen (26-27): Das Heer und Jonatan. *Handlung*
c. Beurteilung (28-30): Ein Soldat und Jonatan. *Dialog*

2.3.4.5.3 Auslegung

24 In dieser Szene reißt eine Kluft zwischen Saul und Jonatan auf, der den Führungsstil des Vaters und implizit seine Frömmigkeit kritisiert. Wie die weitere Erzählung deutlich macht, war die Bedrängnis des Heeres die Folge von Sauls Schwur und nicht, wie in mancher Übersetzung, deren Ursache. Vielleicht hoffte Saul, Gottes Gunst und den Sieg durch Fasten herbeizuzwingen, setzte aber seine Truppe damit unnötig unter Druck.

Drohung ist Kennzeichen eines unsicheren Leiters und hatte in diesem Fall verhängnisvolle Folgen.

Manche Übersetzungen korrigieren oder ergänzen V. 25: »Das ganze **25**
Volk (des Landes) kam in den Wald« bzw. »in die Honigwaben«, denn hebr. *jāʿar* kann »Wald« oder »Honigwabe« bedeuten. Auf jeden Fall steht dieser reichhaltige Naturvorrat in starkem Kontrast zum Schmachten der Truppe.

Die knappe Schilderung der Enthaltung der Truppe aus Furcht vor **26-27**
Sauls Drohung und rücksichtslosem Führungsstil steht in bewusstem Kontrast zu Jonatans unschuldiger Sorglosigkeit und zur ausführlichen Beschreibung, wie er den Honig sammelt und kostet.

Die Äußerung des Soldaten (V. 28) bestätigt, dass Sauls unbedachter **28-30**
Schwur an der Ermattung der Truppe schuld war. Statt seines Vaters Verbot als wohlgemeinte, wenn auch unbesonnene Frömmigkeit abzutun, bezeichnet es Jonatan mit dem schwerwiegenden Begriff *ʿkr*, »gefährden«, mit dem Josua bereits Achans Frevel bezeichnete (Jos 6,18; 7,25) und Elia später Ahabs Götzendienst beschreiben sollte (1Kön 18,18). In der übernächsten Szene erscheinen weitere Parallelen zur Episode mit Achan.

2.3.4.6 Israel verschlingt die Beute (V. 31-35). 4. Szene

2.3.4.6.1 Übersetzung

31. An jenem Tag schlugen sie unter den Philistern von Michmas bis Ajalon, und das Heer war sehr erschöpft. 32. Das Volk stürzte sich auf die Beute, nahm Schafe, Rinder und Kälber und schlachtete sie auf dem Boden und aß über dem Blut. 33. Man meldete es Saul mit den Worten: »Schau, das Volk ist dabei, gegen Jahwe zu sündigen und über dem Blut zu essen.« »Ihr seid Frevler!«, meinte er. »Wälzt sofort zu mir einen großen Stein her. 34. Verteilt euch unter das Heer«, ordnete Saul an, »und weist ihnen an, jeder soll seinen Ochsen und sein Schaf zu mir herbringen, hierauf schlachten und essen, damit ihr euch nicht dadurch gegen Jahwe versündigt, dass ihr mit dem Blut esst.« Das ganze Heer brachte seinen Ochsen in der Hand in jener Nacht und schlachtete ihn dort. 35. Saul errichtete Jahwe einen Altar und fing damit an, Jahwe Altäre zu errichten.

2.3.4.6.2 Gliederung

Durch den Sonnenuntergang von Sauls Verbot befreit, verzehren seine Soldaten das Fleisch der von den Philistern erbeuteten Tiere, ohne die Schachtvorschriften zu beachteten. Saul bestand auf ihrer peinlichen Einhaltung und errichtet dazu einen Feldaltar.

2.3.4.6.3 Auslegung

31 Der Erzähler verweist zum dritten Mal nach V. 24 und V. 28 auf die Erschöpfung des Heeres, nun durch die zurückgelegte Entfernung von 25 km von Michmas nach Ajalon verstärkt, erklärt damit die folgende Handlung und bestätigt implizit Jonatans Urteil über seines Vaters Verbot.

32 Die meisten Übersetzungen ziehen dem MT Kt. *'śh*, »machte«, die alternative Lesart *'jṭ* (Qr. mit einigen MSS) **stürzte sich auf die Beute** vor (V. 32). Hebr. *ṣō'n* kann Schafe oder Ziegen und *bāqār* Rindvieh im Allgemeinen bedeuten. Die Tiere wurden geschlachtet, doch nicht geschächtet, d.h. man ließ das Blut nicht nach den *Koscher*-Vorschriften ausfließen (vgl. 3Mo 17,13; NLB, GNB, HFA). LXX, Vul lesen »mit dem Blut« (so Sch, EÜ, Br).

33- 34 Die dreimalige Wiederholung der Übertretung der rituellen Essensvorschriften im Wortlaut dient nicht etwa dazu, deren Wichtigkeit hervorzuheben, sondern Sauls Pedanterie in ihrer peinlichen Einhaltung widerzuspiegeln und zu unterstreichen. **Ihr seid Frevler** übersetzt hebr. *bgd*, »Verrat üben an seinen Verpflichtungen«, hier Jahwe gegenüber. Sauls Einschätzung steht im krassen Widerspruch zu Jonatans Perspektive (V. 29) und deutet die Kluft an, die sich zwischen beiden auftut. Im letzten Satz übersetzen die deutschen Versionen nach der LXX »was er in der Hand hatte«.

35 Gemeint sind (V. 35) offenbar Feldaltäre im Gegensatz z.B. zum Altar in Gilgal (13,9-12). Die Relevanz dieser Hintergrundinformation ist heute nicht mehr ersichtlich.

2.3.4.7 Sauls Vorhaben vereitelt (V. 36-46). 5. Szene

2.3.4.7.1 Übersetzung

36. Saul schlug vor: »Lasst uns noch diese Nacht hinter den Philistern hinuntergehen und unter ihnen plündern, bis der Tag anbricht und keinen von ihnen übrig lassen.« Die Truppe antwortete: »Tue alles, was du für richtig hältst.« Doch der Priester wandte ein: »Wollen wir nicht erst hier Gott nahen?« 37. Also befragte Saul Gott: »Soll ich hinter den Philistern hinuntergehen? Wirst du sie in Israels Hand geben?« Doch er antwortete ihm an jenem Tag nicht. 38. Deshalb befahl Saul: »Alle Truppenführer sollen hertreten, um herauszufinden und sehen, warum diese Sünde heute zustande gekommen ist. 39. Denn so wahr Jahwe, Israels Retter, lebt, und wenn es an Jonatan meinem Sohn läge, so soll er sicher sterben.« Doch von der ganzen Truppe kam keine Antwort. 40. Saul sagte zu ganz Israel: »Ihr stellt euch auf die Seite, ich und Jonatan, mein Sohn, stellen uns auf die Seite«, und die Truppe antwortete: »Tue, was du für richtig hältst.« 41. Saul sagte zu Jahwe: »Gott Israels, bescheide ein vollkommenes Los.« Jonatan und Saul wurden getroffen, das Volk ging frei aus. 42. Saul sagte: »Werft das Los zwischen mir und meinem Sohn Jonatan«, und Jonatan wurde getroffen. 43. Saul sagte zu Jonatan: »Erzähl mir: Was hast du getan?« Jonatan erzählte ihm und sagte: »Ich habe tatsächlich mit der Spitze des Stocks, der in meiner Hand war, ein wenig Honig gekostet. Hier bin ich, bereit zu sterben.« 44. Saul sagte: »Ich schwöre bei Gott, du wirst tatsächlich sterben!« 45. Doch die Truppe sagte zu Saul: »Jonatan soll sterben, der diesen großen Sieg in Israel errungen hat? Das sei ferne! So wahr Jahwe lebt, kein Haar seines Hauptes soll gekrümmt werden, denn heute hat er mit Gott gehandelt.« So löste das Heer Jonatan aus und er blieb am Leben. 46. Saul zog hinauf hinter den Philistern her, und die Philister kehrten wieder an ihren Ort zurück.

2.3.4.7.2 Gliederung

A[1] Sauls Vorhaben, die Philister zu verfolgen, wird vereitelt (36-37)

    B Das Urteil durchs Los (38-42)

A[2] Sauls Vorhaben, Jonatan hinzurichten, wird vereitelt (43-44).

    Rückzug (45)

2.3.4.7.3 Auslegung

Diese Szene enthält weitere Anspielungen auf die Episode mit Achan (Jos 7), nur mit ironisch umgekehrten Vorzeichen. Saul wird dargestellt als einer, der mit z.T. heftigen Äußerungen viel redet, doch wie bei der Erzählung seiner Einführung (Kap. 9) werden seine Vorschläge oft durchkreuzt und sein Vorhaben wird durch Jahwe und die Armee frustriert. Die Kluft zwischen Saul und Jonatan weitet sich immer mehr aus.

36 Saul schien neue Zuversicht und Kampfesmut gewonnen zu haben, doch wie bei seinem Knappen (9,6.8) wurde sein Vorschlag durch des Priesters Einwand überstimmt.

37 Über den Vorgang des Befragens (V. 37) schweigt der Verfasser, auch darüber, wie das Nichtantworten Jahwes aussah (*Informationslücke*), wahrscheinlich, weil seinen Lesern solche Einzelheiten vertraut oder diese für die Erzählung unerheblich waren.

38-39 Saul setzte (V. 38) voraus, dass Jahwes Schweigen auf ein Vergehen zurückzuführen sei. Sein Eid sowie die Intensivform von *mwt*, **sterben**, unterstreichen die Heftigkeit seine Äußerungen (vgl. V. 44). Sein Zugeständnis, sogar den eigenen Sohn nicht zu verschonen, scheint oberflächlich von Großmut zu zeugen, doch vielleicht hegte er Hintergedanken (vgl. V. 44). Die Soldaten schwiegen, entweder weil sie Sauls Vorhaben missbilligten oder weil sie sich weigerten, Jonatan zu verraten: »... keiner wagte es ihm zu sagen, wie es sich verhielt« (NLB).

40 Das gleiche Losverfahren wurde zwar bereits bei Sauls Wahl zum König angewandt (10,20-21), doch bildet Sauls Vorschlag auch eine verhängnisvolle Parallele zur Episode mit Achan (Jos 7,14-18). Der Antwort der Truppe fehlt das **alles** von V. 36 (*Wiederholung mit Veränderung*), und klingt eher nach Resignation als nach Zustimmung.

41-42 LXX und Vul legen Saul (V. 41) eine längere Bitte in den Mund (vgl. LÜ, Elb*, NLB, GNB, HFA, WStB) als die äußerst knappe Formulierung des MT. Sauls wiederholte Bezeichnung Jonatans als **mein Sohn** unterstreicht die Ungeheuerlichkeit des Vorgangs.

43 In den Versen 43-44 stehen Sauls gedrungene Äußerungen in starkem Kontrast zu den wortreichen Antworten seiner Gesprächspartner, Jonatan und das Heer. Seine Forderung **erzähle** (hebr. *ngd* im *Hifil*), **was du getan**

hast, ist ein Widerhall von Samuels Frage an Saul (13,11) und erinnert ferner an Josuas Worte an Achan (Jos 7,19) mit dem gravierenden Unterschied, dass dort ein Übertreter behelligt und hingerichtet wurde, der eine Niederlage über das ganze Volk gebracht hatte, während hier Saul den hinrichten wollte, der einen Sieg bewirkt hatte.

Jonatans Schlussworte sind unterschiedlich verstanden und übersetzt worden, als ungläubiger Protest: »und siehe, ich soll sterben!« (Sch); als Resignation: »ich muss« (Elb) oder »werde (WStB) sterben«; als Zustimmung: »ich muss sterben« (Englisch) oder als Bereitschaft: »ich bin bereit zu sterben« (LÜ, EÜ, NLB, GNB, HFA).

Saul unterstreicht den Ernst seines Entschlusses durch die Verwendung **44**
der Verwünschungsformel, wtl. »so möge Gott tun und so hinzufügen, wenn …« sowie die Intensivform von *mwt*, **sterben** (vgl. V. 39). Die Beharrlichkeit seines Urteils über den eigenen Sohn mag verwundern, doch vielleicht argwöhnt er, Jonatan könnte der **Mann nach seinem Herzen** sein, den Jahwe 13,14 angekündigt hat, und sieht dies als günstige Gelegenheit, den potenziellen Nebenbuhler loszuwerden.

Die Soldaten beschreiben Jonatans Heldentat mit dem gleichen Wort **45**
ʿśh »tun«, mit dem Saul dessen Vergehen bezeichnete (V. 43). Der Leser soll sich dem Urteil der Truppe anschließen. Sauls Vorhaben wird wieder vereitelt.

Die übliche Abschiedsformel, die die Szene abschließt, enthält eine iro- **46**
nische Note, denn im Gegensatz zu Samuel (7,13-14) und später David (17,52) erringt Saul keinen entscheidenden und bleibenden Sieg über die Philister (vgl. V. 52). Die Gelegenheit dazu hat er verspielt durch Bestehen auf peinliche Einhaltung ritueller Vorschriften, durch Zögerlichkeit (V. 36-37) und schließlich durch die Auseinandersetzung mit Jonatan.

2.3.4.8 Sauls Heerzüge und Familie (14,47-52)

2.3.4.8.1 Übersetzung

47. Saul hatte die Königsherrschaft über Israel erhalten und führte Krieg gegen alle seine Feinde ringsum, gegen Moab, gegen die Ammoniter, gegen Edom und die Söhne Zobas, sowie gegen die Philister. Überall wohin er sich wandte, war er siegreich. 48. Er handelte wirksam und besiegte Amalek und befreite Israel aus der Macht derer, die es ausplünderten. 49. Saul hatte Söhne, Jonatan, Jischwi und Malchischua. Seine beiden Töchter hießen Merab, die ältere, und die jüngere Michal. 50. Seine Frau hieß Ahinoam, Tochter des Ahimaaz, und sein Heerführer hieß Abner, Sohn des Ner, Sauls Onkel. 51. Kisch, Sauls Vater, und Ner, Abners Vater, waren Söhne Abiëls. 52. Der Krieg gegen die Philister wütete heftig, solange Saul lebte. Alle mannhaften und wehrfähigen Männer, die er sah, rekrutierte er für seine Truppe.

2.3.4.8.2 Gliederung

A[1] Sauls Herrschaft und Feldzüge (47-48)

B Sauls Familie (49-51)

A[2] Sauls Feldzüge (52)

Dieser Abschnitt dient wie 13,19-23 als Überleitung zwischen zwei Episoden, erwähnt Familienmitglieder, die in der Folge eine Rolle spielen, und enthält den wichtigen Hinweis, dass Saul als König und Heerführer oft erfolgreich war.

2.3.4.8.3 Auslegung

47-48 Die Wortfolge weist auf Hintergrundinformation hin. Es handelt sich um eine Zusammenfassung von Sauls Regierungszeit, die nicht völlig erfolglos verlief. **Er war siegreich** folgt LXX, MT liest »verurteilte«. **Er handelte wirksam**, wtl. »er tat *chajil*«, was auch »mutig, tapfer« bedeuten kann. **Er besiegte Amalek** kündigt das Thema der folgenden Episode an.

49-51 **Jischwi** wurde auch Isch-Boschet (2Sam 2,8) oder Eschbaal (1Chr 8,33; 9,39) genannt. **Malchischua** und ein vierter Sohn, **Abinadab**, fielen mit ihrem Vater in der Gilboa-Schlacht (1Sam 31,2; 1Chr 10,2). Die Töchter spielen in der Davidsgeschichte eine Rolle (Kap. 18). **Abner** spielt in *1. Samuel* keine Hauptrolle (vgl. 17,55.57; 20,25; 26,5.7.14.15), steht dafür im Rampenlicht im Kampf um den Thron nach Sauls Tod (2Sam 2,8).

52 Die Auseinandersetzung mit den Philistern bildet den Hintergrund für den Rest von *1. Samuel*. Erst David gelang es, sie endgültig zu unterwerfen (2Sam 8,1). **Wütete heftig**, wtl. »war stark«. **Mannhaft**, hebr. *gibbôr*, »mächtig«, **wehrfähigen**, hebr. *chajil* (vgl. V. 48), **rekrutierte er für seine Truppe**, wtl. »scharte zu sich«.

2.3.4.9 Vorschlag für zwei Predigten oder Bibelarbeiten über 1. Samuel 14

Thema: Was hat Vorrang?

1. Der Vorrang in unserer Beziehung zu Gott.

a) Vertrauen zu Gott hat Vorrang vor der Einhaltung frommer Vorschriften.

Jonatans Gottvertrauen kommt in V. 6 deutlich zum Ausdruck. Er ist um Gottes Ehre besorgt und lässt sich von Gott führen. Dagegen ist Saul hauptsächlich um die peinlich genaue Einhaltung der Riten besorgt:

- die Befragung Gottes mittels des Efods (18-19.37),
- die Koschervorschriften (33-34),
- die Befragung Gottes durch das Los (38-43).

Menschen, die in ihrem Verhältnis zu Gott unsicher sind, greifen wie Saul gern auf die äußerliche Einhaltung frommer Vorschriften zurück, vgl. die Pharisäer (Mt 23,23). Diese Einstellung kann mit sehr negativen Charakterzügen einhergehen.

b) Handeln hat Vorrang vor Reden.

Jonatans Gottvertrauen äußert sich in Handlung, während Saul durch Unsicherheit und Angst wie gelähmt ist und Zuflucht in Worten sucht. Bei Jonatan drücken sogar seine Worte Initiative aus.

Parallelstellen: 1Kor 4,20; Jak 2,14-18; 1Joh 2,4-6; 3,18.

2. Der Vorrang in unserer Beziehung zu unseren Mitmenschen.

a) Ansporn ist besser als Drohung.

Durch Glaubensmut und eigenes Vorbild spornt Jonatan nicht nur seinen Burschen an, sondern auch die Israeliten, die bei den Philistern in Dienst standen, sowie die, die sich aus Angst versteckt hatten.

Saul greift dagegen gern auf Strafandrohung zurück, z.B.:

- Er ruft zu den Waffen mit einem zergliederten Ochsen (11,7),

- seine drei Schwüre (14,24.39.44),
- sein Fluch (24),
- sein Todesurteil (39.44) über Jonatan.

Sauls Herrschaft beruht auf Furcht (26, vgl. 13,7).

Unsere Gottesbeziehung beruht nicht auf Furcht: Röm 8,15; 1Joh 4,18.

b) Barmherzigkeit hat Vorrang vor Strafe.

Sauls einstweiliger Großmut (11,13) ist einer von Unsicherheit bedingten Strenge gewichen. Barmherzigkeit triumphiert über das Gericht: Jak 2,13.

c) Menschen sind wichtiger als Vorschriften.

Aus Unsicherheit und Impulsivität klammert Saul sich an die Vorschriften und ist bereit, sie selbst auf Kosten des Lebens seines erstgeborenen Sohnes durchzusetzen. In der Begebenheit des Waldhonigs (V. 29-30) beschuldigt Jonatan seinen Vater, durch eine unsinnige Vorschrift die Kraft der Truppe geschwächt und den Sieg gemindert zu haben.

Weitere Beispiele sind: David und die Schaubrote (21,6-7), Jesu Jünger und die Ähren am Sabbat (Mt 12,4.7, vgl. auch Mk 7,2-5), die Pharisäer (Mt 23,4.23).

3. Der Vorrang in der Sache

a) Nebensachen dürfen nicht zur Hauptsache werden.

Während Jonatan um den Sieg über den Feind besorgt ist, lässt sich Saul in Nebensachen verstricken: Er bläst zum Appell statt zum Angriff (V. 17) und ahndet kleinlich Verstöße, statt den Sieg zu festigen (V. 36-39).

Weitere Beispiele: Während Schriftgelehrte (Mk 12,28) und Pharisäer (Mt 23,16-22) darüber stritten, welches das höchste Gebot sei, wies Jesus auf die Hauptsache hin: unsere Beziehung zu Gott und den Mitmenschen (Mk 12,30-31), und Paulus betonte den Vorrang der Liebe (1Kor 13,1-3; vgl. »über alles« Kol 3,14).

b) Gute Ergebnisse sind wichtiger als korrekte Verfahren.

Jonatans Worte und Taten tragen Frucht. Sein Bursche geht auf seinen Vorschlag ein, ein großer Sieg wird errungen. Ihm ist der Sieg im Kampf wichtiger als das Speiseverbot (29). Auch das Volk wertet dies höher als Sauls Todesurteil (V. 45). Sauls Entscheidungen dagegen, auf korrekte Verfahren bedacht, haben nur negative Folgen: Das Volk wird bedrängt (V. 24) und ermüdet (V. 28). Der Sieg wird vermindert (V. 30).

Parallelstellen: Hiskias Passafeier (2Chr 30, bes. V. 3.18-20), Jesus und der unbekannte Exorzist (Mk 9,38-40), der Rat des Gamaliel (Apg 5,38-39).

Thema: Mutige Minderheit macht Menschen mobil.
Der Glaubensmut und die Gemeinschaft einer überzeugten Minderheit können vieles bewegen. Durch den mutigen Schritt von Jonatan und seinem Waffenträger wird das ganze Gottesvolk in den Sieg einbezogen: die Kleingläubigen, wie Saul und seine 600 Mann, die Verzagten, die sich vor den Philistern versteckt hatten, und sogar die Wetterwendischen, die zum Feind übergegangen waren.

1. Die Verzagten: Saul mit seinen 600 Männern unterm Baum (V. 2).

Saul hatte ein dreifaches Problem:

a) Unglaube: Im Gegensatz zu seinem Sohn Jonatan und später David fehlte Saul das Gottesvertrauen. Ihm standen 300-mal mehr Soldaten zur Verfügung als Jonatan, doch reichten sie immer noch nicht!

b) Ungenau: Saul nahm Gottes Anordnungen nicht genau (vgl. 13,13; 15,19).

c) Unsicher: Als Leiter griff Saul auf Verbote und Drohungen zurück.

2. Die Kleinmütigen, die sich versteckt hatten (V. 22, vgl. 13,6-7).
Man spricht von »U-Boot-Christen«, die nur sonntags auftauchen.

3. Die Wankelmütigen, die sich auf die Seite der Philister geschlagen hatten (V. 21).
Es gibt Menschen, die keinen festen Standpunkt im Glauben haben, sondern ihr Fähnlein nach dem Wind hängen. Jesus warnte im Gleichnis des Vierfachen Ackerbodens vor Oberflächlichkeit und Fruchtlosigkeit (Lk 8,13-14).

4. Die Wagemutigen: Jonatan und sein Waffenträger (V. 6-14).
a) Jonatan fand sich mit der feindlichen Übermacht nicht ab. Genauso wenig dürfen sich Christen mit Missständen im Volk Gottes abfinden, sei-

en es Verwirrungen und Abweichungen in der Lehre, moralische Verfehlungen oder eigenes Versagen.
b) Wie später David (17,26) bezeichnete Jonatan die Philister als **diese Unbeschnittenen** (V. 6).
c) Jonatan hatte Vertrauen zu Gott (V. 6).
d) Jonatan hatte Gemeinschaft mit einem Gleichgesinnten. Seinem Vater sagte er nichts (V. 1), da er wusste, Saul würde sein Vorhaben nicht billigen, doch mit seinem Waffenträger wird Jonatan einig (V. 7), »Herz und Herz vereint zusammen« (Zinzendorf).

Statt auf ihre Mitmenschen zu schielen, sollen Gläubige gehorsam ihren Weg gehen im Vertrauen, dass der Herr durch ihr Vorbild auch andere motiviert.

2.3.5 Saul wird abgesetzt (Kapitel 15). Episode 3

2.3.5.1 Sauls Ungehorsam (V. 1-11)

2.3.5.1.1 Übersetzung

1. Samuel sagte zu Saul: »Mich sandte Jahwe, um dich zum König über sein Volk, über Israel, zu salben. So höre nun auf die Stimme von Jahwes Worten! 2. So spricht Jahwe der Heerscharen: »Ich will ahnden, was Amalek Israel antat, wie es sich ihm in den Weg stellte, als Israel aus Ägypten heraufzog 3. Zieh nun hin, greife Amalek an und vollstreckt den Bann an ihnen, an allem, was es hat, und verschone sie nicht, sondern töte Mann und Frau, Kind und Säugling, Rind und Schaf, Kamel und Esel.« 4. Saul bot das Heer auf und musterte es in Telaim: zweihundert Tausendschaften Fußsoldaten und zehn Tausendschaften aus Juda. 5. Als Saul zur Amalekiterstadt kam, legte er einen Hinterhalt im Tal. 6. Zuvor hatte Saul den Kenitern sagen lassen: »Auf, zieht weg, trennt euch von den Amalekitern, dass ich dich nicht mit ihnen wegraffe! Denn du, du hast dich allen Söhnen Israels gegenüber loyal verhalten, als sie aus Ägypten heraufzogen.« So verließen die Keniter Amalek. 7. Saul schlug die Amalekiter von Hawila bis nach Schur an der Grenze zu Ägypten. 8. Agag, der Amalekiterkönig, wurde lebendig gefangen genommen, und am ganzen Volk wurde der Bann mit der Schärfe des Schwertes vollstreckt. 9. Saul und das Heer verschonten Agag und die besten Schafe und Rinder, das Mastvieh und die Lämmer und alles, was wertvoll war. Sie wollten nicht den Bann an ihnen vollstrecken, doch an allem verachteten und verpönten Vieh wurde der Bann vollstreckt. 10. Daraufhin sprach Jahwe zu Samuel: 11. »Ich bereue, Saul zum König gemacht zu haben. Denn er hat mir den Rücken gekehrt und hat meine Worte nicht ausgeführt.« Da kochte Samuel und schrie die ganze Nacht zu Jahwe.

2.3.5.1.2 Gliederung

A[1] Jahwes Auftrag (1-3, 1. Szene). *Dialog Samuel/Saul*

B Sauls Feldzug (4-9, 2. Szene). *Handlung*

A[2] Jahwe setzt Saul ab (10-11, 3. Szene). *Dialog Jahwe/Samuel*

2.3.5.1.3 Auslegung

Im Auftrag Jahwes befiehlt Samuel Saul, am Erzfeind Amalek den **Bann**, hebr. *chäräm*, zu vollziehen. Damit ist »die vollständige Übergabe von Dingen, Tieren oder Menschen an Jahwe gemeint, indem diese entweder vernichtet oder als Opfer dargebracht werden« (NLB).

Samuels formale und ausführliche Sprache, die Prophetenwortformel **1-2**
sowie der Gottesname verweisen auf den Ernst von Jahwes Anweisungen. Das vorangestellte **mich** hebt Samuels Status als Jahwes Sprecher hervor, die folgenden Worte erinnern Saul an seinen Status als Jahwes Gesalbten. Die Vokabeln **höre**, **Stimme**, und **Worte** erinnern an Samuels Mahnrede an das Volk (12,14) und kommen wiederholt in dieser Episode vor, besonders im Gespräch zwischen Samuel und Saul in der 4. Szene. **Ahnden**, hebr. *pqd*, bedeutet zunächst »untersuchen«, bzw. »zur Rechenschaft ziehen«, sodann auch die Folge einer solchen Untersuchung, entweder Belohnung oder Strafe. Amalek hatte sich nicht nur Israel, sondern auch Jahwes Heilsvorhaben beim Auszug aus Ägypten widersetzt (vgl. 2Mo 17,8-16; 5Mo 25,17-19).

Die Häufung von Verben sowie die ausführliche Aufstellung signali- **3**
sieren den Höhepunkt der Rede. Samuel wiederholt die Bedingungen des Banns in seiner Rüge (V. 18), in seinem Verfolgungswahn vollzieht sie

Saul später nicht am Feind, sondern an der Priesterstadt Nob – eine tragische Ironie (22,19).

4-6 Der Eingangssatz von Sauls Amnestieangebot an die Keniter (V. 6) verwendet zwar die übliche hebr. Erzählform, doch aus dem Zusammenhang geht hervor, dass es sich um Hintergrundinformation handelt, die zeitlich vor V. 5 einzuordnen ist und der deutschen Vorvergangenheit entspricht. Sauls Aufforderung zur Flucht enthält mehrere Zeitwörter und stellt den Redehöhepunkt der Szene dar. Seine Amnestie für die Keniter unterscheidet diese Vergeltungsmaßnahme von ethnischer Säuberung oder nationalistischem Angriffskrieg. Im Gegensatz zu Amalek hatten sich die Keniter gegenüber Israel **loyal verhalten**, wtl. *chäsäd* »Bundestreue geübt«.

7-9 Die geografischen Hinweise (V. 7) geben Aufschluss über das Ausmaß des Feldzugs, doch die Knappheit der Darstellung hebt nicht den Sieg, sondern das Versagen im nächsten Vers hervor. Saul verschont den Amalekiterkönig Agag und die besten Tiere, angeblich auf Anraten seiner Truppe, um diese Jahwe zu opfern. Der Gegensatz zwischen Jahwes ausdrücklichem Befehl (V. 3) und dem tatsächlichen Verhalten von Saul und seiner Truppe wird durch die Voranstellung von **verschonten** unterstrichen. Der Grund liegt in den Worten **sie wollten nicht**.

10 Der Erzähler weiht seine Leser in Jahwes Mitteilung an Samuel, er habe Saul als König abgesetzt (V. 11), ein, noch ehe Samuel Saul informiert (V. 23.26.28). Somit bildet diese Szene eine ironische Parallele zur Szene bei Sauls Einführung (9,15-17), denn dort ging es um Sauls Erwählung, hier um seine Absetzung. Den Ernst von Jahwes Ankündigung unterstreicht die Prophetenwortformel, wtl. »es geschah Jahwes Wort an Samuel sagend«.

11 Jahwes Aussage **ich bereue** darf man nicht so verstehen, als hätte er sich mit Sauls Wahl zum König etwa geirrt oder wäre von dessen Versagen überrascht. Jahwe gab Saul eine echte Chance, sich zu bewähren. Als er versagte, ging Jahwe einen anderen Weg (vgl. V. 28). Wie der Zusammenhang deutlich macht, war der Anlass für Sauls Absetzung dessen Weigerung, den Bann vollständig zu vollstrecken. Als Grund nennt Jahwe Untreue und Ungehorsam. **Er hat mir den Rücken gekehrt,** wtl. »hat sich abgewandt von hinter mir her«. Ein Ausleger meint, dass sich **meine**

Worte auf mehrere Akte des Ungehorsams bezieht, aber damit kann auch einfach der Befehl (V. 3) gemeint sein.

Kommentare und Übersetzungen sind sich nicht einig, ob Samuel vor Wut, Betrübnis oder Enttäuschung **kochte**, vgl. V. 35. Auf jeden Fall trieb ihn Sauls Versagen ins Gebet. Der Erzähler teilt dem Leser dessen Inhalt nicht mit (*Informationslücke*). Vielleicht versuchte er, Jahwe umzustimmen, und erhielt eine Absage, die er dann V. 29 Saul gegenüber mit eigenen Worten wiedergab; vielleicht suchte er Weisung für die Zukunft, die er wohl in der nächsten Episode erhalten wird.

2.3.5.2 Samuel weist Saul zurecht (V. 12-31). 4. Szene

2.3.5.2.1 Gliederung

a. Inszenierung (12)
b. Sauls Anspruch, Samuels Einspruch (13-19)
c. Sauls Beteuerung, Samuels Korrektur (20-23)
d. Sauls Geständnis und Bitte, Samuels Weigerung und spätere Zustimmung (24-31)

Samuel sucht Saul auf und wirft ihm in einem spannungsgeladenen Austausch Ungehorsam gegen Jahwe vor, lehnt seine Ausreden ab und setzt ihn davon in Kenntnis, dass er abgesetzt worden ist. Diese lange Szene stellt ohne Zweifel den dramatischen Hauptpunkt sowohl dieser Episode als auch des dritten Aktes dar. Zweimal beteuert Saul, Jahwes Befehl ausgeführt zu haben (V. 13.20). Zweimal versucht er auf Samuels Einwand (V. 14) hin, sein Handeln zu erklären (V. 15.21, allerdings ohne Agag zu erwähnen!). Zweimal bringt Samuel ein Gegenargument (V. 16-17.22-23a) und schließt mit einer Frage (V. 19) bzw. einer Ankündigung (V. 23b). Schließlich gesteht Saul zweimal sein Fehlverhalten (V. 24.30) und bittet Samuel zweimal (V. 25.30) um Rückendeckung. Dieser weigert sich zunächst, gibt aber schließlich nach und begleitet Saul zum Gottesdienst. Dazwischen greift Saul nach Samuels Gewand. Den dadurch entstandenen Riss deutet Samuel auf Sauls Verlust der Königswürde (*Kleidersymbolik*).

2.3.5.2.2 Inszenierung (V. 12); Sauls Anspruch, Samuels Einspruch (V. 12-19)

1. Übersetzung

12. Samuel machte sich früh auf, um Saul am nächsten Morgen zu treffen, und ihm wurde mitgeteilt: »Saul war nach Karmel gekommen, und siehe, er hat sich dort ein Denkmal errichtet. Dann bog er ab und zog weiter nach Gilgal hinab.« 13. Als Samuel zu Saul gelangte, begrüßte ihn Saul: »Gesegnet bist du von Jahwe! Ich habe Jahwes Wort erfüllt.« 14. Doch Samuel erwiderte: »Was ist denn das für ein Blöken von Schafen in meinen Ohren und das Rindergebrüll, das ich höre?« 15. Saul erklärte: »Von den Amalekitern haben sie das gebracht, was die Truppe vom Besten der Schafe und Rinder verschont hat, um sie Jahwe, deinem Gott, zu opfern. An dem Rest haben wir den Bann vollstreckt.« 16. Samuel unterbrach Saul: »Hör doch auf, damit ich dir erzähle, was Jahwe diese Nacht zu mir sagte!« »Sag nur«, antwortete Saul. 17. Samuel fuhr fort; »Ist es nicht so, als du gering warst in deinen eigenen Augen, bist du zum Oberhaupt der Stämme Israels geworden, und Jahwe salbte dich zum König über Israel? 18. Jahwe sandte dich auf den Weg und sagte: ›Zieh hin und vollstrecke den Bann an den Sündern, an Amalek und kämpfe mit ihnen, bis du sie aufgerieben hast.‹ 19. Warum hast du nicht auf die Stimme Jahwes gehört, sondern hast dich auf die Beute gestürzt und getan, was Jahwe missfiel?«

2. Gliederung

A^1 Sauls Behauptung (13b)
    B^1 Samuels Einspruch (14)
A^2 Sauls Erklärungsversuch (15)
    B^2 Samuels Entgegnung. *Wiederholung* (16-19)

3. Auslegung

12 Wieder hat Samuel eine unangenehme Mitteilung zu überbringen, die zudem eine ihm nahestehende Person betrifft, in seiner Jugend an Eli

(3,15), nun an Saul. Trotzdem zögert er nicht, sondern macht sich früh auf den Weg. Die Nacht im Gebet hat sicherlich seinen Entschluss bestärkt. Bei **Karmel** handelt es sich nicht um den Berg im Norden Israels, sondern um einen Ort südöstlich von Hebron. Mit **siehe** lenkt der Informant Samuels Aufmerksamkeit auf für ihn neue Information. Dass Saul ein **Denkmal** errichtete, um seinen Sieg zu feiern, wird Samuel die Bestätigung gebracht haben, dass Saul überhaupt keine Reue über sein Handeln empfand.

Sauls lässige Begrüßung (V. 13) klingt für den Leser umso befremdli- **13**
cher, da er Jahwes Mitteilung an Samuel V. 11 bereits mithören durfte, denn Saul behauptet, das getan zu haben, wovon Jahwe ausdrücklich sagt, er habe es versäumt. Saul quält jedoch kein schlechtes Gewissen, im Gegenteil: Er ist der aufrichtigen Meinung, richtig gehandelt zu haben. Erst im Verlauf des Dialogs wird er überführt.

Obwohl er genau Bescheid weiß, bietet Samuel als guter Seelsorger **14**
Saul die Chance, sich zu erklären. Sein Einspruch ist nicht ohne Ironie, denn **ich** ist betont, als tue Saul, als hörte er es nicht.

Mit der Vokabel **verschont** gesteht Saul eigentlich, das von Jahwe V. 3 **15**
ausdrücklich Verbotene getan zu haben. Er beginnt sodann, sich aus der Verantwortung zu stehlen, indem er seine Soldaten als Handelnde nennt (vgl. V. 21.24) und sich zugleich mit dem Vorwand zu rechtfertigen sucht, die Tiere sollten Jahwe geopfert werden. Mit der Bezeichnung **dein**, d.h. Samuels, **Gott** bestreitet Saul keineswegs seine Zugehörigkeit zu Jahwe, sondern unterstreicht vielmehr die vermeintliche Pietät seines Vorhabens.

Unterbrach (V. 16) wtl. »sagte«, doch der Text macht klar, dass Sa- **16-19**
muel genug von Sauls wortreichen Rechtfertigungen gehabt hat. Samuel kündigt zwar an, Jahwes Mitteilung vom Vorabend weiterzugeben, doch dessen Urteil verschweigt er. Er erinnert Saul an seinen Status, hält ihm Jahwes Befehl vor und gibt ihm damit eine weitere Gelegenheit zu einer Erklärung oder einsichtig zu werden. Die Vorstellung, Samuel warte nur auf einen Vorwand, Saul abzukanzeln, trifft offenbar nicht zu.

2.3.5.2.3 Sauls Behauptung und Samuels Korrektur (V. 20-23)

1. Übersetzung

20. Saul antwortete Samuel: »Ich habe wohl Jahwes Stimme gehorcht und bin den Weg gezogen, den Jahwe mich sandte. Ich habe Agag, den König von Amalek, hergebracht und an Amalek den Bann vollstreckt, 21. aber das Heer nahm von der Beute Schafe und Rinder, das Vornehmste vom Gebannten, um es Jahwe, deinem Gott, in Gilgal zu opfern.«

22. Samuel erwiderte:
»Hat Jahwe so viel Gefallen an Brand- und Schlachtopfern
wie am Horchen auf Jahwes Stimme?
Siehe, Horchen ist besser als Opfer,
Aufmerken besser als Widderfett.
23. Denn Auflehnung ist genauso eine Sünde wie Wahrsagen,
und Eigensinn ist wie Unheil oder Abgötterei.
Weil du das Wort Jahwes verworfen hast, so hat er dich auch verworfen, dass du nicht mehr König sein sollst.«

2. Gliederung

a. Sauls Behauptung (20)
b. Sauls Erklärungsversuch (21)
c. Samuels Entgegnung und Bekräftigung (22-23)

3. Auslegung

20-21 Saul beteuert abermals (vgl. V. 13), gehorsam gewesen zu sein, und betrachtet die Gefangennahme Agags als Teil seines Gehorsams, wobei unklar bleibt, was er mit dem Amalekiterkönig zu tun gedachte. Offenbar betrachtet er die erbeuteten Tiere als eine Art Erstlingsgabe an Jahwe und scheint die Verantwortung auf seine Soldaten abzuschieben.

22 Der Parallelismus weist Verse 22-23 als Dichtung aus. Gattung und Inhalt signalisieren den Mittelpunkt des Kapitels. Samuel beantwortet seine eigene rhetorische Frage und macht dabei eine grundsätzliche Aussage von großer Tragweite, die sowohl von den Propheten wie auch von Jesus Christus wiederholt worden ist (vgl. Hos 6,6; Mi 6,8; Mt 9,13;

12,7; 23,23). In Theologie und in Frömmigkeit hat Gottes Wort Vorrang vor rituellen Vorschriften. Gleichzeitig deckt Samuel Sauls Problem auf: Er legt mehr Wert auf die pünktliche Erfüllung solcher Vorschriften als auf Vertrauen und Gehorsam gegenüber Jahwe und seinem Bevollmächtigten.

Abgötterei, wtl. »Terafim« (vgl. zu 19,13.16). Die okkulten Praktiken 23
der früheren Bewohner Kanaans, von Jahwe als Gräuel bezeichnet (5Mo 18,9-12, vgl. 3Mo 18,21; 19,26.31; 20,2-3.6.27; 2Kön 21,6 = 2Chr 33,6), hatte Saul erfolgreich bekämpft (28,9). Nun musste er erfahren, dass sein Vergehen keinen Deut besser war.

2.3.5.2.4 Sauls Geständnis und Bitte, Samuels Weigerung und spätere Zustimmung (V. 24-31)

1. Übersetzung

24. Dann gestand Saul Samuel gegenüber: »Es war ein Fehlverhalten von mir, mich über Jahwes ausdrücklichen Befehl und deine Anweisungen hinwegzusetzen, aber ich hatte Angst vor den Leuten und achtete auf ihre Meinung. 25. Aber jetzt verzeih mir bitte mein Fehlverhalten, kehr mit mir zurück, damit ich Jahwe anbeten kann.« 26. Doch Samuel sagte zu Saul: »Ich kehre nicht mit dir zurück! Du hast Jahwes Wort missachtet, und Jahwe hat dich als König über Israel abgesetzt.« 27. Samuel drehte sich um und wollte gehen, doch Saul packte ihn an dem Überwurf so fest, dass der Rand abriss. 28. Darauf sagte ihm Samuel: »Heute entreißt dir Jahwe die Herrschaft über Israel und gibt sie deinem Nächsten, der besser ist als du. 29. Außerdem täuscht Israels Majestät einen nicht, noch ändert er seine Meinung, denn er ist kein Mensch, dass er seine Meinung ändert.« 30. Saul gestand: »Ich habe gesündigt! Doch stell mich bitte nicht bloß in Anwesenheit der Ältesten meines Volkes und Israels, sondern kehr mit mir zurück, damit ich Jahwe, deinen Gott, anbeten kann.« 31. Dann kehrte Samuel zurück und folgte Saul, und Saul betete Jahwe an.

2. Gliederung

A[1] Sauls erstes Geständnis (24)
  B[1] Sauls erste Bitte (25)
    C[1] Samuel weigert sich (26)
      D Der Riss (27-29)
A[2] Sauls letztes Bekenntnis (30a)
  B[2] Sauls letzte Bitte (30b)
    C[2] Samuel gibt schließlich nach (31)

3. Auslegung

24 Der Zusammenhang verlangt die Übersetzung **dann**, obwohl hier die übliche hebr. Erzählform steht. **Fehlverhalten**, wtl. »Ich habe gesündigt«. **Jahwes ausdrücklichen Befehl** wtl. »Jahwes Mund«. **Deine Anweisungen**, wtl. »Worte«. **Achtete auf ihre Meinung**, wtl. »hörte auf ihre Stimme«. Als Vorwand für sein Fehlverhalten schiebt er Angst vor seiner Truppe vor. In der vorigen Episode waren es eher sie, die Angst vor Saul hatten (14,26)! Nicht umsonst heißt es »Menschenfurcht bringt zu Fall« (Spr 29,25).

25 Sauls Worte verraten, dass für ihn die Meinung anderer und religiöse Zeremonien immer noch einen hohen Stellenwert haben.

26 Der Text bietet keine Erklärung für Samuels schroffe Ablehnung (*Informationslücke*). Manche meinen, Sauls Geständnis sei unaufrichtig (vgl. 26,21; 2Mo 9,27) oder er sehe den Ernst seiner Verfehlung nicht ein (vgl. V. 25). Vielleicht hat Samuel seinen Ärger über Saul noch nicht verwunden. Wahrscheinlicher ist, wie die Folge zeigt, dass Samuel wusste: Sauls Reue kam zu spät, um Jahwes Entschluss rückgängig zu machen (vgl. V. 29). Die Wörter **missachtet** und **abgesetzt** übersetzen dasselbe hebr. *m's* »verwerfen«.

27-28 Samuel deutet den Riss in seinem Überwurf als Zeichen, dass Jahwe Saul die Königsherrschaft entrissen hat. Zu weiteren Beispielen der symbolischen Bedeutung von Kleidern vgl. 18,4; 19,24; 24,5; 28,8.

29 Samuels vehemente Bekräftigung (V. 29) steht zwar in Einklang mit der herkömmlichen theologischen Auffassung von Gottes Unwandelbarkeit (vgl. 4Mo 23,19; Jer 4,28; 20,16; Sach 8,14-15; Mal 3,6; Röm 11,29;

Tit 1,2; Hebr 6,17-18; Jak 1,17), doch sie scheint Jahwes eigener Aussage zu widersprechen: **Ich bereue, Saul zum König gemacht zu haben** (15,11; vgl. 2,30; 1Mo 6,6-7; 2Mo 32,12.14; 2Sam 24,16 = 1Chr 21,15; Ps 106,45; Jer 26,19; 42,10; Am 7,3.6).

Die um die Jahrtausendwende im angelsächsischen Sprachraum aufgekommene Hypothese des »offenen Theismus« versucht, solche Aussagen in Einklang zu bringen, indem sie die herkömmliche Vorstellung von Gottes Allwissenheit infrage stellt und behauptet, Gott müsse sich immer wieder auf die für ihn unvorhergesehenen Reaktionen der Menschen neu einstellen. Die Reaktionen der Menschen überraschen Gott jedoch keineswegs, er ändert auch sein Vorhaben nicht, wohl aber seinen Umgang mit Einzelnen, je nachdem, wie sie auf ihn, seine Offenbarung und sein Handeln antworten, ob mit Glauben oder Unglauben, Gehorsam oder Ungehorsam, wie folgende Bibelstellen verdeutlichen: Jer 18,8; 26,3.13; Hes 24,14; Joel 2,13-14; Jona 3,9-10; 2Tim 2,12-13.

Allerdings geht es Samuel hier wahrscheinlich nicht um das theologische Attribut von Gottes Unwandelbarkeit, sondern vielmehr darum, dass er verstanden hat, vielleicht nach der Nacht im Gebet (V. 11, vgl. 2Kor 12,9), dass in diesem konkreten Fall Jahwes Entschluss nicht mehr abzuändern und der Herr in diesem Punkt nicht umzustimmen ist.

Zu Sauls Sündenbekenntnis V. 30 vgl. zu 26,21. Der Text bietet wieder **30-31**
keine Erklärung dafür, dass Samuel nun Sauls Drängen nachgibt. Es mag sein, dass seine persönliche Zuneigung für seinen Schützling ihn dazu bewogen hat, ihn nicht bloßzustellen.

2.3.5.3 Agags Ende (5. Szene, V. 32-33) und Samuels Abschied (Schluss, V. 34-35)

2.3.5.3.1 Übersetzung

32. Samuel sagte: »Bringt Agag, den König von Amalek, zu mir her!« Agag kam gefällig zu ihm, denn er sagte sich: »Fürwahr, die Bitterkeit des Todes ist vorbei.« 33. Doch Samuel sagte: »Wie dein Schwert Frauen kinderlos gemacht hat, so sei auch deine Mutter kinderlos unter den Frauen!« und hieb

Agag in Stücke vor Jahwe in Gilgal. 34. Samuel ging nach Rama, während Saul zu seinem Hause in Gibea-Saul hinaufstieg. 35. Samuel sah Saul bis zum Tag seines Todes nicht mehr, denn er trauerte um Saul, und es hatte Jahwe gereut, dass er Saul zum König über Israel gemacht hatte.

2.3.5.3.2 Auslegung

32 Agags Einstellung ist in den Versionen sehr unterschiedlich dargestellt. **Gefällig** übersetzt *ma'ădannōt* (MT), vom gleichen Stamm wie »Eden«, und bezeichnet seine Haltung Samuel gegenüber. »Gelassen« (NLB, GNB), »getrost« (LÜ†) bezeichnen seine persönliche Empfindung, während »zitternd« (LÜ, WStB) auf der LXX fußt, die vielleicht *ma'ădanāh* vom Stamm *m'd* »zittern« las und den letzten Satz in »fürwahr, bitter ist der Tod!« umzuändern gezwungen war. Andere übersetzen »in Fesseln« (EÜ).

33 Agags Hinrichtung durch Samuel mag für moderne Leser, besonders seit Abschaffung der Todesstrafe, anstößig klingen, nur darf man die Empfindlichkeiten des 21. Jahrhunderts nicht in einen alten Text hineinlesen noch von Menschen im alten Bund eine neutestamentliche Ethik erwarten. Der Zusatz **vor Jahwe** erinnert daran, dass es sich weder um Rache noch Neigung zur Gewalt handelt, sondern um den Vollzug einer göttlichen Strafe (V. 3), die in der Urfeindschaft zwischen Amalek und Israel begründet war (vgl. 2Mo 17,14.16).

34-35 Die Abschiedsformel (V. 34) signalisiert den Abschluss der Episode, doch diesmal ist die Trennung endgültig. Im Lichte der Episode von En-Dor (vgl. 28,14) sind die Worte **bis zum Tag seines Todes** voller Ironie. Manche Ausleger haben Samuel eine tiefe persönliche Antipathie für Saul unterstellen wollen, doch seine Trauer straft eine solche Ansicht Lügen, wie immer die logische Verbindung zwischen Trauer und Trennung verstanden wird (vgl. die unterschiedlichen Übersetzungen). Der Schlusssatz ist Hintergrundinformation, wiederholt V. 11, fasst die ganze Episode zusammen und bereitet den Weg für die Einführung Davids als Ersatz für Saul.

2.3.5.4 Samuels Verhältnis zu Saul

Die Beziehungen zwischen diesen beiden Personen sind unterschiedlich interpretiert worden. Manche Ausleger haben eine Spannung zwischen Samuel als Vertreter entweder der alten Ordnung der Richter oder der religiösen Ordnung der Priester und Propheten einerseits und Saul als Vertreter der neuen säkularen Ordnung der Monarchie andererseits vermutet. Andere meinen, Samuel habe seine Antipathie für die Monarchie als Institution auf die Person Saul übertragen. Manche gehen so weit, Samuel für Sauls Versagen verantwortlich zu machen, da der Prophet angeblich die geringsten Vergehen des Königs rücksichtslos ahndete.

Solche Ansichten sind allerdings nicht vereinbar mit den harmonischen Beziehungen zwischen Samuel und Saul. Samuels persönliche Zuneigung für Saul kommt in den Kap. 9–10 deutlich zum Ausdruck und wird bestätigt durch seinen Kummer, als er erfährt, dass Jahwe Saul verworfen hat (15,11.35). Obwohl Saul in einem gewissen Maß von Samuel als Mentor abhängig ist, gibt es kein Anzeichen dafür, dass er dies übel nimmt. Wenn Samuel erscheint, begrüßt Saul ihn immer herzlich (13,10; 15,13). Die Stärke von Sauls Bindung an Samuel wird zuletzt durch seinen Versuch bestätigt, den Propheten von den Toten zurückzurufen (Kap. 28).

Zu Spannungen zwischen Samuel und Saul kommt es einzig und allein aufgrund von Sauls Einstellung zu Jahwe. Auch wenn er im Auftrag Jahwes eine Rüge aussprechen muss, bietet Samuel Saul durch Fragen erst die Gelegenheit, sich zu erklären (13,11; 15,14.19). Er nimmt sich auch Zeit, Saul die unangenehme Botschaft mitzuteilen, dass Jahwe ihn endgültig verworfen hat. Er kündigt sie zwar in 15,16 an, spricht sie aber erst in 15,23 aus.

Allerdings ist es legitim, von einer gewissen Abhängigkeit Sauls von Samuel zu sprechen, denn ab Kap. 9 übernimmt Saul zwar die Hauptrolle, jedoch überschattet ihn Samuel weiterhin. Nicht nur wird Sauls Abstammung in fast identischen Begriffen wie Samuels dargestellt (vgl. 1,1; 9,1), sondern Samuel tritt immer wieder in den Vordergrund und spielt eine entscheidende Rolle an kritischen Stellen in Sauls Laufbahn, und zwar bei seiner Salbung (9,1-10.16), seiner Königswahl (10,17-27), der Erneuerung des Bundes (Kap. 12), bei Jahwes erster Warnung an Saul (13,13-14) sowie seiner endgültigen Verwerfung (Kap. 15) und letzten Warnung (28,16-19).

2.3.5.5 Vorschlag für eine Predigt oder Bibelarbeit über 1. Samuel 13; 15.

Thema: Gehorsam ist besser als Opfer.

1. Der Zusammenhang.

In diesen beiden Kapiteln geht es um Sauls Versagen und Verwerfung als Israels König. Die Situation ist jeweils unterschiedlich, in Kapitel 13 die drohende Übermacht der Philister, in Kapitel 15 Gottes Vergeltung an Amalek; doch Sauls Versagen weist in beiden Fällen Ähnlichkeiten auf.

Kernabschnitte 1. Samuel 13,8-14; 15,22-23

2. Die erste Pflicht des Menschen ist es, auf Gott zu hören.

a) Gottes Gebot an Israel (5Mo 5,1; 6,4, das berühmte *Sch'ma*).

b) Die Last der Propheten (Jes 1,2.10; Jer 2,4; Hes 6,3; Hos 4,1; Am 3,1; Mi 1,2).

c) Jesu Aufforderung: *Wer Ohren hat, der höre ...* (Mt 11,15; Offb 2,7; 13,9).

d) Der einstimmige Befehl der Apostel (Kol 3,16; Hebr 2,1; Jak 1,21; 1Petr 2,2; 1Joh 2,14).

3. Was uns davon abhalten kann, auf Gott zu hören:

a) Menschenfurcht. *Menschenfurcht ist ein Fallstrick; wer aber auf den HERRN vertraut, der ist geborgen.* Spr 29,25 (Sch).

In Kapitel 13 handelt Saul aus Angst vor der feindlichen Übermacht sowie vor dem Weglaufen seiner eigenen Truppen. In Kapitel 15 gibt er dem Wunsch seiner Truppe nach.

b) Frömmigkeitsübungen. Glaubensgehorsam gegenüber Gottes Wort hat Vorrang vor:

i. Opfer: *Recht und Gerechtigkeit tun ist dem HERRN lieber als Opfer.* Spr 21,3, vgl. Mt 5,23-24.

Saul hielt den Vollzug von Opferriten für wichtiger, als Gottes Weisung auszuführen.

ii. *Wer nicht auf Gottes Weisung hört, dessen Gebet ist ein Gräuel.* Spr 28,9.

iii. Tradition: Mk 7,8-9.

Gott verabscheut Frömmigkeitsübungen ohne entsprechende Lebensführung (Spr 15,8; 21,27; Am 5,21-24; Mi 6,6-8; 2Tim 3,5; Jak 1,26-27; 1Joh 3,18).

4. Die Weigerung, auf Gott zu hören, ist ein schwerwiegendes Vergehen. Sünde ist kein Versäumnis, das auf verzeihliche menschliche Schwäche zurückzuführen ist, sondern:

a) **Rebellion:** eine bewusste Auflehnung gegen Gott und sein Gebot;

b) **Eigensinn, Widerspenstigkeit:** Der Mensch drängt sich an die Stelle, die Gott allein zukommt;

c) **Götzendienst:** Abgötterei (falsche Gottesvorstellungen) sowie Götzendienst (deren bildhafte Darstellung) gehören zu den ältesten Irrtümern der Menschheit, wurden für das vorexilische Israel immer zum Verhängnis und sind manchen Zweigen der christlichen Kirche eine Gefahr;

d) **Okkultismus:** Jahwe verbot seinem Volk Israel ausdrücklich die okkulten Praktiken der Einwohner Kanaans (5Mo 18,9-14). Saul hatte sie aus Israel vertrieben (28,3), suchte dann selbst aus Verzweiflung bei ihnen Hilfe. Zu Jesajas Zeit waren okkulte Praktiken verbreitet (Jes 8,19), König Manasse machte sie salonfähig (2Chr 33,6).

David und Saul (Kapitel 16–31)

2.4 David (Kapitel 16–17). Vierter Akt

2.4.1 Gliederung

Samuel salbt David zum König (16,1-13). Episode 1
David wird an Sauls Hof eingeführt (16,14-23). Episode 2
Davids Heldentat: Er tötet Goliat (17,1-58). Episode 3

2.4.2 Inhalt

Die ersten beiden kurzen Episoden führen David als neue Hauptperson in die Erzählung ein. Die dritte, sehr lange Episode erzählt dessen Heldentat, den Sieg über Goliat. Beginn und Ende der beiden ersten Episoden werden jeweils durch einen Einschluss gekennzeichnet. Samuels Salbölhorn wird zu Beginn und am Schluss der ersten Episode (16,1.13) erwähnt, die Tätigkeit von Jahwes Geist bei Saul in der zweiten (16,14.23). Die Aktion von Jahwes Geist (16,13-14) verbindet auch die zwei Episoden, wie auch der Bezug auf Davids Hirtenberuf (16,11.19) sowie das Vorkommen des Zeitworts *r'h* »sehen«, besonders die Wiederholung von Jahwes Äußerung »ich habe ersehen« (16,1) durch Sauls Diener (16,18). Davids Auftritt bildet außerdem den Höhepunkt der beiden Episoden. Die Eröffnung wiederholt die Erwähnung von Samuels Trauer über Saul (15,35) und dass Jahwe ihn verworfen hat (15,23.26). Damit nimmt sie den Faden der Erzählung wieder auf und stellt Davids Einführung in den Zusammenhang von Sauls Absetzung.

Weitere Gemeinsamkeiten zwischen David und Saul sind: Sowohl bei David als auch bei Saul erfährt der Leser von Jahwes Offenbarung an Samuel, wer Gottes Erwählter ist. Bei beiden gibt es einen ungewöhnlichen

Hinweis auf ihr körperliches Erscheinungsbild (9,2; 16,12), und beide werden von Samuel im Zusammenhang einer Opfermahlzeit gesalbt. Wie bei Saul stürzt sich Jahwes Geist nach seiner Salbung auf David, mit dem Unterschied, dass dies sofort geschieht, ein wiederholter Vorgang (16,13), der aber nicht wieder ausdrücklich erwähnt wird. Die knappe (13 Verse) und spannungsgeladene Einführung Davids steht im Gegensatz zur ausführlichen (43 Verse) und gemächlichen Einführung Sauls. Bei Sauls Einführung werden die Ereignisse von Sauls Standpunkt gesehen, bei Davids Salbung von Samuels, indem er Isais Söhne Revue passieren lässt. Während Saul zu Samuel geführt wurde, sendet Jahwe Samuel zu David.

2.4.3 David wird zum König gesalbt (16,1-13). Episode 1

2.4.3.1 Jahwes Auftrag (V. 1-3). 1. Szene

2.4.3.1.1 Übersetzung

1. Jahwe sagte zu Samuel: »Wie lange trauerst du Saul noch nach, wo ich ihn als König über Israel verworfen habe? Füll dein Horn mit Öl und mach dich auf. Ich schicke dich zu Isai von Bethlehem, denn unter seinen Söhnen habe ich mir einen König ausersehen.« 2. »Aber wie kann ich gehen?«, wandte Samuel ein. »Wenn Saul davon erfährt, bringt er mich um!« »Nimm doch ein junges Rind mit dir«, antwortete Jahwe, »und sage: ›Zum Opfern bin ich gekommen.‹ 3. Lade Isai zum Opfer ein, und ich werde dich wissen lassen, was du zu tun hast, und du sollst mir den salben, den ich dir sage.«

2.4.3.1.2 Gliederung

A¹ Neubeginn (1)

  B¹ Samuels Furcht: Einwand formuliert (2a)

  B² Jahwes List: Einwand zerstreut (2b)

A² Anweisungen (3)

2.4.3.1.2 Auslegung

1 Die Eröffnung knüpft an die vorige Episode an. Die Betonung der Fürwörter **du** und **ich** signalisieren den Unterschied der Perspektiven: Jahwe will einen Neubeginn, Samuel trauert Saul immer noch nach. Trotz der Rügen, die er in Gottes Auftrag hat aussprechen müssen (13,13-14; 15,28), schimmert seine persönliche Zuneigung für Saul (vgl. 10,24) hier durch.

2 Obwohl er im gewissen Sinne Sauls Ziehvater ist, fürchtet Samuel des Königs Zorn – nicht zu Unrecht, wie die Folge zeigen wird. In der vorigen Episode (15,15) gab Saul ein Opfer als Ausrede für seinen Ungehorsam an, hier dreht Jahwe den Spieß ironisch um und liefert Samuel damit einen Vorwand für seinen Besuch in Bethlehem.

3 Wie bei Saul (9,15-16) offenbart Jahwe Samuel unmittelbar die Identität des künftigen Königs (16,12), wie zuvor Saul wird nun David im Rahmen einer Opfermahlzeit von Samuel gesalbt.

2.4.3.2 Samuel salbt David (V. 4-13). 2. Szene

2.4.3.2.1 Übersetzung

4. Samuel tat, was Jahwe gesagt hatte, und kam nach Bethlehem. Die Stadtältesten kamen ihm zitternd entgegen und fragten: »Kommst du in Frieden?« 5. »In Frieden«, antwortete Samuel. »Jahwe zu opfern bin ich gekommen. Weiht euch und kommt mit mir zum Opfer.« Er weihte Isai und dessen Söhne und lud sie zum Opfer. 6. Als sie nun ankamen, sah Samuel Eliab und dachte bei sich: »Sicher ist er Jahwes Gesalbter!« 7. Aber Jahwe sagte zu Samuel: »Achte nicht darauf, wie er aussieht noch wie groß er ist, da ich ihn verworfen habe. Denn es geht nicht darum, was der Mensch sieht. Der Mensch sieht, was vor Augen ist, aber Jahwe schaut ins Herz.« 8. Isai rief den Abinadab herbei und ließ ihn bei Samuel vorübergehen, aber Samuel sagte: »Auch diesen hat Jahwe nicht erwählt.« 9. Isai ließ dann Schamma vorübergehen, aber Samuel sagte: »Auch diesen hat Jahwe nicht erwählt.« 10. Schließlich hatte Isai seine sieben Söhne vor Samuel vorübergehen lassen, doch Samuel sagte ihm: »Jahwe hat keinen von ihnen erwählt. 11. Sind das wirklich alle deine Söhne?«, frag-

te Samuel Isai. Er antwortete: »Es bleibt nur noch der Jüngste, und er hütet die Schafe, weißt du.« Samuel sagte zu Isai: »Sende jemand ihn holen, denn wir werden uns nicht zu Tische setzen, bis er hierher kommt.« 12. Er sandte hin und ließ ihn kommen. Er war braun gebrannt, hatte schöne Augen und sah gut aus. Jahwe sagte: »Auf! Salbe ihn, denn das ist er!« 13. Samuel nahm sein Horn mit Öl und salbte ihn mitten unter seinen Brüdern, und Jahwes Geist stürzte sich auf David von dem Tag an. Samuel erhob sich und ging nach Rama.

2.4.3.2.2 Gliederung

Samuels Ankunft (4-5). *Inszenierung*
Eliab wird nicht erwählt (6-7)
Die sechs weiteren Brüder werden ebenfalls nicht erwählt (8-10)
David wird geholt (11-12a)
David wird erwählt, gesalbt und bevollmächtigt (12b-13). *Höhepunkt*

2.4.3.2.3 Auslegung

Der Erzähler erklärt die Angst der Stadtältesten (V. 5) nicht (*Informationslücke*). Es ist unwahrscheinlich, dass sie auch Sauls Rache fürchteten, sonst hätten sie Samuels Salbung nicht zulassen wollen. Andere meinen, sie befürchteten seine prophetischen Enthüllungen. Angesichts seiner früheren Tätigkeit als Richter (7,15-16) wähnten sie vielleicht, seine Ankunft könnte mit einem Verbrechen oder Rechtsstreit zusammenhängen. **4-5**

Die Parallele zu Saul ist unübersehbar. Der Verfasser beschreibt Eliabs Aussehen nicht, doch Jahwes Kommentar (V. 7) verrät, dass er groß war und gut aussah. Verwunderlich ist nur, dass sich Samuel nach der negativen Erfahrung mit Saul abermals von solchen Äußerlichkeiten blenden lässt. Für Gott zählt die innere Einstellung, nicht das Aussehen. Das Wort **Herz** erinnert an 13,14. **6-7**

Der Verfasser verfremdet in V. 8-10 das Stilmittel *Wiederholung mit Veränderung*. Bei der dreimaligen wörtlichen Wiederholung erwartet der Leser beim dritten Mal eine Wende zum Positiven, doch sie bleibt aus. Dadurch wird die Spannung erhöht und der Höhepunkt der Szene vorbereitet. **8-10**

11 Samuel fragt (V. 11) aufgrund von Jahwes Aussage in V. 1. Mit **weißt du**, hebr. *hinnēh*, wtl. »siehe«, signalisiert Isai für Samuel neue Information. Es ist unwahrscheinlich, dass er David versehentlich übersah. Grund für das Versehen war nicht, wie vermutet worden ist, dass David zu jung, unbedeutend, noch nicht kultfähig oder ein rebellischer Teenager war, sondern dass der Vater ihn bewusst missachtete (vgl. Ps 27,10). Davids Aussage Ps 51,7 könnte ein Hinweis sein, dass er durch eine außereheliche Beziehung zur Welt kam. Später wird er Zielscheibe von Eliabs Spott (17,28; vgl. Ps 69,9). Mit **zu Tische setzen**, hebr. *sbb*, wtl. »umgeben«, bezeichnet Samuel die feierliche Runde beim Opfermahl.

Nachdem Jahwe V. 7 Samuel hat einschärfen müssen, nicht auf das Äußere zu achten, überrascht diese Beschreibung von Davids Aussehen (V. 12), zumal solche Beschreibungen in biblischen Erzählungen eher Seltenheitswert haben. Der Verfasser verfolgte damit möglicherweise einen dreifachen Zweck: erstens, die Spannung vor dem Höhepunkt der Episode erhöhen; zweitens, seine Leser evtl. auf Goliats Reaktion (17,42) vorbereiten; drittens, erklären, wieso David für Frauen attraktiv war. Übersetzungen und Ausleger sind nicht einig, ob mit *'admônî*, wtl. »rötlich« (vgl. 17,42), Haarfarbe (vgl. Esau, 1Mo 25,25) oder Hautfarbe gemeint war und ob sein Teint dunkler oder heller war als sonst. Auch seine **schönen Augen** sind unterschiedlich verstanden worden: als hübsches Gesicht oder klarer Blick.

Die knappe, dramatische Sprache weist Jahwes Aussage (V. 12) als Redehöhepunkt der Episode aus. Der Handlungshöhepunkt (V. 13) ist zweiteilig, ein menschlicher und ein göttlicher. Hier wird David zum ersten Mal in der Episode namentlich genannt. Seine Ausrüstung mit dem Geist scheint dauerhaft zu sein und unterscheidet sich darin von Saul (vgl. 10,10; 11,6; 16,14). Der Zusatz **mitten unter seinen Brüdern** weist möglicherweise darauf hin, dass Samuel die Salbung nicht in Gegenwart der Dorfältesten, sondern im engsten Familienkreis vollzog. Der Verfasser verschweigt völlig die Reaktionen der Beteiligten auf das Geschehen (*Informationslücke*). Der verbleibende Teil von *1. Samuel* beschäftigt sich mit Auswirkung und Auflösung des dadurch entstandenen psychologischen Spannungsfeldes. Die übliche Abschiedsformel beschließt die Episode. Mit Ausnahme von 19,18-24; 25,1 und 28,11-19 verschwindet Samuel aus der Erzählung.

2.4.3.3 Exkurs: Heilsgeschichtliche Parallele zwischen Samuel und Johannes dem Täufer

Beide hatten gottesfürchtige Eltern (1Sam 1,3.10-11; Lk 1,6).

Ihre Geburt ist mit dem Opfer im Gotteshaus verbunden (1Sam 1,19; Lk 1,8).

Beide wurden von einer unfruchtbaren Frau geboren (1Sam 1,2; Lk 1,7).

Beide waren Jahwe als Nasiräer geweiht (1Sam 1,11; Lk 1,15).

Beide lösten eine Erneuerungsbewegung in Israel aus (1Sam 7,3-6; Lk 1,16; 3,2-3).

Beide dienten angesichts des Versagens der amtlichen Priesterschaft: Samuel bei Eli, Hofni und Pinhas; Johannes bei Hannas und Kaiphas.

Beide leiteten einen heilsgeschichtlichen Übergang ein: Samuel von der Richterzeit zur Monarchie, Johannes vom Alten zum Neuen Testament.

Beide waren Wegbereiter eines gesalbten Königs, David bzw. Christus.

2.4.3.4 Vorschlag für Predigt oder Bibelarbeit über 1. Samuel 16,7

Thema: Schein oder Sein?

A. Man sollte nicht nach dem äußeren Schein urteilen.

- a) Jahwes Mahnung an Samuel;
- b) Jesu Mahnung an seine Kritiker (Joh 7,24);
- c) Paulus' Mahnung an die Korinther (2Kor 10,7).

1. Körperliche Erscheinung ist nicht ausschlaggebend.
   - a) Aussehen (Spr 31,30): zum Beispiel Absalom (2Sam 14,25). Der Irrtum der Korinther (2Kor 10,10).
   - b) Körpergröße: zum Beispiel Saul (1Sam 9,2; 10,23). Samuels Irrtum bezüglich Saul (10,24).
2. Nicht Worte, sondern Taten sind ausschlaggebend (1Kor 4,19; Jak 1,26-27; 2,14; 1Joh 3,18).
3. Menschliches Ansehen ist nicht ausschlaggebend (Gal 2,6).
4. Man sollte sich nicht an anderen messen (2Kor 10,12).

B. Das Herz des Menschen ist für Gott ein offenes Buch (Ps 139,1-4; Spr 15,11; Joh 2,24-25; Hebr 4,13).

1. Gott erforscht die Herzen (1Kön 8,39; 1Chr 28,9; 29,17; Jer 11,20; 17,10; Röm 8,27; Offb 2,23).
2. Er kennt sie (2Chr 6,30; Ps 44,22; Jer 20,12; Lk 16,15; Apg 1,24; 15,8).
3. Er wiegt sie (Spr 16,2; 21,2; 24,12).

Deshalb Davids Bitte an Gott (Ps 139,23) und seine Mahnung an Salomo (1Chr 28,9).

C. Gottes Maßstäbe sind anders (Jes 55,8-9).

1. Was bei Menschen zählt, ist Gott unwichtig (Ps 147,10; Lk 16,15).
2. Was bei Gott zählt, ist der inwendige Mensch (1Petr 3,4), Gottesfurcht und gläubige Erwartung (Ps 147,11).
3. Gott hält Ausschau nach Menschen, deren Herzen ihm völlig ergeben sind (2Chr 16,9; vgl. 1Sam 13,14).

2.4.3.5 Vorschlag für eine Predigt oder Bibelarbeit über 1. Samuel 16,13-14

Thema: Die Wirkung des Heiligen Geistes

1. Der Geist Gottes kam auf Saul, um seine Berufung und Salbung als König zu bestätigen (10,10).

Alttestamentliche Parallele: Elisa (2Kön 2,15); Hesekiel (Hes 2,2); der Messias (Jes 11,2; 42,1; 61,1 = Lk 4,18-21).

Neutestamentliche Parallele: Johannes der Täufer (Lk 1,15); Mariä Empfängnis (Lk 1,35); Jesu Taufe (Mt 3,16; Mk 1,10; Lk 3,22; Joh 1,32-34); Paulus (Apg 9,17).

Die Ankunft des Heiligen Geistes bestätigte den Samaritern, dass sie gleichberechtigt zur Gemeinde gehörten (Apg 8,17); Petrus und seinen Begleitern, dass Kornelius und seine Hausgenossen gleichberechtigt gläubig geworden waren; (Apg 10,44); den Johannesjüngern in Ephesus, dass sie nun den vollständigen Glauben hatten (Apg 19,6).

Obwohl Saul in einen anderen Mann verwandelt werden sollte (10,6) und Jahwe ihm ein anderes Herz gab, wurden seine Charakterschwächen nicht aufgehoben.

2. **Der Geist Gottes kam auf Saul, um ihn zu seiner Heldentat zu befähigen** (11,6).

Alttestamentliche Parallele: Otniël (Ri 3,10); Gideon (Ri 6,34); Jeftah (Ri 11,29); Simson (Ri 14,6.19; 15,14); Amasai (1Chr 12,19); Asarja (2Chr 15,1); Secharja (2Chr 24,20); Hesekiel (Hes 3,24; 11,5; 43,5); Micha (Mi 3,8); Daniel (Dan 5,11.14).

Neutestamentliche Parallele: Jesu Versuchung (Mt 4,1; Mk 1,12; Lk 4,1); Petrus vor dem Hohen Rat (Apg 4,8); Paulus auf Zypern (Apg 13,9); Johannes auf Patmos (Offb 1,10).

Durch Gottes Geist errang Saul einen markanten Sieg, trotzdem traten seine Neigung zu Zorn, zu impulsivem Handeln sowie zum Gebrauch von Drohungen an den Tag.

3. **Der Geist Gottes wurde Saul entzogen, weil er von Jahwe verworfen war** (16,14).

Neutestamentliche Parallele: Hebr 6,4.

4. **Der Geist Gottes kam auf David, um seine Berufung und Salbung als König zu bestätigen** (16,13).

Der Zusatz **von dem Tag an** scheint anzudeuten, dass die Wirkung des Geistes bei David kontinuierlich war (vgl. bei Jesus, Lk 4,14). Von einer späteren Ankunft des Geistes auf David ist nicht mehr die Rede, stattdessen erscheint die Feststellung **Jahwe war mit ihm** (16,18; 18,12.14.28), die vielleicht auf eine persönliche Beziehung zwischen David und Jahwe hinweist, die bei Saul fehlte.

Dank Jahwes Gunst erringt David Siege (17,50), handelt erfolgreich (18,5.14), wird beliebt (18,16), entkommt der Verfolgung (23,14), wird gestärkt (23,16; 30,6) und bringt alles wieder (30,19).

Trotzdem bleibt David nicht frei von Schuld, wie z.B. in der Episode zu Nob (1Sam 21) und beim Ehebruch mit Batseba (2Sam 11–12).

5. **Der Geist Gottes kam auf Saul, um ihn zu hindern, David einzuholen** (19,23).

Charismatische Phänomene müssen nicht unbedingt ein Hinweis auf Gottes Gunst sein.

2.4.4 David wird an Sauls Hof eingeführt (16,14-23). Episode 2

Diese Episode erfüllt den Zweck, die beiden Hauptpersonen der Erzählung miteinander in Beziehung zu bringen. Sauls Verhältnis zu David ist zunächst von Gunst, Zuneigung und Hilfe gekennzeichnet. Die Episode beginnt und schließt mit einer Schilderung der Folgen für Saul, dass Jahwe ihn verlassen hat, während die Aufzählung in der Mitte darauf hindeutet, dass David gerade über die Eigenschaften verfügt, die Saul fehlten.

2.4.4.1 Übersetzung

14. Jahwes Geist hatte sich von Saul distanziert, und ein böser Geist von Jahwe quälte ihn. 15. Sauls Hofbeamten sagten ihm: »Schau, ein böser Geist von Gott quält dich. 16. Unser Herr möchte nur den Knechten, die vor dir stehen, sagen, und sie werden einen Mann suchen, der auf der Leier zu spielen versteht, und immer wenn der böse Geist von Gott auf dir ist, wird er mit der Hand spielen und du wirst Erleichterung finden.« 17. Saul sagte seinen Hofbeamten: »Bitte erseht mir einen Mann, der gut spielen kann, und bringt ihn zu mir.« 18. Darauf antwortete einer der jungen Männer: »Ich habe einen Sohn Isais des Bethlehemiters gesehen, er versteht das Saitenspiel, ein tapferer Mann, er ist kampferprobt und wortgewandt, sieht gut aus und Jahwe ist mit ihm.« 19. Saul sandte Boten zu Isai und ließ ihm sagen: »Sende mir David deinen Sohn, der bei der Herde ist.« 20. Isai nahm einen Esel, Brot, einen Schlauch Wein und ein Ziegenkitz und sandte sie Saul durch die Hand seines Sohnes David. 21. So gelangte David zu Saul und trat in seinen Dienst. Saul gewann ihn sehr lieb und machte ihn zu seinem Waffenträger. 22. Saul sandte nach Isai und ließ ihm sagen: »David möchte in meinem Dienst bleiben, denn er hat mein Wohlwollen gefunden.« 23. Immer wenn der böse Geist von Gott auf Saul war, griff David zur Leier und spielte mit der Hand, und Saul fand Erleichterung, es ging ihm besser und der böse Geist verließ ihn.

2.4.4.2 Gliederung

A[1] Sauls Depression (14). *Eröffnung*
  B[1] Therapievorschlag (15-17). 1. Szene
    C Davids Eigenschaften (18). *Redehöhepunkt*
  B[2] David wird an Sauls Hof berufen (19-22). 2. Szene
A[2] David therapiert Sauls Depression (23). *Erzählhöhepunkt, Schluss*

2.4.4.3 Auslegung

Die Wortfolge in V. 14, *waw*, »und«, gefolgt von Substantiv und Verb im 14
Perfekt signalisiert Hintergrundinformation, in Deutsch mittels Vorvergangenheit ausgedrückt. Mit **bösem Geist** kann ein böswilliges Geistwesen gemeint sein (vgl. 1Kön 22,22) oder eine Stimmung, die man heute als Depression bezeichnet. Diese Symptome stammen in dem Sinne **von Jahwe**, dass deren Ursache zu finden ist in Sauls Ungehorsam und dessen Folgen: Absetzung und Entzug des Heiligen Geistes.

Hofbeamte (V. 15) wtl. »Knechte«, nur handelt es sich um seine ver- 15
trauten Mitarbeiter, nicht um sein Dienstpersonal. Mit *hinnēh*, **schau**, lenken sie Sauls Aufmerksamkeit auf seine Not, die auch ihnen aufgefallen ist, wie die Wiederholung signalisiert.

Der Vorschlag einer Musiktherapie könnte ein Hinweis auf eine Psy- 16
chose bei Saul sein, doch zur Beziehung zwischen Musik und Geistwirkung vgl. auch 10,5-6; 2Kön 3,15.

Sauls Antwort ist eine beinahe wörtliche Wiederholung des Vorschlags 17
seiner Hofleute. Wie bei seiner Einführung reagiert er lediglich auf die

Vorschläge anderer und wirkt eher passiv und fremdbestimmt als bestimmend.

18 Die Empfehlung von V. 18 bildet eine Art Miniaturporträt von David. Alle hier genannten Eigenschaften bestätigen sich in der Folgeerzählung. Davids musikalische Begabung kommt bereits in V. 23 zum Einsatz. Sein Geschick im Kampf und seine Wortgewandtheit zeigen sich anlässlich seiner Heldentat gegen Goliat (Kap. 17). Sein gutes Aussehen und Jahwes Segen spielen in Kap. 18 eine wichtige Rolle. Der häufige hebr. Ausdruck *gibbôr chajil* **ein tapferer Mann** könnte auch bedeuten »stammt aus einer angesehenen Familie« (GNB). Ob und in welchem Sinn David ein *'îsch milchāmāh* »Kriegsmann« sei (vgl. 17,33), wird sich im Kampf gegen Goliat erweisen.

19-20 Aus Davids **Hand** erfährt Saul nur Gutes: das väterliche Geschenk (V. 20), dann die Linderung (V. 23). Später wird sich David vehement dagegen wehren, die Hand gegen Saul zu erheben (24,6.10.12-13). Das Umgekehrte ist aber nicht der Fall (vgl. 18,10-11).

21-22 Sauls Zuneigung für David und sein **Wohlwollen**, hebr. *chēn*, wtl. »Gunst, Gnade in meinen Augen«, wird besonders hervorgehoben. Selbstverständlich handelt es sich nicht um eine homoerotische Neigung, sondern vielmehr um ein Vater-Sohn-Verhältnis. David, der in seiner Familie eher Missgunst gewöhnt war (s. zu 16,11), ist durch seinen Dienst bei Saul beliebt, aber als er das Herz Jonatans, des Volkes und Sauls Tochter Michal gewinnt (18,1.16.20), schlägt Sauls Wohlwollen in Argwohn, seine Zuneigung in Eifersucht und seine Liebe in Hass um.

David **trat in seinen Dienst**, hebr. »stand vor ihm« (so auch V. 22), die Haltung eines Dieners. Sein Aufenthalt am Hof war nach 17,15 zunächst befristet und wiederholt, deshalb greifen V. 21-22 wahrscheinlich der Situation vor, die 18,2 geschildert wird. Der Einschluss von V. 23 mit V. 14 gibt die Bühne frei für die Entwicklungen, die in Kap. 18 erzählt werden, doch zuerst steht die lange und bedeutsame Episode von Davids Heldentat an.

2.4.5 Davids Heldentat: Er tötet Goliat (Kapitel 17). Episode 3

Diese Episode umfasst das ganze 17. Kapitel und erzählt Davids Heldentat, seinen Sieg über den Philisterkrieger Goliat. Der bloße Textumfang der Episode signalisiert einen Kontrast zu Saul und eine Parallele zu Jonatan, denn die Erzählung von Sauls Heldentat fällt knapp (nur 11 Verse!), die von David (58 Verse) und Jonatan (46 Verse) dagegen sehr ausführlich aus. Allein die Inszenierung ist fast so umfangreich wie das ganze 11. Kapitel. Die Episode bestätigt David als Hauptperson, malt für den Leser ein Bild von ihm, das in der Folge bestimmend wirkt, gibt seinen Charakterzügen Gestalt, liefert reichlich Hinweise auf seine Einstellung, und bestätigt das Urteil von 16,18. David wird in den Mittelpunkt gerückt durch die Erzählperspektive, d.h. das Geschehen wird von seinem Standpunkt aus gesehen, und der Dialog verrät seinen Charakter und seine Einstellungen, einschließlich des Phänomens der Nennung. Die Häufung von Davids thematischen Rollen hebt ihn ebenfalls hervor: Er ist Handelnder (15.20.22-23.30.39-40.48-51.54), Redender (26.29-30.32.34-37.39.45-47.58), Angeredeter (17-19.27-28.30.33.43-44.58), Ziel (41-42.48), Leidender (31.38.42.55.57) und schließlich Erlebender (23).

2.4.5.1 Gliederung

- A^1 Mobilmachung (1-3). *Inszenierung*
  - B^1 Goliats Auftritt (4-11). 1. Szene
    - C^1 David im Lager (12-30). 2. Szene
      - D David greift Goliats Herausforderung auf (23-30). 3. Szene
    - C^2 David und Saul (31-40). 4. Szene
  - B^2 David tötet Goliat (41-51). 5. Szene
- A^2 Sieg über die Philister (52-58). *Schluss*

2.4.5.2 Mobilmachung und Goliats Auftritt (V. 1-11). Inszenierung und 1. Szene

2.4.5.2.1 Übersetzung

1. Bei Socho in Juda zogen die Philister ihre Streitmacht aus den verschiedenen Lagern zur Schlacht gegen Israel zusammen und lagerten bei Efes-Dammim zwischen Socho und Aseka. 2. Saul und Israels Männer sammelten sich ebenfalls, lagerten im Terebinthental und stellten sich zum Kampf gegen die Philister auf. 3. Die Philister standen auf dem einen Bergkamm und Israel auf dem anderen Bergkamm, mit dem Tal zwischen ihnen. 4. Ein Vorkämpfer namens Goliat aus Gat kam aus dem Lager der Philister heraus, an die drei Meter groß, 5. ein Helm aus Bronze auf dem Kopf. Der Schuppenpanzer aus Bronze, den er anhatte, wog über einen Zentner. 6. Er trug bronzene Beinschienen und hatte einen bronzenen Wurfspieß zwischen den Schultern. 7. Der Schaft seines Speeres glich einem Weberbaum und dessen eiserne Spitze wog über sechs Kilo. Sein Großschild wurde vor ihm hergetragen. 8. Er stellte sich hin und rief zu den Schlachtreihen Israels mit den Worten: »Wozu seid ihr ausgezogen, um euch zur Schlacht aufzustellen? Bin ich nicht ein Philister und ihr Diener Sauls? Sucht euch also einen Mann aus und lasst ihn zu mir herabkommen. 9. Kann er mich bekämpfen und schlagen, dann werden wir eure Knechte. Gewinne aber ich die Überhand und erschlage ihn, dann sollt ihr unsere Knechte werden und uns dienen.« 10. Das waren die Worte des Philisters: »Heute fordere ich die Schlachtreihen Israels heraus! Gebt mir einen Mann und wir wollen miteinander kämpfen!« 11. Als Saul und ganz Israel die Worte des Philisters hörten, waren sie erschüttert und hatten große Angst.

2.4.5.2.2 Gliederung

Inszenierung (1-3)
Goliat und seine Rüstung (4-7)
Seine Herausforderung (8-11)

- A^1 Auftritt (8a)
  - B^1 Herausforderung und Wahl (8b)
    - C Bedingungen (9)
  - B^2 Herausforderung und Wahl (10)
- A^2 Angst V. 11

2.4.5.2.3 Auslegung

Der Aufmarsch der feindlichen Heere erinnert an ähnliche Situationen in **1-3**
Michmas (Kap. 13) und Gilboa (Kap. 28): die Mobilmachung der Philister (V. 1, vgl. 13,5; 28,1), ihr Lager (V. 1, vgl. 13,5; 28,4), sowie Israels
Gegenmobilmachung (V. 2, vgl. 28,4). Die **Terebinthe**, ein breiter Baum
von maximal 8 m Höhe, findet man oft auf den warmen, trockenen Hü-
geln Palästinas. Die Stellung der beiden Heere auf gegenüberliegenden
Höhen erinnert an die Eröffnung der Episode von Jonatans Heldentat
(Kap. 14) und unterstreicht damit die Parallele zwischen Davids Heldentat und Jonatans.

Keines der beiden Heere wagt aufgrund der Topografie einen Angriff. **4-7**
Um dieses Patt zu brechen und unnötiges Blutvergießen zu vermeiden,
greifen die Philister auf die bekannte Taktik des Einzelkampfes zwischen
zwei Vorkämpfern zurück, vgl. V. 8: »Braucht ihr ein ganzes Heer, um
diesen Streit zu entscheiden?« (NLB). Goliats Körpergröße lädt zum Vergleich mit Saul (9,2; 10,23) ein und erinnert an Jahwes Urteil über Eliab
(16,7). Unter den Einwohnern Gats gab es laut 2Sam 21,15-21 mehrere
»Riesen«, vielleicht Ergebnis eines genetischen Defekts.

Die einzigartig detaillierte Beschreibung von Goliats Rüstung macht Sauls und Israels Angst vor ihm verständlich und hebt die Leistung von Davids Sieg hervor. Im Gegensatz zum **Speer**, hebr. *chănît*, wurde der **Wurfspieß**, hebr. *kîdôn* (auch »Kurz-« Elb, »Krumm-« NLB, GNB, »Sichelschwert« EÜ übersetzt), am Rücken zwischen den Schultern getragen. Sein ovaler oder rechteckiger **Großschild**, hebr. *ṣinnāh*, bedeckte den ganzen Körper, wog etwa viermal so viel wie ein Kleinschild, hebr. *māgēn*, und wurde deshalb von einem Begleiter getragen.

8-11 Goliat spricht eine übliche Herausforderung aus, doch der Leser, wie auch Israel und Saul selbst, weiß genau, dass Israel einen Mann bereits erwählt hat. Als König, der ein Kopf länger war als alle anderen (9,2; 10,23), hätte Saul mehr als alle anderen fähig sein sollen, die Herausforderung aufzunehmen, doch hemmt ihn die Angst. David wird sich als Jahwes Erwählter herausstellen.

Die Reihenfolge seiner Bedingungen macht deutlich, dass Goliat wenig Zweifel hegt über den Ausgang des Zweikampfes! Die Wiederholung der Herausforderung (V. 10) deutet vielleicht an, dass Goliat täglich seinen Hohn aussprach, und unterstreicht Sauls Verlegenheit. **Herausfordern**, hebr. *chrp*, bedeutet auch »verhöhnen«, ein Begriff, der in der Episode eine wichtige Rolle spielt. Die Wortwahl von V. 11 unterstreicht, wie Saul und Israel durch Goliats Erscheinung vor Furcht gelähmt waren.

2.4.5.3 David im Lager (V. 12-30). 2. Szene

2.4.5.3.1 Übersetzung

12. David war Sohn jenes Ephratiters aus Bethlehem in Juda namens Isai. Er hatte acht Söhne, er selbst war in den Tagen Sauls schon ein betagter Mann. 13. Isais drei älteste Söhne waren von zu Hause weg, sie waren Saul zur Schlacht gefolgt. Die drei, die zur Schlacht gegangen waren, hießen Eliab, der Erstgeborene, sein zweiter Abinadab, und der dritte Schamma. 14. David war der Jüngste, und die drei Ältesten waren Saul zur Schlacht gefolgt. 15. David pendelte hin und her von Saul nach Bethlehem, um dort die Herde seines Vaters zu weiden. 16. Sechs Wochen lang trat der Philister frühmorgens und abends hervor und stellte sich hin. 17. Isai sagte zu David seinem Sohn: »Bitte nimm für deine Brüder einen Scheffel von diesem gerösteten Korn und diese zehn Brotlaibe und eile damit zu deinen Brüdern ins Lager. 18. Und diese zehn Stück Käse bringe dem Offizier der Tausendschaft. Erkundige dich nach dem Wohlergehen deiner Brüder und bringe ein Lebenszeichen zurück.«

19. Saul und sie und Israels ganzes Heer befanden sich im Terebinthental im Kampf mit den Philistern. 20. David brach frühmorgens auf, vertraute die Herde der Obhut eines Schafhüters an, lud auf, ging, wie Isai ihm aufgetragen hatte, und gelangte an die Front, als das Heer gerade dabei war, mit großem Kriegsgeschrei in die Schlachtreihe hinauszuziehen. 21. Israel und die Philister stellten sich einander gegenüber in zwei Schlachtreihen auf. 22. David vertraute die mitgebrachten Sachen dem Hüter des Gepäcks an, lief zur Schlachtreihe und erkundigte sich nach dem Wohlergehen seiner Brüder.

2.4.5.3.2 Gliederung

Davids Familie (12-15). *Hintergrundinformation*
Davids Botengang (17-19)
Davids Ankunft an der Front (20-22)

2.4.5.3.3 Auslegung

Die Hintergrundinformation von V. 12-14 ist kein Überbleibsel zweier ur- **12-14**
sprünglich selbstständiger Erzählungen, wie die Quellenscheidung wähnt, sondern gliedert David wieder in die Erzählungen ein und erklärt, weshalb seine Brüder an der Front waren und er und sein Vater nicht. In Vers 12 stehen die Person Isai und der Ort Bethlehem im Rampenlicht, in V. 13 pendelt der Brennpunkt zwischen David und dessen drei ältesten Brüdern und dem Ort, wie David selbst, zwischen Bethlehem und der Kriegsfront.

Die Wortfolge von V. 13 gleicht der Erzählform, doch der Zusammenhang verrät Hintergrundinformation und verlangt im Deutschen die Vorvergangenheit. Außer Elb (Fußnote 3) unterdrücken alle Übersetzungen die Wiederholung von *hlk* **gehen** im ersten Satz, NLB, GNB und HFA auch die Wiederholung von **zur Schlacht gegangen**. Diese scheinbar umständliche Beschreibung erinnert an Jahwes ausdrückliche Ablehnung der drei namentlich genannten ältesten Brüder in Episode 1 (16,6-9), bereitet die Gegenüberstellung zwischen ihnen und David vor und antizipiert ihren Spott, als er in V. 26 beabsichtigt, auf Goliats Herausforderung zu antworten.

David stand offenbar immer noch in Sauls Diensten. Das Nebenein- **15-16**
ander von V. 15-16 bringt ihn mit Goliat in Verbindung, wie in der Folge

weiter ausgeführt wird. Goliats Auftritt ist Wiederholung mit Veränderung. Die Wiederholung seiner Herausforderung signalisiert die Rückkehr zur Erzählsequenz. Die Veränderung, die Zeitangabe, unterstreicht die Ungeheuerlichkeit seines Hohns sowie Sauls und Israels Unfähigkeit, darauf zu antworten.

17-18 Isais Auftrag bildet einen Einschluss, denn er beginnt und endet mit *lqch* **nimm**, **bringe**, und weist zudem eine chiastische bzw. konzentrische Struktur auf: A[1]) Davids Hinreise, B[1]) Davids Brüder, C) der Hauptmann, B[2]) Davids Brüder, A[2]) Davids Rückkehr. Die Soldaten mussten offenbar von ihren eigenen Familien versorgt werden. Das Geschenk an den Offizier soll ihnen das Leben leichter machen. David soll **eilen** wtl. »laufen«, doch den **Scheffel**, hebr. *'êfāh*, knapp 40 Liter, hat sicher ein Esel getragen. Nach sechs Wochen ist Isai um seine Söhne besorgt und möchte deshalb ein **Lebenszeichen**, wtl. »Pfand«, von ihnen empfangen.

19 Da der hebr. Text von V. 19 kein Verb **sich befanden** enthält und **im Kampf** durch das Partizip *lchm*, wtl. »kämpfend«, wiedergibt, lässt sich nicht eindeutig feststellen, ob der Satz in der Vergangenheitsform als redaktionelle Anmerkung des Verfassers übersetzt werden soll, eine scheinbar überflüssige Wiederholung von Information aus V. 2, oder, wie es sämtliche deutsche Übersetzungen mit Ausnahme von Sch (alt), Br und WStB verstehen, in der Gegenwartsform als Fortsetzung von Isais Anweisungen an David, wo seine Brüder zu finden sind. In diesem Fall handelte es sich um Davids ersten Besuch an der Front. Sein Pendeln zwischen Saul und Bethlehem (V. 15) muss demnach entweder vor dem Beginn der Feindseligkeiten stattgefunden haben, eine Erklärung dafür, dass Saul ihn nach sechs Wochen nicht mehr erkannte (V. 55-56), oder Saul hielt sich nicht immer an der Front auf. Wäre der Satz eine Fortsetzung von Isais Rede, dann hätte man erwartet, dass Isai ihn mit *hinnēh* »siehe« einleitet.

20-22 Der Abschnitt V. 20-22 wird durch das zweimalige Vorkommen vom Zeitwort *nṭsch* »überlassen« abgesetzt, das David als umsichtig darstellt. Die Ereignisse werden wie durch seine Augen gesehen. Das Kriegsgeschrei (V. 20) bringt wie schon 4,5 keinen Sieg. Das Heer unterhält das Kriegsritual, schreckt jedoch vor dem Kampf zurück.

2.4.5.4 David greift Goliats Herausforderung auf (V. 23-30). 3. Szene

2.4.5.4.1 Übersetzung

23. Gerade als er sich mit ihnen unterhielt, siehe, da trat der Vorkämpfer namens Goliat, der Philister aus Gat, aus den Schlachtreihen der Philister hervor und redete wie üblich, und David hörte es. 24. Als sie den Mann sahen, flohen alle Männer Israels vor ihm in großer Angst. 25. Ein israelitischer Mann hatte gesagt: »Seht ihr diesen Mann, der heraufkommt? Zum Hohn Israels kommt er herauf! Den Mann, der ihn besiegt, wird der König zum reichen Mann machen, ihm seine Tochter zur Frau geben und dessen Vaters Haus in Israel frei machen.« 26. David sagte zu den Männern, die mit ihm standen: »Was wird man dem Mann tun, der jenen Philister schlägt und die Schande von Israel entfernt? Denn wer ist dieser unbeschnittene Philister, dass er die Schlachtreihen des lebendigen Gottes verspottet?« 27. Die Truppen antworteten ihm wie zuvor: »So wird man dem Mann tun, der ihn schlägt.« 28. Als Eliab, sein ältester Bruder, hörte, wie David mit den Männern redete, wurde er wütend: »Wozu bist du denn überhaupt herabgekommen? Wem hast du die paar Schafe in der Wüste überlassen? Mir ist wohl bewusst, wie keck und verschlagen du bist! Um dir die Schlacht anzusehen bist du doch herabgekommen!« 29. »Was habe ich denn getan?«, antwortete David. »Es war doch nur ein Wort!« 30. David trat weg von neben ihm und wandte sich einem anderen gegenüber, stellte dieselbe Frage und erhielt von den Soldaten dieselbe Antwort.

2.4.5.4.2 Gliederung

- A^1 Goliats Auftritt (23)
  - B^1 Flucht und Furcht (24)
    - C^1 Belohnung (25)
      - D Entrüstung (26)
    - C^2 Belohnung (27)
  - B^2 Eliabs Geringschätzung (28)
- A^2 Davids Antwort (29-30)

2.4.5.4.3 Auslegung

23 Im Hebräischen heben Partizipialformen in V. 23 hervor, dass Goliat auftrat, als David sich gerade mit seinen Brüdern unterhielt. Mit *hinnēh,* **siehe**, lässt der Erzähler den Leser durch Davids Augen sehen und signalisiert, dass er Goliat wahrnimmt. Die Wiederholung von dessen Identität aus V. 4 ist nicht überflüssig, da David ihn hier zum ersten Mal sieht. Goliat **redete wie üblich**, wtl. »redete gemäß diesen Worten«, d.h. wiederholte seine Herausforderung von V. 8-10. Die knappe Feststellung **und David hörte** lässt den Leser gespannt auf Davids Reaktion (V. 27-30) warten.

24 Indem er Goliat mit der gleichen Vokabel *'îsch* bezeichnet wie die israelischen Soldaten, erinnert der Verfasser (V. 24), dass er auch wie sie nur ein sterblicher Mensch war. Die Angst des israelischen Heeres vor Goliat (vgl. auch V. 11) sowie Sauls verzweifelte Suche nach einem Gegner im nächsten Vers bilden einen starken Kontrast zu Davids Reaktion.

25 Die meisten deutschen Übersetzungen schreiben die Aussage von V. 25 den Männern Israels in der Mehrzahl zu. **Zum reichen Mann machen** GNB, wtl. »mit viel Reichtum bereichern«. **Dessen Vaters Haus frei machen** bedeutet »seine ganze Familie braucht keine Steuern mehr bezahlen« NLB. Vielleicht witterte David hierin eine Chance, die fehlende Gunst seines Vaters zu gewinnen.

Manche Ausleger weisen auf die Parallele zu Märchen hin, in denen ein König die Hand seiner Tochter dem Helden bietet, der das Ungeheuer erschlägt. Der Verfasser verwendet möglicherweise ironische Züge, denn Sauls Angebot zeugt nicht von Großmut, sondern von Unvermögen, und in der Folge (18,17-25) zahlt er die Belohnung nur zögerlich aus. Vor allem wird David, im Gegensatz zu Märchenhelden, weder durch List noch Zauber, sondern durch Vertrauen zu Jahwe den Sieg davontragen.

26-27 Es handelt sich bei V. 26 um Davids erste Äußerung überhaupt: Die ersten Worte einer Person in alttestamentlichen Erzählungen geben einen Hinweis auf deren Charakter. Auffallend ist, dass David Goliat nie beim Namen nennt, sondern bezeichnet ihn als **diesen Philister**, also Gegner Jahwes, und als **unbeschnitten**, also dem Bund Jahwes fremd. Seine Sprache erinnert an Jonatans (14,6) und unterstreicht die Parallelen zwischen den beiden. David nennt auch Israel nicht unmittelbar, nur in Beziehung zu Jahwe. Sein Hauptanliegen ist nicht, wie Saul, sein eigener Ruf, sondern Jahwes. Die Soldaten antworten **wie zuvor**, wtl. »nach diesem Wort« (d.h. V. 25), das David offenbar noch nicht gehört hatte.

Die Begebenheit von Davids Salbung deutete bereits an (16,11), dass **28-29**
er ein Außenseiter in seiner Familie war. Hier (V. 28) kommt unmissverständlich zum Ausdruck, wie sehr seine älteren Brüder ihn gering schätzen. Eliab **wurde wütend**, wtl. »sein Zorn entbrannte«. Er wirft David *zādôn*, von *zwd*, »kochen«, also Vermessenheit, »Bosheit des Herzens« und unangemessene Neugierde vor. **Herabgekommen**, weil Bethlehem höher lag als Efes-Dammim. Davids Antwort wird unterschiedlich übersetzt. Auf jeden Fall versucht er, seine Äußerung herabzuspielen, wahrscheinlich weil er merkt oder bereits wusste, dass sein Bruder sein Anliegen nicht teilt.

2.4.5.5 David und Saul (V. 31-40). 4. Szene

2.4.5.5.1 Übersetzung

31. Was David gesagt hatte, sprach sich herum und wurde in Sauls Umgebung erzählt, und Saul ließ ihn holen. 32. »Lass seinetwegen keinem den Mut sinken«, sagte David dem Saul. »Dein Knecht wird hingehen und mit diesem Philister kämpfen.« 33. »Du vermagst nicht, zu diesem Philister hinzugehen und gegen ihn zu kämpfen«, wandte Saul ein. »Du bist noch jung, während er ein erfahrener Krieger ist von seiner Jugend an.« 34. »Dein Knecht war dabei, seines Vaters Herde zu hüten«, erwiderte David dem Saul. »Kam ein Löwe oder ein Bär und raubte ein Tier von der Herde, 35. da lief ich hinterher, schlug auf ihn ein und entriss seinem Maul die Beute. Griff er mich an, so packte ich ihn am Schopf und schlug ihn tot. 36. Den Löwen wie den Bären hat dein Knecht besiegt, und diesem unbeschnittenen Philister wird es ergehen wie einem von ihnen, da er die Schlachtreihen des lebendigen Gottes verhöhnt hat. 37. Jahwe«, fasste David zusammen, »der mich von den Klauen von Löwen und Bären rettete, der wird mich von der Gewalt dieses unbeschnittenen Philisters retten.« »Dann geh«, antwortete Saul, »Und möge Jahwe mit dir sein!« 38. Saul ließ David seinen eigenen Kampfanzug anziehen, setzte ihm einen bronzenen Helm auf den Kopf und zog ihm einen Schuppenpanzer an. 39. Über dem Kampfanzug schnallte David Sauls Schwert um und versuchte, zu gehen, denn er hatte sie noch nicht ausprobiert. »Darin kann ich unmöglich gehen«, wandte er ein, »ich habe sie noch nicht erprobt.« Er tat sie von sich, 40. nahm seinen Hirtenstab in die Hand und suchte sich fünf glatte Kieselsteine aus dem Bach und legte sie in die Tasche, die zu seiner Hirtenausrüstung gehörte. Mit seiner Schleuder in der Hand ging er auf den Philister zu.

2.4.5.5.2 Gliederung

A^1 David wird zu Saul gebracht (31). *Inszenierung*
- B^1 Kampfbereitschaft (32-33). *Dialog*
  Davids Vorschlag (32), Sauls Einwand (33)
  - C^1 Davids Ruhmrede (34-37a)
    Seine Heldentat gegen wilde Tiere (34-35). *Eingebettete Erzählung*
    Seine Zuversicht (36-37a). *Redehöhepunkt*
  - C^2 Sauls Einverständnis (37b)
- B^2 Bewaffnung (38-39). *Handlung und Dialog*
  Sauls Waffen (38), Davids Einwand (39)

A^2 David wählt seine Waffen (40a). *Höhepunkt und Abschluss*

2.4.5.5.3 Auslegung

31-33 Davids unschuldiger jugendlicher Optimismus enthält für den Leser eine ironische Pointe, denn es war vor allem Saul, dessen Mut sank.

34-36 Um Sauls Einwand (V. 33) zu entkräften, berichtet David in einer eingebetteten Erzählung (V. 34-37) von seinen im Hirtendienst gesammelten Erfahrungen. Von elf Wörtern im hebr. Text von V. 35 sind sieben Verben der Bewegung oder oft gewaltsamer Handlung; dieser Vers stellt also einen Höhepunkt dar. **Griff mich an**, wtl. »erhob sich gegen mich«; **Schopf**, wtl. »Bart«, vielleicht Mähne oder Fell.

37 Obwohl kein Wechsel des Redners vorliegt, wiederholt V. 37 den Eingangssatz »und David sagte«, um sein Bekenntnis zu Jahwe hervorzuheben. Davids Vertrauen zu Jahwe nährt sich an der Erfahrung der Vergangenheit. Saul nimmt Davids Vorschlag an und schlägt im folgenden Vers selbst etwas vor.

Sauls Vorschlag nimmt die Form einer Handlung an. Seine Ausstattung **38-40**
spiegelt die Goliats (V. 5) wider. **Kampfanzug**, hebr. *mad* »Kleidung«, wird oft mit »Rüstung« übersetzt. Erinnert man sich an das Gewicht von Goliats Schuppenpanzer, wundert man sich nicht, dass sich David darin unbeholfen vorkam. Sein Misstrauen in die Waffen und sein Vertrauen in Jahwe wiederholt er vor Goliat (V. 45.47). Mit der Bezeichnung **den Philister** teilt der Erzähler Davids Einschätzung von Goliat (V. 26).

2.4.5.6 David tötet Goliat (V. 41-51). 5. Szene

2.4.5.6.1 Übersetzung

41. Der Philister rückte immer weiter vor und kam näher an David heran, und der Mann, der seinen Schild trug, ging vor ihm her. 42. Als er hinschaute und David bemerkte, verachtete er ihn, denn er war ein hübscher, braun gebrannter Jugendlicher. 43. »Bin ich wohl ein Hund«, fragte der Philister David, »dass du mit Stock und Stein gegen mich antrittst?« und fluchte David im Namen seiner Götter. 44. »Komm her«, fuhr er zu David gewandt fort, »ich gebe dich den Vögeln des Himmels und den Tieren des Feldes zum Fraß.« 45. »Du für deinen Teil trittst gegen mich an mit Schwert, Lanze und Spieß«, antwortete David dem Philister, »aber ich trete gegen dich an im Namen Jahwes der Heerscharen, des Gottes der Schlachtreihen Israels, den du verhöhnt hast. 46. Heute wird dich Jahwe in meine Macht geben, ich werde dich besiegen, dich einen Kopf kürzer machen und das Lager der Philister den Vögeln des Himmels und den wilden Tieren der Erde zum Fraß geben. So soll die ganze Erde erkennen, dass es einen Gott in Israel gibt, 47. und alle, die hier versammelt sind, wissen, dass Jahwe weder durch Schwert noch Speer rettet, denn sein ist die Schlacht, und er wird euch in unsere Hand geben.« 48. Während der Philister sich aufmachte und immer näher David entgegenkam, beeilte sich David und lief auf die Schlachtreihe hin dem Philister entgegen. 49. David steckte die Hand in die Tasche, nahm von dort einen Stein, schleu-

derte ihn und traf den Philister an der Stirn. Der Stein drang ihm in die Stirn ein, und er fiel auf sein Angesicht zu Boden. 50. So überwältigte David den Philister mit Schleuder und Stein, ohne Schwert in der Hand, und besiegte und tötete ihn. 51. David lief und stellte sich über den Philister, zog ihm das Schwert aus der Scheide, versetzte ihm den Todesstoß und hieb ihm damit den Kopf ab. Als die Philister sahen, dass ihr Held tot war, ergriffen sie die Flucht.

2.4.5.6.2 Gliederung

David und Goliat treffen aufeinander (41-42). *Inszenierung*

Letzter verbaler Schlagabtausch (43-47). *Redehöhepunkt*

1. Goliats Hohn (43-44)
   - A^1 Goliats Herablassung über menschliche Mittel (43a)
     - B^1 Goliat vertraut auf seinen heidnischen Fluch (43b). *Indirekte Rede*
       - C^1 Goliat prahlt über seine erhoffte Beute (44)
2. Davids Zuversicht (45-47)
   - A^2 David weist menschliche Mittel zurück (45a)
     - B^2 David vertraut auf göttliche Mittel (45b)
       - C^1 Davids Zuversicht im Hinblick auf den Sieg. (46a) Er rühmt sich seiner erhofften Beute (46b) sowie des Zeugnisses (46c)
   - A^3 David weist menschliche Mittel zurück (47b)
     - B^3 David vertraut auf göttliche Mittel (47c)
       - C^2 Davids Zuversicht im Hinblick auf den Sieg (47d)

Der Kampf (48-51). *Handlungshöhepunkt*

2.4.5.6.3 Auslegung

41-42 Goliats fortwährende Bewegung wird durch die Verwendung von *hlk* »gehen« im Imperfekt mit Partizip suggeriert. Davids äußere Erscheinung wird aus der Sicht Goliats wiederholt (V. 41, vgl. 16,12). Auch er begeht den Fehler, nach Äußerlichkeiten zu urteilen!

43-44 Die Reden der beiden Kontrahenten (43-47) steigern die Spannung, indem sie die Handlung anhalten und den Höhepunkt hinauszögern. Sie offenbaren Einstellungen und Motive der Beteiligten: Goliats Äußerungen sind von Spott und Herablassung gekennzeichnet, Davids von Optimismus und Gottvertrauen. Schließlich heben sie die theologische und geistliche Tragweite des folgenden Zweikampfes hervor.

Althebräische Erzählung zieht in der Regel direkte Rede vor. Durch die indirekte Rede (V. 43) vermeidet der Erzähler absichtlich, Namen und Flüche heidnischer Götter zu nennen. **Mit Stock und Stein**, wtl. »mit einem Stab«. **Dich … zum Fraß**, wtl. »dein Fleisch«.

Die vorangestellten hebr. Pronomina **du** und **ich** (V. 45) unterstreichen den Kontrast zwischen den Einstellungen der Kontrahenten. Davids Vertrauen zu Jahwe kommt deutlich zum Ausdruck wie auch seine Motivation: Goliats Hohn gegen Gott. David trumpft auf: Goliat drohte, ihn den Vögeln zum Fraß geben, David hat vor, es dem ganzen feindlichen Heer gleichzutun! **Wilde Tiere**, wtl. »Lebewesen«. **45-47**

Zum ersten Mal überhaupt in *1. Samuel* bekräftigt David (V. 47) den Zeugnischarakter seines Sieges über Goliat. Für **es gibt einen Gott in Israel** lesen einige MSS »Israel hat einen Gott« (Sch, EÜ, GNB). Mit **Alle, die hier versammelt sind**, wtl. »diese ganze Versammlung«, könnten das Heer der Philister, Israels Armee oder beide gemeint sein, denn auch Israel musste diese Lektion lernen.

Nach dem Austausch der beiden Kontrahenten wird das Erzähltempo erhöht. Der Abschnitt enthält nicht weniger als 24 Verben, einschließlich zwei Infinitiven *liqra't* »zu begegnen«, und zeichnet sich dadurch als Höhepunkt der Episode aus. Bei 16 Verben ist David Subjekt und wird dadurch als Hauptperson der Erzählung bestätigt. **48-51**

Das Aneinanderreihen von Verben malt plastisch das Bild der beiden Protagonisten, die sich immer näher kommen. Goliats Schwerfälligkeit klingt in den gewöhnlichen Begriffen *qwm* und *hlk* in Kontrast zu Davids flinker und behänder Bewegung *mhr* und *rwṣ*. Der Kommentar des Erzählers (V. 50) bestätigt, dass sich Davids Anspruch (V. 45) bewahrheitet hat. David besiegte Goliat zwar ohne Schwert, doch mit dessen eigener Waffe

versetzte er ihm den Todesstoß, hebr. *mwt* im *Polel* (vgl. 14,13; Ri 9,54; 2Sam 1,9-10.16).

2.4.5.7 Sieg über die Philister (V. 52-58). Schluss

2.4.5.7.1 Übersetzung

52. Mit einem Siegesschrei erhoben sich die Männer Israels und Judas und jagten den Philistern nach, bis man nach Gat kommt und bis zu den Toren Ekrons. Die Opfer unter den Philistern fielen entlang der Ausfallstraße bis Gat und Ekron. 53. Die Söhne Israels kehrten zurück von ihrer heißen Jagd hinter den Philistern her und plünderten deren Lager. 54. David nahm den Kopf des Philisters und brachte ihn nach Jerusalem, aber dessen Rüstung tat er in sein Zelt. 55. Als Saul sah, wie David hinausging, um dem Philister zu begegnen, fragte er Abner, seinen Heerführer: »Wessen Sohn ist dieser junge Mann, Abner?« Abner antwortete: »So wahr du lebst, O König, ich weiß es nicht.« 56. »Dann frag du, wessen Sohn der junge Mann ist!«, sagte der König. 57. Als David vom Sieg über den Philister zurückkehrte, nahm ihn Abner und brachte ihn vor den König, den Kopf des Philisters noch in seiner Hand. 58. Saul fragte ihn: »Wessen Sohn bist du, junger Mann?« »Ich bin der Sohn deines Knechts, Isai von Bethlehem,« antwortete David.

2.4.5.7.2 Gliederung

Der Abschnitt enthält zwei Teile: Die Säuberungsaktion (52-54) und das Gespräch zwischen Saul und David (55-58).

2.4.5.7.3 Auslegung

52 Die meisten Übersetzungen folgen der LXX **Gat**, MT liest »bis du zum Tal kommst« oder »in die Ebene« Sch, HFA. Die **Opfer** mögen sowohl Gefallene, »Erschlagene« MT, als auch »Verwundete« LXX gewesen sein. **Ausfallstraße**, wtl. »Straße der Tore«, vielfach als Eigenname *Schaarajim* übersetzt.

Die Erwähnung Jerusalems (V. 54) scheint ein Anachronismus zu sein, **53-54**
denn erst viel später eroberte David Jerusalem (2Sam 5,6-9). Wahrscheinlich greift der Verfasser hier vor. David bewahrte diese gruselige Kriegstrophäe in seiner späteren Hauptstadt auf, vielleicht als Andenken nach seinem definitiven Sieg über die Philister (2Sam 8,1). Später lagerte Goliats Schwert im heiligen Zelt (21,9), deshalb meinen manche, es müsse hier »in Jahwes Zelt« heißen, doch dafür gibt es keinen handschriftlichen Beleg. Wahrscheinlicher ist mit Davids Zelt das gemeinsame Zelt seiner Brüder gemeint.

Der Abschnitt (55-58) beginnt und endet damit, dass sich Saul nach **55-58**
Davids Vaterhaus erkundigt. Dazwischen wird Abner, der keine Auskunft zu geben weiß, beauftragt, David zu holen, der dann Sauls Frage beantwortet.

Historisch-kritische Ausleger wittern gern einen Widerspruch zwischen Sauls Frage und Davids früherer Anwesenheit bei Hofe (16,21.23) und vermuten eine zweite, verloren gegangene Quelle, vgl. WStB und GNB*. Dies impliziert nicht nur, dass heutige Theologen mit 3000 Jahren Abstand eher wissen, was wirklich geschah, als der zeitgenössische Verfasser, sondern auch, dass der Endredaktor von *1. Samuel* seine Quellen sehr ungeschickt zusammengekittet haben soll. Der scheinbare Widerspruch könnte auf mindestens drei Weisen aufgelöst werden, die sich keineswegs gegenseitig ausschließen:

1. David war zunächst nur vorübergehend an Sauls Hof (s. zu 16,22), ehe der Krieg gegen die Philister erneut aufflammte. Sechs Wochen an der Front und die Sorgen haben Saul David vergessen lassen;
2. Saul fragt nicht nach David, sondern nach seiner Abstammung;
3. Saul machte sich eventuell Sorgen über den möglichen Schwiegervater seiner Tochter (Bruns).

2.4.5.8 Vorschlag für eine Predigt oder Bibelarbeit über 1. Samuel 17

Thema: Herausforderungen im Glauben annehmen

1. Goliat forderte Gottes Volk heraus (V. 8-10).
Gläubige Menschen, Ortsgemeinden sowie die Kirche Jesu Christi stehen vielen Herausforderungen gegenüber: Versuchungen, Anfechtungen verschiedener Art, die Aufgabe der Evangelisation.

2. Saul nahm die Herausforderung nicht an (V. 10).
Saul war prädestiniert, die Herausforderung aufzugreifen. Goliat höhnte: *Wählt euch einen Mann!* (V. 8), aber Israel hatte Saul erwählt (10,21; 11,15), nicht zuletzt aufgrund seiner überragenden Körpergröße (10,23). Doch wie schon bei Gibea (14,2) hatte Saul Angst. Die Folge: Sechs Wochen lang trat Israel auf der Stelle (V. 16).

Gläubige Menschen verzagen, Führungskräfte versagen, die Sache Gottes leidet Schaden.

3. David griff die Herausforderung auf.
Er war um Gottes Ehre besorgt (V. 26, vgl. auch V. 36.45).

Er ertrug den Spott seiner Brüder (V. 28).

Im Kampf gegen Goliat wagte David den großen Glaubensschritt (V. 32).

Er bekannte seinen Glauben offen vor Saul (V. 37) und mutig vor Goliat (V. 45-47).

David setzte sein Vertrauen auf den Herrn (V. 46-47).

Als Hirte hatte er bereits erlebt, wie Gott ihn vor wilden Tieren bewahrte (V. 34-37).

David verließ sich nicht auf Sauls Rüstung (V. 39), ließ sich auch nicht von Goliats Waffen einschüchtern (V. 45).

Der Kampf und die Waffen eines Christenmenschen sind geistlicher Art (Eph 6,11-17; 2Kor 10,4-5).

David errang einen Sieg für ganz Israel (V. 52).

2.5 Polarisierung (Kapitel 18–20). Fünfter Akt

2.5.1 Einleitung

2.5.1.1 Gliederung

Die drei Kapitel 18–20 bilden eine Einheit, die mit *wajəhî* und dem Wiedererscheinen von Jonatan beginnt und mit der Abschiedsformel *qwm wəhlk* »aufstehen und weggehen« (21,1) schließt sowie durch verschiedene Faktoren zusammengehalten wird.

David, geliebt und beneidet (Kapitel 18). Episode 1

David wird bedroht und ergreift die Flucht (Kapitel 19). Episode 2

Jonatan nimmt Abschied von David (Kapitel 20). Episode 3

In der Folge wechseln sich längere Abschnitte mit David und Saul und kürzere (Ausnahme: Kap. 20) mit David und Jonatan ab:

David bei Hof, Sieg über Goliat	16,14–17,58
Freundschaft zwischen David und Jonatan	18,1-5
Sauls Eifersucht auf David	18,6-30
Jonatans Fürsprache für David	19,1-7
Saul stellt David nach	19,8-24
Jonatans Gespräch mit David	20,1–21,1
Davids Flucht vor Sauls Verfolgung	21,2–23,15
Jonatans Besuch bei David	23,16-18
Sauls Verfolgung, David verschont ihn.	23,19–24,23; 26

2.5.1.2 Inhalt

In vielen Erzählungen steht dem Held der Geschichte ein Gegenspieler gegenüber. Die Spannung der Handlung liegt in der Frage, ob es dem Held gelingt, den Widerstand des Bösewichts zu überwinden und sein Ziel zu erreichen. In *1. Samuel* ist es Saul, der nach seiner Ablösung in der Hauptrolle durch David zu dessen Gegenspieler wird und ihm das Ziel, nämlich das Königreich, streitig macht. Wie in der Einzelexegese deutlich wird, sorgt das Geschick des biblischen Erzählers dafür, dass Sauls Rolle nicht platt wirkt.

Die Thematik von Davids Erfolg und Beliebtheit sowie Sauls wachsende Feindseligkeit wird untermauert durch: Handlungen wie Sauls wiederholte Speerwürfe (18,10-11; 19,10; 20,33), durch die Kleidersymbolik (18,4; 19,24 s. dort), die bereits in der Episode mit Goliat begegnete (17,38-39.51), und durch wiederholte Begriffe, z.B. *yad*, »Hand«, das auch in späteren Kapiteln immer wieder vorkommt und den Machtkampf zwischen David und Saul symbolisiert, oder *nkh* im *Hifil* »(er)schlagen«: David war es, der den Goliat »erschlug« 18,6; 19,5, und weiterhin erfolgreich die Philister »schlägt« 18,7.27; 19,8, während Saul versucht, David zu »erschlagen« 18,11; 19,10.

2.5.1.3 Personen

Die drei Kapitel lassen sich einteilen nach den jeweiligen Personen, die entweder mit David oder mit Saul die Szene dominieren.

A[1] Jonatan (18,1-5)
    B[1] Saul und Israel (18,6-16)
        C[1] Sauls Töchter: Merab (18,17-19), Michal (18,20-30)
A[2] Jonatan (19,1-7)
        C[2] Sauls Tochter Michal (19,8-17)
    B[2] Samuel (19,18-24)
A[3] Jonatan (20,1-42)

2.5.1.4 Beziehungen

Die daraus resultierenden spannungsgeladenen Beziehungen zwischen David, Saul und seinen Familienmitgliedern kann mit einem doppelten Dreieck schematisch dargestellt werden:

		Saul		
	Sohn	Nebenbuhler	Tochter	
Jonatan	Liebe	David	Liebe	Michal

Die spannungsgeladenen Beziehungen zwischen den Personen werden durch Wort und Tat dargestellt. Jonatan versucht, sowohl seinem Vater als auch seinem Freund treu zu bleiben, Saul verliert die Zuneigung sowohl seines Sohnes als auch eines Kollegen. Jonatans Zuneigung für David steht im Kontrast zu Sauls Neid und Argwohn ihm gegenüber.

2.5.1.5 Charakterisierung

In diesen drei Kapiteln werden David und Saul gegenübergestellt und der Kontrast zwischen ihnen gezeichnet. Saul, voller Argwohn, versucht hinterlistig, David auszuschalten, während David loyal bleibt und die Aussöhnung mit Saul sucht. Saul, von Jahwe verstoßen, missbraucht zunehmend dessen Namen, während David, von Jahwe gesegnet, zunehmend erfolgreich wird. Saul instrumentalisiert die eigenen Töchter und verwirft sich mit seinem Sohn Jonatan, während David deren Zuneigung und Freundschaft gewinnt. Bezeichnenderweise befindet sich in den drei Kapiteln weder ein Dialog zwischen den beiden Kontrahenten noch eine Beurteilung des einen durch den anderen.

Bemerkenswert ist außerdem die Art und Weise, wie die Charaktere der zwei Hauptdarsteller gezeichnet werden. Sauls Einstellung und Beweggründe werden transparent gemacht durch seine Handlungen, wie der dreimalige Speerwurf, und durch seine Äußerungen, während Davids Einstellung und Beweggründe undurchsichtig bleiben. Seine Handlungen und Äußerungen sind zweideutig, der Verfasser verrät Davids Gedanken nicht, zum Beispiel seine Reaktion auf Jonatans Geste von Freundschaft und Liebe (18,3-4) oder dessen Vermittlung, David wieder in Sauls Hof einzugliedern (19,2-7). Davids Äußerungen sind spärlich – er redet nur dreimal in den drei Kapiteln – und zweideutig (vgl. 18,18.26; 20,5-8 zur Stelle).

2.5.2 David geliebt und beneidet (Kapitel 18). Episode 1

Diese Episode wird am Anfang durch den Grenzmarker *wajəhî* »und es geschah« (Elb) und am Schluss durch die Zusammenfassung der Thematik (29-30) vom umgebenden Text abgesetzt.

Thema der Episode ist Davids Erfolg aufgrund von Jahwes Segen und die Folgen sowie seine zunehmende Beliebtheit beim Volk und bis in Sauls Familie hinein, und im Gegensatz dazu Sauls wachsende Argwohn, Angst, Missgunst und schließlich Feindseligkeit. Beides wird durch die Wortwahl sowie durch Rahmenwiederholungen (vgl. 2.1.2.1) dargestellt.

David ist sechsmal Objekt des Zeitworts *'hb* »lieben« (V. 1.3.16.20.22.28), viermal Subjekt des Zeitworts *śkl* »gedeihen, gelingen« (V. 5.14-15.30), und steht viermal in Verbindung mit dem Begriff «in den Augen von» (V. 5.8.20.26). Saul ist dreimal Subjekt von Zeitwörtern der Angst *jr'* »fürchten« (V. 12.29) und *gwr* »grauen« (V. 15).

David war beliebt bei Saul (16,21), Jonatan (18,1.3), Michal (18,20), Sauls Beamten (18,22) und dem Volk (18,7-8.30). Michals Liebe zu David kann gewiss als romantische Zuneigung verstanden werden, bei Jonatan aber als tiefe Männerfreundschaft und beim Volk eher als Ergebenheit einem Führer gegenüber. Seine Beliebtheit beruht auf Jahwes Segen und seinem Erfolg im Kampf mit den Philistern.

Aus Liebe zu David helfen ihm sowohl Michal (19,12) als auch Jonatan (Kap. 20) zu entfliehen. David genießt die Gunst von Ahimelech (Kap. 21) und sogar Achisch (Kap. 27), obwohl er sich beiden gegenüber unredlich verhält. Andererseits wird David von seinem Vater übersehen (16,11) und von seinem ältesten Bruder Eliab (17,28) sowie Nabal (25,10-11) verachtet.

Wiederholt werden sowohl Davids Aufstieg (V. 5.13-16.30) als auch Sauls Argwohn, Eifersucht und Angst (V. 8-9.12.15.28-29) thematisiert. Manche Ausleger deuten diese Wiederholungen, besonders den durch die Wiederholung von »Sauls Knechten« gebildeten Einschluss (V. 5.30), als Zeichen der Zeitlosigkeit und das ganze Kapitel als Hintergrundinformation mit dem Fortgang der Erzählung erst ab 19,1. Diese Wiederholungen lassen sich aber vielleicht noch sinnvoller als Hinweis kontinuierlichen Fortschritts über einen gewissen Zeitraum verstehen, auch wenn manche Ausleger der Meinung sind, Davids Aufstieg habe sich verhältnismäßig rasch vollzogen.

In seiner Beziehung zu David treten die dunklen Seiten von Sauls Charakter immer stärker hervor und verderben sogar sein Verhältnis zu den eigenen Kindern, während sein Argwohn gegen David zu einer Zwangsvorstellung ausartet. Seine Geständnisse gegenüber Samuel (15,24.30) und David (24,17-21; 26,21) klingen indessen unaufrichtig.

Sauls ursprüngliche Zuneigung für David (16,21-22) schlägt in Neid und mörderischen Hass um. Seine Missgunst kommt in seiner Bezeichnung Davids als »Sohn Isais« zum Ausdruck (20,27.30-31; 22,7). Gründe dafür sind:

1. Sauls Argwohn nach der Ankündigung, Jahwe habe sich einen anderen ausgesucht (13,14; 15,28);
2. der Einfluss des bösen Geistes auf Saul (V. 10-11; 16,14);
3. Saul beneidet Davids Erfolg und Beliebtheit (V. 15), nicht zuletzt bei der eigenen Familie (V. 28-29);
4. Saul ist frustriert, weil seinen Ränken (V. 17.25) kein Erfolg beschieden wird (V. 27; 19,17);
5. Saul muss anerkennen, dass Jahwe mit David ist, ihn selbst aber verlassen hat (V. 12.28).

Selten werden in biblischen Erzählungen die Absichten und Motive einer Hauptperson so deutlich dargestellt wie bei Saul in dieser Episode. Seine Handlungen – die Speerwürfe (V. 11), die Entfernung Davids vom Hof (V. 13) und die Heiratsangebote (V. 17.21) – seine Äußerungen (V. 17.21-22.25), vor allem seine Selbstäußerungen (V. 8.11.17.21) und die Anmerkungen des Erzählers (V. 9.12-13.15.20.25.28-29) lassen seine Reaktion auf die Ereignisse transparent werden. Im Gegensatz dazu geben Davids Äußerungen (V. 18.23) wenig Aufschluss über seine Motive, und seine Reaktion auf seinen eigenen Aufstieg bleibt unbekannt. Nur selten verrät der Verfasser Davids Empfindungen, ob Jonatans Freundschaft, Michals Liebe, Doëgs Verrat oder Sauls Hass gegenüber. Diese kommen in den Psalmen 52; 54, 55; 56; 57; 59; 64 zum Ausdruck.

2.5.2.1 Jonatans Liebe zu David (V. 1-5). 1. Szene

2.5.2.1.1 Übersetzung

1. Als David aufgehört hatte mit Saul zu reden, verband sich Jonatans Seele mit Davids Seele und Jonatan liebte ihn wie seine eigene Seele. 2. Am selben Tag nahm Saul ihn zu sich und ließ ihn nicht mehr in seines Vaters Haus zurückkehren. 3. Jonatan und David machten miteinander einen Bund, weil er ihn liebte wie seine eigene Seele. 4. Das Oberkleid, das er trug, streifte Jonatan ab und gab es David, auch seinen Kampfanzug, dazu auch sein Schwert, seinen Bogen und seinen Gürtel. 5. David rückte aus, wohin immer Saul ihn sandte, und hatte Erfolg. Saul setzte ihn über die Kriegsleute, und das gefiel der ganzen Truppe und auch Sauls Hofbeamten.

2.5.2.1.2 Gliederung

Dieser Abschnitt beginnt mit dem Grenzmarker *wayəhî* und schließt mit dem zusammenfassenden Vers 5, danach kommt ein neues Thema. Die Szene erklärt Davids Anwesenheit in Sauls Familie sowie sein Kommando über das Heer und deutet seine Beliebtheit sowie die Vorstellung an, dass David anstelle von Jonatan der nächste König sein soll.

2.5.2.1.3 Auslegung

1 Die Erwähnung des Gesprächs mit Saul (V. 1) verbindet die Szene mit der vorigen Episode und deutet damit den Grund für Jonatans Zuneigung für David an. Aufgrund der Aussagen **Jonatan liebte ihn wie seine eigene Seele** (auch V. 3; 20,17; vgl. 2Sam 1,26) ist behauptet worden, die Beziehung zwischen Jonatan und David sei gleichgeschlechtlicher Art, aber der Text unterstützt diese Ansicht keineswegs. Besonders durch Samuels Äußerungen betont der Verfasser von *1. Samuel* die Wichtigkeit der Treue gegenüber Jahwes Tora, die gleichgeschlechtliche Beziehungen unmissverständlich ablehnt. Kaum vorstellbar also, dass er ein Verhältnis, das dagegen verstoßen hätte, in einem derart günstigen Licht schilderte. Ferner kann man kaum behaupten, David sei Frauen abhold. Seine Reaktion auf Sauls Angebote (18,18.23) zeugt von Bescheidenheit und Unterwürfigkeit, nicht gleichgeschlechtlicher Neigung. Ferner sehen Befürworter der Homosexualität meistens David als den aktiven Partner, doch geht der Anstoß der Freundschaft tatsächlich von Jonatan aus, der auch in Kap. 20 dominant bleibt.

Grundlage der tiefen Männerfreundschaft, die in einem Bund Ausdruck findet (V. 3) und durch alle Höhen und Tiefen der weiteren Handlung standhält, ist der gemeinsame Glaubensmut. Jonatan fühlt sich zu diesem Menschen hingezogen, der wie er im Vertrauen zu Jahwe einen großen Sieg über den Feind errang (14,6-14). Es ist denkbar, dass Jonatan Goliats Herausforderung gern selbst aufgegriffen hätte, sein Vater dies jedoch verwehrte, um die Thronfolge nicht zu gefährden.

Davids dauerhafter Aufenthalt an Sauls Hof beginnt (vgl. zu 16,22). **2**

Weil das Zeitwort *krt* »schneiden« in der Einzahl ist, übersetzen LÜ, EÜ, **3**
NLB, GNB »Jonatan machte einen Bund mit David« und hinterlassen den Eindruck, Jonatans Rolle war vorherrschend. Obwohl Jonatan, der gesellschaftlich höhergestellt war, zweifellos die Initiative ergriff, war ihr Bund nicht etwa ein Zeichen von Davids Unterwürfigkeit, sondern der vollen Gleichberechtigung, wie die folgende Handlung bestätigt.

Mit der Übergabe seiner Kleidung und Rüstung, ein weiteres Beispiel **4**
von Kleidersymbolik, deutet Jonatan an, dass er David als Sauls Nachfolger anerkennt und dass die Königswürde auf David übertragen werden soll (vgl. 23,17). Sauls **Kampfanzug** hatte David abgelehnt (17,38), vielleicht wegen der unterschiedlichen Körpergröße, Jonatans Geschenke aber nimmt er an.

5 Die erste Rahmenwiederholung in V. 5 ist eine Prolepsis, eine summarische Ankündigung, die erst in V. 13-16 ausgeführt und in V. 30 als Abschluss wiederholt wird. Das Zeitwort *śkl* **hatte Erfolg** kann auch »geschickt«, »besonnen sein oder handeln« bedeuten. Nicht David »war beliebt« (so Elb, EÜ, HFA), sondern Sauls Entscheidung »fand den Beifall des Volkes und auch der Diener Sauls« (NLB). Dieser Vers beschließt diese Szene und bereitet den Weg für die folgende vor.

2.5.2.2 Vorschlag für eine Predigt oder Bibelarbeit über 1. Samuel 18,1-4

Thema: Herz und Herz vereint zusammen

Trotz Unterschiede im Alter – Jonatan war wahrscheinlich älter als David – wie im sozialen Rang – Jonatan gehörte zum Kleinadel, David war Großbauernsohn –, waren David und Jonatan eng verbunden.

A. Die Grundlage ihrer Gemeinschaft

David und Jonatan hatten gemeinsame Anliegen.

- a. Beide waren um Gottes Ehre besorgt (17,26.36).
- b. Beide vertrauten Gott gegen den Schein (14,6; 17,37.45-47).
- 2. David und Jonatan hatten gemeinsame Erlebnisse.
  - a. Beide trugen mit Gottes Hilfe den Sieg davon (14,12-15; 17,50-51).
  - b. Beide waren im Volk beliebt (14,45; 18,5.16.30).
  - c. Beide wurden von Saul angegriffen (18,11; 19,10; 20,33).

B. Der Ausdruck ihrer Gemeinschaft

1. Ihre Gemeinschaft war geprägt von starker, selbstloser Liebe (18,1; 19,1; 2Sam 1,26).
2. Ihre Gemeinschaft äußerte sich in gegenseitiger Loyalität.
   - a. Sie schlossen einen Bund miteinander (18,3 vgl. 20,8.23.42; 23,18).
   - b. Sie schworen gegenseitige Treue (20,14-15.42).
   - c. Jonatan setzte sich für David ein (19,4; 20,28-29).

   d. Jonatan machte David Mut: »Jonatan stärkte seine Hand in Gott« (23,16).
3. Gemeinschaft bedeutet, sich selbst zurückstellen.
   a. Jonatan übergab David Kleidung und Rüstung (18,4).
   b. Jonatan trat damit seine Stellung als Thronfolger an David ab.

2.5.2.3 Sauls Missgunst (V. 6-9). 2. Szene

2.5.2.3.1 Übersetzung

6. Auf dem Heimweg, als David vom Sieg über den Philister zurückkehrte, kamen die Frauen aus allen Städten Israels zu singen mit Tänzen König Saul entgegen, mit Handpauken, Jubel und Schellen. 7. Die Frauen zelebrierten den Wechselgesang mit den Worten: »Saul hat seine Tausende besiegt, David seine Zehntausende!« 8. Saul wurde sehr zornig, denn die Aussage missfiel ihm. »David schreiben sie Zehntausende zu«, dachte er, »mir aber nur Tausende. Was fehlt ihm noch außer der Königswürde?« 9. Saul beäugte David von dem Tag an.

2.5.2.3.2 Gliederung

Diese Szene erzählt, wie Sauls ursprüngliche Zuneigung für David (V. 2, vgl. 16,21-22) in Neid und Argwohn umschlägt, wobei die chronologische Reihenfolge nicht näher geschildert wird (*Informationslücke*). Sauls Missgunst steht in starkem Kontrast zu Davids Beliebtheit bei Jonatan und dem Volk.

2.5.2.3.3 Auslegung

Schellen, hebr. *schâlisch*, kommt nur hier vor. Die Verwandtschaft mit **6-7**
schâlôsch »drei« lässt an »Triangeln« (Elb, Sch) oder »dreieckige Harfen« (Elb*, GNB), denken, LXX *kymbalos* an Zimbeln (LÜ, EÜ, NLB, WStB), Vul *sistrum* an Schellen. Saul war es, nicht David, den die Frauen feiern wollten, und ihr Text war einfach ein schlichter Parallelismus, vgl. Ps 91,7.

8-9 Mit der Zeit und wahrscheinlich beim Nachdenken über den Chorus der Frauen macht Sauls Argwohn aus »und« ein »aber« und den poetischen Parallelismus zu einen unvorteilhaften Vergleich. Saul **dachte**, wtl. »sagte«, ein Beispiel von »erlebter«, »verkleideter« oder »verschleierter Rede«, die Gedanken oder Selbstäußerungen von Personen wiedergibt (Weiss, *Bauformen des Erzählens*, S. 460), vgl. V. 11.17.21; 23,7. Im Gegensatz zum Leser weiß Saul nicht sicher, ob David derjenige ist, der ihn ersetzen soll, doch nun schöpft er Verdacht und hält David unter Beobachtung.

2.5.2.4 Sauls Schrecken (V. 10-16). 3. Szene

2.5.2.4.1 Übersetzung

10. Ab dem nächsten Tag bemächtigte sich ein böser Geist von Jahwe Sauls, und er tobte mitten im Haus. David zupfte wie üblich mit der Hand, in Sauls Hand war der Speer. 11. Plötzlich schleuderte Saul den Speer mit der Absicht, David an die Wand zu spießen, doch David wand sich und entkam zweimal. 12. Saul bekam Angst vor David, weil Jahwe mit ihm war und sich von Saul abgewandt hatte. 13. Saul entfernte ihn aus seiner Umgebung und gab ihm den Befehl über eine Tausendschaft, und David zog ein und aus an der Spitze der Truppe. 14. David war erfolgreich in allem, was er unternahm, und Jahwe war mit ihm. 15. Als Saul Davids große Erfolge bemerkte, graute ihm vor David, 16. während David nicht nur in Juda beliebt war, sondern in ganz Israel, denn er war es, der an ihrer Spitze ein- und auszog.

2.5.2.4.2 Auslegung

10-11 Sauls Äußerungen gleichen in gewissem Sinne denen, die unter dem Einfluss des Heiligen Geistes entstanden waren (10,10), deshalb **tobte,** wtl. »prophezeite er«. Davids Musikinstrument wird nicht erwähnt, sondern die wiederholte Vokabel **Hand** stellt die Tobsucht Sauls der therapeutischen Wirkung von Davids Saitenspiel gegenüber. Entweder hat Saul den Speer »erhoben«, hebr. *nṭl* (LXX, LÜ, GNB) oder **geschleudert**, hebr. *ṭwl.* Der Verfasser verrät Sauls **Absicht**, wtl. »er sagte sich«, **David an die Wand zu spießen**, wtl. »zu schlagen«, hebr. *nkh*. David **wandte sich und**

entkam, wtl. »wandte sich von seiner Gegenwart«. Es handelte sich eben nicht um ein einmaliges Geschehen: **Zweimal** bezieht sich evtl. auf die Begebenheit, die in 19,10 berichtet wird.

Sauls Argwohn lässt Davids Anwesenheit unerträglich werden, seine **12-16**
Furcht steigert sich mit Davids Beliebtheit (V. 12). Davids Erfolg **in allem, was er unternahm**, wtl. »auf allen seinen Wegen«, wird Jahwes Beistand zugerechnet, wie vor ihm bei Joseph (1Mo 39,2.23), Josua (Jos 1,5.7), Gideon (Ri 6,16) und Samuel (2,26; 3,19). **Ein- und ausziehen** ist ein Standardausdruck für militärische Führung.

2.5.2.5 Sauls Heiratsangebot (V. 17-19). 4. Szene

2.5.2.5.1 Übersetzung

17. Saul machte David den Vorschlag: »Hier ist meine ältere Tochter Merab. Ich gebe sie dir zur Frau, nur sei mir ein tapferer Kriegersohn und kämpfe Jahwes Kämpfe.« Dabei dachte Saul: »Ich werde die Hand gegen David nicht erheben, das sollen die Philister tun!« 18. »Aber wer bin ich?«, antwortete David. »Was ist meine Familie und die Verwandtschaft meines Vaters in Israel, dass ich des Königs Schwiegersohn sein soll?« 19. Als die Zeit kam, Sauls Tochter Merab dem David zu geben, wurde sie dem Adriël aus Mehola zur Frau gegeben.

2.5.2.5.2 Gliederung

A¹ Sauls Angebot (17a)
  B¹ Sauls Absicht (17b)
  B² Davids Einwand (18)
A² Sauls Angebot zurückgenommen (19)

2.5.2.5.3 Auslegung

Endlich löst Saul sein bereits gegebenes Versprechen ein (17,25, s. dort), **17**
doch nicht als Belohnung, sondern als Falle. Mit *hinnēh* richtet Saul Davids Augenmerk auf eine neue Möglichkeit. Er wünscht sich David als

bên chajil, das 2Sam 17,10 »tapferer« bzw. »erfahrener Kämpfer« oder »Krieger« bedeutet, aber wtl. »Sohn der Waffen« bzw. »des Heeres« heißt, also als **Kriegersohn**. Der Vers enthält zwei ironische Wiederholungen mit Veränderung. Merab soll *lə* **dem** David *lə* **zur** Frau, aber dafür muss David *lə* **dem** Saul *lə* **zum** Schwiegersohn werden. Dabei *ʾmr* **sagte** Saul das eine, doch *ʾmr* »sagte sich«, also **dachte**, etwas völlig anderes.

18 Im Gegensatz zur durchsichtigen Darstellung von Saul verrät der Erzähler Davids Gedanken nicht. Seine ausweichende Antwort (V. 18) könnte Zeichen von Schläue (er durchschaut Sauls Plan), Unterwürfigkeit oder bescheidener Demut sein. Saul vermutet vielleicht einen finanziellen Einwand, denn später (V. 25) verzichtet er ausdrücklich auf einen Brautpreis für Michal.

19 Der Verfasser nennt V. 19 keinen Grund für diese Entwicklung. Es ist denkbar, dass Merab nicht einwilligte, weil sie im Gegensatz zu ihrer Schwester für David keine Zuneigung empfand.

2.5.2.6 Michals Liebe zu David (V. 20-30). 5. Szene

2.5.2.6.1 Übersetzung

20. Michal, Sauls Tochter, hatte sich in David verliebt. Als man es Saul erzählte, gefiel ihm die Vorstellung, 21. denn er dachte: »Ich werde sie ihm geben, damit sie ihm zur Falle wird und die Hand der Philister wird gegen ihn sein.« Also sagte er David: »Heute hast du zum zweiten Mal Gelegenheit, mein Schwiegersohn zu werden.« 22. Saul wies seine Hofleute an, David privat zu sagen: »Weißt du, dass du dem König gefällst, und die ganzen Leute vom Hof mögen dich. Werde doch des Königs Schwiegersohn!« 23. Als Sauls Hofleute David diese vertrauliche Mitteilung machten, gab er zu Antwort: »Betrachtet ihr es als Bagatelle, des Königs Schwiegersohn zu werden? Und das bei einem armen und unbeachteten Mann wie ich!« 24. Als Sauls Hofleute ihm Davids Antwort im Wortlaut berichteten, 25. wies er sie an, David mitzuteilen, der König wünsche sich keinen anderen Brautpreis als hundert Vor-

häute der Philister als Vergeltung an des Königs Feinden. Dabei rechnete Saul damit, dass David im Kampf gegen die Philister fallen würde. 26. Als seine Hofleute David dieses Angebot unterbreiteten, schien es ihm recht, des Königs Schwiegersohn zu werden. Ehe die Frist um war, 27. machte er sich auf, zog mit seinen Männern hin und erschlug unter den Philistern zweihundert Mann, brachte deren Vorhäute und zählte sie dem König vollständig vor, um des Königs Schwiegersohn zu werden. Daraufhin gab Saul ihm seine Tochter Michal zur Frau. 28. Als Saul merkte und erkennen musste, dass Jahwe mit David war und dass Michal, seine Tochter, ihn liebte, 29. bekam er immer mehr Angst vor ihm und wurde sein ständiger Feind. 30. Jedes Mal, wenn die Philisterfürsten ausrückten, hatte David mehr Erfolg als alle anderen Heerführer Sauls, sodass er immer mehr geschätzt wurde.

2.5.2.7.1 Gliederung

- A^1 Michals Liebe und Sauls Reaktion (20)
  - B^1 Sauls zweites Heiratsangebot (21)
    - C Die Verhandlungen (22-26)

      Im Gegensatz zur üblichen Knappheit der Darstellung wird der Verlauf der Verhandlungen in aller Ausführlichkeit erzählt und damit Sauls verzwickte Intrige hervorgehoben.
      - a^1 Sauls Vorschlag (22)
        - b^1 Die Hofleute vermitteln (23a)
          - c^1 David lehnt ab (23b)
        - b^2 Die Hofleute vermitteln (24)
      - a^2 Sauls weiterer Vorschlag (25)
        - b^3 Die Hofleute vermitteln (26a)
          - c^2 David nimmt an (26b)
  - B^2 David heiratet Michal (27)
- A^2 Michals Liebe, Sauls Reaktion und Davids Erfolg (28-30)

2.5.2.7.2 Auslegung

Die Bezeichnung Michals als **Sauls Tochter** (V. 20) ist keinesfalls über- **20-21**
flüssige Information, sondern Ironie: Die Tochter liebt den Mann, den ihr

Vater beseitigen möchte, während der Vater diese Zuneigung rücksichtslos ausnutzt! **Hatte sich verliebt**, wtl. »liebte«; **gefiel ihm die Vorstellung**, wtl. »die Sache war recht in seinen Augen«, vgl. V. 26. Der Satzteil **zum zweiten Mal** könnte zu »Saul sagte« gehören (Elb*), manche übersetzen diese Worte »in zwei Jahren« (LÜ, EÜ, vgl. zu V. 27) oder »den zweiten« (Sch) bzw. »anderen« (LÜ†, Br).

22 Im Kt. steht »sein Knecht« (V. 22), im Qr. und anderen Mss steht die Mehrzahl. Die vertrauliche Mitteilung soll den Eindruck erwecken, Sauls frühere Zuneigung (16,22) bestehe weiterhin. **Weißt du**, hebr. *hinnēh*, die Hofleute lenken Davids Aufmerksamkeit auf seine Beliebtheit am Hof.

23 David wundert sich offenbar über die **vertrauliche Mitteilung** der Hofbeamten (wtl. »Sauls Knechte redeten David in die Ohren«). Ihnen scheint (wtl. »ist es in euren Augen?«) eine Verbindung mit dem Königshaus eine **Bagatelle**, hebr. *nəqallāh*, wtl. »verachtet, gering geschätzt«, zu sein, für ihn sprengt sie seine finanziellen Möglichkeiten – er vermag den Brautpreis nicht aufzubringen (vgl. V. 25) – und ist zudem nicht standesgemäß, denn er ist *niqlāh* **unbeachtet** (Wortspiel). Saul hatte auf Samuels Einladung ähnlich geantwortet (9,21).

24-25 Der Brautpreis (vgl. 1Mo 34,12; 2Mo 22,15-16) war eine Entschädigung, die der Bräutigam an die Familie der Braut zahlte. Saul weiß von Davids Einstellung zu Goliat (17,36), dass diese Aussicht ihn ansprechen wird. Saul *chschb* (kann »planen, beabsichtigen« bedeuten) LXX *logizomai* **rechnete damit**, dass David (hebr. *bə* instrumental) nicht »in« sondern »durch« wtl. »die Hände« der Philister **fallen**, also im Kampf sterben würde.

26-27 Während Sauls Ränke und Michals Liebe für David wiederholt transparent gemacht werden, bleibt der Grund für Davids Zusage im Dunkeln. Über eine etwaige Empfindung für Michal seinerseits schweigt der Verfasser ebenfalls (*Informationslücke*). Aus dem Text geht nicht hervor, um welche **Frist**, wtl. »ehe die Tage erfüllt waren«, es sich handelt, es sei denn, es heißt in V. 21 »in zwei Jahren« (s. dort). Der Verfasser überlässt es der Fantasie seiner Leser, sich die Szene auszumalen, als David und seine Männer (im MT steht das Tätigkeitswort **zählte** in der Mehrzahl) diesen Brautpreis vor Saul auszahlten!

Davids Unversehrtheit im Kampf gegen die Philister zwingt Saul zum **28-29**
Geständnis, David stehe in Jahwes Gunst. Dies bewegt ihn aber nicht zum Umdenken, im Gegenteil: Die wiederholt erwähnte Liebe Michals (in LXX ausgelassen; zur Bezeichnung als **Sauls Tochter** vgl. zu V. 20) steht in krassem Gegensatz zum Argwohn des Vaters. Sauls wachsende Angst schlägt in Hass um und versetzt ihn als Davids Feind in die Rolle der Philister (Ironie)!

Die abschließende Rahmenwiederholung (V. 30) rundet die Episode ab **30**
und lässt sie auf einer positiven Note ausklingen. **David … wurde immer mehr geschätzt**, wtl. »sein Name wurde sehr teuer«.

2.5.3 David entrinnt der Todesgefahr (Kapitel 19). Episode 2

In dieser Episode spitzt sich das Verhältnis zwischen Saul und David zu. Dies spiegelt sich in der Wortwahl wider: *mwt* im *Hifil* »töten, umbringen« kommt achtmal vor (V. 1-2.5-6.11.15.17), siebenmal auf David bezogen. Er ist auch Subjekt mehrerer synonymer Zeitwörter für Flucht: *pṭr* und *nws* (V. 10), *brch* (V. 12.18; 20,1) und *mlṭ* »entrinnen« (V. 10-12.17). In jeder der vier Szenen entrinnt David der Todesgefahr.

2.5.3.1 Gliederung

1. Szene (2-7): David wird vor Sauls Morddrohung durch Jonatans Fürsprache gerettet.
2. Szene (8-10): David entweicht Sauls Speerwurf durch seine Flinkheit.

3. Szene (11-17): David entkommt Sauls Nachstellung durch Michals Täuschungsmanöver.
4. Szene (18-24): Höhepunkt: David entkommt Sauls Verfolgung durch die Verzögerungstaktik von Jahwes Geist.

In jeder Szene steht Saul auf der Bühne, abwechselnd in Konflikt mit Familienmitgliedern oder David:

A[1] Saul und Jonatan (2-7): 1. Szene: Jonatan durchkreuzt seines Vaters Pläne.
   B[1] Saul und David (8-10): 2. Szene: David weicht Sauls tödlichem Angriff aus.
A[2] Saul und Michal (11-17): 3. Szene: Michal täuscht ihren eigenen Vater.
   B[2] Saul und David (18-24): 4. Szene: Saul verfolgt David, wie später in Kap. 23.

2.5.3.1.1 Ironische Rollenumkehrung

In der vorigen Episode schmiedete Saul Ränke gegen David, doch in dieser und der nächsten sind es Jonatan und Michal, die sich gegen den Vater verschwören! Sauls eigene Familienmitglieder retten David das Leben und durchkreuzen die Anschläge ihres Vaters.

2.5.3.2 David entkommt Sauls Morddrohung durch Jonatans Fürsprache (V. 1-7). 1. Szene

2.5.3.2.1 Übersetzung

1. Saul wies Jonatan, seinen Sohn, und alle seine Hofleute an, David umzubringen, doch David gefiel Jonatan, Sauls Sohn, sehr. 2. Jonatan erzählte David: »Mein Vater Saul sucht dich umzubringen. Sei nun bitte auf der Hut, bleib in Deckung und versteck dich, 3. während ich für meinen Teil hinausgehe und mich meinem Vater zur Seite stelle auf dem Feld, wo du bist. Ich werde mit meinem Vater deinetwegen reden und sehen, was Sache ist, und werde es dir erzählen.« 4. Jonatan redete mit seinem Vater Saul zu Davids Gunsten und sagte: »Der König möchte sich keinen Fehltritt leisten bezüglich seines Dieners David, denn er hat sich dir gegenüber nichts zuschulden kommen lassen, sondern hat sehr zu deinen Gunsten gehandelt. 5. Er setzte sein Leben aufs Spiel, als er den Philister erschlug, und Jahwe bewirkte einen großen Sieg für ganz Israel. Du hast es gesehen und warst doch glücklich darüber. Warum willst du dich denn gegen unschuldiges Blut vergreifen und David ohne Grund umbringen lassen?« 6. Saul ließ sich durch Jonatan umstimmen und schwor: »So Jahwe lebt, er soll nicht sterben!« 7. Jonatan rief David und erzählte ihm, wie das Gespräch verlaufen war. Dann brachte er ihn zu Saul und er war vor ihm wie früher.

2.5.3.2.2 Gliederung

A[1] Verhängnis: Sauls Mordpläne (1)
  B[1] Versteck: David versteckt sich auf Jonatans Rat hin (2-3)
  B[2] Vermittlung: Jonatans Fürsprache bei Saul (4-6)
A[2] Versöhnung: David kehrt zum Hof zurück (7)

2.5.3.2.3 Auslegung

»Zum ersten Mal äußert Saul öffentlich seine Absicht, David umbringen zu lassen« (Herzberg). Jonatans Verhältnis zu David wird wie in der vorigen Episode gleich zu Beginn erwähnt, nur diesmal im Gegensatz zu Sauls Mordgelüsten. Der Verfasser benutzt die gleiche Vokabel *chpṣ* »gefallen« wie einst Saul (18,22). **1**

Topografische Einzelheiten wie Davids Versteck und das Feld erklärt der Verfasser nicht (*Informationslücke*). Ihm ist wichtig, wie Jonatan Partei ergreift für David gegen den eigenen Vater. **2-3**

Jonatans Gespräch mit Saul weist eine chiastische Struktur auf: Es beginnt mit Jonatans Plädoyer – »er redete Gutes über David« – und endet mit Sauls Zustimmung. Als zweites und vorletztes Glied steht Jonatans Appell, Saul möchte **keinen Fehltritt** begehen, hebr. *chṭ'* »sich versündigen«. Es ziemt dem König als Garant für Recht und Ordnung nicht, selbst Unrecht zu tun. Der Grund steht an zentraler Stelle: David hatte für Saul sein **Leben** riskiert, wtl. »in die Hand genommen«, um gegen Goliat anzutreten. Der daraus resultierende **Sieg**, hebr. *təschû'āh*, auch **4-6**

»Heil, Rettung«, erinnert sowohl an Sauls eigenen Erlass nach der Befreiung von Jabesch-Gilead (11,13) wie an das Plädoyer der Truppe für Jonatan nach dem Sieg bei Michmas (14,45). Sauls Eid ist beredtes Zeugnis seiner labilen Seelenverfassung sowie der Heftigkeit seiner Reaktionen. Seine früheren Eide (14,24.28.39.44) geben Grund zur Skepsis.

7 Jonatans vorbildlicher Vermittlungsversuch gewährt David nur eine kurze Verschnaufpause, wie die folgende Szene zeigt.

2.5.3.3 David weicht Sauls tödlichem Angriff aus (V. 8-10). 2. Szene

2.5.3.3.1 Übersetzung

8. Der Krieg ging weiter, und David zog aus zum Kampf gegen die Philister. Er brachte ihnen eine derart schwere Niederlage bei, dass sie die Flucht ergriffen. 9. Als Saul in seinem Haus saß, seinen Speer in der Hand, und David zupfte mit der Hand, kam ein böser Geist von Jahwe auf Saul, 10. und er versuchte, David mit dem Speer an die Wand zu spießen, doch David wich vor Saul aus und der Speer schlug in die Wand. David floh und konnte in die Nacht entrinnen.

2.5.3.3.2 Gliederung

A[1] Die Philister fliehen vor David (8)
  B[1] Saul vom bösen Geist ergriffen (9)
  B[2] David von Saul angegriffen (10a)
A[2] David flieht vor Saul (10b)

2.5.3.3.3 Auslegung

Die Zusammenstellung macht deutlich, dass Davids Erfolg gegen die Philister Sauls eifersüchtigen Hass auslöst. Seine mörderische Tobsucht aus der vorigen Episode (18,10-11) wiederholt sich (s. dort). Nach LXX, LÜ, EÜ, GNB gehört **in die Nacht** zum Anfang der nächsten Szene, was einen guten Sinn ergibt, die hebr. Grammatik aber gegen sich hat.

2.5.3.4 David entkommt Sauls Bewachung durch Michals Täuschung (V. 11-17). 3. Szene

2.5.3.4.1 Übersetzung

11. Saul sandte Boten zu Davids Haus, um ihm aufzulauern und ihn am Morgen umzubringen. Doch Davids Frau Michal erzählte es ihm. »Rettest du dein Leben nicht diese Nacht«, sagte sie, »dann bist du morgen früh ein toter Mann!« 12. Michal ließ David durchs Fenster hinunter, er floh und konnte entrinnen. 13. Michal nahm den Terafim und legte ihn aufs Bett mit einem Geflecht aus Ziegenhaar am Kopfende und deckte ihn mit einem Kleidungsstück zu. 14. Als Saul Boten schickte, um David zu verhaften, sagte sie: »Ihm ist nicht wohl.« 15. Saul schickte die Boten, um nach David zu schauen mit den Worten: »Bringt ihn mir auf dem Bett hinauf, um ihn umzubringen.« 16. Als die Boten ankamen, entdeckten sie den Terafim mit einem Geflecht aus Ziegenhaar am Kopfende. 17. »Warum hat du mich derart hintergangen und hast meinen Feind fortgeschickt, dass er entkam?«, wollte Saul von Michal wissen. Sie gab ihm zur Antwort »Er sagte: Lass mich gehen! Warum sollte ich dich umbringen?«

2.5.3.4.2 Auslegung

Wie in der Folge deutlich wird, hatte die Bewachung nicht den Zweck, **11-12**
David zu »töten, sobald er das Haus verließ« (HFA), sondern ihn zu verhaften. Warum nicht gleich in der Nacht, wie die moderne Geheimpolizei es mit Vorliebe tut? Vielleicht war das Risiko einer Flucht oder Verwechselung in der Dunkelheit zu groß, vielleicht sollten Sauls Gesandte wie eine Eskorte aussehen und so Aufsehen vermeiden. Michals Fluchtweg hat in der Heiligen Schrift gute Tradition (Jos 2,15; Apg 9,25)!

Die oft als »Hausgott« bezeichneten **Terafim**-Figuren (V. 14) waren im **14-15**
Alten Orient allgegenwärtig und kommen im ganzen AT vor: in der Väter- und Richterzeit (Ri 17,5; 18,14.17-18.20.30), in der Monarchie und nach dem Exil. Manche waren klein genug, um in einer Satteltasche versteckt zu werden (1Mo 31,19.34), andere wie hier groß genug, um einen Menschenkörper vorzutäuschen. Sie waren offenbar mit Wahrsagen

verbunden (Hes 21,26) und wurden ausdrücklich (1Sam 15,23; 2Kön 23,24; Sach 10,2) oder implizit (Ri 17,5-6) verurteilt. Andererseits hatten sie möglicherweise auch juristische Bedeutung und sicherten einem Bräutigam Anteil am Erbe des Schwiegervaters, deshalb muss es nicht bedeuten, Michal oder gar David frönten heimlich Götzendienst. Mit ihrer Verzögerungstaktik verschafft Michel ihrem Mann bestenfalls eine Verschnaufpause, um seine Flucht zu begünstigen.

15 Das zweite Mal sollten die Boten bis in Davids Gegenwart vordringen. Saul ist nicht kaltblütig genug, um David in dessen eigenem Haus ermorden zu lassen, wahrscheinlich fürchtete er aufgrund von Davids Beliebtheit einen öffentlichen Aufschrei. **Entdeckten** (so auch EÜ) gibt hebr. *hinnēh* wieder: Der Verfasser lässt den Leser durch die Augen der Boten sehen und ihre Überraschung teilen.

17 Saul hat nicht nur die Loyalität seines Sohnes strapaziert, sondern auch das Vertrauen seiner Tochter verspielt (V. 17).

2.5.3.5 Die Verzögerungstaktik von Jahwes Geist ermöglicht David, Sauls Verfolgungsjagd zu entkommen (V. 18-24). 4. Szene

2.5.3.5.1 Übersetzung

18. Inzwischen war David geflohen und hatte entkommen können. Er ging zu Samuel in Rama und erzählte ihm alles, was Saul ihm angetan hatte. Dann gingen er und Samuel und hielten sich in der Kommunität auf. 19. Als Saul die Auskunft erreichte, David sei in der Kommunität in Rama, 20. sandte er Boten, um ihn festzunehmen. Aber als diese die Prophetenschar erblickten, die mit Samuel an ihrer Spitze stehend weissagten, geriet Gottes Geist über die Boten Sauls und sie weissagten ebenfalls. 21. Als sie es Saul erzählten, sandte er weitere Boten nach ihnen, doch auch sie weissagten. Er fuhr fort und sandte dritte Boten, doch auch sie weissagten. 22. Schließlich ging er auch selbst nach Rama. Als er bis zur großen Zisterne in Sechu gelangte, fragte er: »Wo sind Samuel und David?« und erhielt die Antwort: »Sie sind doch in der Kommunität in Rama.« 23. Als Saul von dort zur Kommunität nach Rama wegging, geriet Gottes Geist auch über ihn. Den ganzen Weg ging er weissagend, bis er zur Kommunität nach Rama kam. 24. Auch er zog die Oberkleider aus und weissagte in Samuels Gegenwart. Er fiel hin und lag entkleidet da jenen ganzen Tag sowie die ganze Nacht. Deswegen heißt es: »Gehört Saul auch zu den Propheten?«

2.5.3.5.2 Gliederung

A[1] David hält sich bei Samuel in Rama auf (18)
  B[1] Sauls Boten weissagen (19-21)
    C Saul geht nach Rama (22)
  B[2] Saul weissagt (23)
A[2] Saul wird in Rama aufgehalten (24)

Diese Szene bildet den Höhepunkt der Episode. Nicht Menschen (David selbst oder Mitglieder von Sauls Familie) helfen David zu entkommen, sondern Jahwe höchstpersönlich. In einer ironischen Wiederholung mit Veränderung der Phänomene bei Sauls Berufung (10,10-11) hält sein Geist Saul sowie dessen Boten auf und ermöglicht so Davids Entkommen (20,1).

2.5.3.5.3 Auslegung

Die Form der ersten beiden Verben (V. 18) weist auf die Vorvergangenheit **18**
hin. Aufgrund seiner Salbung durch Samuel erwartet David von ihm Verständnis für seine Lage. Hebr. näjôt (Qr.) könnte Ortsname sein, ein Stadtteil oder Außenbezirk von Rama. Das Wort bedeutet aber »Wohnungen« (Elb*) und könnte, so EÜ, GNB, HFA, eine **Kommunität** bezeichnen, eine Art »Prophetenschule« unter Samuels Leitung, vergleichbar vielleicht mit den Prophetensöhnen in den Elisa-Erzählungen (2Kön 2,3). Auch im mittelalterlichen Europa suchten Flüchtige oft Zuflucht in Klöstern auf.

Die Auskunft erreichte wtl. »erzählt wurde: siehe«. Hebr. *ngd* »er- **19-20**
zählen«, kommt im Abschnitt mehrmals vor. Mit *hinnēh* »siehe«, wird Sauls Aufmerksamkeit auf eine neue Information gerichtet. Das hebr.

Wort *lahăqāh* **Schar** ist ungewöhnlich und wurde vielleicht wegen seines Gleichklangs mit *lāqachat* **festzunehmen** gewählt. Als Leiter der Prophetenschar, wtl. »über sie gestellt« (hebr. *nṣb* im *Nif'al*) scheint Samuel seine geistliche Vollmacht gegen Davids Verfolger in die Waagschale zu werfen. Somit ist die Deutung »er trat gegen sie auf« (WStB) nicht falsch.

21-22 Sauls Verfolgung ist ein Beispiel von Wiederholung mit Veränderung, nur nach dem Muster 3+1 statt wie üblich 2+1. **Doch** (V. 22), hebr. *hinnēh* »siehe«, richtet Sauls Aufmerksamkeit auf eine neue Information aus.

23-24 Saul widerfährt in V. 23 das gleiche Schicksal wie seinen Gesandten. Er erlebt eine ähnliche Wirkung von Gottes Geist wie bei seiner Berufung (10,10), nur mit gravierenden Unterschieden (Wiederholung mit Veränderung). Dort wurde Saul von Jahwe gesegnet und seine Berufung bestätigt (10,6), hier widersteht ihm Gottes Geist und verhindert seine Verfolgung von David. Saul wird wie seine Boten entkleidet, doch in seinem Fall symbolisiert dies den Verlust der Königswürde. Schließlich ist die Schlussfrage eine ironische Wiederholung von 10,11.

2.5.4 David und Jonatan verabschieden sich (Kapitel 20). Episode 3

2.5.4.1 Gliederung

1. Szene:	Jonatan und David:	Audienz am Hof (1-11)
2. Szene:	Jonatan und David:	Gespräch in der Natur (12-23)
3. Szene:	Jonatan und Saul:	Auseinandersetzung am Hof (24-34)
4. Szene:	Jonatan und David:	Abschied in der Natur (20,35–21,1)

Auf Davids dringliche Bitte hin (1. Szene) versucht Jonatan, bei seinem Vater zu vermitteln (3. Szene), muss jedoch einsehen, dass Saul David gegenüber unversöhnlich bleibt (V. 33). Nachdem sie ihren Bund bestätigt haben (2. Szene), verabschieden sich Jonatan und David in einer emotionalen Schlussszene. David bleibt ziemlich passiv, er äußert sich lediglich in der 1. Szene.

2.5.4.2 David sucht eine Audienz bei Jonatan (V. 1-11). 1. Szene

2.5.4.2.1 Übersetzung

1. Währenddessen konnte David von der Kommunität in Rama fliehen. Er erschien vor Jonatan und fragte ihn: »Was habe ich getan? Was habe ich verkehrt gemacht? Was habe ich deinem Vater gegenüber verbrochen, dass er mir nach dem Leben trachtet?« 2. »Unmöglich!«, entgegnete Jonatan. »Weißt du nicht, dass mich mein Vater in sämtliche Belange einweiht, ob bedeutend oder geringfügig, warum sollte er mir dies verheimlichen? Das kann nicht sein.« 3. »Dein Vater weiß wohl«, beteuerte David abermals, »dass ich in deiner Gunst stehe, deshalb sagt er: ›Jonatan darf nichts wissen, sonst tut es ihm weh.‹ Doch so wahr Jahwe lebt und so wahr deine Seele lebt, ich stehe schon mit einem Fuß im Grab.« 4. Daraufhin sicherte Jonatan David zu: »Ich bin bereit zu tun, was du für richtig hältst.« 5. »Morgen ist doch Neumond«, antwortete David, »und eigentlich bin ich verpflichtet, an des Königs Festmahl teilzunehmen. Doch wenn du mich beurlaubst, kann ich mich bis zum dritten Abend in der Umgebung versteckt halten. 6. Vermisst dein Vater mich, so kannst du sagen: ›David bat mich dringend, geschwind in seine Heimatstadt Bethlehem zu gehen, denn dort findet das Jahresopferfest für die ganze Sippe statt.‹ 7. Sagt er ›in Ordnung‹, dann ist dein Knecht sicher, gerät er aber in Wut, so wisse, dass er Unheil im Schilde führt. 8. Dann aber zeige dich deinem Knecht gegenüber loyal, denn in einen Jahwe-Bund mit dir hast du deinen Knecht gebracht. Sollte ich aber tatsächlich ein Verbrechen begangen haben, dann richte du mich selbst hin. Wozu mich vor deinen Vater zur Anklage bringen?« 9. »Ausgeschlossen!«, antwortete Jonatan. »Wüsste ich tatsächlich, dass vonseiten meines Vater Böses über dich beschlossen ist, würde ich es dir nicht sagen?« 10. »Wer wird mir das erzählen?«, fragte David zurück, »oder was dein Vater für eine schroffe Antwort gibt?« 11. »Komm«, antwortete Jonatan, »Wir gehen besser hinaus in die Natur.« Darauf gingen sie beide hinaus.

2.5.4.2.2 Gliederung

A¹ Davids Frage (1)
  B¹ Jonatans Antwort (2)
A² Davids Bekräftigung (3)
  B² Jonatans Zusage (4)
A³ Davids Vorschlag (5-8)
  B³ Jonatans Einverständnis (9)
A⁴ Davids Frage (10)
  B⁴ Jonatans Vorschlag (11)

2.5.4.2.3 Auslegung

1 Mehrere Elemente in dieser Szene weisen darauf hin, dass es sich keineswegs um ein privates Gespräch zwischen Freunden, sondern vielmehr um eine öffentliche Audienz handelt:

1. Der Ausdruck »vorsprechen« (V. 1);
2. Davids dreifache Bitte um Auskunft über sein Verbrechen (V. 1);
3. Davids Bitte, von Jonatan beurlaubt zu werden (V. 6);
4. Davids Wunsch, von Jonatan statt von Saul hingerichtet zu werden (V. 8);
5. Jonatans Vorschlag, ihr Gespräch draußen auf freiem Feld fortzusetzen (V. 11).

David ergreift die Initiative mit seinen Äußerungen (vgl. Gliederung). Der häufige Gebrauch von emphatischen Verbformen erzeugt eine spannungsgeladene Atmosphäre: *jd'* **weiß wohl** (3), **wüsste ich tatsächlich** (9), *jschb* »müsste sitzen« (5), *pqd* **vermissen**, *sch'l* **bat dringend** (6), *chrh* **gerät in Wut** (7), alle außer V. 9 aus Davids Mund.

Fliehen, hebr. *brch*, stellt die die Verbindung zur vorherigen Episode her. **Währenddessen** gibt den Sinn, nicht den Wortlaut des hebr. Textes wieder. David konnte entkommen, weil Saul von Gottes Geist aufgehalten wurde (19,24). Er nutzt die Gelegenheit, vor Jonatan in seiner offiziellen Stellung als Königssohn und oberster Richter in Sauls Abwesenheit vorzusprechen (gegen »heimlich« HFA).

Es ist sehr unwahrscheinlich, dass sich David über den Grund von Sauls Feindseligkeit nicht im Klaren war, und seine dreifache rhetorische Frage (verstümmelt in GNB, HFA) versteht man besser als beherztes Plädoyer seiner Unschuld.

Jonatans wortreiche Erwiderung (V. 2) steht im ironischen Kontrast zu **2**
seiner scheinbaren Unwissenheit über die tatsächliche Lage! Er kann sich wahrscheinlich nicht vorstellen, dass sein Vater seinen Eid (19,6) so rasch gebrochen hat. Seine Aussage ist umklammert vom zweimaligen »das sei ferne!«, wobei sich das erste auf eine etwaige Schuld Davids oder Sauls Vorhaben bezieht oder auf beides, das zweite auf Jonatans Unkenntnis der Pläne des Vaters.

Mit seinem Scharfsinn überblickt David die Lage besser als der gutherzige **3**
Jonatan. Zunächst **beteuert** er (V. 3), wtl. »schwor«, fügt dann einen Eid hinzu. Es ist nicht klar, ob Sauls Aussage Selbstrede sein soll (so Elb, Sch, EÜ) oder sein Befehl an seine Beamten. **Ich stehe … im Grab** (so auch GNB), wtl. »es ist nur ein Schritt zwischen mir und dem Tod«.

Jonatans knappe Antwort (V. 4) macht deutlich, dass er sich Davids Ein- **4-5**
schätzung zu eigen gemacht hat. **Du für richtig hältst**, wtl. »deine Seele sagt«, vgl. »was meinst du« (EÜ) statt »was dein Herz begehrt« (andere Üs.). Von David als Hofbeamtem wird erwartet, dass er wtl. »mit dem König zu Tische sitzt« (V. 5), doch als oberster Befehlshaber in Sauls Abwesenheit ist Jonatan bevollmächtigt, ihn zu **beurlauben**, hebr. *schlch* »senden, entlassen«. Über die Festtage will sich David versteckt halten, vielleicht befürchtet er einen weiteren Speerwurf vonseiten Sauls. Das hebr. *śādeh* kann »Feld« bedeuten (so die meisten Übersetzungen), aber auch »das Land« bzw. »die Natur« im Gegensatz zur Stadt, vgl. 1Mo 27,3.5.

6-8 Sollte Saul ihn **vermissen** (Elb, Sch, EÜ), hebr. *pqd*, wtl. »inspizieren« (V. 6), gibt David vor, in die Heimat zu »eilen« (Sch, WStB), wtl. »laufen«. Es ist moralisch nicht verwerflich, durch Falschinformation ein Menschenleben zu retten (vgl. Jos 2,5-6). Antwortet Saul mit »gut« (V. 7), bedeutet es *schālôm* für David. Andernfalls appelliert David an den Bund, den Jonatan mit ihm geschlossen hatte (V. 8, vgl. 18,3) mit Jahwe als Garant (vgl. V. 23.42; 23,18). Die gewöhnliche Übersetzung »töte du mich« lässt den Leser Davids letzte Bitte (Einschluss mit V. 1) leicht missverstehen: Er will, dass Jonatan, nicht Saul, sein Henker sei, falls er ein Verbrechen begangen hat.

9-11 Mit seinem nochmaligen Ausruf »das sei ferne!« (V. 9, vgl. V. 2) schließt Jonatan ein Verbrechen Davids kategorisch aus, um ihm dann seine Unterstützung zuzusichern. David fragt nach einem vertrauenswürdigen Mittler. Jonatan schlägt vor, das Gespräch unter vier Augen fortzusetzen, damit sie nicht belauscht werden.

2.5.4.3 Jonatans Gespräch mit David (V. 12-24a). 2. Szene

Ab dieser Szene steht Jonatan im Rampenlicht. Mit Ausnahme von Sauls beiden Äußerungen (V. 27.30-31) ist er der einzige Redner. Davids Gelübde (V. 17) und Tränen (V. 41) werden nur durch indirekte Rede wiedergegeben. Außerdem ist Jonatan Hauptakteur, denn Davids Handlungen beschränken sich auf sich verstecken (V. 24), weinen (V. 41) sowie weggehen (V. 42), und Sauls auf den Speerwurf (V. 33), während der Bursche (V. 35-41) lediglich Statist ist.

Mehrmals ruft Jonatan Jahwe an, in jedem der Verse 12 bis 16, sodann weiter V. 21.23.42, um seine eigenen Aussagen zu bekräftigen oder als Garant der Vereinbarung zwischen ihm und David sowie von Davids künftiger Unversehrtheit. Dagegen war Sauls Eid in der vorigen Episode (19,6) schnell gebrochen.

2.5.4.3.1 Übersetzung

12. »So wahr Jahwe, der Gott Israels lebt«, beteuerte Jonatan dem David, »werde ich morgen oder übermorgen um diese Zeit meinen Vater ausforschen. Ist er dir wohlgesonnen, werde ich dir dann nicht Nachricht schicken und es dir eröffnen? 13. So tue Jahwe Jonatan und noch mehr, gefällt es meinem Vater, Böses über dich zu bringen, werde ich dich einweihen, damit ich dich verabschieden und du unversehrt gehen kannst. Dann möge Jahwe mit dir sein, wie er mit meinem Vater war. 14. Nicht nur so lange ich noch am Leben bin, willst du mir nicht Jahwes Treue erweisen, damit ich nicht sterbe, 15. sondern entziehe deine Treue meiner Familie nicht für immer, auch dann nicht, wenn Jahwe Davids Feinde bis zum letzten Mann vom Erdboden vertilgt.« 16. Jonatan schloss mit Davids Familie einen Bund: »Möge Jahwe es von den Händen Davids Feinde fordern!« 17. Aufgrund seiner Liebe ließ er David abermals schwören, denn er liebte ihn wie die eigene Seele. 18. »Morgen ist Neumondfest«, sagte ihm Jonatan, »du wirst fehlen, denn dein Platz wird leer bleiben. 19. Am dritten Tag wirst du erst recht vermisst. Begib dich an den Ort, wo du dich am Werktag verstecktest, und halte dich neben dem dortigen Steinhaufen auf. 20. Ich für meinen Teil werde drei Pfeile zur Seite abschießen, als zielte ich für mich auf eine Scheibe. 21. Gib dann acht, ich werde den Burschen schicken: ›Geh, suche die Pfeile!‹ Sage ich ihm: ›Pass auf, die Pfeile liegen diesseits von dir, nimm sie!‹, dann komm, das bedeutet Frieden für dich und es gibt keine Ursache, so wahr Jahwe lebt! 22. Sage ich dem Jugendlichen jedoch: ›Pass auf, die Pfeile liegen jenseits von dir!‹, dann reise ab, denn Jahwe schickt dich fort. 23. In dem Fall vergiss nicht: Jahwe ist für immer zwischen uns bezüglich der Abmachung, die wir miteinander vereinbart haben.« 24a. Daraufhin versteckte sich David auf dem Land.

2.5.4.3.2 Gliederung

1. Jonatans Vereinbarung mit David (12-17)
    a) Jonatans Fürsprache (12-13)
    b) Jonatans Familienbund mit David (14-17)
        i. Bedingungen (14-15)
        ii. Ausführung (16-17)
2. Jonatans Plan (18-23)

2.5.4.3.3 Auslegung

12 Die knappe Lesart des MT im Vers 12: **Jahwe, der Gott Israels** bedarf scheinbar der Vervollständigung. Hinzugefügt wird »lebt« (2 hebr. MSS), »bei« (LÜ, Sch, EÜ), »weiß« LXX, »ist Zeuge« (Elb, Br.) oder »ich verspreche« (NLB, GNB, HFA). Das folgende hebr. *kî* ist Teil der bekräftigenden Schwurformel, und nicht, wie in vielen deutschen Übersetzungen, eine Zeitangabe. Den Bedingungssatz beginnt Jonatan mit *hinnēh*, womit er Davids Aufmerksamkeit auf sein künftiges Handeln lenkt. **Ist er dir gut gesonnen** könnte auch »steht es gut für David« (LÜ, Elb, EÜ) heißen. **Eröffnen**, wtl. »deinem Ohr enthüllen« (Elb, vgl. 20,2; 22,8). Wohl wegen der Wiederholung lässt die LXX den letzten Satzteil aus.

13 **Unversehrt**, hebr. *ləšâlôm*, »in Frieden« bzw. »Sicherheit« (NLB, GNB, HFA). Jonatans Segenswunsch (V. 13) bezeugt seine positive Einstellung zu seinem Vater, dessen Regierungszeit auch viel Gutes aufwies (vgl. 14,47-48), zeigt aber gleichzeitig, dass ihm bewusst ist, dass David Sauls Nachfolger werden soll, obwohl es ihm nirgends explizit mitgeteilt worden ist, und verrät, dass er damit einverstanden ist.

14-15 Im Abschnitt V. 14-17 **schloss** Jonatan einen Familienbund mit David. Dem MT ist nicht leicht zu folgen. Manche Übersetzungen, einschließlich LXX, nehmen Änderungen vor, einzelne Äußerungen lassen mehrere Deutungen zu. Mit seiner Aussage (V. 15) setzt Jonatan Davids letztendlichen Sieg (vgl. 2Sam 8; Ps 18,1) voraus. Er beruft sich auf Jahwes Bundestreue, hebr. *chesed*, da viele Herrscher Familienglieder eines gestürzten Vorgängers als mögliche Konkurrenten beiseiteschaffen lassen (vgl. zu 24,22). Zu Davids Feinden gehört natürlich auch Saul (vgl. 18,29; 19,17). Der Schluss von V. 14 kann als Bitte verstanden werden: »bring mich nicht um« (HFA), oder als Hypothese: »sollte ich doch sterben« (LXX). **Entziehe** und **vertilgt** geben hebr. *krt* »schneiden« wieder, das im Vers 16 als Fachausdruck für »einen Bund schließen« erscheint. Der bereits bestehende Bund (18,3; 20,8) wird hier auf die Nachkommenschaft erweitert. Indem er Treue gegenüber Jonatans Nachkommen schwört, gelobt David implizit, die Nachkommen seines Feindes Saul zu schonen. 2Sam 9 beweist, dass sich David daran hielt.

Neben der Rechenschaft, die Jahwe von Davids Feinden fordert, ist die **16-17**
Verwünschung (V. 16) verstanden worden als Bitte um (LXX) oder Voraussage von (Sch, HFA) deren Niederlage oder als Vergeltung für Bundesbruch durch Jonatan (WStB) oder David (GNB).

Mit seinem Plan (18-23) greift Jonatan Davids Dilemma (V. 5) wieder **18-19**
auf. **Fehlen**, **leer bleiben**, hebr. *pqd Nifal*, wtl. »inspizieren«: »man wird deine Abwesenheit merken« (BFC), »man wird deinen Platz beobachten« (EÜ). Die Übersetzung des ersten Satzes von V. 19 folgt LXX, LÜ, Br und wird durch die Folge (V. 26-27) bestätigt. Der MT ist schwierig, wtl. »übermorgen geh sehr hinab und komme …« Zum Versteck vgl. 19,2. Im zweiten Satz las LXX wahrscheinlich *hlz* »jenes« statt »Asel« (MT, Elb*, Sch, HFA), ein Wort, das nur einmal im AT vorkommt (*hapax legomenon*). Zum **Steinhaufen** (LÜ, Elb, NLB) vgl. auch V. 41.

Mit einer vorgetäuschten Schießübung will Jonatan, ohne Verdacht zu er- **20-22**
wecken, David vom Ergebnis seiner Unterredung mit Saul unterrichten. Wenn **Frieden** zwischen Saul und David herrscht und **es gibt keine Ursache**, hebr. *dâbâr*, wtl. »Sache«, d.h. »Grund zur Beunruhigung« (NLB), also keine Gefahr, dann soll David (und nicht etwa der Bursche, WStB) kommen und Jonatan zum Hof begleiten. Andernfalls will Jahwe, dass sich David entfernt.

Jonatans abschließende Aussage (V. 23) spielt auf eine mögliche Trennung der beiden, deshalb **in dem Fall** für hebr. *waw* »und, aber«. Mit *hinnēh* »siehe« lenkt er Davids Aufmerksamkeit auf eine bekannte Tatsache, die **Abmachung**, hebr. *dâbâr*, wtl. »Wort, Sache«, die sie **vereinbart**, wtl. »besprochen« haben, nämlich den Bund, den sie in 18,3 gemacht und in 20,16 präzisiert hatten.

2.5.4.4 Jonatan setzt sich vergeblich bei Saul für David ein (V. 24b-34). 3. Szene

2.5.4.4.1 Übersetzung

24b. Am Neumondfest setzte sich der König an die Tafel zum Festmahl. 25. Der König saß an seinem gewohnten Platz an der Wand, Jonatan ihm gegenüber und Abner neben Saul, aber Davids Platz blieb leer. 26. An dem Tag sagte Saul nichts, denn er sagte sich: »Es ist ein Zufall, er ist nicht rein, denn er hat sich nicht gereinigt.« 27. Als am nächsten, zweiten Tag Davids Platz immer noch leer blieb, fragte Saul seinen Sohn Jonatan: »Warum ist Isais Sohn weder gestern noch heute zum Festmahl gekommen?« 28. »David bat mich flehentlich um Beurlaubung nach Bethlehem«, antwortete Jonatan. 29. »Er sagte: ›Entschuldige mich bitte! Unsere Sippe hat ein Familienopfer in der Stadt und mein Bruder fordert mich dazu auf. Tue mir einen Gefallen und lass mich verschwinden, damit ich meine Brüder sehen kann.‹ Deshalb ist er nicht an des Königs Tafel erschienen.« 30. Saul platzte vor Wut über Jonatan. »Du Hurensohn!«, sagte er. »Habe ich nicht geahnt, dass du Isais Sohn zu deiner eigenen Schande und zur Schande der Scham deiner Mutter den Vorzug gibst? 31. Denn so lange Isais Sohn noch lebend herumläuft, wirst weder du noch wird dein Königtum Bestand haben. Nun schicke jemanden und schaffe ihn her zu mir, denn er ist ein Todeskandidat!« 32. Als Antwort fragte Jonatan seinen Vater: »Warum soll er hingerichtet werden? Was hat er getan?« 33. Daraufhin erhob Saul gegen ihn den Speer, als wollte er ihn erschlagen, und Jonatan wurde bewusst, dass es bei seinem Vater beschlossene Sache war, David umzubringen. 34. Wutentbrannt stand Jonatan vom Tisch auf und konnte an diesem zweiten Festtag keinen Bissen essen, so gekränkt war er um Davids willen, weil sein Vater ihn derart beleidigt hatte.

2.5.4.4.2 Gliederung

A^1 Sauls Argwohn (24b-27)
  B^1 Jonatans Fürsprache (28-29)
A^2 Sauls Wut (30-31)
  B^2 Jonatans Beschwichtigung (32)
A^3 Sauls Aggression (33)
  B^3 Jonatans Zorn und Trauer (34)

Der Dialog zwischen Saul und Jonatan verbindet diesen mit David und reißt eine Kluft zwischen Saul und seinem Sohn auf. Wie David (18,8-9) ist Jonatan Gegenstand von Sauls Zorn (V. 30); wie David (V. 1) fragt Jonatan nach dessen Schuld (V. 32); wie David (18,11; 19,10) wird Jonatan Zielscheibe von Sauls Speerwurf (V. 33); wie David entfremdet ihn Sauls Reaktion (V. 34).

Sauls Bestehen auf Davids Hinrichtung und Jonatans Fürsprache erinnern an ähnliche Dialoge zwischen der Truppe und Saul nach der Befreiung von Jabesch-Gilead (11,12-13) sowie zwischen Saul und der Truppe nach Jonatans Heldentat (14,44-45). Jonatans erste Intervention zu Davids Gunsten (19,4-5) war von Erfolg gekrönt, doch hier nicht. Sauls Feindseligkeit kommt sowohl verbal (V. 30-31) als auch in seiner Handlung (Speerwurf, V. 33) zum Ausdruck.

2.5.4.4.3 Auslegung

Zum Neumond setzte sich Saul wtl. »zu Brot, um zu essen«. MT liest «Jo- **24-27**
natan erhob sich» (Elb, Sch), die Übersetzung (V. 25) folgt der LXX. Am ersten Tag hält Saul David zugute, dass er wahrscheinlich versehentlich den Reinheitsvorschriften nicht hat genügen können (so NLB, GNB, HFA).

Der Verfasser meint in V. 27 nicht etwa, seine Hörer bzw. Leser hätten vergessen, Jonatan sei Sauls Sohn, sondern diese Bezeichnung steht in scharfem Kontrast zur ungeheuerlichen Art, wie Saul seinen Sohn in der Folge behandelt. Mit der Bezeichnung **Sohn Isais** drückt Saul immer seine Verachtung für David aus (vgl. 30-31; 22,7-8).

28-29 David soll Jonatan als seinem vorgesetzten Dienstherrn nach Saul um den Gefallen gebeten haben, wtl. »habe ich Gunst in deinen Augen gefunden«, ihn von seinen »Verpflichtungen zu befreien« (HFA). Die Ausrede (V. 29), dass ausgerechnet Eliab, der David kaum weniger verachtete als Saul (vgl. 17,28), auf seine Anwesenheit am Familienfest bestanden haben soll, ist äußerst fadenscheinig.

30-31 Sauls unflätige Sprache verrät seine Unbeherrschtheit, er zaudert nicht, sogar die eigene Ehefrau zu beleidigen: **Hurensohn**, wtl. »Sohn eines missratenen aufsässigen Weibes« (V. 30). Sein Argwohn (18,8), David sei der von Samuel vorausgesagte Nachfolger (13,14; 15,28), ist offenbar zur Gewissheit geworden, und zu Unrecht wittert er eine Verschwörung von David und Jonatan gegen ihn. Jonatan gerät in einen Konflikt zwischen Treue zum Vater und zu Jahwe, wie ihn auch jeder christusgläubige Mensch mit seinen Verwandten erleben kann (vgl. Mt 10,35-36).

32-33 Jonatans Frage (V. 32) ist keine Bitte um Auskunft, sondern ein letzter Versuch, seinen Vater zur Räson zu bringen. Zu Sauls Drohgebärde V. 33 vgl. zu 18,11. Der Verfasser schreibt **den** (und nicht etwa »seinen«) **Speer**, weil besagte Waffe dem Leser hinlänglich bekannt ist (vgl. 18,11; 19,10). Sie wird in Kapitel 26 wieder erscheinen.

34 Obwohl er Zielscheibe der Aggression seines Vaters gewesen ist, erkennt Jonatan, dass sich Sauls Wut gegen David richtet und dass er diesbezüglich nichts mehr auszurichten vermag, deshalb zieht er sich zurück. Sein gerechter Zorn schlägt ihm auf den Magen. Frieden haben im Herrn heißt nicht, gleichgültig zu sein gegenüber der Ungerechtigkeit, unter der andere leiden müssen.

2.5.4.5 Jonatan und David verabschieden sich (20,35–21,1). 4. Szene

2.5.4.5.1 Übersetzung

35. Am nächsten Morgen ging Jonatan in die Natur zum verabredeten Treffen mit David hinaus, und ein junger Bursche mit ihm. 36. »Lauf«, sagte er zum Burschen, »und suche bitte die Pfeile, die ich schießen werde.« Während der Bursche lief, schoss er den Pfeil so ab, dass er an ihm vorüberging. 37. Als der Bursche in den Bereich des Pfeils kam, den Jonatan abgeschossen hatte, rief dieser ihm hinterher: »Liegt der Pfeil nicht jenseits von dir?« 38. Jonatan rief dem Burschen hinterher: »Schnell! Beeil dich, steh nicht herum!« Jonatans Bursche holte den Pfeil und kehrte zu seinem Herrn zurück, 39. den Sinn dieser Aussage nicht ahnend, die nur Jonatan und David verstanden. 40. Jonatan vertraute seinem Burschen seine Sachen an und sagte ihm: »Geh und bringe sie in die Stadt.« 41. Als der Bursche gegangen war, erhob sich David von seinem Versteck neben dem Steinhaufen, fiel zu Boden, auf sein Angesicht, und verbeugte sich dreimal. Die beiden gaben sich einen Abschiedskuss und beiden kamen die Tränen, bis David überwältigt war. 42. Jonatan sagte zu David: »Geh hin in Frieden, wie wir beide einander im Namen Jahwes geschworen haben: ›Jahwe sei zwischen dir und mir und zwischen deinem Nachkommen und meinem Nachkommen und zwar für alle Zeiten.‹« 21,1. Dann machte sich David auf und ging fort, während Jonatan in die Stadt zurückkehrte.

2.5.4.5.2 Gliederung

1. Jonatans Schießübung (20,35-39)
2. Abschied (20,40–21,1)

2.5.4.5.3 Auslegung

Jonatan führt hier den Plan aus, den er David V. 19-23 erläutert hatte. **35-40**
Manche Ausleger haben den Sinn dieser Schießübung sowie der Anwesenheit des Burschen angezweifelt. Jonatan suchte ein Alibi dafür, dass er sich vom Hof entfernte, und der Bursche diente ihm dabei als Zeuge. Gemäß MT schoss Jonatan nur einen Pfeil ab, laut einiger hebr. und gr. MSS mehrere. Offenbar wich er vom vorgefassten Plan ab, um sich

dann doch von David zu verabschieden. Dafür sollte es keinen Zeugen geben!

41 Die Übersetzung **neben dem Steinhaufen** (V. 41) basiert auf der LXX (vgl. zu V. 19), MT liest: »erhob sich von der Südseite« (Sch, HFA). Küsse und Tränen bei Männern muten nur kühlen Nordeuropäern fremd an. Ungewöhnlich ist, dass der Verfasser Davids starke Gemütsbewegung hier hervorhebt. **Überwältigt**: Die unterschiedlichen Übersetzungen spiegeln die Schwierigkeit des Urtextes wider: MT »David machte groß«, LXX »bis zur großen Vollendung«.

42 Die Abschiedsformel (V. 42) setzt den Schlusspunkt dieses Aktes und läutet einen wichtigen Szenenwechsel ein: David, die Hauptperson, verlässt Sauls Hof und beginnt ein Leben auf der Flucht. Mit Ausnahme von 23,16-18 und 31,2 scheidet Jonatan aus der Erzählung.

2.5.4.6 Jonatan

Obwohl er nicht zu den drei Hauptpersonen von *1. Samuel* gehört, spielt Jonatan im Buch eine Schlüsselrolle als Brücke zwischen Saul und David. Als Sauls Erstgeborener ist er der rechtmäßige Thronfolger und erfüllt die Königsrolle besser als sein Vater, verzichtet jedoch auf die Thronfolge zugunsten Davids.

2.5.4.6.1 Sein Verhältnis zu Saul

Einerseits wird Jonatan mit Saul identifiziert: Sie werden beide zusammen genannt (13,2.22; 14,21), Jonatans Tat (13,3) wird Saul zugeschrieben (13,4), und in Kap. 20 erscheint er als Mitregent, der ein königliches Urteil spricht (20,2, vgl. 19,6), als David eine Audienz bei ihm ersucht. Andererseits tritt Jonatan sozusagen an Sauls Stelle, da seine Angriffe auf die Philister (13,3; 14,1.6) Jahwes Auftrag an Saul (9,16) erfüllen, und die Truppe schreibt ihm, nicht Saul, die Vermittlung von Jahwes Sieg zu (14,45).

2.5.4.6.2 Sein Verhältnis zu David

Jonatan und David sind aufs Engste miteinander verbunden und teilen die gleichen Erfahrungen. Beide setzen ihr Vertrauen auf Jahwe, nicht auf Truppenstärke (14,6) oder Waffen (17,45.47) und erringen im Einzelkampf einen Sieg über die Philister (14,14; 17,50). Beide übertreten eine Speisevorschrift (14,29-30; 21,3-6), weil ihnen die Beziehung zu Jahwe Vorrang hat. Beide genießen die Gunst des Volkes (14,45; 18,16). Gegen beide spricht Saul ein Todesurteil aus (14,44; 19,1), das durch Fürsprache unter Berufung auf das von Jahwe bewirkte Heil abgewendet (14,45; 19,5) und von einem Eid begleitet wird. Saul versucht sowohl David (18,11; 19,10) als auch Jonatan (20,33) mit dem Speer aufzuspießen. Beide fragen: *Was habe ich* bzw. *hat er getan?* (20,2.32).

2.6 Saul verfolgt David (Kapitel 21–27). Sechster Akt

Der sechste Akt wird durch Szenenwechsel am Anfang (21,1) wie am Ende (27,1-3) abgesetzt und besteht aus drei Hauptstücken:

A¹ Hauptstück 1: David sucht nach Zuflucht mit bösen Folgen (Kap. 21–22). Episoden 1-2

  B Hauptstück 2: Saul jagt erfolglos nach David (Kap. 23). Episode 3

A² Hauptstück 3: David verschont das Leben seiner Gegner (Kap. 24–26). Episoden 4-6

In diesem Akt kommt das Wort *jäd* **Hand** immer wieder vor und spielt auf den Machtkampf zwischen David und Saul an.

2.6.1 David sucht Hilfe und Zuflucht mit bösen Folgen (Kapitel 21–22).

Den beiden Kapiteln 21 und 22 sind der Schauplatz der Priesterstadt Nob sowie die Personen Ahimelech und die Priester gemein. In der ersten Episode (21,1–22,5) steht David im Rampenlicht, in der zweiten (22,6-19) Saul. Die zweite Episode berichtet von den Folgen von Davids Unaufrichtigkeit in der ersten.

2.6.1.1 Gliederung

A¹ David sucht Hilfe bei Ahimelech in Nob (21,2-10). Episode 1, 1. Szene
Doëg verrät David (21,8), David verrät sich selbst (21,9-10)

  B¹ David sucht Asyl bei Achisch in Gat (21,11-16). 2. Szene

  B² David findet Asyl in der Höhle Adullam und für seine Familie in Moab (22,1-5). 3. Szene

A² Saul lässt die Priester zu Nob niedermetzeln (22,6-19). Episode 2,

1. Szene
Abjatar findet Asyl bei David (22,20-23). 2. Szene

2.6.2 David begibt sich auf die Flucht (21,2–22,5). Episode 1

David sucht vergeblich nach Hilfe in der 1. Szene sowie Asyl in der 2. Szene und findet schließlich in der 3. Szene Zuflucht für sich und seine Familie. Davids Ängstlichkeit kommt in der 1. Szene in seinen eigenen Äußerungen sowie in der 2. Szene durch den Kommentar des Verfassers zum Ausdruck und steht in krassem Gegensatz zu seinem Gottvertrauen im Kampf gegen Goliat. Ähnlich wie bei Saul (Kap. 18) führt seine Furcht zu Unaufrichtigkeit, in diesem Fall mit tödlichen Folgen für Unschuldige in der nächsten Episode.

2.6.2.1 David sucht Hilfe bei Ahimelech in Nob (21,2-10). 1. Szene

2.6.2.1.1 Übersetzung

2. David kam nach Nob zu Ahimelech, der ihm zitternd mit der Frage entgegenkam: »Warum bist du allein und kein Mensch mit dir?« 3. »Der König hat mir einen Auftrag anbefohlen«, gab David dem Priester Ahimelech zur Antwort. »Er sagte mir: ›Kein Mensch darf etwas erfahren von der Angelegenheit, in der ich persönlich dich sende und die ich dir anbefohlen habe.‹ Die jungen Männer habe ich an den und den Ort gewiesen. 4. Und nun, was hast du zur Hand? Gib mir fünf Brote in die Hand oder was immer sich finden lässt.« 5. »Hier habe ich kein gewöhnliches Brot zur Hand«, antwortete der Priester David, »außer, dass es geweihtes Brot gibt – wenn nur die jungen Männer sich von Frauen ferngehalten haben!« 6. »Früher, als ich auszog«, gab David dem Priester zur Antwort, »wurden uns Frauen vorenthalten und die Gefäße der jungen Männer waren heilig, wiewohl es sich um eine gewöhnliche Reise handelte. Wie viel mehr werden sie heute heilig sein!«

7. Der Priester gab ihm das Brot, denn es war sonst kein Brot da außer den Schaubroten, die man von Jahwes Gegenwart entfernt hatte, um es durch heißes Brot zu ersetzen. 8. Gerade an dem Tag wurde ein Mitarbeiter Sauls dort vor Jahwe zurückgehalten, ein Mann namens Doëg der Edomiter, der Oberste über Sauls Hirten. 9. David fragte Ahimelech weiter: »Gibt es hier nicht einen Speer, oder ist ein Schwert zur Hand? Des Königs Auftrag war derart dringend, dass ich nicht einmal mein Schwert oder meine Sachen in meiner Hand mitgenommen habe.« 10. »Das Schwert Goliats des Philisters, den du im Terebinthental besiegt hast, das ist wohl hier, eingewickelt in einen Mantel hinter dem Efod. Willst du es zu dir nehmen, dann tu es, denn außer ihm ist kein anderes hier.« »Kein anderes kommt ihm gleich«, antwortete David. »Gib es mir!«

2.6.2.1.2 Gliederung

Die Szene besteht aus einem dreifachen Wortwechsel zwischen David und dem Priester Ahimelech, wahrscheinlich Ahijas Bruder oder die gleiche Person unter anderem Namen. Der erste Dialog soll eine Erklärung dafür liefern, weshalb David allein ist, die zwei weiteren, unterbrochen durch den Hinweis auf die verhängnisvolle Anwesenheit von Doëg, bestehen aus Bitten um Verpflegung und Waffen.

2.6.2.1.3 Auslegung

2-3 Sauls Feindseligkeit bringt David in Gewissensnot. Ahimelech riecht Lunte, weil David allein unterwegs ist. Davids Äußerungen verraten seine Ängstlichkeit, seine wortreichen Argumente seine Verlegenheit. Seine unaufrichtigen, verlogenen und frei erfundenen Erklärungen sollen Ahimelechs Argwohn beschwichtigen und seine Einwilligung sichern. Die folgende Episode wird zeigen, wie sie indirekt zum Verlust unschuldigen Lebens Anlass geben. Davids rhetorische Fähigkeiten (16,18) ohne Vertrauen zu Jahwe (im Gegensatz zu 17,34-37.44-47) erweisen sich als zweideutig. Losgelöst von Gottes Herrschaft kann Redegewandtheit verhängnisvoll wirken. Im Neuen Testament liefert die Verleugnung des Petrus dafür ein beredtes Beispiel.

In V. 4-5 erscheint das Wort *jād* **Hand**, das in den folgenden Episoden wiederholt vorkommt. Enthaltsamkeit von Geschlechtsbeziehungen gehörte unter Umständen zur zeremoniellen Reinheit (vgl. 2Mo 19,15; Joel 2,16). Oft wird Davids Antwort (V. 6) missverstanden, als redete er von seinem jetzigen Auftrag. Sie nehmen den hebr. Ausdruck *'etmôl šilšôm* »gestern drei Tage« wörtlich, statt wie üblich als idiomatische Wendung für »bisher« oder **früher** (vgl. 4,7; 10,11; 14,21; 19,7). David meint seine sonstigen Kriegszüge (vgl. 18,5.13.16.30). Mit **Gefäße** sind wahrscheinlich Körper gemeint (vgl. 1Thess 4,4; 1Petr 3,7). **4-6**

Die zwölf **Schaubrote** wurden auf einen Tisch auf der rechten Seite des Heiligtums gelegt und jeden Sabbat erneuert (3Mo 24,5-9). Vielleicht war die Stiftshütte in die Priesterstadt Nob gebracht oder dort neu aufgestellt worden. Ahimelech gab David die alten Brote, die eigentlich den Priestern vorbehalten waren. Jesus spricht dieses Ereignis an (Mt 12,3-4 = Mk 2,25-26 = Lk 6,3-4). **7**

Wahrscheinlich setzte der Verfasser voraus, dass seine Leser den Grund kannten, weshalb Doëg *'ṣr* **zurückgehalten** wurde (V. 8, *Informationslücke*). Das gleiche Wort wird V. 6 mit **vorenthalten** und 9,17 mit **beherrschen** übersetzt. Zu den verschiedenen Gründen, die Ausleger vorgeschlagen haben, gehören: das Reiseverbot am Sabbat, ein Gelübde, eine Unreinheit, eine Strafe, ein Opfer, Gebet, Studium der Tora. **8**

Davids Aussage »Die Sache des Königs war dringend« auf den christlichen Dienst anzuwenden, ist ein klassisches Beispiel dafür, einen Bibeltext aus seinem Zusammenhang zu reißen. Mit **wohl**, hebr. *hinnēh*, »siehe«, weist Ahimelech auf den für David bisher unbekannten Aufbewahrungsort von Goliats Schwert hin, denn David brauchte sicher nicht daran erinnert zu werden, wer Goliat war. Ahimelechs Aussage (V. 10) steht in ironischem Kontrast zu Davids Lob für dessen Schwert, das er eben bei seinem Sieg über den Philister aufgrund seines Gottvertrauens verpönt hatte (17,45.47.50). **9-10**

2.6.2.2 David sucht Asyl bei Achisch in Gat (21,11-16). 2. Szene

2.6.2.2.1 Übersetzung

11. Am selben Tag machte sich David auf, floh vor Saul und kam zu Achisch, dem König von Gat. 12. Achischs Hofbeamten sagten ihm allerdings: »Ist das nicht David, König des Landes? Haben die Reigen nicht von ihm im Wechselgesang gesungen: Saul hat seine Tausende geschlagen, David seine Zehntausende?« 13. David dachte über diese Worte nach und geriet in Panik vor Achisch, dem König von Gat. 14. David verstellte seine Gebärde in ihrer Gegenwart, tobte, als sie ihn anfassten, kritzelte an die Pforte des Stadttores und ließ seinen Speichel seinen Bart herunterlaufen. 15. »Seht doch diesen Wahnsinnigen!«, sagte Achisch seinen Hofbeamten. »Warum habt ihr ihn zu mir gebracht? Fehlt mir an Wahnsinnigen, dass ihr ihn gebracht habt, um vor mir den Wahnsinnigen zu spielen? Soll so einer in mein Haus einkehren?«

2.6.2.2.2 Auslegung

11 David setzt seine Flucht fort, wahrscheinlich, weil ihn Doëgs Anwesenheit in Nob beunruhigte, und überquert die Grenze zum Feindesland. **Gat** war die erste Philisterstadt auf seinem Weg, als Heimatort von Goliat sicher nicht die vorzüglichste Wahl als Zufluchtsort! In der Überschrift zu Ps 34 wird Achisch »Abimelech« (»mein Vater ist König«) genannt, wahrscheinlich ein Ehrentitel wie »Pharao« in Ägypten.

12-13 Es gibt mehrere mögliche Gründe dafür, dass die Philister David den Königstitel zuschreiben (V. 12). Vielleicht ließen sie Davids Kriegserfolge wähnen, er sei tatsächlich Israels König. Vielleicht hatten sie das Gerücht gehört, dass David Sauls Nachfolger werden sollte. Vielleicht sahen sie David als eine Art Unterkönig an wie Achisch, einen der Philisterherrscher. David **dachte ... nach**, wtl. »nahm sich ... zu Herzen«. Der gleiche Refrain, der bei Saul Neid und Argwohn hervorrief (18,7), lässt nun David ironischerweise in Panik geraten.

David **verstellte seine Gebärde in ihrer Gegenwart**, wtl. »wechselte seinen Geschmack« (so auch Ps 34,1) »in ihren Augen«. Er **tobte, als sie ihn anfassten**, wtl. »in ihren Händen«, und **kritzelte** (so auch Elb), LXX »trommelte«. David stellt sich wahnsinnig, hebr. *schg'* Partizip vom *Pual*, also *meschugga*, und der hier wie auch später (Kap. 27 und 29) gutmütige und arglose Achisch nimmt es ihm ab. David erweist sich als sehr verschlagen, jedoch im Psalm schreibt er ohne Umschweife seine Rettung Jahwe zu, deutet allerdings Ps 34,19 möglicherweise an, dass er durch diese unrühmliche Episode eine Lektion in Demut lernte. **14-15**

2.6.2.3 David findet Zuflucht in der Höhle Adullam (22,1-5). 3. Szene

2.6.2.3.1 Übersetzung

1. David ging von dort weg und fand Unterschlupf in der Höhle Adullam. Es kam seinen Brüdern sowie seines Vaters ganzer Familie zu Ohren, und sie gingen dorthin zu ihm hinab. 2. Es sammelten sich zu ihm alle in Not oder Schulden oder die verbittert waren, und er wurde ihr Anführer. Es waren etwa vierhundert Mann. 3. David ging von dort nach Mizpeh in Moab und bat den dortigen König: »Bitte lass meinen Vater und meine Mutter zu euch hinauskommen, bis ich mir darüber im Klaren bin, was Gott mit mir vorhat.« 4. Er führte sie in die Gegenwart des Moabiterkönigs, und sie blieben bei ihm die ganze Zeit, in der David in der Festung war. 5. Aber der Prophet Gad sagte zu David: »Bleib nicht in der Festung, geh fort, und begib dich ins Land Juda.« David ging fort und kam in den Heretwald.

2.6.2.3.2 Gliederung

A[1] Davids neuer Unterschlupf in der Höhle Adullam (1a)

B[1] Davids Familie kommt zu ihm (1b)

C Davids Schar von Gesindel (2)

B[1] Davids Familie findet Asyl beim König von Moab (3-4)

A[1] Davids neuer Unterschlupf im Heretwald (5)

Diese Szene schildert, wie David an verschiedenen Orten Unterschlupf findet und seine Eltern in Sicherheit bringt, während eine Schar Unzufriedener sich zu ihm gesellt. Die Gliederung ist eher thematisch als zeitlich.

2.6.2.3.3 Auslegung

1 Von Gat tritt David den Rückweg Richtung Heimat an und findet auf halbem Weg Unterschlupf. Wahrscheinlich aus Furcht vor Repressalien vonseiten Sauls schließt sich ihm seine ganze Sippe an. Die **Höhle Adullam** gilt als traditionelles Versteck Davids, aber in den folgenden Episoden hält er sich an unterschiedlichen Orten auf.

2 In V. 2 wird ein Vorgang zusammengefasst, der sich wahrscheinlich über Monate hinzog. Unzufriedene (vgl. auch 30,22) gibt es zwar in jeder Gesellschaft, allerdings deutet diese Schar vielleicht auf Missstände in Sauls Reich. David wird zu einem alttestamentlichen »Robin Hood«. Die durch Erosion gebildeten »Glockenhöhlen« im israelischen Nationalpark, von außen unsichtbar, hell, luftig und trocken, bieten mehreren Hundert Menschen Unterschlupf.

3-4 David ersucht vom König, vielleicht von einem Teilgebiet von Moab, wie die Könige Kanaans zur Zeit Josuas, Asyl für seine Eltern. Zutritt zum Hof genoss er als Sauls Beamter. Vielleicht wählte er Moab als Zufluchtsort, weil Rut, seines Vaters Großmutter, von dort stammte (Rut 4,17). Die Zusage des Königs wird stillschweigend vorausgesetzt. David brachte seine Eltern dorthin, sie blieben wohl in Moab und werden in der Heiligen Schrift nicht mehr erwähnt. Diese Abstecher geschahen bestimmt, noch ehe David seine vierhundert Mann beisammen hatte.

David wäre wohl nicht abgeneigt, in Sicherheit in Moab zu bleiben, doch 5
Gad weist ihn ins Land seiner Berufung zurück. Die Herkunft dieses Propheten nennt der Verfasser nicht (*Informationslücke*). Er erscheint in der späteren Davidsgeschichte (2Sam 24,11 = 1Chr 21,9; 1Chr 29,25). Der Ort Heret ist unbekannt.

Zweimal in dieser Episode hat David nun versucht, Zuflucht außerhalb der Grenzen Israels zu finden. Der erste Versuch scheiterte an der Feindseligkeit der Philister, der zweite wurde durch ein prophetisches Wort abgewehrt. Im Lande Israel erwarten ihn zwar viele Verhängnisse, wie die folgenden Episoden schildern, doch lieber am von Gott zugewiesenen Platz – und unter seinem Schutz! – sein, als in falscher Sicherheit.

2.6.3 Saul rottet die Priester von Nob aus (22,6-23). Episode 2

Sauls Labilität und Argwohn steigern sich zur Paranoia. Dies wird durch die sog. erlebte Rede dargestellt: Saul äußert seine Vermutung zu den Überlegungen seiner Hofleute sowie seinen Verdacht, dass sich Jonatan (V. 8) und Ahimelech (V. 13) gegen ihn verschwören. Völlig selbstbezogen und nicht zum Vertrauen fähig, greift Saul aus Verzweiflung und Resignation zur Gewalt. Das einzige Mal, dass er Jahwes Namen ausspricht, ist, um die Priester zu bezeichnen.

2.6.3.1 Gliederung

A^1 Saul verhört seine Truppe (6-10). 1. Szene

A^2 Saul verhört Ahimelech (11-15). 2. Szene

B^1 Die Priester und ihre Stadt fallen dem Massaker zum Opfer (16-19). 3. Szene

B^2 Abjatar entrinnt dem Massaker (20-23). 4. Szene

2.6.3.2 Saul verhört seine Truppe (V. 6-10). 1. Szene

2.6.3.2.1 Übersetzung

6. Der Aufenthaltsort von David und der ihn begleitenden Männer wurde Saul gemeldet. Saul saß mit dem Speer in der Hand unter dem Tamariskenbaum auf der Höhe in Gibea, und seine ganzen Beamten standen um ihn her. 7. Saul richtete sich an seine Beamten, die um ihn her standen: »Hört gut zu, ihr Benjaminiter! Wird dieser Sohn Isais euch allen Äcker und Weinberge schenken und euch zu Offizieren über Tausendschaften und Hundertschaften ernennen, 8. dass ihr euch alle gegen mich verschworen habt? Keiner eröffnet mir, dass mein Sohn einen Bund mit Isais Sohn eingegangen ist. Keiner von euch ist besorgt um mich, um mir zu eröffnen, dass mein Sohn einen meiner Untertanen so gegen mich aufwiegelt, dass er mir gegenwärtig auflauert.« 9. Doëg der Edomiter, der über Sauls Beamte bestellt war, antwortete: »Ich sah Isais Sohn, wie er nach Nob kam zum Priester Ahimelech, Ahitubs Sohn. 10. Der befragte Jahwe um seinetwillen, gab ihm Reiseproviant und noch dazu das Schwert von Goliat dem Philister.«

2.6.3.2.2 Gliederung

1. Ortswechsel (6)
2. Sauls Rede (7-8)
3. Doëgs Verrat (9-10)

2.6.2.2.3 Auslegung

6 Mit dem ersten Satz: wtl. »Saul hörte, dass David … bekannt geworden war«, leitet der Verfasser einen Brennpunktwechsel von David zu Saul ein, wie sie in der späteren Erzählung (Kap. 28–31) wiederholt vorkommen. Die Wortfolge des zweiten Satzes weist auf Hintergrundinformation hin. Mit **Höhe** kann eine einfache »Anhöhe« (Sch, GNB) gemeint sein, vielleicht aber mit LXX eine Opferhöhe.

7 Saul schürt die Stammesrivalität, die in der Davidsgeschichte immer wieder eine Rolle spielt und unter dessen Enkel Rehabeam zur Reichsteilung führen wird. Als **Benjaminiter** dürfen Sauls Getreue keine

Gunst von einem aus Juda erwarten. Saul meint, die Gedanken seiner Beamten zu erraten und verrät doch dabei nur seinen eigenen Argwohn! Er nimmt an, seine Leute überlegten, welche Vorteile sie davon hätten, wenn sie zu David überträten. Mit der Bezeichnung **Sohn Isais** drückt Saul immer seine Verachtung für David aus (vgl. 20,27.30-31). Saul hat offenbar seine Günstlinge mit Privilegien beschenkt, wie Samuel gewarnt hatte (8,14).

Sauls Argwohn verzerrt seine Wahrnehmung. Er bezeichnet seinen ei- **8**
genen Schwiegersohn als wtl. »Knecht«, interpretiert Davids Flucht als Hinterhalt und nimmt wahrscheinlich an, Jonatan habe David zum Aufstand angestiftet, damit die beiden die Thronfolge unter sich ausmachen könnten.

Das hebr. *nṣb* im *Nifal* kann »stehen«, aber auch **bestellt sein** bedeuten. **9-10**
Das grie. *kathistemi* (LXX) macht deutlich, dass hier (V. 9) der zweite Sinn vorzuziehen ist. Mit der Bezeichnung **Isais Sohn** zeigt Doëg, dass er Sauls Verachtung teilt, und schwärzt mit einem Parallelausdruck auch Ahimelech an. Dieser hatte David nicht nur materiell unterstützt. Im MT steht der Ausdruck **und gab ihm** zweimal: Wiederholung zwecks Nachdruck. Doëgs Verrat beweist, dass »Tod und Leben in der Zunge Gewalt steht« (Spr 18,21; vgl. auch Spr 11,9; 12,13.18; 16,27; 17,9; 24,2; 25,23.28). David dokumentiert seine nachträgliche Reaktion in Psalm 52.

2.6.3.3 Saul verhört Ahimelech (V. 11-16). 2. Szene

2.6.3.3.1 Übersetzung

11. Daraufhin sandte der König nach dem Priester Ahimelech, Ahitubs Sohn, samt seines ganzen Vaters Haus, den Priestern zu Nob, und ließ sie vorladen. Sie kamen alle zum König. 12. »Hör her, Sohn Ahitubs!«, sagte Saul. »Melde Gehorsam, Majestät!«, gab Ahimelech zurück. 13. »Warum«, fragte ihn Saul, »habt ihr euch gegen mich verschworen, du und Isais Sohn, indem du ihm Brot und ein Schwert gabst und um seinetwillen Gott befragtest, um aufzuleh-

nen und aufzulauern gegen mich wie gegenwärtig?« 14. »Wer unter all deinen Hofleuten ist so treu wie David«, antwortete Ahimelech dem König, »des Königs Schwiegersohn, Oberkommandant deiner Leibgarde und ein angesehenes Mitglied deiner Familie? 15. Habe ich erste heute begonnen, Gott um seinetwillen zu befragen? Das sei mir ferne! Der König möchte seinem Knecht nichts zur Last legen, auch nicht seines ganzen Vaters Haus, denn dein Knecht wusste überhaupt nichts von dieser ganzen Angelegenheit, nicht das Geringste.« 16. »Du hast dein Leben verwirkt,« entgegnete der König, »du und deines Vaters ganzes Haus!«

2.6.3.3.2 Auslegung

11-12 Seine Rede zu Ahimelech eröffnet Saul genau so wie die zu seiner Truppe (V. 7), begegnet ihm also mit dem gleichen Argwohn. Ahimelechs Antwort, wtl. »hier bin ich, mein Herr!«, signalisiert als Formel der Meldung Untergebenheit.

13 Sauls Anklage setzt sich fast wortwörtlich zusammen aus seiner eigenen Äußerung (V. 8) – hebr. *qwm*, hier **auflehnen**, dort **aufwiegeln**; seinen Verdacht überträgt er auf Ahimelech – und Doëgs drei Punkten (V. 10). »Die Worte der Gottlosen stiften Blutvergießen an« (Spr 12,6).

14-16 In einem Schema ABAB unterstreicht Ahimelech Davids Stellung im Dienste Sauls sowie in seiner **Familie**, wtl. »Haus«, womit der »Hof« (GNB, HFA) gemeint sein könnte. **Oberkommandant** liest wie LXX *śar* statt MT *sâr* »wandte sich ab«. Ahimelechs gut gemeintes Lob gießt natürlich nur Öl ins Feuer. Ahimelechs Gebet für David legt Saul als Parteinahme gegen sich aus, also Hochverrat, und darauf steht die Todesstrafe. Seine Unschuldserklärung: **überhaupt nichts … nicht das Geringste**, wtl. »weder Kleines noch Großes«, stößt auf taube Ohren. Sauls Paranoia und Verfolgungswahn lassen ihn überall Verschwörung wittern. Den gleichen Urteilsspruch, wtl. »du sollst des Todes sterben«, hat er schon mit ebenso wenig Berechtigung gegen Jonatan ausgesprochen (14,44).

2.6.3.4 Die Priester und ihre Stadt fallen einem Massaker zum Opfer (V. 17-19). 3. Szene

2.6.3.4.1 Übersetzung

17. Der König wandte sich an die Läufer, die bei ihm standen: »Umstellt die Priester Jahwes und richtet sie hin! Auch sie arbeiteten Hand in Hand mit David, sie wussten doch, er war auf der Flucht, und sie haben es mir nicht eröffnet.« Sauls Diener waren jedoch nicht bereit, Hand an die Priester anzulegen, um sie zu treffen. 18. Der König wandte sich also an Doëg: »Umstelle du die Priester und triff du sie!« Der Edomiter Doëg umstellte sie, und er traf die Priester und tötete an jenem Tag 85 Männer, die das leinene Efod getragen hatten. 19. Nob, die Priesterstadt, erschlug er mit der Schärfe des Schwertes, Männer und Frauen, Kinder und Säuglinge, Rinder, Esel und Schafe mit der Schärfe des Schwertes.

2.6.3.4.2 Auslegung

Die Läufer waren vielleicht die Kuriere, die die Priester zu Saul begleitet 17
hatten. Er befiehlt, die Priester zu *sbb* **umstellen** und *mwt* im *Hifil* »sterben [zu] lassen«. Als Begründung wiederholt er seinen Vorwurf aus V. 8. **Hand in Hand** (HFA), wtl. »ihre Hand war mit David«. Die Befehlsverweigerung seiner Diener, *lo' 'ābû* »sie wollten nicht«, offenbart Sauls Autoritätsverlust.

Der Verfasser erinnert (vgl. 21,8) an Doëgs Zugehörigkeit zu Israels ver- 18
feindetem Brudervolk. Wahrscheinlich haben ihm andere bei der Bluttat geholfen. Die Erwähnung des **Efods**, kein Kleidungsstück, sondern Mittel zur Befragung Jahwes, macht deutlich, wie Sauls unbeherrschte Wut ihn nicht nur des Frevels des Priestermords hat schuldig werden lassen, sondern auch ihm die Möglichkeit nahm, Jahwes Führung und Weisung zu erleben – mit verhängnisvollen Folgen (vgl. 28,6).

Den Ortswechsel fügt NLB hinzu: »Dann zog er nach Nob«. Da kein 19
Subjektwechsel in V. 19 vorliegt, muss man annehmen, dass Doëg Vollstrecker auch dieses Massakers war, zweifelsohne mit Sauls Billigung. Die

Wortwahl (vgl. 15,3) lässt diese Begebenheit durch eine narrative Analogie als ironischen Kontrast zur Episode mit Amalek (Kap. 15) erscheinen. Sauls Truppen **wollten nicht** (15,9) den Bann an Amalek vollstrecken, und Saul ließ sie gewähren; seine Männer »wollten nicht« (22,17) die Priester umbringen, doch Saul überstimmt sie. Den von Jahwe befohlenen Bann an Amalek ließ Saul nicht vollständig vollstrecken. Das Massaker der Priesterstadt lässt er dagegen ausnahmslos zu.

2.6.3.5 Abjatar entrinnt dem Massaker und flieht zu David (V. 20-23). 4. Szene

2.6.3.5.1 Übersetzung

20. Ein Sohn Ahimelechs, des Sohnes Ahitubs, namens Abjatar konnte entkommen und folgte David auf der Flucht. 21. Abjatar erzählte David, dass Saul Jahwes Priester ermordet hatte. 22. »Mir war an jenem Tag bewusst«, gab ihm David zu Antwort, »dass sich Doëg der Edomiter dort befand und dass er höchstwahrscheinlich Saul Bescheid sagen würde. Ich habe den Tod des ganzen Hauses deines Vaters verursacht. 23. Bleib bei mir und hab keine Angst. Wer mir nach dem Leben trachtet, trachtet dir nach dem Leben, denn du bist in meiner Obhut.«

2.6.3.5.2 Gliederung

A[1] Abjatar entkommt und flieht zu David (V. 20)
  B[1] Abjatar erzählt David vom Massaker (V. 21)
  B[2] David gesteht Abjatar seinen Verdacht (V. 22)
A[2] David gewährt Abjatar Zuflucht und Sicherheit (V. 23)

2.6.3.5.3 Auslegung

20-23 Eine weitere ironische Parallele: Agag war der einzige Überlebende von Amalek (15,9), Abjatar bleibt als Einziger aus Nob am Leben. Davids Geständnis zeigt, dass er sich der Gefahr voll bewusst war, in die er Ahimelech und die Priester gebracht hatte. David wird zum Beschützer der Priesterschaft, die Saul ausgerottet hat, und verfügt über das Efod (vgl.

23,6), womit er in der Folge Jahwe zu befragen vermag. Dagegen hat sich Saul selbst des Beistands Jahwes beraubt.

2.6.4 David entkommt Sauls Verfolgung (Kapitel 23). Episode 3

2.6.4.1 Gliederung

A^1 David besiegt die Philister (1-5). 1. Szene
    B^1 Die Bürger Keïlas verraten David (6-14). 2. Szene
        C Jonatan besucht David, sie erneuern ihren Bund (15-18). 3. Szene
    B^2 Die Sifiter verraten David (19-23). 4. Szene
A^2 Die Philister retten David (1-5). 5. Szene

Die Kreuzstellung in der Gliederung macht David und Jonatans letzte Begegnung zum Brennpunkt der ganzen Episode, umgeben von einem zweifachen Verrat. Im Einschluss der ersten und letzten Glieder erscheinen die Philister. In der ersten Szene befreit David Keïla aus ihrer Hand, in der letzten bewerkstelligen sie unversehens Davids Rettung!

Ungeachtet der Kreuzstellung steigert sich die Spannung im Laufe der Episode:

a) Die Bewohner von Keïla verraten David in ihrer Bedrängnis, die Sifiter tun es freiwillig;
b) die Ortsangaben machen deutlich, dass David sich immer tiefer in das Bergland Judas zurückzieht;
c) in der zweiten Hälfte des Kapitels wird Davids Lage immer kritischer.

2.6.4.2 David hebt die Belagerung von Keïla durch die Philister auf (V. 1-5). 1. Szene

2.6.4.2.1 Übersetzung

1. Man erzählte David: »Weißt du nicht, Philister sind dabei, Keïla zu bekämpfen und die Tennen zu plündern?« 2. David befragte Jahwe: »Soll ich hingehen und diese Philister angreifen?« »Gehe hin«, antwortete ihm Jahwe, »greife die Philister an, und du wirst Keïla retten.« 3. Davids Leute wandten aber ein: »Bedenke doch, hier in Juda müssen wir schon bangen, wie viel mehr, wenn wir nach Keïla gegen die Schlachtreihen der Philister ziehen?« 4. Deshalb befragte David Jahwe noch einmal, und Jahwe antwortete ihm und sagte: »Mach dich auf, zieh hinab nach Keïla, denn ich gebe die Philister in deine Hand.« 5. David ging mit seinen Männern nach Keïla, kämpfte gegen die Philister, vertrieb ihnen das Vieh und brachte ihnen eine große Niederlage bei. So befreite David die Einwohner Keïlas.

2.6.4.2.2 Gliederung

A^1 Keïla wird von den Philistern belagert (1)
  B^1 David befragt Jahwe zum ersten Mal (2)
    C Die Befürchtung von Davids Männern (3)
  B^2 David befragt Jahwe zum zweiten Mal (4). *Redehöhepunkt*
A^2 Keïla wird von den Philistern befreit (5). *Handlungshöhepunkt*

2.6.4.2.3 Auslegung

1 **Weißt du**, hebr. *hinnēh*: Die nicht näher identifizierten Redner lenken Davids Aufmerksamkeit auf eine bisher unbekannte Tatsache oder eine neue Situation. Keïlas Notlage ähnelt der Gideons (Ri 6,11).

2 David tritt in dieser Episode ganz anders auf als im Kap. 21. Er tut keinen Schritt, ohne Jahwe um Rat zu fragen (V. 2.4.11.12). Diese Befragung geschieht zwar mithilfe des Efods, das Abjatar aus Nob mitbrachte (6), doch deutet das Zwiegespräch auf eine Intimität zwischen David und Jahwe, die bei Saul völlig fehlt. Jahwe gibt David Antwort, aber Saul keine (vgl. z.B. 14,37; 28,6).

Davids Frage (V. 2) enthält ein Wortspiel: **soll ich hingehen**, hebr. *ha'ēlēk*, **diese**, hebr. *hā'ēlläh*. David denkt nunmehr nicht an die eigene Sicherheit, sondern an seine Verantwortung als gesalbter König Israels, seine Landsleute von ihren Bedrängern zu befreien. Er handelt aber nicht, ehe er Gottes Rat einholt. Wie er dies tat, erfährt der Leser erst in der folgenden Szene (V. 6).

Bedenke doch (V. 3), hebr. *hinnēh*, Davids Männer lenken seine Auf- 3
merksamkeit auf ihre gefährliche Lage, die er scheinbar übersehen hat. Ihr Argument folgt dem bewährten Muster hebr. *qal wächômär*, (»leicht und schwer«: Schluss vom Leichteren auf das Schwerere), lat. *a fortiori* (»vom Stärkeren her«).

Im Gegensatz zu Saul ist David weder impulsiv noch störrisch, sondern 4
trägt dem Bedenken seiner Leute Rechnung. Die Häufung der Verben in V. 4 weist Jahwes Antwort als Redehöhepunkt der Szene aus. Sie gibt David zugleich Befehl und Zuspruch. Jahwe sagt David zu, die Philister in seine **Hand** zu geben. Der Begriff »Hand« kommt in der Episode wiederholt vor: Abjatar kommt mit dem Efod in seiner »Hand« (6), Jonatan stärkt Davids «Hand» in Gott (16) und versichert ihm, Sauls »Hand« (17) werde ihn nicht finden. Mehrmals handelt es sich um Sauls Versuche, Davids habhaft zu werden (7.11.12.14.16.20).

Der Handlungshöhepunkt in V. 5 weist eine chiastische Struktur auf: 5
Im ersten und letzten Glied steht Keïla, der Kampf gegen und der Sieg über die Philister umrahmen das mittlere Glied: die Beute. Unter Jahwes Leitung und in der Gemeinschaft seiner Truppe findet David wieder zu seinem früheren Erfolg (vgl. Kap. 18) zurück.

2.6.4.3 Die Einwohner von Keïla drohen, David zu verraten (V. 6-14). 2. Szene

2.6.4.3.1 Übersetzung

6. Als Abjatar, Ahimelechs Sohn, zu David nach Keïla geflohen war, kam das Efod in seiner Hand hinab. 7. Als es Saul gesagt wurde, David sei nach Keïla gekommen, sagte er sich: »Gott hat ihn in meine Hand ausgeliefert, denn er hat sich eingesperrt, indem er in eine Stadt mit Tor und Riegel hineingegangen ist.« 8. Saul rief sein ganzes Heer zum Kampf zusammen, um David und seine Männer einzukesseln. 9. Als David gewahr wurde, dass Saul Böses gegen ihn im Schilde führte, sagte er zu Abjatar, dem Priester: »Bringe das Efod her.« 10. »Jahwe, Gott Israels«, sagte David, »dein Diener hat gehört, dass Saul versucht, nach Keïla hinabzukommen und um meinetwillen die Stadt zu zerstören. 11. Werden Keïlas Ratsherren mich ihm ausliefern? Wird er tatsächlich kommen, so wie dein Diener gehört hat? Jahwe, Gott Israels, sag deinem Diener bitte Bescheid.« »Er wird kommen«, war Jahwes Antwort. 12. »Werden Keïlas Ratsherren mich und meine Männer Saul ausliefern?« fragte David. »Das werden sie«, antwortete Jahwe. 13. David und seine etwa sechshundert Männer machten sich folglich auf, verließen Keïla und streiften umher von einem Schlupfwinkel zum anderen. Als Saul erzählt wurde, dass David aus Keïla entkommen war, brach er seinen Feldzug wieder ab. 14. David hielt sich in den Festungen der unbewohnten Gebiete auf, und zwar im Bergland von Sif. Obwohl Saul ihn ständig suchte, überantwortete ihn Jahwe nicht in seine Hand.

2.6.4.3.2 Gliederung

A^1 Abjatar bringt David das Efod (V. 6). *Hintergrundinformation*

   B^1 Saul macht sich auf, um David zu verhaften (V. 7-8)

      C Mithilfe des Efods (V. 9) befragt David Jahwe (V. 10-12 *Höhepunkt*) und verlässt Keïla (V. 13a)

   B^2 Saul bricht seinen Feldzug ab (V. 13b)

A^2 Sauls Suche nach David bleibt erfolglos (V. 14). *Hintergrundinformation*

2.6.4.3.3 Auslegung

6 Mit Ausnahme von WStB übersetzen alle wie LXX »Abjatar brachte das Efod in seiner Hand«. Da Abjatar bereits am Ende der vorigen Episode (22,20-23) zu David geflohen war und dieser in der ersten Szene (23,2)

Jahwe befragte, handelt es sich um Hintergrundinformation, die hier nachgeschoben wird, weil das Efod in dieser Szene eine wichtige Rolle spielt.

Der Verfasser teilt die Quelle von Sauls Information nicht mit (V. 7, **7-8**
Informationslücke). Nach Davids Befürchtung (V. 11) ist es wohl nicht auszuschließen, dass Leute in Keïla ihn verrieten. Saul hat sich so weit von Jahwe entfernt, dass er Davids Notlage als Gottes Vorsehung auslegt, aber dem widerspricht der Verfasser am Schluss der Szene (V. 14) eindeutig.

Ebenso wenig gibt der Verfasser die Quelle von Davids Information **9**
an, sondern betont vielmehr, dass er nunmehr von Jahwes Priester begleitet wird, während Saul durch eigenes Verschulden des Beistands der Priester beraubt ist. Der Zusatz der LXX »Efod des Herrn« (V. 9) macht unmissverständlich deutlich, dass es sich nicht um ein Kleidungsstück, sondern um eine Orakeltasche (EÜ, GNB) handelt.

Während Saul wähnt, Gottes Handeln nur mittelbar aus den Ereignis- **10-12**
sen schließen zu können (V. 7), stellt der Redehöhepunkt der Szene (V. 10-12) David im vertrauten Zwiegespräch mit Jahwe dar. Davids Anrede macht allerdings deutlich, dass es dabei nicht an Ehrfurcht fehlt.

Zwar bläst Saul den Feldzug gegen Keïla ab, stellt David jedoch un- **13-14**
ablässig nach. David wird heimatlos, wie es in Hebr 11,38 heißt: »Sie sind umhergeirrt in Wüsten, auf Bergen, in Höhlen und Erdlöchern«. Mit **Festungen** sind wahrscheinlich natürliche »Schlupfwinkel« (GNB) im Bergland gemeint (s. zu 22,1). David ist Vorläufer dessen, der sagte: »Die Füchse haben Gruben, und die Vögel des Himmels haben Nester; aber der Menschensohn hat nichts, wo er sein Haupt hinlege« (Mt 8,20 = Lk 9,58 LÜ), sowie aller Gläubigen, die bekennen: »Hier haben wir keine bleibende Stadt« (Hebr 13,14).

Die Feststellung in V. 14, »David hielt sich in den Festungen der unbewohnten Gebiete auf … obwohl Saul ihn ständig suchte, überantwortete ihn Jahwe nicht in seine Hand«, fasst das Hauptthema des 6. Aktes, Sauls Verfolgung und Davids Entkommen, sowie die kurzen Szenen dieser Episode zusammen und wird in der Schlussszene dramatisch illustriert. Sauls unablässige Nachstellungen – dreimal *bqsch* »sucht« Saul nach David – werden durch Gottes Hilfe vereitelt, und es gelingt David zu entweichen.

2.6.4.4 Jonatan und David erneuern ihren Bund in Horescha (V. 15-18). 3. Szene

2.6.4.4.1 Übersetzung

15. David merkte, dass Saul hinter ihm her war und ihm nach dem Leben trachtete. Während er sich in Horescha aufhielt, 16. machte sich Jonatan, Sauls Sohn, auf den Weg zu ihm dorthin, um sein Vertrauen zu Gott zu stärken. 17. »Keine Angst!«, sagte er ihm. »Mein Vater Saul wird dich nie erwischen, sondern du wirst als König über Israel herrschen, und ich werde dein Stellvertreter sein. Dessen ist sich auch mein Vater Saul sehr wohl bewusst.« 18. Die beiden erneuerten ihren Bund vor Jahwe. Während David in Horescha blieb, kehrte Jonatan nach Hause zurück.

2.6.4.4.2 Gliederung

Inszenierung (15)
A[1] Jonatans Ankunft (16a)
  B[1] Stärkung (16b)
    C Jonatans Zuspruch (17). *Höhepunkt*
  B[2] Bund (18a)
A[2] Jonatans Abschied (18b)

2.6.4.4.3 Auslegung

15-16 Die Inszenierung (V. 15) enthält Information, die überflüssig erscheint und Übersetzer in Verlegenheit gebracht hat. Der Verfasser wiederholt sie als Vorspann zu Jonatans Besuch und verrät damit, wie sehr David durch Sauls unablässige Verfolgung aufgerieben war. Jonatan stärkte wtl. »seine Hand« in Gott.

17 Jonatans Zuspruch (V. 17) bildet einen Chiasmus, er beginnt und endet mit Saul, in der Mitte ist vom Königtum die Rede. Obwohl er neben Gottvertrauen selbst auch Führerqualitäten besitzt, erkennt Jonatan Gottes Wahl an und erklärt sich bereit, den zweiten Platz hinter David einzunehmen. Trotz besseren Wissens hält Saul unverdrossen an der Macht fest. Dass es ihm nicht gelingen wird, David zu **erwischen**, wtl. »seine Hand wird dich nicht finden«, ist eine Glaubensaussage.

Sie **erneuerten** (EÜ, NLB), wtl. »schlossen«, **ihren Bund** (vgl. 18,3; **18**
20,16.42). Nach dieser letzten Begegnung, die den Höhepunkt der Episode darstellt, wird Jonatan definitiv aus der Erzählung verabschiedet bis zur Notiz über seinen Tod (31,2).

2.6.4.5 Die Sifiter verraten David an Saul (V. 19-24a). 4. Szene

2.6.4.5.1 Übersetzung

19. Sifiter stiegen zu Saul nach Gibea hinauf mit der Mitteilung: »David hält sich wohl bei uns versteckt, in den Bergfesten von Horescha, am Hügel Hachila, rechts von Jeschimon. 20. Entspricht es nun dem Wunsch des Königs, herabzukommen, dann komm herab. Unser Part soll es sein, ihn in des Königs Hand auszuliefern.« 21. »Gesegnet seid ihr von Jahwe«, antwortete Saul, »dass ihr euch meiner erbarmt habt! 22. Geht bitte und vergewissert euch noch einmal, erkundet und beobachtet, wo genau er sich aufhält und wer ihn dort gesehen hat, denn man sagt mir, er sei sehr verschlagen. 23. Beobachtet und erkundet alle Schlupfwinkel, in denen er sich versteckt haben könnte, dann kommt zu mir mit sicheren Angaben zurück und ich werde euch begleiten. Wenn er sich dann tatsächlich im Gebiet aufhält, werde ich ihn aufspüren, und wenn ich ganz Juda durchkämmen muss!« 24a. Die Sifiter erhoben sich und kehrten vor Saul nach Sif zurück.

2.6.4.5.2 Auslegung

Die Bewohner Keïlas hatten erst unter Druck gedroht, David zu verraten, **19-20**
während die Sifiter es aus eigenem Antrieb tun, und ihr weitschweifiges Angebot spiegelt ihre Verschlagenheit wider. Ihre Angabe über Davids vermeintlichen (und heute unbekannten) Aufenthaltsort ist umrahmt von ihrem Aufstieg zur Denunzierung sowie ihrem Vorschlag zu Sauls Abstieg und Davids Auslieferung.

Die Aussage wird zu Beginn der 6. Episode (26,1) fast wörtlich wiederholt, d.h. die dortige Erzählung (Kap. 26) ist zeitlich hier einzuordnen. Die Wiederholung von »drei Tausendschaften auserlesener Männer aus ganz Israel« (24,3; 26,2) lässt außerdem vermuten, dass sich die zwei Begebenheiten, die in den Episoden 4 und 6 (Kap. 24 und 26) ausführlicher erzählt werden, im Laufe der hier beschriebenen Verfolgung ereigneten.

21-23 Sauls Elend wird daran sichtbar, dass er die Niedertracht der Sifiter als Segen Jahwes auslegt. Die Ortsangabe der Sifiter reichen ihm nicht aus, er will wissen, **wo genau er sich aufhält**, wtl. »den Ort seines Fußes«. Sauls Rede ist weitschweifig: Er wiederholt seine Bitte (V. 21) fast wörtlich (V. 23). Dies verrät einerseits Verschlagenheit, die er nicht ohne unbewusste Ironie David unterstellt. Nach mehreren fehlgeschlagenen Versuchen, seinen vermeintlichen Gegner zu fassen, ist Saul aber auch vorsichtig geworden. Der letzte Satz bringt seine verzweifelte Verbissenheit zum Ausdruck: **wenn ich ganz Juda durchkämmen muss**, wtl. »unter allen Tausendschaften Judas«. Die Formel *qwm whlk* »aufstehen und gehen« (V. 24) wird im AT oft gebraucht, um den Abschluss einer Szene zu kennzeichnen.

2.6.4.6 Die Philister zwingen Saul, die Verfolgung einzustellen (V. 24b-24,1). 5. Szene

2.6.4.6.1 Übersetzung

24b. Inzwischen befanden sich David und seine Männer in der Wüste Maon in der Steppe südlich von Jeschimon. 25. Als man David erzählte, dass Saul und seine Männer auf die Suche gegangen waren, stieg er zum Felsen herab und verblieb in der Wüste Maon. Saul hörte davon und jagte hinter David her in die Wüste Maon hinein. 26. Saul ging auf der einen Seite des Bergs, David und seine Männer auf der anderen. Obwohl David hetzte, um von Saul wegzukommen, waren Saul und seine Männer dabei, David und seine Männer zu umzingeln und zu ergreifen, 27. als ein Bote zu Saul kam mit der Meldung: »Komm eilends von hier fort! Die Philister sind ins Land eingefallen!« 28. Da kehrte Saul zurück von der Verfolgung Davids und ging weg, um gegen die Philister auszurücken. Deshalb nannten sie den Ort »Fels der Trennung«. 24,1. David zog von dort hinauf und hielt sich in den Bergfesten von En-Gedi auf.

2.6.4.6.2 Gliederung

A[1] Inszenierung (24b). *Eröffnung*
  B[1] Saul nimmt die Verfolgung auf (25). *Spannung*
    C Katz und Maus (26). *Höhepunkt*
  B[2] Saul bricht die Verfolgung ab (27-28). *Ausgang*
A[2] Ortsangabe (24,1). *Schluss*

Die Handlung der Szene folgt in Kurzform dem klassischen Erzählmuster: Nach der eröffnenden Inszenierung (24b) erhöht sich die Spannung durch eine Verwicklung (25) bis zum Höhepunkt (26). Der Ausgang (27) bringt dann die Entspannung und die Szene schließt mit einer erneuten Ortsangabe (24,1), die zugleich den Übergang sowie die Inszenierung der folgenden Episode bildet.

2.6.4.6.3 Auslegung

Wie Figuren auf dem Schachbrett in einer kniffeligen und hart umstrittenen Partie bewegen sich Verfolger und Verfolgte in den unbewohnten Gegenden südlich von Hebron. Der Fels ist vielleicht eine Erhöhung, die in Vers 26 als Berg bezeichnet wird. **24b-25**

Der Höhepunkt wird erreicht, als beide Parteien auf entgegengesetzten Seiten um den gleichen Berg klettern (V. 26). Das Zeitwort *chpz* »in Panik eilen« (vgl. 2Sam 4,4) bezeichnet Davids verzweifelte Anstrengungen, der bevorstehenden Gefangennahme zu entweichen. **26**

Gerade im kritischen Augenblick muss Saul die Jagd abbrechen (V. 27). Die Ironie ist, dass David sein Entkommen Israels Feinden, den Philistern, verdankt, die er in der 1. Szene sogar bekämpft hatte. Die Kontrahenten trennen sich, deshalb **Fels der Trennung**, vom hebr. *chlq* »teilen«, so die meisten Übersetzungen, und David entkam, deshalb vielleicht auch »Fluchtfels« (NLB), vom hebr. *chlq* »glatt sein«. Targum und Mischna verstehen den Begriff als die Unentschlossenheit von Saul oder seiner Trup- **27-28** pe, ob sie die Gelegenheit, David zu fangen, beim Schopf ergreifen, oder aber lieber ihre Volksgenossen vor den Philistern schützen sollten.

Davids Entkommen markiert einen Wendepunkt in Sauls Verfolgungsjagd. Die zwei begegnen sich zwar wieder, wie Kapitel 24 und 26 berichten, doch David ist nie wieder in ernsthafter Gefahr. Im Gegenteil: Er ist es, der zweimal Sauls Leben verschont.

Die Formulierung von 24,1 signalisiert den Abschluss der Szene, deshalb zählen englische Bibelübersetzungen den Vers noch zu Kapitel 23. Zuverlässige Wasserquellen und üppige Vegetation machen die Schlucht von En-Gedi zu einem angenehmen Aufenthaltsort, nur die steilen Wände und der einzige Ausgang am Toten Meer ließen sie zur Falle für Flüchtige werden. Es ist von daher wahrscheinlich, dass sich David im Bergland oberhalb von En-Gedi aufhielt.

2.6.5 David verschont das Leben seiner Gegner (Kapitel 24–26). Episoden 4-6

2.6.5.1 Gliederung

A[1] David verschont Saul bei En-Gedi (Kap. 24). Episode 4

B David wird davon abgehalten, an Nabal Vergeltung zu üben (Kap. 25). Episode 5

A[2] David verschont Saul bei Hachila (Kap. 26). Episode 6

Diese drei Episoden sind weniger chronologisch, sondern eher durch die gemeinsame Thematik verbunden. Zwei Episoden, in denen David Sauls Leben verschont, umrahmen eine Episode, in der David davon abgehalten wird, an Nabal Vergeltung zu üben. Der Vergleich zwischen 23,19 und 26,1 einerseits sowie 24,3 und 26,2 andererseits lässt vermuten, dass sich die zwei Begebenheiten, die in den Episoden 4 und 6 (Kap. 24 und 26) ausführlicher erzählt werden, im Laufe der hier beschriebenen Verfolgung ereigneten.

Wie in den früheren Episoden dieses Aktes taucht die Vokabel *jād* »Hand« immer wieder auf, allerdings mit einer bezeichnenden neuen

Wendung: Wo Saul bisher wähnte, Jahwe hätte David in seine Hand gegeben (23,7), muss er nun gestehen (24,19), dass die Rollen umgekehrt sind, der Verfolger nun zum Verfolgten geworden ist. Davids Männer behaupten, Jahwe hätte Saul in seine Hand gegeben (24,5), doch David weigert sich, seine Hand gegen Jahwes Gesalbten auszustrecken (24,7).

2.6.5.2 David verschont Saul bei En-Gedi (Kapitel 24). Episode 4

2.6.5.2.1 Gliederung

A[1] David und Saul begegnen sich zufällig (1-4). *Eröffnung, Inszenierung*

B[1] David hält seine Männer zurück (5-8). 1. Szene

C David beteuert Saul seine Unschuld (9-16). 2. Szene

B[2] Saul antwortet David (17-22). 3. Szene

A[2] Abschied (23). *Schluss*

Mit Ausnahme der Inszenierung und Davids schicksalhafter Handlung, den Rand von Sauls Mantel abzuschneiden, besteht die ganz Episode aus direkter Rede: das Gespräch zwischen David und seinen Männern in der Höhle sowie Davids Plädoyer an Saul und dessen Antwort.

2.6.5.3 David und Saul begegnen sich zufällig (V. 1-3). Eröffnung

2.6.5.3.1 Übersetzung

1. David zog von dort hinauf und in die Bergfesten von En-Gedi. 2. Als Saul von seiner Jagd hinter den Philistern her zurückgekehrt war, meldete man ihm: »Jetzt befindet sich David in der Wüste bei En-Gedi.« 3. Saul nahm drei Tausendschaften auserlesener Männer aus ganz Israel und zog los, um David und seine Männer gegenüber den Steinbockfelsen zu suchen. 4. Auf dem Weg gelangte Saul zu den Schafhürden und ging in eine Höhle dort, um seine Notdurft zu verrichten – im Innern der Höhle kauerten David und seine Männer!

2.6.4.3.2 Auslegung

Die chronologische Angabe V. 2 macht deutlich, dass sich diese Episode der vorigen zeitlich anschließt. Die gleiche Truppenstärke begegnet wieder in 26,2. Die topografischen Angaben – **Steinbockfelsen, Schafhürden, Höhle** – bestätigen, dass sich die Episode auf dem judäischen Bergland oberhalb von En-Gedi zutrug. Zum möglichen Umfang der **Höhle** vgl. zu 22,2.

2.6.5.4 David hält seine Männer zurück (V. 5-8). 1. Szene

2.6.5.4.1 Übersetzung

5. Davids Männer sagten ihm: »Sieh doch, das ist der Tag von dem Jahwe dir gesagt hat: Siehe, ich werde deinen Feind in deine Gewalt ausliefern und du wirst mit ihm tun, was recht ist in deinen Augen.« David erhob sich und schnitt unbemerkt den Zipfel von Sauls Mantel ab. 6. Nachträglich bekam David ein schlechtes Gewissen, weil er Sauls Saum abgeschnitten hatte. 7. David sagte zu seinen Männern: »Fern sei es mir von Jahwe, so etwas meinem Herrn, Jahwes Gesalbten, anzutun und Hand an ihn zu legen, denn Jahwes Gesalbter ist er doch.« 8. Mit viel Zureden gelang es David, seine Männer auseinanderzureißen, und ließ ihnen nicht zu, sich gegen Saul zu erheben. Saul erhob sich aus der Höhle und ging seines Weges.

2.6.5.4.2 Gliederung

- A¹ Der Vorschlag von Davids Männern (5a)
  - B¹ Davids Frevel (5b)
    - C David bereut seine Tat (6)
  - B² Davids Weigerung (7)
- A² David hält seine Männer zurück (8)

2.6.5.4.3 Auslegung

Zweimal kommt hebr. *hinnēh* in V. 5 vor. Damit lenken Davids Männer 5
seine Aufmerksamkeit auf eine neue Situation, die er vielleicht übersehen hat, und zitieren einen angeblichen Jahwe-Spruch, den dieser allerdings nie geäußert hat. Aus der Voraussage, David werde eines Tages Sauls Nachfolge antreten, ziehen sie den unberechtigten und vermessenen Schluss, es läge in seiner **Gewalt**, wtl. »Hand«, die Königswürde an sich zu reißen. Zunächst hört David auf seine Männer, allerdings halbherzig. Mit dem Wörtchen **unbemerkt** übergeht der Verfasser in einer *Informationslücke* alle Einzelheiten, die ein neugieriger Leser so gern gewusst hätte, und erklärt ebenso wenig, was sich David mit dieser symbolischen Geste gedacht hat.

Das zentrale Glied der Szene (V. 6) beginnt mit hebr. *wajəhî 'achărê-* 6
kēn, das sonst immer eine neue Szene markiert, weshalb manche Kommentare diesen Vers vor V. 9 versetzen möchten. Nur dreimal in *1. Samuel* (sonst nur 21,12 und 30,6) verrät der Verfasser Davids Gedanken. Sein **schlechtes Gewissen**, wtl. »Davids Herz schlug ihm«, macht deutlich, wie folgenschwer seine Geste war.

Mit einer Verwünschungsformel (V. 7) weist David vehement das 7
Vorhaben zurück, Hand an Saul **anzulegen** (so LXX, MT »gegen ihn auszustrecken«). **So etwas**, wtl. »diese Sache«, bezieht sich auf den V. 5 geäußerten Vorschlag seiner Männer. Die Wiederholung am Schluss (vgl. V. 11) macht deutlich: David fürchtet sich davor, sich nicht nur an einem Menschen, sondern auch an Jahwe zu vergreifen.

Mit viel Zureden wtl. »mit Worten«. Die Übersetzungen fügen »diese 8
scharfen« (EÜ) oder »harten« (LÜ) hinzu und schwächen **auseinanderreißen** (Elb*) ab zu »wies von sich« (LÜ) oder »zurecht« (NLB, GNB), »fuhr an« (EÜ), »wehrte« (Elb) oder »hielt zurück« (Sch). Die Wiederholung von *qwm* **erhob sich** aus V. 5 ist Ironie. Der Abschluss dieser Szene bildet zugleich die Überleitung zur nächsten.

2.6.5.5 David beteuert Saul seine Unschuld (V. 9-16). 2. Szene

2.6.5.5.1 Übersetzung

9. Nachher erhob sich David, verließ die Höhle und rief Saul hinterher: »Mein Herr, Majestät!« Saul blickte zurück und David machte eine tiefe Verbeugung. 10. »Warum«, fragte David, »hörst du auf Leute, die behaupten, ich führte Böses im Schilde gegen dich? 11. Heute kannst du mit eigenen Augen sehen, wie Jahwe dich in meine Gewalt gab, und obwohl man sagte, ich sollte dich umbringen, verschonte ich dich doch in dem Denken: Ich will nicht Hand anlegen an meinen Herrn, denn er ist Jahwes Gesalbter. 12. Nun sieh doch, mein Vater, diesen Zipfel deines Mantels in meiner Hand! Dadurch, dass ich den Saum deines Mantels abschnitt, ohne dich zu töten, sollst du erkennen und sehen, dass in meinem Handeln weder Boshaftigkeit, Auflehnung noch Fehlverhalten dir gegenüber ist, auch wenn du mich deinerseits um mein Leben jagst. 13. Möge Jahwe zwischen uns schlichten und mir recht geben dir gegenüber, doch meine Hand soll nicht gegen dich sein. 14. Ein uraltes Sprichwort besagt zwar: ›Von Treulosen erwartet man nur Treulosigkeit‹, doch meine Hand soll nicht gegen dich sein. 15. Hinter wem her zieht Israels König aus, und wen verfolgst du? Hinter einem toten Hund, hinter einem einzigen Floh! 16. Möge Jahwe Richter sein und zwischen uns schlichten, Einsicht in meine Sache nehmen, sie führen und mir recht geben.«

2.6.5.5.2 Gliederung

A David richtet sich an Saul (V. 9)

  B Er weist Verleumdungen zurück (V. 10)

    C Er beruft sich auf Sauls Mantel als Beweisstück (V. 11-12)

D^1 Er appelliert an Jahwe als Richter (V. 13)

  E^1 Er beschwört seine Unschuld (V. 14)

  E^2 Er wundert sich über Sauls Hetzjagd (V. 15)

D^2 Er appelliert an Jahwe als Richter (V. 16)

2.6.5.5.3 Auslegung

9 David macht aus seinem Fehler eine Tugend und ergreift die Gelegenheit, Saul seine Unschuld zu beweisen. Seine Unterwürfigkeit drückt er aus in seiner Anrede: **Majestät** wtl. »der König«, und in seiner Gestik: **machte**

eine tiefe Verbeugung, wtl. »verneigte sich mit dem Angesicht zur Erde und warf sich nieder«.

David versucht, den Weg zur Versöhnung zu ebnen, indem er un- **10-11**
terstellt, Sauls Feindseligkeit beruhe nur auf übler Nachrede. Mit hebr. *hinnēh* (V. 11) lenkt er Sauls Aufmerksamkeit auf eine neue Situation, deren dieser sich nicht bewusst war. **Gewalt** wtl. »Hand«; das Wort kommt siebenmal in Davids Rede vor. Er **verschonte** Saul, hebr. *chûs* »bemitleiden«, LXX liest Mehrzahl »wir«. Seine wiederholte Begründung (vgl. V. 7) zeigt, dass Davids Beweggrund die Ehrfurcht vor Jahwe ist und nicht persönliche Zuneigung.

Davids Hauptbeweisstück ist das Stück Stoff in seiner Hand. Die Kö- **12**
nigswürde gehört ihm, er wird sie aber nicht an sich reißen. **Handeln** wtl. »Hand«.

Schlichten hebr. *schpṭ* »richten«, **zwischen uns**, wtl. »zwischen mir **13**
und zwischen dir« (V. 13, so auch V. 16). David erwartet, dass Jahwe ihm *nqm* **recht geben** wird (besser als »rächen«), lehnt es aber zweimal ausdrücklich ab (Nachdruck durch Wiederholung), sich selbst Recht zu verschaffen. Mit dem Zitat des Sprichworts weist David *räscha'* **Treulosigkeit** (besser als »Gottlosigkeit«) Saul gegenüber von sich.

Dass der höchste Mann im Königreich so viel Aufhebens macht um **15-16**
eine wert- und bedeutungslose Person, macht die Maßlosigkeit von Sauls Verfolgung deutlich (V. 15). David erwartet offenbar keine Hilfe von Saul, sondern beruft sich in V. 16 auf Jahwe in der Rolle eines Richters.

2.6.5.6 Saul antwortet David (V. 17-23). 3. Szene und Abschied

2.6.5.6.1 Übersetzung

17. Als David diese Rede an Saul beendet hatte, fragte dieser: »Ist das wohl deine Stimme, mein Sohn David?«, und brach laut in Tränen aus. 18. »Du bist gerechter als ich«, fuhr Saul fort. »Du hast mir mit Wohltat vergolten, während ich dir mit Bösem vergolten habe. 19. Gerade jetzt erzählst du, wie du mich gütig behandelt hast, als Jahwe mich deiner Gewalt auslieferte, und du hast mich trotzdem nicht umgebracht. 20. Denn wer sonst trifft seinen Feind und lässt ihn einfach laufen? Jahwe möge dir Gutes vergelten als Gegenleistung für das, was du mir an diesem Tag getan hast. 21. Weißt du, ich habe nun erkannt, dass du König werden wirst, und unter deiner Führung wird Israels Königreich befestigt. 22. Darum schwöre mir bei Jahwe, dass du dann meine Familie nicht ausrotten und mir ein Andenken lassen wirst.« 23. David schwor Saul, der dann nach Hause ging, während David und seine Männer auf die Bergfeste stiegen.

2.6.5.6.2 Auslegung

17-20 Sauls Anrede **mein Sohn**, als Antwort auf Davids **mein Vater** (V. 12) sowie seine Tränen, wtl. »erhob seine Stimme und weinte«, bezeugen seine Rührung (vgl. 26,17). Ob sie eine Veränderung seiner Einstellung zu David bewirkt, steht noch offen (vgl. 2Kor 7,10). Saul ist nicht so abgestumpft, dass er nicht erkennt, David unfair behandelt zu haben (V. 18). **Gewalt** wtl. »Hand«, **lässt ihn laufen** wtl. »ihn einen guten Weg gehen lässt« (V. 20). Davids Vertrauen zu Jahwe lässt ihn praktizieren, was später Jesus und Paulus befehlen (Mt 5,38-48; Lk 6,27-38; Röm 12,19-21).

21-23 Durch **weißt du**, wtl. *hinnēh* (V. 21), lenkt Saul Davids Aufmerksamkeit auf sein erstaunliches Geständnis, dass David nicht nur seine Nachfolge antreten, sondern dass ihm darin größerer Erfolg beschieden sein wird (vgl. 2Sam 8). Es handelt sich eventuell um nicht mehr als Resignation vor seinem unausweichlichen Schicksal, denn bezeichnenderweise tritt Saul nicht zugunsten Davids ab, noch bietet er ihm eine Amnestie an, sondern verlangt, dass David verspricht, ihm **ein Andenken zu lassen**, wtl. »meinen Namen aus meines Vater Haus nicht zu vertilgen«, wie oft die damalige Praxis war (vgl. 20,15; Ri 9,5; 1Kön 15,29; 16,11; 2Kön 11,1; 2Chr 21,4). Bezeichnend ist ebenfalls, dass David nicht an Sauls Hof zurückkehrt, sondern im Versteck in den Bergen bleibt.

2.6.6 David verschont Nabal (Kapitel 25). Episode 5

Diese lange eingebettete Erzählung trennt die letzten beiden Begegnungen zwischen Saul und David (Episoden 4 und 6, Kapitel 24 und 26). Als Nabal, ein grobschlächtiger Viehzüchter, Davids Männer beleidigt, bewahrt Nabals Ehefrau Abigajil David davor, eigenmächtig Vergeltung zu üben. Sein Verhalten steht somit im Gegensatz zu Sauls blutiger Rache an den Priestern zu Nob (Kap. 22). In Abigajils ausführlicher Rede (V. 24-31) erfährt der Leser zum ersten Mal die Einstellung einer Bürgerin Israels zu David (vgl. 18,7.16).

Die Episode ist auch ein Beispiel von narrativer Analogie: Davids Beziehungen zu Nabal spiegeln seine Beziehungen zu Saul wider. Dies wird an folgenden Parallelen deutlich: Der gemeinsame Schauplatz ist Maon (23,24-25; 25,2). Saul nennt David »mein Sohn« (24,17), und Nabal gegenüber bezeichnet sich David als **dein Sohn** (25,8). Wie Saul (20,30-31; 22,7-8.13) drückt Nabal seine Verachtung gegenüber David mit der gleichen Bezeichnung **Isais Sohn** aus (25,10). Nabal stirbt, als Jahwe ihn *ngp* **schlug** (25,38); David erwartet das gleiche Schicksal für Saul (26,10). David stellt eine weitere Parallele zwischen Nabal und Saul fest: Er ruft Jahwe dazu auf, gegen Saul seine Sache zu führen (24,16) und behauptet nach Nabals Tod, Jahwe habe dies getan (25,39). Schließlich erscheinen wiederholt die Eigenschaftswörter *tôv* **gut** (vier Mal in Kap. 24, sieben Mal in Kap. 25) und *ra'* **böse** (drei bzw. sieben Mal), um den Umgang der Personen miteinander zu beurteilen.

2.6.6.1 Gliederung

A[1] Verabschiedung von Samuel, Einführung der Hauptpersonen der Episode (1-3): *Inszenierung*

B[1] David bittet Nabal um eine Gefälligkeit (4-8). 1. Szene

C[1] Nabal erteilt David eine Abfuhr (9-13). 2. Szene

D[1] Abigajil greift ein (14-22). 3. Szene: *Handlungshöhepunkt*

D[2] Sie begegnet David (23-35). 4. Szene: *Redehöhepunkt*

C[2] Nabal erleidet einen Schlaganfall (36-38). 5. Szene

B[2] David hält um Abigajils Hand an (39-44). 6. Szene

A[2] Davids Ehen (43-44): *Schluss*

2.6.6.2 . Nach Samuels Tod bittet David Nabal um eine Gefälligkeit (V. 1-8). Inszenierung und 1. Szene

2.6.5.2.1 Übersetzung

1. Samuel starb, und ganz Israel versammelte sich, um ihn zu betrauern und ihn in seiner Heimat Rama zu bestatten. David machte sich auf und zog hinab in die Wüste Maon. 2. Ein Mann aus Maon hatte sein Geschäft in Karmel, er war sehr vermögend, ihm gehörten dreitausend Schafe und tausend Ziegen. Er war gerade bei der Schafschur in Karmel. 3. Er hieß Nabal, seine Frau Abigajil. Sie war sehr verständig und von schöner Figur, aber ihr Mann war störrisch und hatte schlechte Manieren, ein Nachkomme Kalebs. 4. In der Wüste erfuhr David, dass Nabal dabei war, seine Herde zu scheren. 5. Er sandte zehn seiner Burschen mit dem Auftrag, nach Karmel aufzusteigen, zu Nabal zu gehen und ihm auszurichten: »Fragt ihn von mir, wie es ihm geht, 6. und wünscht ihm langes Leben, und möge es ihm, seiner Familie und allem, was ihm gehört, wohlergehen. 7. Eben habe ich erfahren, dass die Schafscherer bei dir sind. Nun sind deine Hirten unter uns gewesen und weder haben wir ihnen etwas zuleide getan noch ist bei ihnen irgendetwas vermisst worden die ganze Zeit, die sie in Karmel waren. 8. Frag doch deine Burschen, sie werden es dir bestätigen. Mögen die jungen Männer Gunst finden in deinen Augen, denn sie sind an einem günstigen Tag gekommen, und gib ihnen bitte, was du zur Hand hast für deine Knechte und deinen Sohn David.«

2.6.5.2.2 Auslegung

1-3 Samuel steht nicht mehr im Rampenlicht der Erzählung. Die Notiz von seinem Ableben ist für die weitere Folge von Bedeutung (vgl. 28,3). Nach MT zog David in die »Wüste Paran« in der Halbinsel Sinai. Entweder muss man diesen Begriff sehr weit fassen oder mit LXX **Wüste Maon** lesen, zumal der nächste Vers auf diesen Ort Bezug nimmt. Abigajil gehört zu den wenigen Frauen, deren Aussehen in der Heiligen Schrift beschrieben wird. Ihre Anmut war David gewiss nicht gleichgültig. Die Relevanz von Nabals Abstammung ist nicht einsichtig. Vielleicht hat die LXX *kynikos* zu Recht MT *kälibî* »Kalebiter« als Eigenschaftswort von *käläb* »Hund« verstanden, also »ein krummer Hund«!

David lässt Nabal grüßen: **Fragt, wie es ihm geht**, hebr. *sch'l lə-* **4-6**
schälôm, wtl. »nach seinem Frieden fragen«. **Wünscht ihm langes Leben**, hebr. *lächâ*, wtl. »zum Leben« (zu Deutsch: »zum Wohl!«). Hebr. *schälôm*, **Wohlergehen**, hier besser als »Frieden«.

Auf den ersten Blick mag Davids Bitte wie Erpressung klingen, der **7-8**
Versuch, »Schutzgeld« im Stil der Mafia einzutreiben, doch in der Folge (V. 15) bestätigen Nabals Mitarbeiter Davids Behauptung. Zum Abschluss der Schur wurde offenbar ein Fest gefeiert, und David hoffte, etwas davon abzubekommen. In seiner Anrede nimmt er am Schluss eine untergebene Stellung ein.

2.6.6.3 Nabal erteilt David eine Abfuhr (V. 9-13). 2. Szene

2.6.5.3.1 Übersetzung

9. Davids junge Männer kamen an, sagten Nabal alles, was David ihnen aufgetragen hatte, und warteten ab. 10. Nabals Antwort an Davids Mitarbeiter lautete: »Wer ist David? Wer ist Isais Sohn? Heutzutage fehlt es nicht an Knechten, die vor ihrem Herrn Reißaus nehmen. 11. Soll ich etwa Speis und Trank und das Fleisch nehmen, das ich für meinen Scherer geschlachtet habe, um es Leuten zu geben, die ich weder kenne noch weiß, woher sie stammen?« 12. Davids junge Männer machten kehrt, gingen zurück, kamen an und erzählten ihm alles, was gesagt worden war. 13. David gab Befehl: »Jeder gürte sein Schwert um!« Alle gürteten ihr Schwert um, auch David gürtete sein Schwert um. Um die vierhundert Männer zogen hinauf hinter David her, zweihundert bleiben beim Tross zurück.

2.6.5.3.2 Auslegung

9 Nachdem Davids Leute angekommen waren und wtl. »dem Nabal sprachen gemäß all diesen Worten im Namen Davids«, heißt es, dass sie hebr. *nwch*, was bedeuten kann »ruhten« oder auch »anhielten«, also aufhörten zu reden, aber hier wahrscheinlich ruhig **abwarteten**. Offenbar hatten sie einem Diener ihre Botschaft ausgerichtet und warteten auf die Antwort.

10-11 Nabals rhetorische Fragen sind keine Bitte um Auskunft, sondern Ausdruck tiefster Verachtung. Die Bezeichnung **Isais Sohn** sowie die Anspielung auf aufmüpfige Knechte machen deutlich, dass er über Davids Herkunft und Beziehung zu Saul genauestens informiert ist. Seine Weigerung stellt nicht nur einen Verstoß gegen elementarste Regeln orientalischer Gastfreundschaft dar, sondern vielleicht auch Parteinahme zugunsten Sauls gegen David.

12-13 Die meisten Übersetzungen versuchen hier, den Text zu glätten, doch sowohl die Häufung der Tätigkeitswörter in V. 12 als auch die Wiederholungen in V. 13 weisen auf den Höhepunkt der Szene hin. Davids heftige Reaktion ist verständlich, doch besteht die Gefahr einer impulsiven Kurzschlusshandlung, vor der ihn in der vorigen Episode sein Vertrauen in Jahwe bewahrt hatte. Der Verfasser erklärt nicht die Herkunft der vielen Schwerter (vgl. im Gegensatz dazu 13,22; 21,9). Sie waren vielleicht Teil der Beute der besiegten Philister.

2.6.6.4 Abigajil greift ein (V. 14-22). 3. Szene: Handlungshöhepunkt

2.6.6.4.1 Übersetzung

14. Einer ihrer Burschen erzählte Nabals Frau Abigajil Folgendes: »Weißt du, David hatte Boten aus der Wüste gesandt, um unserem Herrn seine Segenswünsche entbieten zu lassen, aber er brüllte sie einfach an. 15. Für uns waren die Männer jedoch eine echte Wohltat, sie haben uns weder etwas zuleide getan, noch ist irgend etwas vermisst worden die ganze Zeit, in der wir mit ihnen umhergestreift sind auf der Weide. 16. Tag und Nacht sind sie wie eine Mauer um uns gewesen die ganze Zeit, in der wir in ihrer Mitte die Herde hüteten. 17. Nun überlege und siehe zu, was du machen kannst, denn Unheil ist beschlossen über unsern Herrn und sein ganzes Haus. Dabei ist er derart übel gelaunt, dass man nicht mit ihm reden kann.« 18. Geschwind ließ Abigajil 200 Brote, zwei Weinschläuche, fünf zubereitete Schafe, fünf Maß gerösteten Korns, 100 Rosinenkuchen und 200 Feigenkuchen auf Esel laden 19. und hieß ihre Burschen ihr vorauszugehen, während sie ihnen hinterherkommen wollte. Aber ihrem Ehemann Nabal erzählte sie nichts. 20. So geschah es, dass Abigajil auf ihrem Esel im Schatten des Berghangs hinuntergeritten kam und sah plötzlich David und seine Männer, die ihr entgegen abstiegen, sodass sie aufeinandertrafen. 21. David war noch erfüllt vom Gedanken: »Tatsächlich umsonst habe ich in der Wüste alles beschützt, was diesem Kerl gehört, sodass nichts gefehlt hat von seinem ganzen Besitz. Und er vergilt mir Gutes mit Bösem! 22. Möge Gott Davids Feinden so tun und noch mehr, wenn ich von seinen ganzen Männern bis morgen einen übrig lasse!«

2.6.6.4.2 Gliederung

A^1 Ein Mitarbeiter berichtet (14-17): *Inszenierung*
- B^1 Abigajil sorgt vor (18)
  - C Abreise (19)
- B^2 Abigajil und David begegnen einander (20)

A^2 David sinnt noch auf Vergeltung (21-22)

Wortfolge und Verbformen weisen den Abschnitt V. 14-17 als Hintergrundinformation aus, die Abigajils Handlung ab V. 18 erklärt. Die Äußerung von Nabals Burschen fügt kaum neue Information zu Davids Aussage (7-8) hinzu, nur wird Davids Behauptung durch diese Wiederholung aus dem Mund einer beteiligten Person bestätigt.

2.6.6.4.3 Auslegung

Im MT und in der LXX steht Abigajils Name nahe am Satzanfang (V. 14
14), weil sie in den folgenden Szenen im Rampenlicht steht. Mit **weißt du**, hebr. *hinnēh*, lenkt der junge Mann Abigajils Aufmerksamkeit auf eine bisher unbekannte Tatsache. Die Erzählung der 1. Szene fügt zwei Einzelheiten hinzu: Davids Absicht, Nabal nicht nur zu grüßen (mit den meisten Übersetzungen), sondern wtl. »zu segnen«. Nabals Erwiderung

wird als *'jṭ* bezeichnet. Diese Wurzel ist mit *'ajiṭ Greifvogel* verwandt und kann »kreischen« oder »stürzen« (wie 14,32; 15,19) bedeuten.

15-16 Der junge Mann liefert V. 15-16 zwei zusätzliche Einzelheiten, sein Urteil, Davids Männer waren eine **Wohltat**, wtl. »sehr gut für uns«, sowie der Schutz vor Plünderern.

17 Die Häufung der Verben in V. 17 signalisiert den Redehöhepunkt. **Überlege … was du machen kannst**, wtl. »wisse, was du machst«. Der Schlusssatz begründet, warum sich der Mitarbeiter an seine Herrin wendet. Nabal ist wtl. »ein Sohn Belials« (vgl. zu 1,16), womit hier weniger sittliche Verdorbenheit wie bei Elis Söhnen (2,12), als vielmehr Eigen- bzw. Starrsinn gemeint ist.

18-19 Die aufgeführten Mengen spiegeln Abigajils Sorge wider, David günstig zu stimmen. Dass sie sofort vorrätig waren, zeugt von Nabals Reichtum. Verteilt unter Davids 600 Männern waren sie wohl nicht zu üppig. Abigajils Befehl steht im Hebr. in direkter Rede. Sie macht es ähnlich wie einst Jakob (1Mo 32,14-21).

20 Durch Partizipien vermittelt der hebr. Text zwei gleichzeitige Vorgänge: Abigajil reitet zu Tal, aber durch den Berghang nimmt sie David erst in letzter Minute wahr (**plötzlich** EÜ, hebr. *hinnēh*, der Verfasser lässt die Handlung durch Abigajils Augen sehen), der von der entgegengesetzten Seite ins Tal hinunterreitet.

21-22 Die Wortfolge (V. 21) signalisiert Hintergrundinformation. David **war erfüllt vom Gedanken**, wtl. »sagte (sich)«: erlebte Rede. Der Verfasser berichtet hier ausdrücklich Davids Reaktion, die zu seiner Handlung (V. 13) führte. Die Bezeichnung **diesem Kerl** (NLB) übersetzt hebr. *zäh* »dieser«, hier offensichtlich abschätzig. Davids Eid ist nicht weniger heftig und töricht wie Sauls (14,39). Er steht in Gefahr, eine ähnlich schwere Blutschuld auf sich zu laden wie Saul bei seiner Rache an den Priestern zu Nob (22,16-19).

2.6.6.5 Abigajil begegnet David (V. 23-35). 4. Szene: Redehöhepunkt

2.6.6.5.1 Übersetzung

23. Als Abigajil David sah, stieg sie schnell vom Esel, fiel vor ihm aufs Angesicht und verneigte sich zur Erde. 24. Sie fiel ihm zu Füßen und sagte: »Mir allein ist die Schuld, mein Herr! Lass bitte deine Magd ein Wort in dein Ohr reden und hör zu, was deine Magd zu sagen hat. 25. Mein Herr soll bitte diesen groben Kerl Nabal nicht zu Herzen nehmen, denn er ist so, wie sein Name besagt: Er heißt ›Narr‹ und benimmt sich dementsprechend. Außerdem habe ich, deine Magd, die jungen Männer meines Herrn, die du geschickt hattest, gar nicht gesehen. 26. Und nun, mein Herr – es lebe Jahwe und es lebe deine Seele! Jahwe hat dich doch gehindert, in Blutschuld zu geraten oder dich eigenmächtig aus der Affäre zu ziehen – nun mögen deine Feinde sein wie Nabal, samt denen, die nach meines Herrn Schaden trachten. 27. Und nun, dieser Segen, den deine Magd meinem Herrn gebracht, soll den jungen Männern der Gefolgschaft meines Herrn ausgehändigt werden. 28. Bitte vergib die Auflehnung deiner Magd. Denn gewiss wird Jahwe meinem Herrn ein beständiges Haus entstehen lassen, denn mein Herr ficht die Kämpfe Jahwes. Deshalb soll, solange du lebst, kein Unrecht in dir gefunden werden. 29. Sollte sich ein Mensch erheben, dich zu verfolgen oder dir nach dem Leben zu trachten, so soll das Leben meines Herrn eingeschnürt sein im Bündel der Lebenden bei Jahwe deinem Gott, doch soll das Leben deiner Feinde aus der Mitte der Schleuder fortgeschleudert werden. 30. Wenn Jahwe für meinen Herrn alles ausführt, was er dir Gutes zugesagt hat, und dich zum Fürsten über Israel ernennt, 31. soll dies dir nicht zum Anstoß noch Stolperstein für meines Herrn Gewissen sein, umsonst Blut vergossen und sich selbst aus der Affäre gezogen zu haben. Wenn Jahwe meinem Herrn wohltut, dann vergiss deine Magd nicht.« 32. »Gesegnet sei Jahwe, Israels Gott«, sagte David zu Abigajil, »der dich heute gesandt hat, mir zu begegnen! 33. Gesegnet sei auch dein gesunder Menschenverstand und gesegnet seist du, dass du mich heute davor zurückgehalten hast, in Blutschuld zu geraten und mich eigenmächtig aus der Affäre zu ziehen. 34. Nichtsdestotrotz, so wahr Jahwe, Israels Gott, lebt, der mich davor bewahrt hat, dir Schaden anzutun: Wärst du mir nicht so schnell ent-

gegengekommen, wäre dem Nabal bis morgen früh kein einziger Mann übrig geblieben!« 35. David nahm aus ihrer Hand, was sie ihm gebracht hatte, mit den Worten: »Du kannst beruhigt nach Hause gehen, denn siehst du, ich habe deine Bitte erhört und sie dir gewährt.«

2.6.6.5.2 Gliederung

1. Abigajils Plädoyer (23-31):

A[1] Sie nähert sich David (23-24a): *Huldigung*

  B[1] Sie beschwichtigt David (24b-28a): *Rückblick*

    C[1] Abigajil nimmt die Verantwortung auf sich (24b)

      D[1] Sie bittet um Gehör (24c)

        E[1] Sie bittet um Nachsicht (25)

        E[2] Sie ruft Jahwe an (26)

      D[2] Sie bietet ein Versöhnungsgeschenk an (27)

    C[2] Sie bittet um Vergebung (28a)

  B[2] Sie bekennt sich zu David (28b-31): *Ausblick*

A[2] Sie wünscht, nicht vergessen zu werden (31b): *Bitte*

2. David antwortet Abigajil (32-35):

A[1] Er dankt für seine Bewahrung (32-33)

  B Er erinnert an seine Gefährdung (34)

A[2] Er sichert Abigajil seine Erhörung zu (35)

Was auf den ersten Blick als eine lange weitschweifige Rede aussieht, stellt sich bei näherem Hinsehen als kunstvoll erarbeitete Struktur heraus. Das sehr häufige Bindewort *waw* »und« zwischen den Sätzen muss in Deutsch oft anders wiedergegeben werden. Abigajil redet David wiederholt als *'ădonî* **mein Herr** an und bezeichnet sich als seine *'āmāh* (V. 25) bzw. *schifchāh* (V. 27) **Magd**. In modernen Übertragungen fallen sie bisweilen als unnötige Wiederholung und nicht zeitgemäße Ausdrücke weg, werden hier aber als Ausdruck ihrer Unterwürfigkeit beibehalten.

2.6.6.5.3 Auslegung

23-24 Abigajils dreifache Niederwerfung unterstreicht den Ernst der Lage, ihre Eile sowie ihre Dringlichkeit (vgl. V. 34). Die Häufung der Verben signalisiert den Handlungshöhepunkt der Szene. »Eine linde (versöhnliche

GN) Antwort besänftigt (NLB, kühlt ab GNB) den Zorn« (Spr 15,1). Abigajil macht es uns vor. Obwohl sie nach eigener Aussage (V. 25) unwissend war, nimmt sie die Verantwortung auf sich. Wie viel Schaden hat Rechthaberei christlichen Gemeinden und Werken zugefügt!

Nabals Benehmen war unverzeihlich, deshalb unternimmt Abigajil gar 25
nicht erst den Versuch, sondern bezeichnet ihren Mann, ähnlich wie ihr Knecht zuvor (V. 17), als wtl. »diesen Mann Belials«. Hebr. *nbl* bedeutet »töricht sein«, und Nabal **benimmt sich dementsprechend**, wtl. »seine Torheit ist bei ihm« (V. 25). Abigajil schiebt ihr Unwissen nicht als Entschuldigung vor, sondern um David zu versichern, sie hätte andernfalls den Vorfall abzuwenden verstanden.

Abigajils doppelter Anruf V. 26 deutet an, wozu sie sich in V. 28b-31 26
ausdrücklich bekennt: zu ihrem Glauben an Jahwe und ihrer Parteinahme für David. Das wiederholte **und nun** macht deutlich, dass hier ein Einschub vorliegt. Abigajil sieht sich als Jahwes Werkzeug, um David vor Blutschuld zu bewahren sowie davor, **sich eigenmächtig aus der Affäre zu ziehen**, wtl. »dich mit deiner Hand zu retten«, das übergeordnete Thema von Kap. 24–26. Sie erwartet offenbar, Jahwe werde ihrem Mann Vergeltung zuteilwerden lassen (vgl. V. 37). Mit **denen, die nach** Davids **Schaden trachten** sind wahrscheinlich auch Saul und evtl. Nabal (vgl. V. 29) gemeint.

Sowohl Jakob (1Mo 33,11) als auch Paulus (2Ko 9,5) bezeichnen eine 27
Spende als **Segen**, Jakob dazu in einer sehr ähnlichen Lage. **Den jungen Männern … ausgehändigt werden** wtl. »gegeben werden denen … die zu Füßen meines Herrn unterwegs sind«.

Entweder bittet Abigajil (V. 28) wiederholt um Vergebung für ihr Ver- 28
säumnis oder um Verzeihung für die Kühnheit ihrer Vermittlung, die David als unschicklich hätte auffassen können (GNB).

Bei Abigajils Bekenntnis (28b-31) umrahmen zwei Äußerungen bezüglich Jahwes künftiger Bestätigung von David ihre Bekräftigung göttlichen Schutzes für ihn. In jedem Teil kommen Gottes Zukunft für David sowie dessen Rolle und Unschuld zur Sprache.

Mit ihrer erstaunlichen Äußerung **gewiss wird Jahwe meinem Herrn ein beständiges Haus entstehen lassen** nimmt Abigajil im Glauben sogar Jahwes Zusage an David durch Nathan (2Sam 7,11.16) vorweg.

Mit den **Kämpfen Jahwes** mag sie deshalb nicht nur Davids erfolgreiche Philisterkriege gemeint haben, sondern auch sein Ringen mit Saul. Als künftiger König soll David mit Schuld nicht belastet sein. Doch fromme Wünsche gehen nicht immer in Erfüllung, auch Davids (Ps 19,14) nicht. Sein Ehebruch mit Batseba und Mord an Uria (2Sam 11) und deren Folgen überschatten seine spätere Königsherrschaft.

29 Trotz ihrer allgemein gehaltenen Äußerung **ein Mensch** (V. 29) denkt Abigajil wahrscheinlich an Saul und vielleicht auch an Nabal. Ihre erste Metapher bezieht sich wahrscheinlich auf die Gewohnheit, kostbare Gegenstände in ein *ṣārôr* **Bündel** zusammenzubinden (hebr. *ṣrr*), um sie sicher aufzubewahren. Das jüdische Targum sah dies als einen Hinweis auf das Weiterleben im Jenseits, laut Epstein (1959, S. 178) sprechen fromme Juden die Worte als Gebet für ihre verstorbenen Verwandten. Das Verb erscheint 28,15; 30,6 im negativen Sinn, »eingeengt«. Abigajils zweite Metapher **aus der Mitte der Schleuder** enthält gewiss eine Anspielung auf Davids Sieg über Goliat.

30-31 Davids Salbung durch Samuel geschah zwar im Verborgenen, doch macht Abigajils Äußerung deutlich, dass seine Bestimmung als künftiger König allgemein bekannt geworden sein musste. **Gewissen** wtl. »Herz«. Abigajils abschließende Bitte erhärtet den Verdacht, dass Nabal Parteigänger Sauls war (vgl. V. 11). Als König soll David sie **nicht vergessen**, wtl. »ihrer gedenken«, d.h. sie nicht Gegenstand von Repressalien werden lassen.

32-33 Davids Lob (V. 32-33) zeigt, dass er, wie ihrerseits Abigajil, deren Vermittlung als Fügung Gottes erkennt. Er lobt ebenfalls ihren **gesunden Menschenverstand**, wtl. »Geschmack«. Seine Wiederholung ihrer Äußerungen (V. 26.31) macht deutlich, dass er sich ihr Urteil über die Situation zu eigen gemacht hat und die Parallele zwischen Nabal und Saul erkennt. David lässt sich korrigieren und illustriert damit die Spruchweisheit: »Wie goldene Äpfel auf silbernen Schalen, so sind treffende Worte im richtigen Augenblick. Ein goldener Ring und Schmuck aus Feingold ist weiser Rat für ein offenes Ohr« (Spr 25,11-12).

34 Da David von Männern, wtl. der »gegen die Wand uriniert« (V. 34, so auch V. 22) spricht, meint er mit **Schaden**, wtl. »Böses«, Abigajils voraussichtlichen Verlust von Ehemann und Besitz. David prahlt nicht, wenn er seine Gedanken (V. 22) wiederholt, sondern bringt sein Bewusstsein zum Ausdruck, wie knapp er an einer Katastrophe vorbeigekommen ist.

Wieder ist von **Hand** die Rede (V. 30). Abigajil hatte, wie man sagt, 35
ein glückliches Händchen und hat David davor bewahrt, seine Hand zu missbrauchen und mit Blut zu besudeln. Sie darf **beruhigt**, wtl. »in Frieden«, heimkehren, wtl. »hinaufsteigen«: David hat ihre **Bitte**, wtl. »Stimme«, erhört und **gewährt**, wtl. »ihr Angesicht erhoben«.

2.6.6.6 Nabal erleidet einen Schlaganfall (V. 36-38), David heiratet seine Witwe (V. 39-42) neben seinen anderen Frauen (V. 43-44). 5. und 6. Szenen und Schluss

2.6.6.6.1 Übersetzung

36. Abigajil kehrte zu Nabal zurück und fand ihn bei einem Trinkgelage in seinem Haus, wo er feierte wie ein König. Er war weinselig, jedoch völlig betrunken, deshalb erzählte sie ihm kein einziges Wort bis zum frühen Morgen. 37. Am nächsten Morgen, als er vom Weinrausch wieder nüchtern war, erzählte ihm seine Frau die ganze Geschichte. Nabal erlitt einen Schlaganfall und war völlig gelähmt. 38. Etwa zehn Tage später schlug ihn Jahwe und er starb. 39. Als ihn die Nachricht von Nabals Tod erreichte, pries David Jahwe und sagte: »Er hat meine Rechtssache vertreten, dass ich nicht durch Nabal entehrt wurde; er hat seinen Knecht vor Unrecht zurückgehalten und Nabals Boshaftigkeit schließlich aufs eigene Haupt heimgezahlt.« Darauf sandte David, um Abigajil zu sagen, sie möchte seine Frau werden. 40. Als seine Mitarbeiter zu Abigajil nach Karmel kamen und ihr ausrichteten, David habe sie gesandt, um sie zu bitten, seine Frau zu werden, 41. erhob sie sich, verneigte sich zutiefst und sagte: »Ich stehe ihm für die niedrigste Arbeit unter seinen Mitarbeitern ganz zu Diensten.« 42. Ohne zu zögern machte sie sich zum Aufbruch bereit, bestieg ihren Esel und, begleitet von fünf ihrer Dienstmädchen, folgte den Boten Davids. Und so wurde sie seine Frau. 43. David hatte Ahinoam aus Jesreel geheiratet, so waren die beiden seine Frauen geworden. 44. Inzwischen hatte Saul seine Tochter Michal, Davids Frau, Palti, Lajischs Sohn, aus Gallim gegeben.

2.6.6.6.2 Auslegung

36 Menschen unter Alkoholeinfluss nehmen nichts ernst oder vergessen bis zum nächsten Tag, was man ihnen gesagt hat. Deshalb sagte Abigajil ihrem Mann wtl. »weder ein kleines noch großes Wort«, also gar nichts **bis zum frühen Morgen**, wtl. »zum Licht des Morgens«, der gleiche Ausdruck wie V. 34 (Ironie).

37-38 Abigajil zieht es vor, offen mit ihrem Mann zu reden, als ihn die Angelegenheit von einem der Mitarbeiter hören zu lassen. Nabal **erlitt einen Schlaganfall** (V. 37 NLB, HFA) wtl. »sein Herz erstarb in ihm« und **er war völlig gelähmt** (NLB, HFA), wtl. »er wurde zu Stein«.

39 **Meine Rechtsache vertreten … entehrt wurde** wtl. »gestritten den Streit meiner Schmach aus der Hand Nabals« (V. 39). Was im Falle Nabals galt, gilt auch im Falle Sauls: David braucht nicht für die eigene Sache zu kämpfen, Jahwe wird zur gegebenen Zeit sein Recht ans Licht bringen.

40-42 Abigajils Eile, wtl. »sie beeilte sich und machte sich auf« (V. 40-42), macht deutlich, wie willkommen ihr Davids Heiratsantrag war. Ihre Begleitung, **fünf ihrer Dienstmädchen**, wtl. »die zu ihren Füßen gingen«, verwendet den gleichen Ausdruck wie V. 27. Ihre Unterwürfigkeit – sie **verneigt sich**, wtl. »das Angesicht zur Erde« (vgl. V. 23), und sagt wtl. »hier bin ich, deine Magd als Dienerin, die Füße der Knechte meines Herrn zu waschen« – klingt zwar heute unzeitgemäß, erklärt sich aber einerseits aus ihrem Respekt vor David (vgl. zu V. 30), andererseits aus den damaligen Sitten und steht auf jeden Fall im willkommenen Gegensatz zu Nabal! Die Fußwaschung, die die HFA auf den Empfang der Boten bezieht, war vielleicht schon damals und nicht erst durch Jesu Vorbild (Joh 13,14-15) zum Inbegriff niedrigen Dienstes geworden (1Tim 5,10).

Begann die Episode mit der traurigen Nachricht von Samuels Tod, so endet sie mit Davids Bigamie (V. 43), ein Wermutstropfen in der sonst romantischen Geschichte mit Abigajil. Davids ungezügelter Appetit auf Frauen wird später tragische Folgen haben (2Sam 11). **Gallim** wird in Jes 10,30 im gleichen Abschnitt mit Michmas, Rama and Gibea Sauls erwähnt. Einer seiner weniger schönen Züge ist, dass David seine erste Frau **Michal** später zurückfordern wird (2Sam 3,14-16).

2.6.6.7 Vorschlag für eine Predigt oder Bibelarbeit über 1. Samuel 25

Thema: Eine Weise, die mahnt, und ein Ohr, das auf sie hört (vgl. Spr 25,12).

Nabal erteilte Davids Bitte eine rüde Abfuhr.

Parallelstelle: *Eine linde (versöhnliche* GNB) *Antwort besänftigt den Zorn, aber ein verletzendes Wort beschwört Ärger herauf. Die Zunge der Weisen macht Erkenntnis annehmbar, während der Unverständigen Mund von Torheit überquillt* (Spr 15,1-2).

David stand in der doppelten Gefahr, seine Sache eigenmächtig durchzusetzen, im Gegensatz zu den Begegnungen mit Saul (Kap. 24; 26), und unschuldiges Blut zu vergießen, wie es Saul bei den Priestern zu Nob getan hatte (Kap. 22). Gott gebraucht die kluge Frau Abigajil, um David davor zu bewahren.

1. Abigajil suchte den Frieden.

Abigajil beeilte sich, den Schaden wiedergutzumachen (V. 18-20) und sprach versöhnlich mit David (V. 23-31). *Wie goldene Äpfel auf silbernen Schalen, so sind treffende Worte im richtigen Augenblick* (Spr 25,11 GNB).

- **a. Abigajil stieg »vom hohen Ross« herab.**
  Sie stieg wörtlich von ihrem Reittier. Sie redete David mit dem Höflichkeitstitel *mein Herr* an und bezeichnete sich als seine *Magd,* obwohl sie Frau eines Großgrundbesitzers war und David ein Vogelfreier auf der Flucht.
- **b. Abigajil pochte nicht auf ihr eigenes Recht.**
  Sie stellte klar, dass sie nichts von der Angelegenheit wusste, trotzdem nahm sie die Schuld auf sich und bat schließlich um Vergebung!
- **c. Abigajil nahm Stellung gegen die eigene Verwandtschaft.**
  Sie verteidigte das unmögliche Benehmen ihres Mannes nicht, sondern wünschte Davids Feinden Nabals Schicksal.

2. Abigajil suchte Gottes Willen.

- **a. Abigajil beruft sich auf Gottes Verheißungen.**
  Statt einander mit Bibelworten zu erschlagen, sollten Christen ein-

ander Gottes Zuspruch versichern.

b. **Abigajil erkannte Davids Rang als Gottes Gesalbter an.**
Im Glauben erwartete sie seine künftige Dynastie (V. 28) und Königswürde (V. 30). Sie erkannte an, dass David die Sache Gottes gegen die feindlichen Philister führte (V. 28). Sie wünschte, seine Feinde würden fortgeschleudert werden (V. 29, Anspielung auf Goliat).
Christen sollten mit Kritik an Männern und Frauen Gottes zurückhaltend sein.

c. **Abigajil beschwor Gottes Schutz für David.**
Bei Angriffen wünschte sie, David sei bei Gott verborgen (V. 29) und soll vor einem schlechten Gewissen bewahrt bleiben (V. 31).

3. **David ließ sich umstimmen (V. 32-35).**
Parallelstelle: *Ein goldener Ring und Schmuck aus Feingold ist weiser Rat für ein offenes Ohr* (Spr 25,12).

a. **David erkannte Abigajils Vermittlung als Fügung Gottes an** (V. 32).
Christen sollten den Rat von Glaubensgeschwistern (und anderen!) als Wort von Gott prüfen.

b. **David schloss sich Abigajils Urteil über die Situation an** (V. 33).

c. **David ließ sich korrigieren** (V. 34-35).

Parallelstelle: *Ein Ohr, das auf heilsame Mahnung hört, hält sich unter den Weisen auf. Wer Zucht vernachlässigt, verachtet sich selbst, doch wer sich etwas sagen lässt, wird klug. Die Furcht des Herrn ist Zucht, die zur Weisheit führt, und ehe man zu Ehren kommt, muss man Demut lernen* (Spr 15,31-33).

2.6.7 David verschont Saul bei Hachilah (Kapitel 26). Episode 6

Die Parallelen zwischen dieser Episode und Episode 4 (Kap. 24) sind offensichtlich, aber die Unterschiede sind auch bedeutsam. War die Begegnung bei En-Gedi auch zufällig, hier hat David sie selbst provoziert. Appellierte er in En-Gedi an Jahwe als Richter zwischen sich und Saul (24,13.16), steht für ihn hier Jahwes Urteil bereits fest (26,10). David ist der Hauptredner, während Sauls Äußerungen hier knapp ausfallen (V. 17.21.25).

Der wiederholte Bezug auf Sauls Truppenstärke (24,3; 26,2) lässt vermuten, dass die beiden Episoden in den Zusammenhang gehören, der in Episode 3 erzählt wird, während die zeitliche Folge zwischen Episoden 3 und 4 (vgl. zu 24,2) vermuten lässt, dass sich die Begegnung von Episode 6 tatsächlich vor der von Episode 4 ereignete, aber aus thematischen Gründen später berichtet wird.

2.6.7.1 Inszenierung (V. 1-4)

2.6.7.1.1 Übersetzung

1. Als die Sifiter zu Saul nach Gibea gekommen waren mit der Mitteilung: »David hält sich wohl am Hügel Hachila versteckt, gegenüber Jeschimon«, 2. und Saul sich aufgemacht hatte und in die Wüste Sif hinabgezogen war, und mit ihm drei Tausendschaften auserlesener Männer aus ganz Israel, um David in der Wüste Sif zu suchen, 3. befand sich Saul am Hügel Hachila gegenüber Jeschimon auf dem Weg, während David sich in der Wüste aufhielt. David merkte, dass Saul in die Wüste hinter ihm hergekommen war, 4. und sandte Kundschafter, die Sauls Ankunft sicher feststellten.

2.6.7.1.2 Auslegung

Da die Episode mit dem fast gleichen Wortlaut beginnt wie die 4. Szene **1-4**
von Episode 3 (23,19), scheint es angebracht, hier die Vorvergangenheit zu verwenden. Der Verfasser greift das dortige Geschehen erneut auf, um eine Begebenheit ausführlicher zu berichten.

2.6.7.2 Davids wagt sich in Sauls Lager (V. 5-12). 1. Szene

2.6.7.2.1 Übersetzung

5. David machte sich auf und gelangte an den Ort, an dem Saul sich gelagert hatte, und sah sich die Stelle an, an der Saul lag, und mit ihm Abner, sein Feldherr. Saul lag mitten im Kreis mit der Truppe um sich herum. 6. David wandte sich an Ahimelech dem Hethiter und Abischai dem Sohn Zerujas, Joabs Bruder, und fragte: »Wer steigt mit mir hinab zu Saul ins Lager?« Abischai antwortete: »Ich steige mit dir hinab« 7. Nachts gelangten David und Abischai zum Heer. Dort lag Saul und schlief mitten im Kreis, sein Speer in der Erde neben seinem Kopf gesteckt. Abner und die Truppen lagen um ihn herum. 8. »Heute hat dir Gott deinen Feind in deine Macht geliefert«, sagte Abischai zu David. »Lass mich ihn nun mit dem Speer an den Boden heften. Ein einziger Schlag! Mehr brauch ich nicht!« 9. »Bring ihn nicht um!«, antwortete David. »Wer könnte seine Hand gegen Jahwes Gesalbten ausstrecken, ohne dafür betraft zu werden? 10. So Jahwe lebt«, fuhr er fort, »Jahwe wird ihn erschlagen, dass er entweder eines natürlichen Todes stirbt oder in die Schlacht zieht und hinweggerafft wird. 11. Jahwe lasse es fern von mir sein, meine Hand gegen Jahwes Gesalbten auszustrecken. Nun, nimm bitte den Speer an seinem Kopf und den Wasserkrug und lass uns hier fortkommen.« 12. David nahm den Speer und den Wasserkrug neben Sauls Kopf weg und sie entkamen, ohne von jemandem beobachtet zu werden. Keiner hat's gewusst, keiner wurde wach, sondern sie schliefen alle weiter, denn Jahwe hatte sie in den Tiefschlaf versetzt.

2.6.7.2.2 Auslegung

5 Von seiner Warte aus überschaute David Sauls Lager, und es war noch nicht völlig dunkel. Der **Kreis** bildete sich entweder aus einer Wagenburg, aus einem schnell ausgehobenen Verteidigungswall oder einfach aus der herumliegenden Truppe.

6 **David wandte sich**, hebr. *'nh*, wtl. »antwortete«, nur wurde hier keine Frage gestellt. Zeruja, Abischai und Joab erscheinen hier zum ersten Mal, Ahimelech der Hethiter nur an dieser Stelle. Zeruja war eine Tochter von Davids Vater Isai (1Chr 2,16), ihre drei Söhne, Davids Neffen, bekleideten hohe Posten in seinem Heer: Abischai gehörte zu Davids Helden (2Sam 23,18), Joab war sein Heerführer (2Sam 2,13). Abischai geht auf Davids Vorschlag ein.

Erst am Schluss (V. 12) erklärt der Verfasser, wie dieses Eindringen **7**
(V. 7) möglich war. Mit **dort**, hebr. *hinnēh* wtl. »siehe«, lässt der Erzähler durch die Augen der Eindringlinge sehen. Der Speer wird wegen Abischais Vorschlag V. 8 erwähnt, erinnert aber auch an Sauls wiederholte Angriffe auf David (18,11; 19,10) und Jonatan (20,33).

Abischais Bekräftigung (V. 8) entspricht den Tatsachen – Saul ist tat- **8**
sächlich in Davids »Hand« –, seine Schlussfolgerung unterscheidet sich nicht vom Vorschlag von Davids Männern in der Höhle (24,5). Die Ironie ist: Abischai möchte genauso mit Saul verfahren, wie dieser es mit David hatte tun **wollen**.

Trotz Sauls Argwohn und Verfolgung achtet David ihn als Jahwes ge- **9-11**
salbten König (V. 9), weigert sich zweimal, Hand an ihn zu legen (vgl. V. 23; 24,7.11; vgl. sein Vorwurf an den Amalekiter, 2Sam 1,14.16), und beklagt seinen Tod (2Sam 1,17-27). **Bring ihn nicht um**, wtl. »verdirb ihn nicht«. Davids Weigerung weist eine chiastische Struktur auf. Zwischen seiner Ablehnung (9a) und seinem Gegenvorschlag (11b) appelliert er zweimal an Sauls Rang als Jahwes Gesalbter (9b.11a, vgl. 24,7). Hatte sich David bei En-Gedi auf Jahwe als Richter zwischen ihm und Saul berufen (24,13.16), verrät seine zentrale Äußerung hier (V. 10), dass für ihn Jahwes Urteil bereits feststeht und irgendwann vollstreckt wird, wie er es im Fall Nabal erlebt hat (25,39). **Eines natürlichen Todes** wtl. »wenn sein Tag kommt«.

Davids Vorschlag wird angenommen, deshalb wird er V. 12 als Han- **12**
delnder genannt. Speer und Wasserkrug braucht er als Beweismaterial (V. 16). **Tiefschlaf**, hebr. *tardēmāh*, wird auch 1Mo 2,21 verwendet.

2.6.7.3 David fordert Abner heraus (V. 13-16). 2. Szene

2.6.7.3.1 Übersetzung

13. David ging auf die andere Seite und stellte sich von ferne auf die Bergspitze mit viel Platz zwischen ihnen. 14. Er rief zur Truppe und zu Abner, dem Sohn Ners, und fragte: »Antwortest du nicht, Abner?« »Wer ist das«, antwortete dieser, »der so zum König schreit?« 15. »Was bist du für ein Held, Abner?«, spottete David. »Keiner in Israel kann es mit dir aufnehmen. Warum hast du denn auf deinen Herrn, den König, nicht besser aufgepasst? Es hat sich nämlich jemand eingeschlichen, der deinen Herrn, den König, hätte umbringen können. 16. In dieser Angelegenheit hast du nicht gut ausgesehen! Bei Jahwe! Ihr seid doch alle Todeskandidaten, weil ihr auf euren Herrn, Jahwes Gesalbten, nicht aufgepasst habt. Nun sieh doch nach! Wo ist des Königs Speer? Und der Wasserkrug, der neben seinem Kopf stand?«

2.6.7.3.2 Auslegung

13-14 Die räumliche Entfernung (V. 13) spiegelt die psychologische Kluft zwischen David und Saul wider. Die Tageszeit nennt der Verfasser nicht (*Informationslücke*), es muss aber schon hell gewesen sein (vgl. V. 16), aber die Truppe war noch nicht aufgebrochen. David hat vielleicht mehrmals rufen müssen, bis er eine Antwort erhielt (»Abner, hörst du schlecht?« HFA). Vielleicht schlief man noch (»wach auf, Abner!« NLB). Entweder erkannte Abner Davids Stimme nicht, oder er protestiert gegen seine rüde Art (»Was ist das für ein Lärm? Wer weckt hier mit seinem Geschrei den König?« HFA).

15-16 Davids doppelte Bezugnahme auf die mangelnde Sicherheit in Sauls Lager lässt die chiastische Struktur seiner Äußerung erkennen. Moderne Übertragungen bringen besser als traditionelle Übersetzungen Davids Schadenfreude zum Ausdruck. Sein scherzhafter Vorwurf an Abners Adresse war seiner Achtung vor Sauls Feldherrn nicht abträglich, wie die spätere Geschichte beweist (vgl. 2Sam 3,27-39). Die Wiederholung der Worte **deinen Herrn, den König**, unterstreicht den Ernst der Verfehlung. Schlafen beim Wachdienst kann ein Kapitalverbrechen sein, deshalb haben sie »den Tod verdient« (EÜ, NLB, GNB). Mit der Bezeichnung

Sauls als **Jahwes Gesalbten** setzt David seinen Verzicht Abners Nachlässigkeit entgegen. Bei seiner Schlussfrage V. 16 hielt er wahrscheinlich Speer und Krug als Indizien hoch.

2.6.7.4 Letztes Gespräch zwischen David und Saul (V. 17-25). 3. Szene

2.6.7.4.1 Übersetzung

17. Saul erkannte Davids Stimme und fragte: »Ist das nicht deine Stimme, David, mein Sohn?« »Meine Stimme ist es in der Tat, mein Herr, der König«, antwortete David. 18. »Warum«, fragte David, »jagt mein Herr derart hinter seinem Knecht her? Denn was habe ich getan? Welches Unrecht begangen? 19. Nun möge mein Herr der König bitte hören, was sein Diener zu sagen hat. Sollte es Jahwe sein, der dich gegen mich aufhetzt, möge er durch ein Opfer beschwichtigt werden. Sind es dagegen Menschen, sollen sie vor Jahwe verflucht sein, denn sie vertreiben mich heute vom Anschluss an Jahwes Erbe, als sagten sie: ›Hau ab und diene fremden Göttern!‹ 20. Lass mich schließlich doch nicht fern von Jahwes Gegenwart fallen, denn Israels König ist ausgezogen wie bei der Rebhuhnjagd in den Bergen, um einen einzigen Floh zu fangen!« 21. »Ich habe einen Fehler gemacht«, gestand Saul. »Kehr doch zurück, David, mein Sohn, ich will dir doch nie mehr etwas zuleide tun, denn heute hast du mein Leben teuer geachtet. Ich sehe ein: Ich bin ein Narr gewesen und habe mich sehr geirrt.« 22. »Hier ist des Königs Speer«, antwortete David. »Einer der Burschen kann herüberkommen und ihn holen. 23. Jahwe vergilt jedem seine Gerechtigkeit und Treue; das heißt: Jahwe hat dich heute in meine Macht gegeben, aber ich war nicht willens, mich an Jahwes Gesalbtem zu vergreifen. 24. Siehst du, so wie ich heute dein Leben hoch geachtet habe, so möge Jahwe mein Leben hoch achten und mich aus aller Bedrängnis befreien.« 25. »Gesegnet seiest du, David, mein Sohn«, sagte Saul. »Du wirst gewiss handeln und die Oberhand behalten!« Daraufhin ging David seines Weges, während Saul wieder zurückkehrte, woher er gekommen war.

2.6.7.4.2 Gliederung

A[1] Sauls Anrede (17a)

B[1] Davids Appell an Saul (17b-20)

A[2] Sauls Reue (21)

B[2] David beruft sich auf Jahwe (22-24)

A[3] Abschied (25)

Sauls kurze Äußerungen umrahmen Davids zwei Appelle.

2.6.7.4.3 Auslegung

17-18 Saul fragt wie einst 24,17. Seine wiederholte Anrede **mein Sohn** beschwört die alte Vertrautheit zwischen den beiden (V. 17, vgl. Ps 55,13-14), doch David antwortet stets mit dem formalen **mein Herr der König** und bezeichnet sich als **sein Knecht.** Die psychologische Distanz entspricht der räumlichen Entfernung (V. 14). Zunächst (V. 18) beteuert David wie bereits 24,9.11 durch rhetorische Fragen seine Unschuld. **Welches Unrecht habe ich begangen?** wtl. »ist in meiner Hand?« (MT), »wurde bei mir gefunden?« (LXX).

19-20 Da er um Sauls Besorgnis um rituelle Reinheit (vgl. 14,33.38-39) weiß, erklärt er sich bereit, ein etwaiges Vergehen durch ein Opfer zu bereinigen: **beschwichtigt werden** hebr. *järach* »wohlriechen« (vgl. 3Mo 1,9). David ist klug genug, Saul nicht direkt anzuklagen noch ausdrücklich zu nennen, sondern lässt ihm Raum zur Einsicht. Verzweifelt über Sauls unnachgiebige Verfolgung zieht David offenbar in Erwägung, Israel zu verlassen (vgl. 27,1). Sein intimes Verhältnis zu Jahwe lässt ihn beim Gedanken an ein Exil bei den Philistern aus drei Gründen mit Abscheu erfüllen:

1. Er wird aus Jahwes Erbe, dem verheißenen Land, *grš* **vertrieben** wie einst Israel die Ureinwohner aus Kanaan vertrieb (5Mo 9,4).
2. Er wird sich unter Götzendienern aufhalten.
3. Er wird sein Leben fern von Jahwes Gegenwart beenden: **fallen** wtl. »mein Blut zu Boden fallen«.

Dass David sich zu einem solchen Schritt gezwungen sah, macht deutlich, wie tief die Kluft zwischen ihm und Saul war. Sein Appell schließt mit einem ironischen Kommentar über die Unverhältnismäßigkeit von Sauls Verfolgung (V. 20, vgl. 24,15).

Saul beginnt und schließt mit einem Geständnis, beruft sich auf die 21
gegenseitige Zuneigung und beteuert im mittleren Glied seine guten Absichten. Sein Bekenntnis (V. 21) wiederholt den Wortlaut gegenüber Samuel (15,24-25), deshalb fragt man sich, ob er hier aufrichtiger ist als damals. **Ich sehe ein** hebr. *hinnēh* »siehe«. In einem ironischen Kontrast klingt die hebr. Vokabel *skl*, mit der Saul seine Torheit bezeichnet, fast gleich wie hebr. *śkl* »Erfolg haben«, das 18,5.14-15.30 von David behauptet wird. Sauls Geständnis – wie anders das Bekenntnis seines Namensvetters Saul von Tarsus, 2Tim 4,7! – wird vom Verfasser nicht kommentiert, doch Davids nächste Äußerung macht deutlich, dass er Saul misstraut. Sauls Reue ist unaufrichtig und kommt immer zu spät. Ähnlich unzulängliche Sündenbekenntnisse bei Saul 15,24.30; Pharao 2Mo 9,27; 10,16; Bileam 4Mo 22,34 und Pilatus Mt 27,24, vgl. 2Kor 7,10.

Hier ist, hebr. *hinnēh*: David lenkt Sauls Aufmerksamkeit auf die 22-23
Requisite und deren symbolische Bedeutung. Die Rückgabe des Speers (V. 22) ist der handfeste Beweis dafür, dass David darauf verzichtet, die Königswürde mit Gewalt zu ergreifen. V. 23 spricht David zunächst einen allgemeinen Grundsatz aus, meint aber die eigene Tat. **Gerechtigkeit** bedeutet im Alten Testament das Einhalten seiner Verpflichtungen. Die Vokabel »Hand« kommt wiederholt vor: **Macht** wtl. »Hand«; **mich zu vergreifen** wtl. »meine Hand auszustrecken«.

Mit **siehst du**, hebr. *hinnēh*, versucht David, Saul seinen eigenen 24
Standpunkt zu verdeutlichen (V. 24). David appelliert nicht, wie man vielleicht erwartet hätte, an Sauls Großmut, sondern an Jahwe. **Hoch geachtet habe** wtl. »groß war in meinen Augen«. David erwartet Jahwes Schutz, so wie er bewahrt wurde vor Sauls Ausbrüchen (18,11; 19,10), Ränken (Kap. 19) und Verfolgung (23,14) durch Jahwes Geist (19,22-24), vor Doëgs Verrat (Kap. 21), vor Achisch (21,11-16), vor Blutschuld bei Nabal (25,39), vor der Beteiligung am Aufmarsch der Philister (Kap. 29) und vor der Wut seiner eigenen Truppe (30,6). Schließlich vermag David mit Jahwes Hilfe alles wiederzubringen (30,19).

Trotz seines erbitterten Widerstands scheint Saul V. 25 in einem lich- 25
ten Augenblick einzusehen, dass David die Königswürde erfolgreich über-

nehmen wird, und spricht ihm seinen väterlichen Segen zu. Doch Sauls impulsive Launen haben die Vertrauensbasis zerstört, und ihre Wege trennen sich nun endgültig, wie zuvor bei Saul und Samuel (15,34).

2.6.8 David lebt als Freischärler unter den Philistern (Kapitel 27). Episode 7

2.6.8.1 Einteilung

Namhafte Ausleger sehen hier den Beginn des letzten Aktes des Dramas, denn die 1. Szene des 28. Kapitels kündigt weder Wechsel der Hauptperson noch seines Aufenthaltsortes an, im Gegenteil Davids Dilemma wird verschärft. Für die Gründe, die für einen neuen Akt bei 28,1 sprechen, siehe dort.

2.6.8.2 David sucht Zuflucht bei den Philistern (V. 1-4). 1. Szene

2.6.8.2.1 Übersetzung

1. David sagte sich: »Eines schönen Tages werde ich durch Sauls Hand weggerafft werden. Es gibt nichts Besseres, als dass ich ins Philisterland entrinne. Saul wird dann die Hoffnung aufgeben, im Staatsgebiet Israels nach mir zu suchen, und ich werde seinem Zugriff entrinnen.« 2. Folglich machte sich David auf, er und die sechshundert Mann, die mit ihm waren, und überquerte die Grenze zu Achisch, Maochs Sohn, dem König von Gat. 3. David wohnte bei Achisch in Gat, er und seine Männer, jeder mit seiner Familie, David mit seinen beiden Ehefrauen, Ahinoam von Jesreel und Abigajil, Nabals Witwe aus Karmel. 4. Als man Saul meldete, David wäre nach Gat geflohen, setzte er die Suche nach ihm nicht mehr fort.

2.6.8.2.2 Gliederung

A[1] Entschluss: David will sich Sauls Zugriff entziehen (1)

B[1] Emigration: David zieht mit seinen Leuten nach Gat (2)

B[2] Ansiedlung: David und seine Leute wohnen in Gat (3)

A[2] Ergebnis: Saul gibt die Verfolgung Davids auf (4)

2.6.8.2.3 Auslegung

Mit welchem Widerwillen David sich nach Gat, wahrscheinlich der **1-3**
nächstgelegenen Stadt im Philistergebiet, begab, kommt in 26,19 zum Ausdruck (s. dort). Mit seinen 600 Mann Begleitung, inzwischen zu einer schlagkräftigen Kampfeinheit geworden (vgl. 23,5; 27,8), fühlt er sich sicherer als bei seinem früheren Alleingang (21,11). Die Gründe, die Achisch bewogen haben, diesen Überläufer zu beherbergen, lassen sich in der Folge erahnen. Achisch wird hier als **Sohn Maochs** (V. 2. vgl. 1Kön 2,39 »Maachas« die Mutter?) bezeichnet, vielleicht weil er hier eine wichtige Rolle in der Davidsgeschichte spielt. Der Umzug geschieht »mit Kind und Kegel« und Davids Plan geht auf: Saul gibt die Verfolgung auf.

2.6.8.3 David siedelt sich in Ziklag an (V. 5-7). 2. Szene

2.6.8.3.1 Übersetzung

5. David bat: »Wenn du mit mir zufrieden bist, weise man mir bitte einen Platz zu in einer der Städte auf dem Lande, und ich werde dort wohnen. Denn warum sollte dein Knecht wohnen in der Königsstadt bei dir?« 6. Am gleichen Tag wies ihm Achisch Ziklag zu. Aus diesem Grund ist Ziklag bis heute Teil des Besitzes der Könige Judas. 7. Insgesamt weilte David zehn Monate bei den Philistern. 12. Achisch glaubte David, denn er sagte sich: »Er hat sich dem eigenen Volk, Israel, derart abstoßend gemacht, er wird für immer mein Untertan bleiben.«

2.6.8.3.2 Auslegung

Davids Bitte bringt die ganze Ambivalenz seines spannungsgeladenen Ver- **5-7**
hältnisses zum Philisterkönig zum Ausdruck. Die Unterwürfigkeit seiner

orientalischen Höflichkeitsfloskel **wenn du mit mir zufrieden bist**, wtl. »habe ich Gnade in deinen Augen gefunden«, verrät sein Bewusstsein, als Mitglied eines feindlichen Volkes bestenfalls geduldet zu sein. Davids rhetorische Frage klingt, als wollte er Achisch in dessen Hauptstadt nicht zu Last fallen, doch das betonte **bei dir** am Satzende macht deutlich, dass er Wert auf Handlungsspielraum legt und seine eigene Agenda verfolgt. Im Grenzgebiet gelegen, eignete sich Ziklag ideal für Davids Vorhaben. Wie David die Zuneigung der Bewohner Ziklags gewann, wird in Kap. 30 erzählt. Zur Bedeutung des Ausdrucks **Könige Judas** für die Datierung von *1. Samuel* vgl. Einleitung, 1.2.4 Abfassungszeit.

2.6.8.4 David unternimmt Raubzüge im Grenzgebiet (V. 8-12). 3. Szene

2.6.8.4.1 Übersetzung

8. Von Ziklag aus unternahmen David und seine Männer Raubzüge gegen die Geschuriter, Geseriter und Amalekiter, denn sie waren seit jeher Bewohner des Gebiets in Richtung Schur bis nach Ägypten. 9. Bei seinen Überfällen ließ David weder Mann noch Frau am Leben, sondern erbeutete Schafe und Rinder, Esel und Kamele und Kleider und kehrte zurück. Er kam zu Achisch, 10. der fragte: »Wo habt ihr heute geplündert?«, und David antwortete: »Im judäischen Negev«, oder: »Im Negev der Jerachmeeliter«, oder: »Im Negev der Keniter.« 11. David ließ weder Mann noch Frau lebend nach Gat kommen, denn er dachte: Sie könnten über uns erzählen: »So und so hat David es getrieben.« So ging David die ganze Zeit über vor, in der er im Philisterland weilte. Achisch glaubte David, denn er sagte sich: »Er hat sich dem eigenen Volk, Israel, derart abstoßend gemacht, er wird für immer mein Untertan bleiben.«

2.6.8.4.2 Gliederung

A[1] Davids Einsatzgebiet (8)

  B[1] Davids skrupellose Vorgehensweise (9)

A[2] David erstattet Achisch Bericht (10)

  B[2] David verheimlicht seine Taten (11)

A[3] Achischs Verständnis, Davids Verhängnis (12)

2.6.8.4.3 Auslegung

Für das hebr. *mē'ôlām* **seit jeher** liest LXX in manchen Mss »von Telam« **8**
(V. 8). Dies ergäbe folgenden Sinn: »denn dies sind die Bewohner des Landes, das sich von Telam bis nach Schur und bis nach Ägypten erstreckt« (alte Zü), nämlich die gleiche Gegend, in die Jahwe Saul zu einem Feldzug gegen Amalek gesandt hatte (15,3-4.7).

Davids Vorgehensweise (V. 9), wie auch diese ganze Episode, stößt bei **9-10**
manchen Auslegern (z.B. WStB) auf Kritik. Dagegen kann man folgende Überlegungen geltend machen:

1. Die Opfer von Davids Überfällen zählten zur Urbevölkerung Kanaans, die Israel bei der Landnahme nicht ausgerottet hatte;
2. Amalek stand unter einem ewigen Bann (2Mo 17,14.16; 5Mo 25,19); in beiden Fällen fiel das Vieh nicht unter den Bann.
3. Man könnte Davids Überfälle als Vollendung des Bannes ansehen, den Saul nicht ausgeführt hatte.
4. David wurde der Tempelbau mit der Begründung verwehrt, er sei ein Kriegsmann und habe zu viel Blut vergossen (1Chr 22,8; 28,3).

David wiegt Achisch in der Illusion, er habe sein eigenes Volk oder dessen Verbündete überfallen.

Im ersten Satz von V. 11 stehen die zwei Zeitwörter **leben** und **kom- 11-12**
men in der die Kausativform *Hifil*, also »leben« und »kommen lassen« (LÜ, Sch), besser als »bringen« (Elb, EÜ). Es handelt sich weder um Gefangene (GNB) noch Sklaven (HFA), sondern um Überlebende! Der vorletzte Satz beschreibt, was sie hätten berichten können, der letzte ist Verfasserkommentar. **So ging David vor** (Sch), wtl. »so war Davids« *mišpât* »(Rechts)Urteil«, aber auch »Gewohnheit, Vorgehensweise« (Sch alt). Der Erfolg von Davids List wird ihm zum Verhängnis (V. 12). **Der-**

art abstoßend gemacht, hebr. *b'sch*, wtl. »sehr stinkend gemacht«. Wie David seinen Kopf aus dieser Schlinge ziehen kann, offenbart der Verfasser erst im übernächsten Kapitel.

2.7 Sauls Ende (Kapitel 28–31). Siebter Akt

2.7.1 Struktur

A[1] Episode 1: lang Saul sucht eine Totenbeschwörerin bei En-Dor auf (Kap. 28).

B[1] Episode 2: knapp David wird von Achisch aus dem Philisterheer entlassen (Kap. 29).

B[2] Episode 3: lang David holt alles nach dem Überfall auf Ziklag zurück (Kap. 30).

A[2] Episode 4: knapp Saul stirbt auf dem Berg Gilboa (Kap. 31).

Der letzte Akt des Dramas beginnt mit der Mobilmachung der Philister gegen Israel (28,1, wiederholt 29,1.11) und endet mit Israels katastrophaler Niederlage und Sauls Ableben auf dem Berg Gilboa.

Vor dem Hintergrund des Philisterkrieges, der die sonst unterschiedlichen Episoden verbindet, wechselt die Erzählung hin und her zwischen den beiden Kontrahenten Saul und David und stellt sie so zum letzten Mal gegenüber. Zwei Episoden mit Saul (Kap. 28; 31) umrahmen zwei mit David (Kap. 29–30), der seinem Verhängnis entkommt und eine neue Perspektive gewinnt. Wie bei deren Einführung (Kap. 9–10; 16) und deren Heldentaten (Kap. 11; 17) unterstreicht sogar die Länge der Abschnitte den Kontrast zwischen beiden Hauptpersonen.

Die ersten beiden Episoden zeigen erst Saul (Kap. 28) und dann David (Kap. 29) vor einem scheinbar ausweglosen Dilemma. In den letzten beiden steht erst David (Kap. 30), dann Saul (Kap. 31) vor dem totalen Verlust. Kap. 28 erzählt ausführlich, wie Saul, von Jahwe endgültig verlassen, erfolglos versucht, sich aus seiner Not zu retten. In Kap. 29 entkommt David ohne eigenes Zutun seinem Dilemma. In der ersten Episode befragt Saul vergeblich ein Medium, in der dritten befragt David Jahwe und erhält die Zusicherung des Erfolgs. Kap. 30 berichtet in aller Länge, wie David alles wiederbringt, was verloren war, während Kap. 31 Sauls tragisches Ende knapp schildert, in dem er alles verliert: die Schlacht, sein Königreich, seine Söhne, seine Ehre, sogar sein eigenes Leben.

2.7.2 Saul sucht eine Totenbeschwörerin bei En-Dor auf (Kapitel 28). Episode 1

2.7.2.1 Gliederung

A^1 Mobilmachung der Philister (1a). *Inszenierung*

B^1 Davids Dilemma (1b-2). 1. Szene

Szenenwechsel

A^2 Sauls Dilemma (3-7). *Inszenierung*

B^2 Saul bei dem Medium in En-Dor (8-25)

Der Aufbau der Episode ist ungewöhnlich: Nach knappem Austausch zwischen David und Achisch in Gat bricht die erste Szene unvermittelt ab, und die Erzählung wechselt zu Saul auf dem Schlachtfeld von Gilboa.

2.7.2.2 Die Mobilmachung der Philister stellt David vor ein Dilemma (V. 1-2). Inszenierung und 1. Szene

2.7.2.2.1 Übersetzung

1. Als zu jener Zeit die Philister ein Heer aus ihren Standorten zusammenzogen, um gegen Israel aufzumarschieren, sagte Achisch zu David: »Eins sollst du auf jeden Fall wissen! An meiner Seite wirst du samt deinen Männern ins Kriegslager mitkommen.« 2. »Einverstanden!«, gab David zur Antwort. »Und du deinerseits wirst sehen, wozu dein Knecht fähig ist.« »Dann«, schloss Achisch »ernenne ich dich zu meinem ständigen Leibwächter.«

2.7.2.2.2 Auslegung

1-2 Aus den Übersetzungen geht der Vorgang nicht deutlich hervor: Die Philister zogen Truppen **aus ihren Standorten**, hebr. *machănêhäm*, wtl. »ihren Lagern«, wahrscheinlich auf ihrem ganzen Gebiet verteilt, zu einem einzigen **Heer**, hebr. *ṣāvā'*, zusammen. Mehrere Textbezüge weisen auf den Umfang der Streitmacht hin: ihre Marschroute (V. 4), Sauls Angst (V. 5) sowie die Aufzählung der beteiligten Einheiten (29,2). Mit diesem »riesigen Heer« (V. 5 HFA) holten die Philister zum entscheidenden

Schlag gegen Israel aus, eine Auseinandersetzung, die den Hintergrund des ganzen 7. Akt bildet.

David bleibt zunächst im Rampenlicht. Durch den folgenden knappen Dialog ohne Kommentar schildert der Erzähler sein zweites Dilemma im Feindesland. »Du kommst mit und kämpfst auf unserer Seite« (GNB) macht explizit, was der Erzähler kunstvoll andeutet. Achischs knappe Aussage gleich nach der Ankündigung einer allgemeinen Mobilmachung der Philister bringt David in eine schlimmere Zwickmühle als in der vorigen Episode. Oberflächlich sieht Achischs Äußerung aus wie eine Auskunft, in Wirklichkeit ist es ein Befehl, durch die Intensivform von *jd'* **wissen** unterstrichen. Sich zu fügen bedeutet, David wird an der Seite von Jahwes Feinden gegen sein eigenes Volk kämpfen müssen, doch sich weigern hieße, sich als Verräter zu entlarven. Die Voranstellung von **an meiner Seite** lässt ahnen, dass Achisch Davids Männer als persönliche Schutztruppe ansieht.

Davids emphatischer Gebrauch des persönlichen Pronomens *'attāh* (mit Alef) **du deinerseits** hat man für überflüssig gehalten und stattdessen *'attāh* (mit Ajin) »nun« (LXX, Vul, alte Zü) oder »jetzt« (NLB, GNB) gelesen, doch ist seine Betonung als Entgegnung der Intensivform des Zeitwortes in Achischs Äußerung gedacht.

Davids Antwort ist bewusst doppeldeutig. Mit **einverstanden!** (vgl. HFA), hebr. *lākēn*, wtl. »darum«, signalisiert er Zustimmung (vgl. NLB). Achisch kann sie als Treueerklärung auffassen, etwa »was dein Knecht zu leisten vermag« (Zü), doch könnte David gemeint haben: »**du wirst sehen**«, wtl. »erkennen« (David gebraucht das gleiche Zeitwort wie Achisch), »wie ich mich aus der Affäre ziehe«. Durch die direkte Rede lässt der Erzähler offen, ob David selbst zu diesem Zeitpunkt überhaupt wusste, wie er seinen Kopf aus der Schlinge ziehen wollte (*Informationslücke*).

Achischs Schlussfolgerung **dann**, hebr. *lākēn*, wtl. »darum«, bezeugt seine Arglosigkeit, die allerdings von den übrigen Philistern nicht geteilt wird (29,4). Davids Ernennung zum **ständigen** (wtl. »alle Tage«, d.h. »während des Feldzuges«, GNB) **Leibwächter** verschärft sein Dilemma, denn als solcher wird er sich kaum der bevorstehenden Schlacht entziehen können. Achischs Aussage ist zugleich voller ungewollter Ironie, denn **Leibwächter** heißt (auch im heutigen Ivrit) wtl. »Hüter meines Hauptes« (Zü), wobei der Leser unweigerlich an die Episode mit Goliat denken muss, in der David auch im Zusammenhang mit dem Wort »Hüter« stand (17,20).

2.7.2.3 Saul steht ebenfalls vor einem Dilemma (V. 3-7). Inszenierung

2.7.2.3.1 Übersetzung

3. Samuel war gestorben und ganz Israel hatte um ihn getrauert und ihn in seiner Heimatstadt Rama bestattet. Saul hatte alle Medien, ob männlich oder weiblich, aus dem Land entfernt. 4. Die Philister mobilisierten, marschierten ein und lagerten bei Schunem, während Saul ganz Israel mobilisierte und auf Gilboa lagerte. 5. Saul sah das Lager der Philister und sein Herz pochte vor Angst. 6. Saul erkundigte sich bei Jahwe, bekam aber keine Antwort, weder durch Träume, durch Lose noch durch die Propheten. 7. »Sucht mir eine Frau aus, die Verstorbene herbeirufen kann«, sagte Saul seinen Mitarbeitern. »Ich werde zu ihr gehen und mich bei ihr erkundigen.« »Gerade hier in En-Dor ist eine solche Frau«, antworteten sie.

2.7.2.3.2 Gliederung

A[1] Die Lage: Der Prophet ist verstummt, okkulte Quellen sind verbannt worden (3)

B Die Not: Saul erschreckt vor der Riesenstreitmacht der Philister (4-5)

A[2] Die Verzweiflungstat: Weil Gott verstummt (6), sucht Saul eine okkulte Quelle auf (7)

2.7.2.3.3 Auslegung

In diesem Abschnitt wechselt der Erzähler plötzlich zu den Geschehnissen um Saul, dessen Name in jedem der fünf Verse vorkommt. Damit wird für den Leser eine sehr modern anmutende Spannung erzeugt, wie Davids Dilemma gelöst werden soll. Hollywood spricht von einem *Cliffhanger*, wie wenn Alfred Hitchcock im Streifen *Der unsichtbare Dritte* Eva Marie

Saint an Cary Grants Hand am Abhang von Mount Rushmore baumeln lässt. Die Inszenierung liefert den Hintergrund der Episode und macht deutlich, warum Saul in seiner Verzweiflung meinte, er müsse die okkulten Dienste eines Mediums in Anspruch nehmen.

Zu Samuels Lebzeit bestand eine enge Beziehung, wenn nicht gar Ab- **3**
hängigkeit zwischen König und Prophet. Die wiederholte Nachricht von Samuels Ableben (V. 3, vgl. 25,1) unterstreicht, dass diese Quelle von Rat und Beistand nun versiegt war.

Es ist ein Indiz für Sauls früheren, ernsthaften Eifer für Jahwe, dass er Toravorschriften wie 3Mo 19,31; 20,6; 5Mo 18,14 in die Tat umgesetzt hatte, indem er okkulte Praktiken aus Israel verbannte. Die hebr. Begriffe *'ov* und *jiddə'onî* werden unterschiedlich übersetzt, doch, wie die Folge zeigt, handelt es sich mit ziemlicher Sicherheit um weibliche wie männliche Medien, d.h. Menschen, die vorgeben, Totengeister aufzurufen und mit ihnen in Verbindung zu treten.

Die Philister sind in V. 4 bereits bis Schunem vorgedrungen, während **4-5**
29,1 beschreibt, wie sie ihre Truppen bei Afek zusammenzogen. Der Verfasser hat demnach aus dramatischen Gründen diese Episode vorgezogen. Die Parallelität der beiden Vershälften führt dem Leser vor Augen, wie die beiden Armeen sich aufeinander zu bewegen (wie 17,3). Der Umfang des Philisterheeres (siehe zu V. 1) bestimmte dessen Marschroute: nördlich der Küstenebene entlang, über das Karmelgebirge in die breite Ebene von Megiddo. Von dort aus hätte es ins Herz des Nordens Israels vorstoßen können. Die Größe der gegnerischen Streitkräfte war es auch, die Saul trotz des Vorteils des höheren Bodens erschaudern ließ: wtl. »er hatte Angst und sein Herz pochte sehr«.

In der scheinbar ausweglosen Lage sucht Saul Gottes Weisung durch **6-7**
die herkömmlichen Kanäle: **Lose** hebr. *'ûrîm* wtl. »Lichter« (vgl. 2,18), aber Jahwe hat ihn nun endgültig verlassen. Sperrt sich ein Mensch immer wieder gegen Gott, so überlässt er ihn den eigenen Wegen (Spr 1,24-31, bes. V. 28; Röm 1,21-28). In seiner Verzweiflung (HFA) greift Saul auf Mittel zurück, die er selbst verboten hatte (V. 3, Ironie), eine medial begabte Frau, die wtl. »Macht über Totengeister hat« (alte Zü). Erschreckend, wie gut informiert seine Mitarbeiter sind. Der Okkultismus ist leider in

der Volksfrömmigkeit fest verwurzelt. Die Frau stammte vielleicht von der kanaanitischen Urbevölkerung ab. **Gerade hier**, hebr. *hinnēh*: Sauls Leute lenken seine Aufmerksamkeit auf eine ihm unbekannte Tatsache.

2.7.2.4 Saul begibt sich zum Medium und lässt Samuel heraufbeschwören (V. 8-14). 1. Szene

2.7.2.4.1 Übersetzung

8. Saul zog sich anders an, um sich zu verkleiden, ging in Begleitung zweier seiner Männer und gelangte bei Nacht zu der Frau. »Ich möchte«, sagte Saul, »dass du mir die Zukunft durch den Geist eines Toten deutest. Ich werde dir nennen, wen du heraufbeschwören sollst.« 9. »Dir ist wohl bekannt«, antwortete die Frau, »was Saul getan hat: Sämtliche Medien im Land, männlich wie weiblich, hat er beseitigt. Warum stellst du mir dann eine Falle, die mich das Leben kosten könnte?« 10. Folglich schwor ihr Saul bei Jahwe mit den Worten »So Jahwe lebt« und versicherte: »Dir wird nichts Krummes zustoßen in dieser Angelegenheit.« 11. »Wen soll ich dir heraufholen?«, fragte die Frau. »Hole mir Samuel herauf«, erwiderte er. 12. Die Frau erblickte Samuel und stieß einen lauten Schrei aus. »Warum hast du mich hintergangen?«, fragte die Frau. »Du bist selber Saul!« 13. »Keine Angst!«, entgegnete ihr der König. »Doch was kannst du sehen?« »Ein Geistwesen sehe ich aus der Erde aufsteigen«, antwortete die Frau. 14. »Wie sieht er aus?«, fragte er. »Ein Greis in einem Prophetenmantel kommt herauf«, sagte sie. Da wusste Saul, dass es Samuel war. Er verbeugte sich tief und warf sich zu Boden.

2.7.2.4.2 Gliederung

A1 Hinreise (8a). *Inszenierung*

- B1 Samuel wird heraufbeschworen (8b-14). 1. Szene
  Saul verhandelt (8b-10), Samuel erscheint (11-14)
  - C Samuel sagt Sauls Ende voraus (15-19). 2. Szene
- B2 Saul fällt in Ohnmacht (20-25a). 3. Szene

A2 Abschied (25b). *Schluss*

2.7.2.4.3 Auslegung

En-Dor lag nicht weit von Gilboa, doch auf der gegenüberliegenden Seite 8
der Jesreelebene, deshalb mögen die Verkleidung und nächtliche Stunde (V. 8) eine Vorsichtsmaßnahme wegen eventueller Patrouillen der Philister gewesen sein, doch die Folge zeigt, dass Sauls Hauptanliegen war, der Frau unbekannt zu bleiben. Medien halten ihre Séancen mit Vorliebe nachts. Diese Umstände haben aber auch symbolische Bedeutung. Die Dunkelheit spiegelt Sauls umnachtete Seele wider, und die wtl. »anderen Kleider« erinnern ironischerweise, wie ihm Jahwe einst **ein anderes Herz** (10,9) verlieh und aus ihm »einen anderen Menschen« (10,6) machte.

Bei der Verhandlung umrahmen zwei verhältnismäßig knappe Äußerungen Sauls, seine Bitte (V. 8b) und seine Zusicherung (V. 10), den wortreichen Einwand der Frau, der ihre Skepsis und Vorsicht unterstreicht. Die Frau soll Saul **die Zukunft deuten** (NLB, GNB, HFA), konkret: Auskunft geben über den Ausgang der morgigen Schlacht. Dabei verwendet er ironischerweise das gleiche Verb, hebr. *qsm*, mit dem Samuel seinen Ungehorsam einst verglich (15,23). Für »Totengeist«, hebr. *'ob*, liest LXX *engastrimythos*, wtl. »aus dem Bauch redend« (vgl. Ventriloquist, Bauchredner!). Angeblich sprach die Stimme der Verstorbenen aus dem Leib des Mediums, die behauptete, sie aus dem Totenreich (NLB, HFA) **heraufzubeschwören**, wtl. »aufsteigen zu lassen« (s. auch zu V. 12).

Die Frau hat Saul wohl noch nicht erkannt (vgl. V. 12). Mit **dir ist** 9-10
wohl bekannt, wtl. »siehe, *du* (betont) weißt«, lenkt sie seine Aufmerksamkeit auf einen allgemein bekannten Tatbestand. Sie wittert eine Falle. Allerdings wird die Séance ironischerweise nicht sie, sondern Saul das Leben kosten (vgl. V. 19).

Eine bittere Ironie: Saul schwört im Namen des Gottes, der ihn verlassen hat (V. 10, vgl. V. 15), und beim Ersuchen der Hilfe des toten Propheten beruft er sich auf den lebendigen Gott! Bei Sauls Zusicherung geht es nicht um »Schuld« (die meisten deutschen Übersetzungen), noch weniger um »Strafe« (Elb* und englische Übersetzungen), sondern dass ihr nichts, hebr. *'āwōn*, wtl. »Verkehrtes«, passieren soll.

Der Verfasser verschweigt den Vorgang des Heraufbeschwörens, nicht 11-12
etwa, weil Samuel ungebeten erschien (vgl. V. 15), sondern um die Neu-

gierde seiner Leser bezüglich des verbotenen Verkehrs mit Verstorbenen nicht zu befriedigen. Die Frau war erschrocken, nicht etwa, weil sie Saul plötzlich erkannte, sondern weil sie »mit Samuels Erscheinung nie und nimmer gerechnet habe« (WStB). Zu ihrer üblichen Praxis gehörte offenbar, entweder die Stimme der Verstorbenen zu imitieren, weshalb sie in der LXX als *engastrimythos*, wtl. »aus dem Bauch redend«, also Ventriloquistin/Bauchrednerin, bezeichnet wird, oder dass sich unreine Geister durch sie äußerten (vgl. Mk 5,9; Apg 19,15).

Der nachfolgende Dialog macht es unwahrscheinlich, dass die Frau Saul am Aussehen erkannte. Scheinbar entnahm sie Sauls Identität auch nicht seiner Bitte, Samuel heraufzubeschwören. Dies alles deutet darauf hin, dass der Erzähler ihre Aussage in V. 12 aus dramatischen Gründen voranstellt. »Wenn Samuel über sie Saul ansprach, war ihr urplötzlich klar, wer der fremde Mann war: Saul« (WStB).

13-14 Sauls Versuch, die Frau zu beruhigen (V. 13), steckt voller Ironie, denn er ist es, der um sein Leben bangt! Seine Frage macht deutlich, dass er Samuels Erscheinung nicht sehen, sondern nur hören konnte. Die Frau bezeichnet ihn als hebr. *ʾĕlōhîm*, wtl. »Gott«, also ein übernatürliches bzw. paranormales Wesen. Saul erkennt Samuel am **Prophetenmantel** (GNB, HFA), wtl. »Überwurf« (vgl. 2,19; 15,27). Eine weitere Ironie ist es, dass der König, der sich zu Samuels Lebzeiten selten seinen Anweisungen fügte, nun die Haltung eines Bittstellers einnehmen muss.

2.7.2.5 Samuel sagt Sauls Ende voraus (V. 15-19). 2. Szene

2.7.2.5.1 Übersetzung

15. »Warum hat du meine Ruhe gestört und mich heraufsteigen lassen?«, wollte Samuel von Saul wissen. »Ich bin sehr in der Klemme«, antwortete Saul. »Die Philister sind gegen mich aufmarschiert, Gott hat sich von mir abgewandt und antwortet weder durch Prophet noch Träume, deshalb habe ich dich angerufen, damit du mir sagst, was ich tun soll.« 16. »Wozu wendest du dich an mich«, fragte ihn Samuel, »wo du doch genau weißt, dass sich Jahwe von dir abgewandt hat und dein Gegner geworden ist? 17. Jahwe hat nur ge-

tan, wie er durch meine Vermittlung angekündigt hatte, und dir die Königswürde entrissen und sie deinem Freund David gegeben. 18. Der Grund: Du hast Jahwes Stimme nicht gehorcht, um seinen glühenden Zorn gegen Amalek zu vollstrecken, deshalb hat er dir heute dieses geschehen lassen. 19. Jahwe hat zusammen mit dir auch Israel in die Gewalt der Philister preisgegeben. Du samt deinen Söhnen wirst morgen bei mir sein, zudem gibt Jahwe das ganze Heerlager Israels in die Gewalt der Philister.«

2.7.2.5.2 Auslegung

In dieser Episode ist es gewiss nicht die Absicht des Verfassers, seine Leser **15**
über das Leben nach dem Tod oder die Existenz im Jenseits aufzuklären. Samuels Aussage V. 15 darf man allerdings zweierlei entnehmen: Das menschliche Dasein ist mit dem leiblichen Tod nicht zu Ende, und das Weiterleben lässt sich mit Ruhe oder gar Schlaf vergleichen.

Saul sieht sich **in der Klemme**, hebr. *ṣrr*, wtl. »eingeschnürt, eingeengt« (wie Jakob, 1Mo 32,8). In der übernächsten Episode (30,6) verwendet der Verfasser das gleiche Wort in Bezug auf David in Ziklag. Die unterschiedliche Überwindung ihrer jeweiligen Bedrängnis unterstreicht den Kontrast zwischen den beiden. Saul stimmt der Einschätzung des Erzählers (V. 4.6) zu und gesteht, Jahwe habe ihn verlassen (vgl. 16,14; 18,12). Seine Abhängigkeit von Samuel macht deutlich, dass seine Gottesbeziehung nur aus zweiter Hand war.

Das von Samuel verwendete Wort *sch'l* »bitten, erbeten, fragen« stellt **16-18**
ein ironisches Wortspiel mit dem aus der gleichen Wurzel stammenden Namen **Saul** dar. Hier hat es die Bedeutung »konsultieren«. Zweimal kommt die Vokabel *jad* »Hand« vor: **durch meine Vermittlung**, wtl. »durch meine Hand«, und **die Königswürde dir**, wtl. »aus deiner Hand«, **entrissen**. Samuel erinnert an die Kleidersymbolik von 15,27-28. David wird als *rēa'* bezeichnet, oft mit »Nächster« oder »anderer«, hier mit **Freund** übersetzt. Samuel erinnert an die frühere Verbundenheit zwischen den beiden (z.B. 16,21-22; 18,5). Dieser erste Teil von Samuels Antwort enthält für Saul keine neue Auskunft und macht deutlich, dass ihm seine verbotene Beschäftigung mit dem Okkulten nicht geholfen hat. Die neue Nachricht von V. 19 ist sicher das Letzte, was Saul hören wollte!

19 Vers 19 weist eine chiastische Struktur auf: A+A'. Die Philister besiegen Israel; Saul und seine Söhne werden sterben (B). Einige Übersetzungen lesen mit LXX »wird preisgeben«, aber Samuel sieht die Niederlage von Gilboa als beschlossene Sache. **Gewalt**, wtl. »Hand«. Die Vorhersage, dass Saul samt seinen Söhnen am gleichen Tag ums Leben kommen werden, erinnert natürlich an Elis Schicksal (2,34; 4,19). Nur stand dort Israels Niederlage im Vordergrund, hier Sauls Tod.

2.7.2.6 Saul fällt in Ohnmacht (V. 20-25). 3. Szene

2.7.2.6.1 Übersetzung

20. Samuels Worte jagten Saul eine solche Angst ein, dass er in voller Länge zu Boden stürzte. Seine Kräfte hatten ihn ohnehin verlassen, denn er hatte denn ganzen Tag und die ganze Nacht nichts zu essen gehabt. 21. Als die Frau näherkam und feststellte, wie entgeistert er war, sagte sie zu Saul: »Sieh mal! Deine Magd hat auf dich gehört, auch wenn ich mein Leben aufs Spiel setzte, und tat, was du sagtest. 22. Nun höre bitte auch du auf deine Magd und lass mich dir einen Bissen Brot vorsetzen. Iss doch, sonst verkraftest du die Rückreise nicht.« 23. Er lehnte zunächst ab: »Ich will nichts essen!« Doch als seine Diener ihn drängten, auch die Frau, hörte er auf sie, erhob sich vom Boden und setzte sich aufs Bett. 24. Die Frau schlachtete geschwind das Mastkalb, das sie im Stall hatte, nahm Mehl, knetete und backte Mazzen 25. und servierte es Saul und seinen Männern. Als sie gegessen hatten, erhoben sie sich und gingen in derselben Nacht fort.

2.7.2.6.2 Auslegung

20 Schon mehrmals ist Sauls Ängstlichkeit thematisiert worden (10,22; 13,11; 14,2; 15,24; 17,11; 18,12.15.29), doch hier ist sie blankem Entsetzen mit psychosomatischen Folgen gewichen (vgl. auch V. 5.21). Sauls Enthaltung von Nahrungszufuhr (V. 20) ist von manchen Auslegern als rituelle Vorbereitung auf die Séance gedeutet worden. Wahrscheinlicher ist, dass sie durch die strapaziöse Reise, vorbei an den Vorposten der Philister, bedingt war.

Saul tut der Frau aufrichtig leid (V. 21). Obwohl sie in okkulten Prak- **21-22**
tiken verstrickt sind, die Gott verabscheut, entbehren solche Menschen dadurch nicht unbedingt Züge wie Mitleid und Fürsorge. Mit **sieh mal**, hebr. *hinnēh*, erinnert die Frau Saul an ihre Bereitschaft, wtl. »auf seine Stimme zu hören«, im ironischen Gegensatz zu seinem Ungehorsam gegenüber Jahwe (V. 18).

Die Vermutung ist geäußert worden, Saul habe das Angebot abgelehnt **23-25**
(V. 23), weil er sich mit einer solchen Mahlzeit mit den heidnischen Praktiken der Frau identifiziert hätte. Sein verwirrter Geisteszustand scheint eine wahrscheinlichere Erklärung zu sein. Abraham (1Mo 18,6-8), Lot (1Mo 19,3), Gideon (Ri 6,19) sowie Manoach (Ri 13,15.19) haben ähnlich schnelle Mahlzeiten für unerwartete Gäste vorbereitet. Die Abschiedsformel »sich erheben und fortgehen« schließt den Abschnitt ab.

2.7.3 David wird von Achisch entlassen (Kapitel 29). Episode 2

Ohne einen Finger krümmen zu müssen wird David aus dem Dilemma befreit, in dem er sich zu Beginn des vorigen Kapitels befand, im Gegensatz zu Saul, der in der vorigen Episode verzweifelt und erfolglos versuchte, sich aus der Klemme zu ziehen.

2.7.3.1 Das Oberkommando der Philister lehnt David ab (V. 1-5). Inszenierung und 1. Szene

2.7.3.1.1 Übersetzung

1. Die Philister zogen all ihre Truppenkontingente bei Afek zusammen, während Israel sein Lager an der Quelle bei Jesreel aufgeschlagen hatte. 2. Die Philisterfürsten marschierten nach Hundertschaften und Tausendschaften auf, während David und seine Männer die Nachhut mit Achisch bildeten. 3. »Was haben diese Hebräer hier zu suchen?«, wandten die Befehlshaber der Philister ein. »Das ist doch David«, erklärte ihnen Achisch. »Er war früher

Mitarbeiter des israelischen Königs Saul. Er ist schon länger bei mir, und seit er zu mir übergelaufen ist, hatte ich bis heute nichts an ihm auszusetzen.« 4. Die Befehlshaber der Philister empörten sich jedoch über ihn: »Schick ihn zurück!«, befahlen sie. »Er soll zurückkehren an den Ort, den du ihm zugewiesen hast. Lass ihn nicht mit uns in den Krieg ziehen, er könnte uns doch in der Schlacht in den Rücken fallen! Womit könnte er sich besser mit seinem Herrn einschmeicheln, als mit den Köpfen dieser Männer? 5. Das ist doch der David, von dem sie im Reigentanz im Wechselgesang sagten: Saul hat seine Tausende, David aber seine Zehntausende besiegt!«

2.7.3.1.2 Auslegung

1-2 Die Manöver des Philisterheeres sowie Davids Bewegungen bilden eine Klammer um diese Episode (V. 1-2.11). Der erste Vers wiederholt bekannte Information (28,1) und nimmt den Faden der dortigen Erzählung, besonders Davids Schicksal, wieder auf. Die Ortsangabe **Afek** macht aber deutlich, dass es sich um eine Rückblende handelt, denn 28,4 lagerten die Philister bereits in Schunem.

Die Anführer der Philister werden im MT mit zwei Begriffen bezeichnet: *särän* **Philisterfürsten**, Herrscher über die fünf Philisterstädte (V. 2.6.7 vgl. 6,5), und *śar* **Befehlshaber** (3.4.9). LXX übersetzt beide mit »Satrapen«, ein persisches Lehnwort, das in Daniel, Esra und Esther vorkommt.

Die Anwesenheit der fünf Philisterfürsten bestätigt, dass es sich hier um eine Generalmobilmachung handelt mit entweder einer Truppenparade (WStB, GNB) bzw. Musterung der »Heeresabteilungen« (HFA) oder dem Aufmarsch (EÜ) zum Kampfgebiet »in Verbänden zu je 100 und 1.000 Mann« (NLB). Als irreguläre Kämpfer bildeten Davids Männer den Schluss von Achischs Kontingent.

3 Bei der Truppenaufstellung haben David und seine Männer sowohl die Aufmerksamkeit als auch den Argwohn der Befehlshaber der Philister erregt (V. 3). Mit seiner rhetorischen Frage, wtl. »ist das nicht David«, weist Achisch auf eine allgemein bekannte Tatsache hin (vgl. 2Sam 11,3). Die Hinzufügung **früher** (NLB, GNB, HFA) macht deutlich, dass er David für einen Überläufer hält, der **schon länger**, wtl. »seit Jahr und Tag« bei ihm ist.

Die Philister argwöhnen, David könnte wtl. zu ihrem »Widersacher«, **4-5**
hebr. *śāṭān*, Satan, werden. Die Vokabel **Köpfe** steckt voller Ironie, wenn man Achischs Aussage (vgl. zu 28,2) und Goliats Schicksal (17,46.51.54) bedenkt. Mit **diese Männer** meinen die Befehlshaber wahrscheinlich sich selbst (vgl. V. 6) und nicht etwa ihre Soldaten (so EÜ, NLB, HFA). Es ist auch höchste Ironie, dass der gleiche Refrain, der Sauls Neid (18,7) und Davids Panik (21,11) auslöste, ihm nun aus der Bedrängnis hilft.

2.7.3.2 Achisch entlässt David (V. 6-10). 2. Szene.

2.7.3.2.1 Übersetzung

6. Achisch rief David und sagte ihm: »Bei Gott! Du bist aufrichtig und mir ist es recht, wenn du mit mir im Heerlager ein- und ausziehst, denn seit du zu mir gekommen bist, habe ich bis heute nichts an dir auszusetzen entdeckt, doch den Philisterfürsten missfällst du. 7. Nun kehre zurück, gehe hin in Frieden, dann tust du nichts, was den Fürsten missfällt.« 8. »Was habe ich denn verbrochen?«, fragte ihn David. »Was hast du an deinem Knecht auszusetzen, seitdem ich dein Lehnsmann bin bis heute, dass ich nicht mitkommen darf und gegen die Feinde meines Herrn, des Königs, kämpfen?« 9. »Ich gestehe«, gab Achisch zur Antwort, »ich schätze dich wie ein Gottesgeschenk, nur: Die Befehlshaber der Philister sagen: ›Er soll nicht mit uns zur Schlacht hinaufziehen.‹ 10. Also breche morgen früh auf mit den Dienern deines Herrn, die mit dir gekommen sind, brecht morgen beim ersten Tageslicht auf und zieht weg.« 11. Am nächsten Morgen brach David samt seinen Männern früh auf und zog weg, um ins Philisterland zurückzukehren, während die Philister weiter in Richtung Jesreel vorrückten.

2.7.3.2.2 Auslegung

Wahrscheinlich aus Rücksicht auf David verwendet Achisch die hebr. **6-8**
Schwurformel »Jahwe lebt!« Die meisten Übersetzungen beziehen wtl. »dein Ausziehen und Kommen im Heerlager ist gut in meinen Augen«

auf Davids Anwesenheit im Heer, obwohl sein bisheriger Aufenthalt im Philistergebiet gemeint sein könnte. Achischs ausführliches Lob von David steht rhetorisch im Gegensatz zu seiner knappen Wiedergabe der Einwände seiner Kollegen: **missfällst** wtl. »bist nicht gut in ihren Augen«. Die Redewendung kommt immer wieder im Abschnitt vor, so auch V. 7.9. Da Achisch selber einer der fünf Philisterfürsten ist, gesteht er hier, dass er sich mit seiner Sicht bei seinen Kollegen nicht hat durchsetzen können. Das **nun** signalisiert einen Vorschlag, **in Frieden hingehen** ist Standardausdruck für einvernehmliche Trennung. David spielt konsequent die Rolle des Überläufers, und seine Äußerungen (V. 8) spiegeln Achischs Standpunkt wider. Seine eigenen Gedanken und Absichten erfährt der Leser nicht.

9-11 Erneut spricht Achisch (V. 9) sein Vertrauen aus, David sei wtl. »gut in seinen Augen wie ein Bote bzw. Engel Gottes«, eine ähnliche Wendung wie das »Geschenk des Himmels«, also ein unverhoffter Glücksfall. Im Gegensatz zu V. 6 bringt er nun den Einwand der Befehlshaber der Armee (V. 4) vor. Mit **Diener deines Herrn** meint Achisch vielleicht, dass Davids Männer früher alle Untertanen Sauls (HFA) waren (so auch NLB, GNB). Die Abschiedsformel (V. 11) signalisiert das Ende der Episode. Die folgende Episode setzt Davids Geschichte fort, während der Schlusssatz mit seinem Aufhänger für die Entscheidungsschlacht im Schlusskapitel 31 den Leser in Spannung hält.

2.7.4 David gewinnt alles wieder (Kapitel 30). Episode 3

Die Schlussepisode (Kap. 31) wird zeigen, wie Saul auf einen Schlag alles verliert: die Schlacht, sein Königreich, seine Söhne, sogar sein eigenes Leben. In der vorliegenden Episode gewinnt David alles wieder, was er und seine Männer bei einem feindlichen Überfall auf ihrem Stützpunkt Ziklag verloren hatten. Umsonst konsultierte Saul ein Medium (Kap. 28), hier sichert Jahwe David vollkommenen Erfolg zu (V. 8).

2.7.4.1 Gliederung

A[1] Ziklag ist heimgesucht worden (1-2). Inszenierung: *Eröffnung*
B[1] David gerät in Bedrängnis (3-6a). 1. Szene: *Klage*
C[1] David wendet sich an Jahwe (6b-8). 2. Szene
D David jagt der Räuberbande nach (9-16). 3. Szene
C[2] David gewinnt alles wieder (17-20). 4. Szene: *Handlungshöhepunkt*
B[2] David teilt die Beute ein (21-25). 5. Szene
A[2] David schenkt einen Teil der Beute weiter (26-31). *Schluss*

2.7.4.2 Ziklag ist heimgesucht worden (V. 1-2). Inszenierung

2.7.4.2.1 Übersetzung

1. Als David und seine Männer drei Tage später in Ziklag eintrafen, entdeckten sie, dass Amalekiter einen Raubzug im Negeb bis Ziklag unternommen, die Stadt angegriffen und in Brand gesteckt hatten. 2. Sie hatten die dortigen Frauen, von Klein bis Groß, gefangen genommen, allerdings keinen Menschen umgebracht, sie verschleppt und waren ihres Weges gegangen.

2.7.4.2.2. Auslegung

Das hebr. *wajəhî* am Anfang signalisiert Hintergrundinformation mit Zeitangabe, deshalb die Verben in der Vorvergangenheit. Die Amalekiter hatten einen **Raubzug unternommen,** das gleiche Zeitwort wie bei David (27,8.10). Evtl. aus Rache hatten sie Ziklag hebr. nkh, wtl. »geschlagen« (Elb, Sch), womit »erobert« (WStB, EÜ) gemeint sein kann. Bei **von Klein bis Groß** sind wahrscheinlich Kinder (vgl. V. 3) und wehrunfähige Männer eingeschlossen (vgl. V. 19), deshalb fügen die meisten Übersetzungen hinzu: »und alles, was darin war« (LXX).

2.7.4.3 David gerät in Bedrängnis (V. 3-6a). 1. Szene

2.7.4.3.1 Übersetzung

3. David und seine Männer kamen zur Stadt und sahen mit eigenen Augen, dass sie in Schutt und Asche lag, und ihre Frauen und Kinder als Gefangene verschleppt worden waren. 4. David und die Truppe mit ihm stimmten eine laute Wehklage an, bis sie keine Kraft mehr zu weinen hatten. 5. Davids beide Ehefrauen waren ebenfalls verschleppt worden: Ahinoam von Jesreel und Abigajil, Nabals Witwe aus Karmel. 6. David saß wirklich in der Klemme, denn die Truppe redete davon, ihn zu steinigen, so verbittert war jeder über den Verlust seiner Söhne und Töchter.

2.7.4.3.2 Gliederung

A[1] Die Truppe nimmt die Katastrophe wahr (3)
- B[1] Die Truppe beweint die Katastrophe (4)
- B[2] David erleidet persönlichen Verlust (5)

A[2] Die Truppe bedroht David (6a)

2.7.4.3.3 Auslegung

3-6a V. 3 wiederholt bereits mitgeteilte Information aus der Inszenierung, nur durch hebr. *hinnēh* lässt der Verfasser dem Leser die Situation durch die Augen der beteiligten Personen sehen. Die Wendung **keine Kraft mehr** (V. 4) erinnert an 28,20. Wie Saul bei En-Dor sind David und seine Männer ebenfalls am Ende. Der unterschiedliche Ausgang beider Episoden unterstreicht abermals den Kontrast zwischen Saul und David. Die grammatische Form von V. 5 weist den Satz als eingeschobene Hintergrundinformation aus, die den Blick auf David und seinen persönlichen Verlust lenkt. Hinzu kam die Drohung seiner enttäuschten Mitarbeiter (V. 6). Wie Saul bei En-Dor (28,15; narrative Analogie) sitzt David **wirklich in der Klemme**, hebr. *ṣrr məʾōd*, wtl. »sehr eingeschnürt, eingeengt«. Doch im Unterschied zu Sauls verzweifelter Zuflucht zum Okkulten schöpft David neue Kraft in seinem Herrn.

2.7.4.3 David wendet sich an Jahwe (V. 6b-8). 2. Szene

2.7.4.3.1 Übersetzung

6b. Doch David stärkte sich in Jahwe, seinem Gott. 7. »Bring mir bitte das Efod«, sagte David dem Priester Abjatar, Ahimelechs Sohn. Er brachte es David, 8. der sich bei Jahwe erkundigte: »Soll ich hinter dieser Bande herjagen? Werde ich sie einholen?« »Jag nach!«, kam die Antwort, »denn du wirst sie einholen und retten.«

2.7.4.3.2 Auslegung

Im Unterschied zu Sauls verzweifelter Zuflucht zum Okkulten schöpft **6b-8**
David neue Kraft in seinem Herrn. Wie bereits in Keila (23,9-13) vermag David mithilfe des Efods Jahwe zu befragen, hebr. *sch'l*, gleicher Wortstamm wie beim Namen **Saul** (Ironie), der keine Antwort von Gott erhält (28,6). Im Gegensatz bekommt David klare Anweisungen und die Zusicherung vollen Erfolgs: Die emphatischen Verbformen stellen einen günstigen Ausgang in Aussicht, wie die Folge (V. 17-20) bestätigt.

2.7.4.4 David jagt der Räuberbande nach (V. 9-15). 3. Szene

2.7.4.4.1 Übersetzung

9. Mit seinen sechshundert Mann machte sich David auf den Weg, und sie gelangten bis zum Bach Besor. Die Zurückgebliebenen hielten an, 10. während David mit vierhundert Mann die Verfolgung fortsetzte. Zweihundert blieben stehen, die zu erschöpft waren, um den Bach Besor zu überqueren. 11. Man entdeckte einen Mann auf freiem Felde, einen Ägypter, und brachte ihn zu David. Man gab ihm zu essen und Wasser zu trinken 12. und nach einem Stück Feigenkuchen und zwei Rosinenkuchen kam er wieder zu Kräften, denn er hatte 72 Stunden lang nichts zu essen noch zu trinken gehabt. 13. »Wem gehörst du? Woher kommst du?«, wollte David von ihm wissen. »Ein ägyptischer Knecht«, gab er zu Antwort, »Diener eines Amalekiters, doch mein Herr ließ mich zurück, als ich heute vor drei Tagen erkrankte. 14. Wir waren in den Negeb der Kreter eingefallen, auch in den Teil, der zu Juda gehört sowie den Negeb Kalebs, und hatten Ziklag in Brand gesteckt.« 15. »Bist du bereit, mich zu dieser Bande hinabzuführen?«, fragte ihn David. »Wenn du mir bei Gott schwörst, dass du mich weder umbringst noch an meinen Herrn auslieferst, dann führe ich dich zur Bande hinab!«, war die Antwort.

2.7.4.4.2 Auslegung

9-10 Die Begebenheit erinnert in zweifacher Hinsicht an die Gideongeschichte: die nur kleine Truppe, was keinen Hinderungsgrund für den Sieg darstellt (Ri 7,7), sowie Erschöpfung und Überquerung eines Flusses (Ri 8,4). Nach der weiten Reise von Afek (über 100 km) schaffte ein Drittel der Truppe es nicht mehr, mit dem ganzen Gepäck (vgl. V. 24) das vielleicht steile Flusstal zu überqueren. Wie vor ihm Gideon traut David Jahwe zu, ihm auch mit wenigen Kämpfern Erfolg zu bescheiden. Eine weitere Bedeutung der Begebenheit erscheint in der 5. Szene (V. 21-25).

11-14 Die erwähnten Lebensmittel (V. 12) waren wie die von Abigajil (25,18) David mitgebrachten leicht zu konservieren, zu transportieren und reich an Nährstoffen. Bald **kam er wieder zu Kräften**, wtl. »sein Geist kehrte zurück«. Der Ägypter bezeichnet sich als hebr. *nă'ăr* wtl. »Bursche« (Sch), was auf sein Alter (»ein junger Ägypter«, so die meisten Üs.) oder auf seinen Status als **Knecht** (alte Zü) hinweist. Wie David ist er auch ein Fremder, den sein Herr verstieß, sobald er keine Verwendung mehr für ihn hatte. Für David bedeutet er einen Glücksfall, der ihn auf eine heiße Spur bringt und hilft, Jahwes Zusage (V. 8) zu erfüllen.

15 Als (unfreiwilliges?) Mitglied der Räuberbande weiß der Ägypter, welchen Weg sie gekommen und wieder zurückgekehrt sind. Nach seiner menschenverachtenden Behandlung vonseiten seines Herrn hat er keine Skrupel, sie zu verraten, sofern David seine Sicherheit garantiert (V. 15). Der Verfasser setzt Davids Zusage stillschweigend voraus.

2.7.4.5 David bringt alles wieder (V. 16-19). 4. Szene: Handlungshöhepunkt

2.7.4.5.1 Übersetzung

16. So führte er ihn tatsächlich hinab, und dort, vor ihren Augen, lagen sie ausgebreitet über die ganze Landschaft, essend, trinkend und die ganze große Beute feiernd, die sie in Philistia und Judäa gemacht hatten. 17. David griff sie an, von der Dämmerung bis zum Abend des folgenden Tages. Keiner entkam, bis auf 400 junge Männer, die die Kamele bestiegen und die Flucht ergriffen. 18. David rettete alles, was die Amalekiter genommen hatten, einschließlich seiner beiden Frauen. 19. Es fehlte ihnen nichts, von Klein bis Groß, weder Söhne noch Töchter, noch die Beute, letztlich alles, was ihnen genommen worden war: David brachte alles wieder.

2.7.4.5.2 Auslegung

Dort vor ihren Augen, hebr. *hinnēh*: Der Verfasser stellt die Szene, die **16-19**
sich David und seinen Männern präsentierte, dem Leser bildlich vor Augen (V. 16). Die Partizipialformen unterstreichen die ausgelassene Sorglosigkeit der Amalekiter. Die **Dämmerung** (V. 17), hebr. *näschäf*, kann sowohl das Morgengrauen (Hi 7,4; Ps 119,147) als auch die Abenddämmerung (Hi 3,9; 24,15; Spr 7,9; Jes 5,11) bezeichnen. Übersetzungen wie Ausleger sind uneins über den Beginn und die Dauer des Kampfes, ob vom ersten bis zum nächsten Abend (Tg, Vul, englische und russische Üs.), vom Morgen bis zum Abend (NLB, GNB, HFA) oder vom nächsten Morgen bis zum darauffolgenden Abend (Josephus, dt. Üs.). Die Zahl der flüchtigen **junger Männer**, hebr. *'îsch nā'ār*, nicht »Knechte« (alte Zü), macht deutlich, dass die Räuberbande in der Überzahl war, trotzdem waren sie, vielleicht vielfach betrunken, Davids Überraschungsangriff nicht gewachsen. Nicht ihr Widerstand, sondern der weite Raum bedingte die Dauer der Auseinandersetzung. David, der in V. 18-19 alles wiedergewinnt, steht in starkem Kontrast zu Saul, der im folgenden Kapitel alles verliert. V. 19 inspirierte Anni von Viebahn zum Liedtext: »Es mangelte mir nie« aus »Ich hab ihn treu erfunden«.

2.7.4.6 David teilt die Beute (V. 20-25). 5. Szene

2.7.4.6.1 Übersetzung

20. David nahm alle Schafherden und Rinder. Sie trieben sie vor diesem Besitz her und sagten: »Das ist Davids Beute!« 21. Als David zu den zweihundert Mann zurückkam, die zu erschöpft gewesen waren, um hinter ihm zu gehen und am Bach Besor zurückgeblieben waren, kamen sie heraus, David und der Truppe mit ihm entgegen. David ging auf sie zu und fragte, wie es ihnen ging. 22. Da mäkelten sämtliche Plagegeister und gemeine Typen unter den Männern, die David begleitet hatten, mit den Worten: »Denen, die nicht mit uns gingen, soll nichts von der Beute gegeben werden, die wir retteten, außer jedem seine Ehefrau und seine Kinder. Die sollen sie wegführen und verschwinden!« 23. »So dürft ihr nicht mit dem umgehen, meine Brüder«, erwiderte David, »was Jahwe uns geschenkt hat. Er hat uns beschützt und uns diese Bande, die über uns gekommen war, ausgeliefert. 24. Was ihr vorhabt, wird übrigens niemand gutheißen. Denn der Anteil derer, die im Lager beim Gepäck bleiben, soll nicht anders sein als der Anteil der Kämpfer. Sie sollen gleichmäßig teilen.« 25. So ist es geblieben von jenem Tag an. David machte es zur Vorschrift und zum Brauch in Israel bis heute.

2.7.4.6.2 Auslegung

20 Die Beutetiere (V. 20) stammten wahrscheinlich aus den Raubzügen der Amalekiter (V. 14). David verteilte sie unter seinen Kriegern (V. 24) und den Orten, die in der Schlussszene aufgeführt sind (V. 27-31). Man trieb sie her vor dem übrigen **Besitz** (LXX *skylon*) hebr. *miqnäh*, oft »Vieh« übersetzt, aber hier vielleicht als Substantiv von der Wurzel *qnh* »bekommen«, bezogen auf das, was David zurückerobert hatte (V. 19).

21-22 David fragte, **wie es ihnen ging** wtl. nach ihrem hebr. *schâlôm* (V. 21), also »erkundigte sich nach ihrem Wohlergehen« (Elb) oder »entbot ihnen den Friedensgruß« (WStB, EÜ). Mancher Anhänger Davids hatte eine schwierige Vergangenheit (vgl. 22,2). Einige bezeichnet der Verfasser als »boshaft« (EÜ; LXX *loimos*, wtl. »Pest, Seuche«) und hebr. *bəlîja'al*, »Belial«, wtl. »Schlechtigkeit, Nichtsnutzigkeit« (V. 22). Sie betonen ihren Einsatz: **retteten** hebr. *nṣl*, wtl. »entrissen« (Elb), »abgeführt« (LXX), und ihre Verachtung für die Zurückgebliebenen kommt in ihrer Wortwahl zum Ausdruck: **wegführen** (Sch) und **verschwinden** (GNB) verraten einen verächtlichen Ton, den die meisten Übersetzungen nicht treffen.

David lehnt den Vorschlag mit einer dreifachen Begründung ab, die **23-25**
Bände über seine Beziehung zu Jahwe spricht: 1) Er sieht die Beute als Gottes Geschenk an; 2) obwohl sie in der Unterzahl waren, hat Jahwe ihn und seine Männer beim Einsatz bewahrt; und 3) die Räuberbande ihnen **ausgeliefert** (GNB), wtl. »in unsere Hand gegeben«. Sogar vom rein menschlichen Standpunkt verstößt der Vorschlag ferner gegen den Gerechtigkeitssinn: **wird niemand gutheißen** (GNB) wtl. »Wer würde auf euch in dieser Angelegenheit hören?« (V. 24).

GNB versucht, den von David aufgestellten Grundsatz als Gedicht zu formulieren. **Gleichmäßig** wtl. »zusammen«. LXX fügt hinzu »sie sind nicht weniger als wir«. Der Grundsatz verdient auch heute in der Arbeit am Reich Gottes Aufmerksamkeit. Mitarbeiter im Hintergrund, z.B. Büropersonal, sind nicht weniger wichtig als Menschen »an vorderster Front«, Missionare, Prediger, Seelsorger, haben aber in der Regel ungleich größere Schwierigkeiten, die notwendige finanzielle Unterstützung zu finden.

2.7.4.7 David schenkt einen Teil der Beute weiter (V. 26-31). 6. Szene: Schluss

2.7.4.7.1 Übersetzung

26. Als David nach Ziklag zurückkehrte, schickte er einen Teil der Beute an die Ältesten Judas, seine Nachbarn, und ließ ausrichten: »Hier! Für euch! Ein Geschenk aus der Beute von Jahwes Feinden.« 27. Er sandte nämlich denen in Bethel, in Ramot im Negeb, in Jattir, 28. in Aroër, in Sifmot, in Eschtemoa, 29. in Rakal, in den Städten der Jerachmeeliter und der Keniter, 30. in Horma, in Bor-Aschan, in Atach, 31. in Hebron und in allen Orten, in denen David umhergestreift war, er und seine Männer.

2.7.4.7.2 Auslegung

Abweichende Ortsnamen: für Bethel (MT, Elb, EÜ, GNB*): Betul (LÜ, Elb*, NLB, GNB*, HFA) oder Betuel (Elb*, GNB); für Ramot (MT, Elb, GNB): Rama (Lu, Elb*, NLB, HFA) oder Ramat-Negeb (EÜ); für Rakal (MT, Elb, NLB, GNB): Karmel (LXX, LÜ, EÜ, NLB*, HFA).

Die genannten Orte, nicht alle sind heute identifizierbar, lagen im judäischen Negev zwischen Ziklag und dem Toten Meer, ihre Einwohner waren also Davids hebr. *rē'eh* **Nachbarn**. Als Judäer waren sie auch seine »Stammesverwandten« (WStB, ähnlich GNB) und »standen ihm nahe« (EÜ). Da er in der Gegend **umhergestreift war**, hebr. *hlk* im *Hitpa'el*, zählte er sie vielleicht auch zu seinen »Freunden« (LÜ, Elb, Sch, HFA).

Davids **Geschenk** hatte womöglich einen dreifachen Grund. Zunächst sollte es solche Freundschaftsbande zementieren und seine »Machtbasis« sichern, wie man in der heutigen Politik sagt. In der Tat wird David zuerst in Hebron zum König über Juda gesalbt (2Sam 2,1-4). Zweitens mag es als Entschädigung gedient haben, da diese Orte auch Opfer der Raubzüge der Amalekiter gewesen sein mögen. Schließlich weist David darauf hin, dass Jahwe diejenigen belohnt, die sich gegen seine Feinden stellen, und bezeichnet sein Geschenk deshalb als wtl. »Segen«.

2.7.5 Saul stirbt auf dem Berg Gilboa (Kapitel 31). Episode 4

2.7.5.1 Gliederung

Saul findet bei Israels vernichtender Niederlage den Tod (1-7). 1. Szene.
Sauls sterbliche Überreste werden von den Philistern geschändet (8-10). 2. Szene.
Saul wird von den Einwohnern Jabesch-Gileads in Ehren beigesetzt. (11-13). 3. Szene

2.7.5.2 Saul findet bei Israels vernichtender Niederlage den Tod. (V. 1-7). 1. Szene

2.7.5.2.1 Übersetzung

1. Als es dann zur Schlacht zwischen den Philistern und Israel kam, ergriffen die Israeliten die Flucht, und die Erschlagenen fielen auf dem Gebirge Gilboa. 2. Die Philister klebten Saul und seinen Söhnen an den Fersen und erschlugen Jonatan, Abinadab und Malkischua, Sauls Söhne. 3. Der Kampf um Saul wurde schwer, er wurde von den Bogenschützen getroffen und wand sich vor Schmerz. 4. Saul sagte zu seinem Waffenträger: »Zieh dein Schwert und gib mir den Todesstoß, sonst kommen diese Unbeschnittenen und durchstechen und missbrauchen mich.« Sein Waffenträger war jedoch nicht dazu bereit, denn er scheute sich sehr. So zog Saul das Schwert und stürzte sich darauf. 5. Als sein Waffenträger sah, dass Saul tot war, stürzte er sich auch auf sein Schwert und starb mit ihm. 6. So starben an jenem Tag Saul samt seinen drei Söhnen, seinem Waffenträger sowie alle Männer Israels. 7. Als die Israeliten jenseits des Tals und jenseits des Jordan sahen, dass Israels Heer geflohen war und Saul sowie seine Söhne gestorben waren, verließen sie fluchtartig die Städte, und die Philister kamen und siedelten sich darin.

2.7.5.2.2 Gliederung

A[1] Die Israeliten fliehen und fallen vor dem Angriff der Philister (1)
- B[1] Sauls Söhne sterben (2)
  - C[1] Saul wird schwer verwundet (3)
    - D Saul nimmt sich das Leben (5)
  - C[2] Sauls Waffenträger nimmt sich das Leben (5)
- B[2] Saul, seine Söhne und Israels Männer sterben (6)

A[2] Die Israeliten fliehen und die Philister siedeln sich an (7)

2.7.5.2.3 Auslegung

Im 1. Vers signalisiert der Verfasser durch die Wortfolge, dass er die Er- 1
zählung der in den Kapiteln 28 und 29 vorschattierten Schlacht wieder aufgreift, die in Kapitel 30 unterbrochen worden war, um über Davids Schicksal zu berichten. Die Übersetzung der HFA versucht, dem Rech-

nung zu tragen. Die folgenschwere Auseinandersetzung auf dem Gebirge Gilboa (vgl. V. 7) wird äußerst knapp erzählt, um die Aufmerksamkeit allein auf Saul zu richten.

2-3 Die Philister konzentrieren sich auf Israels Anführer. Der Tod von Sauls Söhnen wird ebenso summarisch erzählt, somit bleibt der gehetzte Saul im Brennpunkt. **Von den Bogenschützen getroffen** (LÜ†, EÜ, HFA, weder »gefunden« LÜ, Elb*, »entdeckt« GNB noch »erreicht« Elb, Sch) **wand sich** Saul vor Schmerz, weil er im Unterleib (LXX, Zü) schwer verwundet wurde (Vul, LÜ, EÜ, NLB, HFA).

4-5 Die 2. Szene (V. 9-10) wird zeigen, dass Sauls Befürchtung (V. 4) nicht ganz unbegründet war. Sein Waffenträger weigert sich (HFA), ihm **den Todesstoß zu geben**, wtl. »zu durchstechen«, wahrscheinlich weil er, wie David vor ihm, sich davor **scheute**, wtl. »fürchtete« (24,7.11; 26,9), an Jahwes Gesalbten Hand anzulegen. Sauls Ende fällt noch schrecklicher aus, als David einst gemutmaßt hatte (26,10; vgl. Ps 63,11a). Sein Selbstmord ist eine Verzweiflungstat. Im Hebr. besteht ein Gleichklang zwischen *järē'* »fürchtete« und *jar'* **sah**. Mögliche Erklärungen für die abweichende Erzählung von Sauls Tod durch einen Amalekiter (2Sam 1,9-10) sind:

1. Dieser fand Saul schon tot und entnahm seiner Leiche die Insignien, stellte sich aber David als Königsmörder vor, weil er sich dadurch eine Belohnung erhoffte;
2. Sauls Selbstmordversuch war nicht vollständig gelungen, der Amalekiter musste ihm noch den Todesstoß versetzen;
3. Der Amalekiter tat das, was der Waffenträger nicht wollte: Er hielt Saul das Schwert hin, damit er sich darauf stürzen konnte.

Der Verfasser sparte diese Auskunft hier aus (*Informationslücke*), vielleicht um nicht von Sauls tragischem Ende durch ein Übermaß an Einzelheiten abzulenken.

6-7 Mit **alle Männer Israels** (V. 6) sind wahrscheinlich Sauls persönliche Truppen gemeint. Mit **Tal** ist wohl die Jesreelebene gemeint. Sauls Niederlage zog einen bedeutsamen Gebietsverlust mit sich, der erst unter Davids Herrschaft zurückgewonnen werden konnte (2Sam 8,1).

2.7.5.3 Sauls sterbliche Überreste werden von den Philistern geschändet (V. 8-10). 2. Szene

2.7.5.3.1 Übersetzung

8. Als die Philister ab dem nächsten Tag kamen, um die Toten auszuplündern, entdeckten sie Saul und seine drei Söhne gefallen auf dem Gebirge Gilboa. 9. Sie hieben ihm den Kopf und streiften ihm die Rüstung ab und ließen sie im Philisterland rundgehen, um die gute Nachricht im Götzentempel und im Volk zu verkünden. 10. Schließlich stellten sie seine Rüstung in den Tempel der Astarte, seinen Leichnam hefteten sie aber an die Stadtmauer von Bet-Schean.

2.7.5.3.2 Auslegung

Ab dem folgenden Tag durchkämmen die siegreichen Philister das **8-10**
Schlachtfeld, um den Gefallenen alles Wertvolle wtl. »abzustreifen«. Die Schändung von Toten galt auch damals als Frevel gegen menschlichen Anstand (vgl. Am 2,1). Gemäß dem Parallelbericht (1Chr 10,10) wurde Sauls Schädel sogar im Dagontempel zur Schau gestellt. Dass die Philister Saul so behandelten, ist ein beredtes Zeugnis dafür, wie sehr er ihnen ein Dorn in Auge gewesen war (vgl. 14,47.52). Sauls Schicksal spiegelt Goliats wider (17,54, Ironie). Eine weitere Ironie, diesmal auf Kosten der Philister, ist, dass sie es scheinbar für nötig halten, ihren Götzen in ihren Tempeln die Siegesnachricht verkünden zu lassen!

2.7.5.4 Saul wird von den Einwohnern Jabesch-Gileads in Ehren beigesetzt (V. 11-13). 3. Szene

2.7.5.4.1 Übersetzung

11. Doch die Bewohner von Jabesch-Gilead erfuhren, was die Philister mit Saul gemacht hatten. 12. Daraufhin war eine ganze Anzahl mutiger Männer die ganze Nacht unterwegs, um die Leichen Sauls und seiner Söhne von der Mauer von Bet-Schean herunterzuholen und nach Jabesch zurückzubringen. Sie verbrannten die Leichen, 13. die Gebeine begruben sie unter der Tamariske in Jabesch und fasteten eine ganze Woche lang.

2.7.5.4.2 Auslegung

Jabesch lag unweit Bet-Schean auf dem anderen Jordanufer. Aus Dankbarkeit für Sauls Rettungstat (11,1-11) beschlossen die Einwohner, seine Ehre noch zu retten. Das Hebr. *chajil* kann Wohlstand, sozialer Rang aber auch, wie hier, Tapferkeit bezeichnen. Die Verbrennung der Leichen war für israelitische Sitte unüblich und lässt vermuten, dass sie durch die Behandlung der Philister verstümmelt gewesen sein mochten. Obwohl die Erzählung in 2Sam 1 nahtlos weitergeht, bildet diese posthume Ehrerweisung einen passenden Schluss für 1. Samuel, da die Befreiung von Jabesch-Gilead Sauls Sternstunde darstellte.

2.7.5.5 Saul

Unter den drei Hauptpersonen von *1. Samuel* wird Saul mit der größten psychologischen Tiefe geschildert. Von Anfang an weist sein Charakter eine gewisse Ambivalenz auf, die für die Figuren biblischer Erzählungen ungewöhnlich ist. Am ehesten ist er mit Simson im Richterbuch vergleichbar, doch ausführlicher und differenzierter dargestellt, da Triebfeder und Widersprüche seiner Persönlichkeit offenbar werden. Im Lauf der Erzählung entwickelt sich Sauls Charakter, die Ambivalenz tritt stärker hervor und die dunkle Seite seiner Persönlichkeit gewinnt die Oberhand.

Bei seinem Aufstieg (Kap. 9–12) macht Saul einen angenehmen Eindruck mit ersten Anzeichen von Ambivalenz. Bei seiner Krise (Kap. 13–15) treten seine negativen Eigenschaften hervor, die dann in der Beziehung zu David (Kap. 16–20) überwiegen. In Sauls Verfolgung von David (Kap. 21–27) erscheint wieder eine gewisse Ambivalenz, am Ende (Kap. 28–31) dominiert das Negative.

Saul als tragische Figur?

Im volkstümlichen Sinn endet Saul tragisch: Von Gott und Menschen verlassen, stirbt er durch die eigene Hand auf dem Schlachtfeld, seine Leiche vom Feind misshandelt. An Sauls Qualitäten erinnern zuletzt seine

Bestattung durch die Einwohner Jabesch-Gileads sowie Davids Klagelied (2Sam 1,17-27).

Manche Ausleger haben allerdings in Saul eine tragische Figur im Sinne der großen griechischen Tragödien oder der Dramen Shakespeares sehen wollen: Ein Held, der zum Scheitern verurteilt ist, weil er gegen das Schicksal nicht ankommt oder von übermächtigen Mitmenschen überschattet wird. Saul soll das Missgeschick gehabt haben, der erste König eines Volkes zu sein, das sich noch nicht ans Amt gewöhnt hatte, und soll zwischen den starken Persönlichkeiten Samuel, Jonatan und David aufgerieben worden sein. Schließlich vermochte er sich nicht gegen einen launischen Gott zu behaupten, der seine geringsten Vergehen ahndete, während er bei David Ehebruch und Mord verzieh.

Gegen diese Ansicht muss mit Nachdruck gesagt werden: Sie entspricht der Perspektive von *1. Samuel* nicht. Saul ist keineswegs das Opfer des Schicksals, sondern scheitert an der Unzulänglichkeit seines Verhältnisses zu Jahwe, die dann auch seine Beziehungen zu den anderen Personen belastet.

2.7.5.6 Vorschlag für eine Predigt oder Bibelarbeit über 1. Samuel 28–31

Thema: Saul und David in der Klemme

Bei allen Gegensätzen zwischen Saul und David standen beide am Ende von 1. Samuel vor dem Aus. Die Parallelen zwischen beiden sind offensichtlich:

1. **Saul und David waren beide in der Klemme.**
2. **Beide waren am Ende ihrer Kräfte** (vgl. 28,20 mit 30,4).
3. **Beide standen vor dem Totalverlust.**
   Saul drohte der Verlust der Schlacht, seines Königreichs, seiner Söhne, seines eigenen Lebens; David und seine Männer hatten alles verloren: Frauen, Kinder, Besitz.
4. **Beide schauten dem Tod ins Angesicht.**
   Samuel kündigte Saul an: »Morgen bist du bei mir im Totenreich!«

Davids Männer drohten, ihn zu steinigen.

Doch das Ende der beiden war grundverschieden: Saul verlor alles: Schlacht, Königreich, Söhne, das eigene Leben. *David rettete alles. Es fehlte ihnen nichts. David brachte alles wieder.* 30,18-19.

Sauls Problem

Sein jäher Sturz war die Folge einer ganzen Reihe falscher Entscheidungen und Einstellungen:

1. Saul hatte keine persönliche Gottesbeziehung.

Er hatte zwar markante Erlebnisse: Gottes Geist kam über ihn (10,10), doch kannte er Jahwe nur aus zweiter Hand und war von Samuel abhängig. Seine Frömmigkeit war keine Herzenssache, sondern äußerlich, sein Glaube erschöpfte sich darin, Vorschriften einzuhalten.

2. Sauls Gottvertrauen war unzureichend.

Saul war von Natur aus schüchtern und zurückgezogen. Statt Gott zu vertrauen, wurde Saul von Angst gelähmt, wie gegen Goliat.

3. Saul war Gott nicht völlig gehorsam.

In entscheidenden Situationen handelte er nach Gutdünken (vgl. 13,13; 15,19).

David

1. **Die Kraftquelle in Davids Leben war seine Beziehung zu Gott.**
   David stärkte sich in dem Herrn seinem Gott (30,6).
2. **David hatte gelernt, dem Herrn zu vertrauen.**
   Im Kampfe mit wilden Tieren (17,37), im Sieg über Goliat (17,45) sowie auf der Flucht vor Saul: *Saul war ständig hinter David her, doch der Herr gab ihn nicht in seine Gewalt* (23,14).
3. **David fragte nach dem Willen Gottes** (30,7-8).
4. **David wurde durch Gemeinschaft gestärkt.**
   Jonatan und Abigajil erinnerten David an Gottes Verheißung (23,16; 25,30).

2.7.5.7 Vorschlag für eine Predigt oder Bibelarbeit über den Vergleich zwischen Saul und David

Thema: *Menschenfurcht oder Gottvertrauen*

Menschenfurcht stellt eine Falle, aber wer auf den Herrn vertraut, ist in Sicherheit (Spr 29,25).

1. Saul

Saul war von Natur aus schüchtern und zurückgezogen.
Er hatte Hemmungen, Samuel bei der Suche nach den Eselinnen um Hilfe zu bitten, wurde jedoch von seinem Burschen überstimmt. Bei seiner Königswahl versteckte er sich beim Tross! (10,22).

Unsicherheit und Angst ließen ihn eigenmächtig handeln.
Die Philister waren im Anmarsch, doch Samuel verspätete sich, und die Truppe zerstreute sich (Kap. 13).

Saul wurde von Angst gelähmt.
Er wartete mit seinen Kriegern ab, während Jonatan angriff (14,1-2). Später wollte er es mit einem strengen Eid wettmachen und hätte sogar beinahe seinen eigenen Sohn hinrichten lassen!

Saul hatte Angst vor den eigenen Leuten.
Er vollzog den Bann nicht, sondern schonte das Beste vom Vieh, weil er die Stimme seiner Männer fürchtete (15,24).

Aus Angst nahm Saul Goliats Herausforderung nicht an.
»Wählt euch einen Mann!«, rief Goliat. Israel hatte doch Saul gewählt! Doch er saß mit schlotternden Knien in seinem Zelt.

Saul fürchtete die Konkurrenz. Der neueste Schlager in Israel lautete: Saul hat seine Tausende erschlagen, David seine Zehntausende (18,7).

Am Schluss packte Saul das blanke Entsetzen.
Die Philister mobilisierten zur Endabrechnung mit Israel (29,1). Saul sah die feindlichen Truppen, und sein Herz pochte (28,5). Er hörte Samuels Todesurteil und fiel um wie ein gefällter Baum: Es war keine Kraft mehr in ihm (28,20).

Aus Angst vor Schande nahm sich Saul das Leben.
Zur Tragik gehört zudem, dass Jonatan auch sterben musste.
Angst ist nicht nur eine Sache des Temperaments.
Petrus war weder schüchtern noch zurückgezogen, doch aus Angst vor einem Dienstmädchen leugnete er unter Flüchen.

2. David
David stärkte sich im Herrn, seinem Gott (30,9), als er vor dem Nichts stand. Aber solches Gottvertrauen kommt nicht über Nacht.
David machte erste Glaubenserfahrungen. Im Kampf mit wilden Tieren erlebte er Gottes Rettung.
Im Kampf gegen Goliat wagte David den großen Glaubensschritt.
Weitere Einzelheiten unter »Herausforderungen im Glauben aufnehmen«, Predigtvorschlag zu Kap. 17.
David lernte Glaubensgemeinschaft kennen.
Weitere Einzelheiten unter »Herz und Herz vereint zusammen«, Predigtvorschlag zu Kap. 18,1-4.
David lernte Gottes Verheißungen vertrauen.
Am Tag, an dem die Angst mich beschleichen möchte, will ich dem HERRN vertrauen. Ich rühme mich seines Wortes. Ich vertraue auf dem HERRN und fürchte mich nicht. Was können Menschen aus Fleisch und Blut mir antun? (Ps 56,4-5).
Abigajil spricht David Gottes Verheißungen zu (25,29-31).
David übernimmt sie gegenüber Saul (26,22-23).
David brachte alles wieder.
Weitere Einzelheiten unter »Saul und David in der Klemme«, Predigtvorschlag zu Kap. 28–31.

Bibliografie

Alter, Robert E. *The Art of Biblical Narrative*. London: Allen & Unwin, 1981.

Bar-Efrat, Shimon. »Some Observations on the Analysis of Structure in Biblical Narrative.« *Vetus Testamtum* 30 (1980), 154-173.

Ders. *Narrative Art in the Bible*. Sheffield: Almond, 1989.

Bender, Claudia. *Die Sprache der Textilien: Untersuchungen zu Kleidung und Textilien im Alten Testament*. Stuttgart: Kohlhammer, 2008.

Berlin, Adele. *Poetics und Interpretation of Biblical Narrative*. Sheffield: Almond, 1983.

Beuken, Willem A. M. »1 Samuel 28: The Prophet as a ›Hammer of Witches‹.« *Journal for the Study of the Old Testament* 6 (1978), 3-17.

Birch, Bruce C. *The Rise of the Israelite Monarchy: The Growth and Development of 1 Samuel 7-15*. Missoula: Scholars Press, 1976.

Blenkinsopp, Joseph. »Jonathan's Sacrilege. 1 Sm 14,1-46.« *Catholic Biblical Quarterly* 26 (1964), 423-449.

Bühlmann, Walter; Karl Scherer. *Sprachliche Stilfiguren in der Bibel.* 2. Aufl. Gießen: Brunnen, 1994.

Ceresko, Anthony R. »A Rhetorical Analysis of David's ›Boast‹ (1 Samuel 17:34-37): Some Reflections on Method.« *Catholic Biblical Quarterly* 47 (1985), 58-74.

Cook, Albert. »›Fiction‹ and History in Samuel and Kings.« *Journal for the Study of the Old Testament* 36 (1986), 27-48.

Dothan, Trude; Moshe Dothan. *Die Philister: Zivilisation und Kultur eines Seevolkes*. München: Diederichs, 1995.

Dragga, Sam. »In the Shadow of the Judges: The Failure of Saul.« *Journal for the Study of the Old Testament* 38 (1987), 39-46.

Edwards, Gene. *Der Stoff, aus dem Könige sind.* Erzhausen: Leuchter-Verlag, 1998.

Epstein, Isidore. *Judaism. A Historical Presentation.* Harmondsworth: Penguin Books, 1959.

Eslinger, Lyle M. »Viewpoints and Point of View in 1 Samuel 8-12.« *Journal for the Study of the Old Testament* 26 (1983), 61-76.

Ders. *The Kingship of God in Crisis. A Close Reading of 1 Samuel 1-12.* Sheffield: Almond, 1985.

Evans, Mary J. *The Message of Samuel.* Leicester: Inter-Varsity Press, 2004.

Fishbane, Michael. »1 Samuel 3: Historical Narrative und Narrative Poetics.« In: Gros Louis, Kenneth R. R., Hrsg. *Literary Interpretations of Biblical Narratives.* Nashville: Abingdon, 1982, 191-203.

Fokkelman, Jan P. *Narrative Art und Poetry in the Books of Samuel,* Vol. II: *The Crossing Fates.* Assen: Van Gorcum, 1986.

Fritz, Volkmar. »Die Deutungen des Königtums Sauls in den Überlieferungen von seiner Entstehung.« *Zeitschrift für die Alttestamentliche Wissenschaft* 88 (1976), 346-362.

Gordon, Robert P. »David's Rise and Saul's Demise: Narrative Analogy in 1 Samuel 24-26.« *Tyndale Bulletin* 31 (1980), 37-64.

Ders. *1 & 2 Samuel. A Commentary.* Exeter: Paternoster, 1986.

Greenberg, Moshe. »The Hebrew Oath Particle *Ḥay/Ḥe*.« *Journal of Biblical Literature* 76 (1957), 34-39.

Groß, Walter. »Syntaktische Erscheinungen am Anfang althebräischer Erzählungen: Hintergrund und Vordergrund.« In: *Congress Volume Vienne 1980.* Vetus Testamtum Supplement 32. Leiden: Brill, 1981, 131-145.

Gunn, David M. *The Story of King David.* Sheffield: Almond, 1978.

Ders. *The Fate of King Saul.* Sheffield: Almond, 1980.

Hertzberg, Hans Wilhelm. *Die Samuelbücher.* Altes Testament Deutsch 10. Göttingen: Vandenhoeck & Ruprecht, 1968.

Holland, Martin. *Das erste Buch Samuel.* Wuppertaler Studienbibel. Brockhaus: Wuppertal, 2002.

Humphreys, W. Lee. »The Tragedy of King Saul: A Study of the Structure of 1 Samuel 9-31.« *Journal for the Study of the Old Testament* 6 (1978), 18-27.

Ders. »The Rise and Fall of King Saul: A Study of an Ancient Narrative Stratum in 1 Samuel.« *Journal for the Study of the Old Testament* 18 (1980), 74-90.

Ders. »From Tragic Hero to Villain: A Study of the Figure of Saul and the Development of 1 Samuel.« *Journal for the Study of the Old Testament* 22 (1982), 95-117.

Jobling, David. »Saul's Fall and Jonathan's Rise: Tradition and Redaction in 1 Sam 14:1-46.« *Journal of Biblical Literature* 95 (1976), 367-376.

Ders. »Jonathan: A Structural Study in 1 Samuel.« In: Ders. *The Sense of Biblical Narrative 1: Structural Analyses in the Hebrew Bible*. Sheffield: Almond, 1978, 12-30.

Kessler, Martin. »Narrative Technique in 1 Sm 16,1-13.« *Catholic Biblical Quarterly* 32 (1970), 543-554.

Klein, Ralph W. *1 Samuel*. Word Biblical Commentary 10. Waco: Word, 1983.

Lehman, Manfred R. »Biblical Oaths.« *Zeitschrift für die Alttestamentliche Wissenschaft* 81 (1969), 74-92.

Lemche, Niels Peter. »David's Rise.« *Journal for the Study of the Old Testament* 10 (1979), 2-25.

Levenson, Jon D. »1 Samuel 25 as Literature and History.« In: Gros Louis, Kenneth R. R., Hrsg. *Literary Interpretations of Biblical Narratives*. Nashville: Abingdon, 1982, 220-242.

Long, Burke O. »Framing Repetitions in Biblical Historiography.« *Journal of Biblical Literature* 106 (1987), 385-399.

Longacre, Robert E. *The Grammar of Discourse*. New York: Plenum, 1983.

McCall, Henrietta. *Mesopotamische Mythen*. Stuttgart: Reclam, 2010,

McCarter, P. Kyle. *1 Samuel*. Anchor Bible Commentary. Garden City: Doubleday, 1980.

McCarthy, Dennis J. »The Inauguration of the Monarchy in Israel: A Form-Critical Study of 1 Samuel 8-12.« *Interpretation* 27 (1973), 401-412.

Miscall, Peter D. »Literary Unity in Old Testament Narrative.« *Semeia* 15 (1979), 27-44.

Ders. *The Workings of Old Testament Narrative*. Philadelphia, Fortress, 1983.

Ders. *1 Samuel – A Literary Reading*. Bloomington: Indiana University Press, 1986.

Pisano, Stephen. *Additions or Omissions in the Books of Samuel: The Significant Pluses and Minuses in the Massoretic, LXX and Qumran Texts.* Göttingen: Vandenhoeck und Ruprecht, 1984.

Preston, Thomas R. »The Heroism of Saul: Patterns of Meaning in the Narrative of the Early Kingship.« *Journal for the Study of the Old Testament* 24 (1982), 27-46.

Schickelberger, Franz. »Jonatans Heldentat: Textlinguistische Beobachtungen zu 1 Sam. XIV 1-23a.« *Vetus Testamtum* 24 (1974), 324-333.

Seebaß, Horst. *David, Saul und das Wesen des biblischen Glaubens.* Neukirchen: Neukirchener, 1980.

Shaviv, Shemuel. »Nābîʾ and Nāgîd in 1 Samuel IX 1 – X 16.« *Vetus Testamentum* 34 (1984), 108-113.

Sternberg, Meir. *The Poetics of Biblical Narrative.* Bloomington: Indiana University Press, 1985.

Stoebe, Hans Joachim. *Das Erste Buch Samuelis.* Kommentar zum Alten Testament VIII/1. Gütersloh: Mohn, 1973.

Sturdy, John. »The Original Meaning of ›Is Saul also Among the Prophets?‹ (1 Samuel X 11, 12; XIX 24).« *Vetus Testamtum* 20 (1970), 206-213.

Thompson, John A. »The Significance of the Verb *Love* in the David-Jonathan Narratives in 1 Samuel.« *Vetus Testamtum* 24 (1974), 334-338.

Tidwell, N. L. »The Linen Ephod: 1 Sam. II 18 and 2 Sam. VI 14.« *Vetus Testamtum* 24 (1974), 505-507.

Tsumura, David Toshio. *The First Book of Samuel.* The New International Commentary on the Old Testament. Grand Rapids: Eerdmans, 2007.

Vannoy, J. Robert. *Covenant Renewal at Gilgal: A Study of 1 Samuel 11:14–12:25.* Cherry Hill: Mack, 1978.

Weiss, Meir. »Einiges über die Bauformen des Erzählens in der Bibel.« *Vetus Testamtum* 13 (1963), 456-475.

Ders. »Weiteres über die Bauformen des Erzählens in der Bibel.« *Biblica* 46 (1965), 181-206.

Ders. *The Bible From Within: The Method of Total Interpretation.* Jerusalem: Magnes, 1984.

Edition C Bibelkommentar, Neues Testament, Gesamtausgabe im Schuber
Nr. 225.365, ISBN: 978-3-417-25365-8

Kompakt in fünf Bänden und zu einem günstigen Preis: die Auslegung des kompletten Neuen Testaments! Der Edition-C-Bibelkommentar ist eine Reihe, die das Neue Testament gründlich auslegt. Jeder einzelne Vers wird beleuchtet. Die Kommentierung ist dabei zugleich theologisch reflektiert und praktisch-gemeindebezogen ausgerichtet. Einleitungen zu den biblischen Büchern informieren über Entstehung und Eigenart der betreffenden neutestamentlichen Schrift. 8.944 Seiten geballtes Bibelwissen überzeugen durch verständliche Sprache und reiche innerbiblische Querverweise. Mit leicht anwendbaren Gesprächsentwürfe und Bibelarbeiten.

Hans-Georg Wünch
Das Buch Rut (Edition C/AT/Bd.10)
Gebunden, 13,5 x 20,5 cm, 328 S.
Nr. 392.920, ISBN: 978-3-7751-2920-6

Julius Steinberg
Das Hohelied (Edition C/AT/Band 26)
Gebunden, 14 x 21 cm, 376 S.
Nr. 225.086, ISBN: 978-3-417-25086-2

Winfried Meißner
Joel & Obadja (Edition C/AT/Bd.36)
Gebunden, 13,5 x 20,5 cm, 352 S.
Nr. 393.354, ISBN: 978-3-7751-3354-8

Walter Gisin
Das Buch Hosea (Edition C/AT/Band 37)
Gebunden, 14 x 21 cm, 584 S.
Nr. 225.087, ISBN: 978-3-417-25087-9

Manfred Dreytza
Das Buch Micha (Edition C/AT/Band 40)
Gebunden, 13,5 x 20,5 cm, 334 S.
Nr. 225.083, ISBN: 978-3-417-25083-1

Thomas Ehlert, Raymond R. Hausoul
Die Propheten Haggai und Maleachi (Edition C/AT/Band 43)
Gebunden, 13,5 x 20,5 cm, 544 S.
Nr. 225.084, ISBN: 978-3-417-25084-8